微淘数据化运营

淘宝天猫店内容运营与网店CRM

杨志远●著

電子工業出版社
Publishing House of Electronics Industry
北京•BEIJING

内容简介

微淘是淘宝上重要的内容营销及粉丝运营阵地，它重点打造基于关系的电商内容社区，“重塑内容心智，打造粉丝价值，升级营销矩阵”是微淘的三大核心发展策略。

本书分为12章，包括微淘平台定位、价值意义、前台后台、内容创作、数据运营、人群运营、粉丝增长、粉丝互动和等级提升等内容，帮助读者全面了解微淘内容和粉丝运营。

本书是由笔者经过4年时间思考、筹备和不断更新而成的，其案例来源于优秀商家的实战经验，可以帮助读者搭建微淘认知体系和人群、内容、粉丝及数据体系。

笔者拥有5年微淘运营经验，代运营女装、美妆、母婴、食品、家居、个护、女鞋、运动、内衣等10余个类目的微淘。笔者担任过千家淘宝天猫商家内容运营人员的培训讲师，也参与了微淘商家学院的微淘课程录制，具有丰富的微淘运营经验。希望本书对淘宝天猫商家、内容运营负责人，以及对微淘感兴趣的内容创作者有所帮助。

图书在版编目（CIP）数据

微淘数据化运营：淘宝天猫店内容运营与网店CRM / 杨志远著. —北京：电子工业出版社，2020.1

ISBN 978-7-121-38420-2

Ⅰ.①微… Ⅱ.①杨… Ⅲ.①网店—运营管理 Ⅳ.① F713.365.2

中国版本图书馆CIP数据核字（2020）第022679号

责任编辑：张彦红　　特约编辑：田学清
印　　刷：山东华立印务有限公司
装　　订：山东华立印务有限公司
出版发行：电子工业出版社
　　　　　北京市海淀区万寿路173信箱　　邮编：100036
开　　本：787×980　1/16　印张：23　字数：544千字
版　　次：2020年1月第1版
印　　次：2020年1月第1次印刷
定　　价：89.00元

凡所购买电子工业出版社图书有缺损问题，请向购买书店调换。若书店售缺，请与本社发行部联系，联系及邮购电话：（010）88254888，88258888。

质量投诉请发邮件至zlts@phei.com.cn，盗版侵权举报请发邮件至dbqq@phei.com.cn。

本书咨询联系方式：010-51260888-819，faq@phei.com.cn。

自　序

2016年是淘宝内容营销的元年。这一年，“买家秀”“问大家”诞生，3月淘宝直播测试，5月正式上线，淘宝达人和阿里V任务逐渐体系化和规模化，帮助商家在淘宝公域内投放有好货、必买清单、淘宝头条、短视频和淘宝直播等内容渠道。

2016年6月，笔者参加淘宝品牌、讲师和达人内容营销共创，经过初试、复试，笔者有幸成为一期5名内容营销认证讲师之一，此后参加宁波、广州、深圳和杭州的淘宝天猫商家大会，为商家分享内容营销经验。

2016年3—6月，经过阿里巴巴6轮线上笔试和线下面试，笔者成功应聘无线店铺运营专家岗位。后来因为种种原因，笔者选择成为内容营销讲师，为淘宝天猫商家讲授公域和私域内容营销玩法、微淘内容粉丝运营、无线会员营销工具用法、数据化运营和人群标签及人群画像搭建等课题。

2016年是笔者担任天猫运营人员、店长和项目经理之后的转折点，笔者也是在那个时候搭建了本书的初期大纲。

后来经过几年的沉淀，笔者在2018年6月开始重新梳理书稿大纲，2019年完成本书。

关于本书的序言，笔者主要想和大家从以下两个方面谈谈。

第一，本书由来。

第二，如何高效阅读本书。

一、本书由来

理论来源于实践，实践不断丰富理论。笔者主要从微淘价值、个人实战、讲课总结、原创文章、微淘代运营及市场空白6个方面和大家分享本书由来。

1. 微淘价值

微淘可以帮助淘宝天猫商家提升销售额、流量（新访客和老访客回访），也可以作为CRM管理和维护工具，拉近商家和粉丝的距离，实现品效合一。

在2019年8月1日举办的微淘商家大会上，淘宝内容电商中台及微淘负责人梁宏亮表示，

“重塑内容心智，打造粉丝价值，升级营销矩阵”是微淘 2019 年最想做、最重要的事，是三大核心发展策略。

从微淘最新的内容类型来看，上新、“种草”（网络流行语，表示“分享推荐某一商品的优秀品质，以激发他人购买欲望”的行为）、视频、买家秀、直播等覆盖了多场景运营需求，其中尤其强调持续上新和“种草”。

相关数据显示，上新和“种草”内容的点击率均超过了平均点击率，看上新依旧是用户关注店铺后最明确的诉求；而“种草”也被证实具有极好的内容传播效率，因为用户更喜欢真人展现或场景实拍的内容。

另外，2018 年微淘原小二鹤桐在接受采访时表示，“买不买东西先放一边，粉丝爱看才是关键。大家都卖相同的东西，为什么人家要跟着你？买手要有自己的人设，在跟粉丝互动时，要有情感链接”。

2. 个人实战

笔者于 2014 年开始接触微淘，2015 年负责年销售额近亿元的 KA 运动户外品牌的内容营销，日常工作包括微淘整体内容规划、内容栏目制定、微淘内容发布、粉丝互动和微淘数据统计及分析等。

在运营过程中，笔者不断研究优秀的微淘商家案例，包括 MG 小象、七格格、当当等店铺，看他们分享的运营经验、内容规划方向、“双 11”互动玩法和销售数据。

后来，笔者也把运营 KA 运动户外品牌的案例分享到微淘官方的征集活动中，并被小二推荐到微淘官方群、淘宝论坛（置顶）、卖家服务市场，以及电商在线和《卖家》杂志等媒体上。

3. 讲课总结

此前笔者主要在线下分享微淘课程，从 2016 年为伯爵卓尔旗舰店做企业内训开始，到后来在机构培训大课中为迪卡侬、热风、佐丹奴、卓诗尼、芬腾、六福珠宝、卡西欧、自由点、周大生、谭木匠、快活熊、美德乐、百秀、广州酒家、SKG、林氏木业、十八子作、汤臣倍健、爱仕达、英氏等数千家淘宝天猫店铺培训内容营销，讲述微淘内容。

现在，除了线下课程，笔者也把微淘内容运营录制成线上课程，在微淘商家学院官方课堂和阿里创作平台首页轮播图等展现。作为讲师，笔者讲述了微淘价值、微淘数据、微淘互动、微淘商业化和微淘粉丝等相关内容。

4. 原创文章

关于微淘的方法论、案例和数据分析等内容，笔者曾在内容营销研习社公众号，以及电商在线、千牛头条和卖家网等多个网站上发布。例如，《内容营销时代如何玩转 UGC 模式下的“买家秀”》《看似简单，暗藏玄机的“双 11”盖楼有礼互动玩法》《内容架构逐渐清晰，教你 6 招秘籍玩转微淘》《微淘史上最高楼，揭秘罗莱家纺创纪录背后的粉丝运营》《开店 7 个月，粉丝从 0 到 63 万，解析淘宝网红店主宋黛微淘运营策略》《除了刷爆朋友圈 P 图，蓝月亮还有哪些内容营销玩法？》等。其中部分内容结合 2019 年微淘内容改版的变化，调整、筛选、删减之后写入本书，希望这部分案例、玩法能够起到抛砖引玉和拓展思路的作用。

5. 微淘代运营

2018 年，笔者在广州除了讲微淘内容粉丝运营课程，还开始指导团队操盘代运营女装、女鞋、家居、美食、美妆、运动、母婴、厨具等十余个类目店铺的微淘内容运营。

从非标品和标品的类目数据对比来说，非标品在运营微淘内容上相对来说有很大的优势，包括上新频次、产品数量、内容题材和内容素材等。

另外，非标品的客单价相对标品较低，非标品的复购率频次高于标品，粉丝和读者二次回访率较高，因此非标品的内容阅读数量和互动数量也相对标品高一些。在运营过程中，商家需要区分看待二者的客观影响因素和单个客户的价值。

6. 市场空白

在写微淘书籍之前，笔者搜索了淘宝相关内容，目前几乎没有专门写此专题的内容，因此笔者把微淘系统拆解成 12 章，希望能填补市场空白。

二、如何高效阅读本书

如何高效阅读本书？笔者建议首先要“拥抱变化”。淘宝网和微淘一直处于不断迭代更新中，主要是基于大数据研究消费者的行为习惯而做出的优化调整。因此，读者在阅读本书时，需要辩证地看待其中变化、更新的内容。

在本书出版之前，平台将粉丝置顶和粉丝通改成了超级推荐，于是在 9 月编辑审校时，对相关内容进行了替换。以后微淘互动玩法也会升级，大家可以结合其中的改变阅读本书。

其次要了解本书大纲。本书共 12 章，分为三大篇——入门篇、进阶篇和高级篇。

1. 入门篇

入门篇需要商家了解微淘的创建历史、平台定位、价值意义、前台展现形式和后台架构等。正所谓“知己知彼，百战不殆”。

第 1 章主要讲述微淘的创建历史和产品愿景，内容化、社区化和本地生活化下的微淘，微淘、微博、微信（“三微”）的联系和区别，微淘运营四大思路转变和玩转微淘运营六大秘籍。

第 2 章主要讲述微淘直接、间接、长远价值，微淘新客、老客流量价值，微淘引导成交销售价值，微淘粉丝回访黏性价值，微淘直播群聊 CRM 价值和微淘品效合一品牌价值。

第 3 章主要讲述微淘前台展现形式，包括发现（新增）、关注、上新、福利、买家秀、美食、潮 sir、生活、时尚、品牌和明星等频道。微淘官方会根据活动或数据等进行顺序和名称调整，以改版的频道为主。

第 4 章主要讲述微淘后台的架构、11 种内容类型的创作、微淘创意中心人群热点、微淘装修动态粉丝管理（以更新的版本为主）和阿里 V 任务与达人合作等。

2. 进阶篇

进阶篇需要商家了解和分析店铺微淘现存的问题，通过优质内容的规范，创作符合平台需求的内容，然后统计微淘数据，定期分析、优化和调整微淘内容。在创作内容之前，商家需要根据人群画像找到精准目标人群，分析读者和粉丝的心理和行为。

第 5 章主要讲述微淘商家问题汇总，包括影响微淘活跃度的十大因素、微淘阅读曝光数据偏低、微淘收藏关注粉丝数少、微淘评论点赞互动较少、微淘商家重视程度较低和微淘缺少内容运营团队。

第 6 章主要讲述阿里创作平台管理规则、微淘内容创作禁用词语、微淘平台日常内容规范、图文标题推荐理由范例、微淘内容四大属性划分。

第 7 章主要讲述生意参谋微淘访客数和销售额分析、生意参谋微淘内容分析、阿里创作平台内容分析、阿里创作平台用户分析、阿里创作平台等级分析和阿里创作平台全部作品。通过数据了解微淘内容存在的问题，优化调整发布方向和互动玩法等。

第 8 章主要通过达摩盘、阿里创作平台、生意参谋、客户运营平台和买家秀等淘宝平台工具，选取人群标签，搭建店铺、产品和品牌等的人群画像。

3. 高级篇

高级篇需要商家了解如何有计划地安排好店铺微淘节奏内容规划，并在日常和大促中增加粉丝数量，提升粉丝互动活跃度，不断提升微淘四项指数分，提升微淘等级，争取更多活动权益。

第 9 章主要讲述微淘日常大促活动规划、微淘年度内容规划排期、微淘季度内容规划排期、微淘月度内容规划排期、微淘每周内容规划安排和微淘内容活动策划流程。

第 10 章主要讲述微淘曝光展示重点渠道，无线收藏、抽奖营销工具的使用，免费试用增加粉丝收藏，微博、微信、抖音和包裹增粉。

第 11 章的互动玩法有调整，互动中心升级，新玩法上线（内容互动抽奖、新品预约、店铺派样、店铺活动），部分老玩法下线（盖楼、派券、福利、切红包、大转盘）。

第 12 章主要讲述 L0 ～ L6 等级说明、L0 ～ L6 等级享受的权益和提升的方法，以及微淘商家角色认证展示、超级推荐微淘图文内容和微淘四项指数分提升。

思路决定出路，布局决定结局。

笔者花名为致用，意在学无止境，学以致用。希望本书能给大家带来思想上的启发，将数据化分析应用到店铺微淘运营中，提升微淘访客数、销售额、内容浏览和粉丝互动等关键数据。

说明：因为淘系内容变化较快，各位读者在阅读过程中，请以变化后的内容为参考。

（1）发布条数：2019 年 9 月，为提升商家的微淘运营效率，强化内容质量和粉丝触达，微淘商家号发布条数于 2019 年 9 月 11 日进行调整，最高发布条数为 5 条 / 日。

（2）前台频道:2019 年 9 月，微淘前台频道包括发现、关注、上新、潮 sir、福利、买家秀、美食、生活、时尚、品牌和明星等。

（3）微淘装修：2019 年 9 月，新版店铺微淘全面升级，升级后的店铺微淘包括小活动 banner 区块、粉丝亲密度装修模块、微淘粉丝小活动能力（新品派样、新品预约、店铺活动）等。

（4）互动中心：2019 年 9 月，下线盖楼、派券、福利、切红包、大转盘 5 种玩法，新增内容互动抽奖、新品预约、店铺派样和店铺活动等内容。

（5）由于官方统计数据保留至 0.01%，所以部分图中数据之和可能不为 100%。

目 录

第1篇 入门篇
昨夜西风凋碧树，独上高楼，望尽天涯路

第 2 篇 进阶篇
衣带渐宽终不悔，为伊消得人憔悴

第3篇 高级篇

众里寻他千百度，蓦然回首，那人却在灯火阑珊处

第 1 篇　入门篇

昨夜西风凋碧树，独上高楼，
望尽天涯路

第 1 章

微淘平台定位解读

“知己知彼，百战不殆”，任何一门课程的框架大致都包含两个 W 和一个 H 三个组成部分，即“What”（是什么）、“Why”（为什么）和“How”（怎么做）。在讲微淘内容粉丝运营课的时候，笔者经常会和商家们聊一下微淘的历史，因为只有了解过去才能更好地读懂微淘。

1.1 微淘的创建历史和产品愿景

微淘在品牌、店铺、产品和消费者、粉丝之间构建了一座桥梁，形成了一个可以沟通和传播信息的信息层。对淘宝卖家而言，巧妙地借助微淘的社交互动营销价值，可以更好地服务粉丝与消费者，传递品牌信息、优惠折扣、新品爆款和情感话题等内容。

1.1.1 微淘的前台、后台

截至 2019 年 4 月，微淘前台频道栏目主要包括关注、上新、精选、晒单、时尚、美食、潮 sir 等，如图 1-1 所示。

微淘的内容形式以图文、短视频和直播为主，发布类型包括帖子、清单、上新、预上新、短视频、图片、单品、转发和买家秀等。

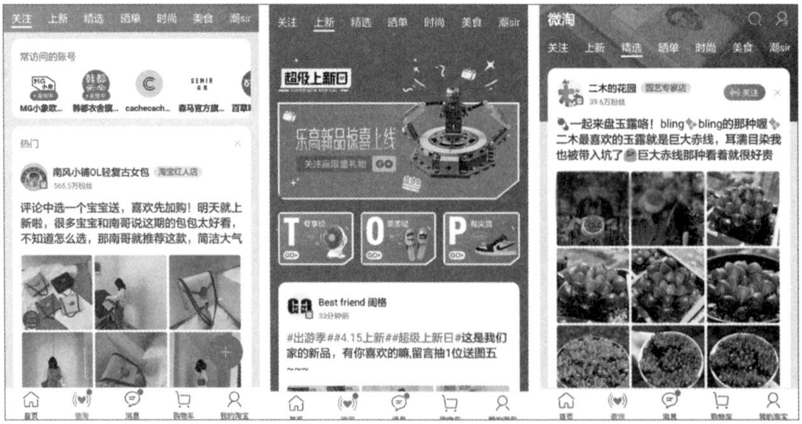

图 1-1　2019 年 4 月微淘前台频道栏目样式

微淘号分为商家号和达人号。微淘号商家后台主要包括首页、创作、投稿、自运营、任务、统计和账号七大组成部分，如图 1-2 所示。

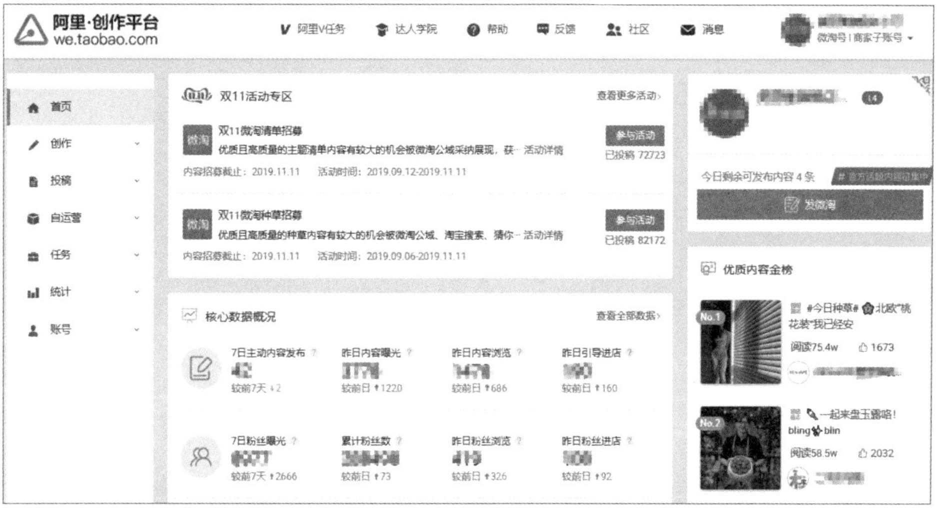

图 1-2　2019 年 10 月微淘号商家后台七大组成部分

微淘号达人后台主要包括首页、账号、创作、投稿、自运营、任务、收益和统计八大组成部分，如图 1-3 所示。

图 1-3　2019 年 4 月微淘号达人后台八大组成部分

1.1.2　微淘的创建历史

在学习微淘内容粉丝运营之前，商家可以简要了解一些微淘的历史，包括创立时间、不同阶段微淘的定位、频道内容栏目和参与内容创作角色等。

商家在做微淘之前应认真思考为什么要做微淘、如何通过精细化生产来做出优质的店铺微淘内容，以便更好地增强粉丝黏性，聚集自己的粉丝。

微淘创立于2013年，其诞生的背景与智能手机和移动互联网的发展密切相关。2012年，手机淘宝累计用户量突破3亿人，用户实现了从PC时代向无线时代的迁移。

2013年初，时任淘宝无线负责人邱昌恒表示，2013年手机淘宝要“变形”，会出现更多新玩法。首先“变形”的便是2013年4月开始内测的手机淘宝公众平台——微淘。测试期间，已经有超过5万个商家、达人账号加入内测计划中。

早期开通微淘需要下载微淘内测申请表，审核通过之后方能开通。微淘内测申请表介绍了“2012手机淘宝的优势”及“微淘是什么，如何加入微淘？”等内容，如图1-4所示。

图1-4　2013年微淘内测申请表

另外，供职时任手机淘宝“变形”项目负责人尚文表示，“微淘将改变和重新定义电子商务在移动互联网时代的玩法：不只是卖家卖东西的方式，也包括买家买东西的方式。我们希望给用户带来真正的千人千面的个性化生活体验，我们也希望能够给商家提供丰富的工具，帮助商家打造最适合手机用户体验的内容，以抓住用户的心”。

尚文说，“以前手机淘宝对于所有用户展示的都是同样的商品、同样的店铺、同样的促销活动和搜索结果，但微淘的出现重新定义了手机淘宝的用户界面。用户可以订阅自己喜欢的内容和商品，微淘让手机淘宝变成了用户自己的购物指南杂志，同时也变成了自己独特的商城，在这个商城里只看得到自己关注过的商品与品牌”。

微淘的出现让商家通过丰富多样的互动玩法，与消费者、读者、粉丝进行沟通交流，从而更好地服务用户，管理和维护与消费者之间的关系，做好CRM（销售管理服务系统）用户运营体系。

1.1.3　微淘的初期定位

微淘创立初期的定位是基于移动消费领域的入口，它能为消费者提供方便、快捷、省钱的手机购物服务。笔者对微淘的定位如图1-5所示。

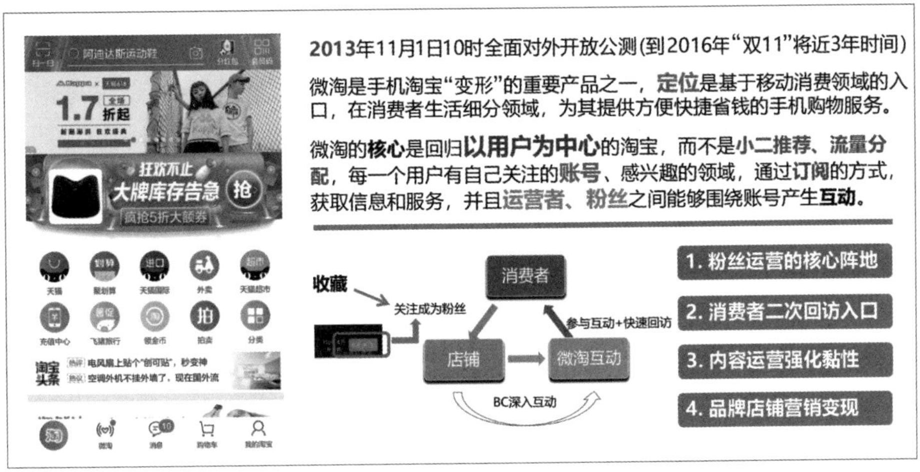

图 1-5　笔者对微淘的定位

2013 年，时任阿里巴巴无线事业部资深总监、手机淘宝负责人汪海表示，“微淘将向运营者开放用户购物数据和信息，加入微淘公众平台的账号运营者能够在第一时间了解手机淘宝提供的商业情报，获得用户的浏览、购物数据与信息”。

汪海曾说，“一个准妈妈在淘宝上买过孕妇装，几个月后当她生完宝宝时，她会发现自己在手机淘宝上看到的多是婴儿奶粉、纸尿裤等信息。当孩子长大一点儿时，她收到的或许是大一点儿的婴儿玩具、服装等信息”。

1.1.4　微淘的三大愿景

微淘的三大愿景主要从消费者、商家和第三方导购中介三个维度出发。

从消费者角度来说，在移动互联网时代，希望微淘能够成为生活消费的贴身秘书，实现省钱、时尚、便捷和放心的手机购物。

从商家角度来说，通过微淘商家可以进行客户关系 CRM 管理、传递品牌信息、实现粉丝互动和导购成交转化。

从第三方导购中介角度来说，通过生活达人、导购媒体的生活消费知识、技能经验分享等，满足消费者生活导购需求。

1.2　内容化、社区化和本地生活化下的微淘

“无微淘，不无线；无广播，不微淘”。微淘是手机淘宝无线端发展的产物，通过微淘可以增强粉丝黏性，给消费者以陪伴，让消费者对商家、达人、自媒体等产生依赖感，增强消费者的参与感。

手机淘宝未来的方向是什么？微淘内容和粉丝如何运营？很多商家面对手机淘宝不断改版及日新月异的变化，变得有些迷茫和焦虑。

2016 年 3 月 29 日在杭州召开的 2016 年度淘宝网卖家大会上，时任阿里巴巴集团 CEO 张勇分享了手机淘宝未来的三大方向：社区化、内容化和本地生活化。

张勇指出，“数据证明移动时代访问频率高，用户停留时间比 PC 时代长了一倍，只要有好的内容，消费者就会停留。同时无线端的流量分配方式改变了，推荐将是移动购物的重要导购方式，而一个重要手段就是让商家运营内容”。

张勇表示，“无线时代有一个弱点就是屏幕小，但这个弱点也带来了一个优势，因为屏幕小可以更容易聚焦，可以更加针对消费者个体和他的偏好。同时目前手机已经变成人身体一个器官的延展，所以消费者通过手机回访的频次和停留时间比 PC 时代大大增加”。

“在 PC 时代，大家都希望在搜索里面排位更靠前，希望在频道里面获得更多用户，并变成私有流量，最终对用户进行二次运营。所以在这一过程中，淘宝网重点进行极致化中心流量分配和以搜索、分类导航为方式的中心化流量分配”，张勇说。

在无线时代非常重要的一个变化是搜索仍然是非常重要的角色，今天在无线上搜索扮演着非常重要的角色，因为无论怎么说，淘宝是消费者购物的第一联想，大家想要买东西，就想要逛淘宝，所以消费者来就是购物的，这是淘宝最重要的积累用户思维的逻辑，所以用户搜索是天经地义的事情。

在这种变化下，淘宝怎样去帮助商家适应用户的这种变化情况？怎样利用数据帮助大家设计出更新一代的消费者动线？这需要淘宝与商家共同去构建，让消费者在整个大平台里，在店铺内和店铺间、行业内和行业间的浏览、关注、收藏、购买行为更加顺畅。

分类导航的变化给我们带来了新的可能性，这种可能性就是推荐。手机淘宝大量引入用大数据来支撑消费者的个性化推荐，这样的推荐使消费者在无线时代对竖状结构动线的依赖性降低，而对手机淘宝发现感兴趣、不停地滑屏去看新东西的行为被沉淀下来。

初步完成导购端各种推荐产品设计以后，非常重要的一件事情就是如何让商家的能量能够在这样的导购机制、发现机制、推荐机制中被充分发挥出来，能够再一次让商家的能动性在这些场合中被释放。

为什么需要社区化？这与用户在无线环境中的行为变化有关系。其实店铺本身就是某一种形式的账户，如何让店铺的商家号和商家社区里的账户产生一种互动，能够不仅让消费者去消费商品，还能够让他去消费内容，而内容当中含有各种各样商品的元素，同时这样消费内容的过程能够充满一些互动和传播的乐趣。

微淘内容运营并不是手机淘宝商家自己去生产内容，而是与所有的商家合作把原来的货架再往上升一级，生产各种各样的消费资讯和内容。

所以如何把这些内容生产者和商品生产者的关系梳理清楚，形成基于内容来传播商品最终完成这个商品的消费的一种新的消费动线设计，是手机淘宝在社区化和内容化过程中要做的非常重要的一件事情。

1.3　微淘、微博、微信（“三微”）的联系和区别

近几年，社交电商和全域营销发展趋势明显。为此，如果淘宝天猫商家想要玩好社交电商，面对多元化、多媒体化的内容，需要不断通过站内直通车、智钻、淘宝客（以下简称直钻淘）和内容渠道引流，也需要把站内站外的流量充分结合起来应用，特别是微淘、微博和微信等渠道。

在“三微”应用方面，CAMEL 骆驼官方旗舰店、汤臣倍健旗舰店、韩都衣舍旗舰店、茵曼旗舰店和蓝月亮旗舰店等店铺，都是很好的案例。

以 CAMEL 骆驼品牌为例，其不仅在微博上布局以“CAMEL 骆驼”为矩阵的男装、女鞋、服饰等类目旗舰店的官方微博，还搭建了微信公众号官方账号矩阵，如图 1-6 所示。

图 1-6　CAMEL 骆驼品牌的微博、微信、微淘“三微”自媒体矩阵

在日常、节日和大促活动中，CAMEL 骆驼通过“三微”自媒体矩阵传播品牌理念、节日活动、优惠促销、会员福利等信息，与粉丝在多种渠道交流和互动，形成了品牌和店铺的自媒体传播矩阵。

1.3.1　“三微”的五项区别

我们主要从平台属性、内容特性、内容形式、受众关系和综合分析五个方面对“三微”进行对比分析，具体如下。

1．平台属性

微博媒体属性强。在微博热点中会爆发很多热门事件，引发大众关注。

微信沟通属性强。微信是基于熟人社交网络形成的关系网，微信公众号依据个人偏好订阅。

微淘结合了媒体、沟通和电商三种属性，既可以传播资讯信息、与粉丝互动交流，也可以通过商品展现，实现直接交易和间接交易。

2. 内容特性

微博内容具有实时、高覆盖特性。微博内容包括新鲜事、榜单、搞笑、社会、时尚、电影、体育和动漫等。

微信内容具有可读性。公众号中的文章可以在朋友圈中转发，从而形成裂变传播。

微淘内容具有可读和品牌营销特性。微淘内容与微信朋友圈相似，基于用户订阅关注店铺账号，可以在老粉丝面前传播品牌和店铺内容信息。

3. 内容形式

微博包括 140 字图文、视频和音频。

微信包括图文、音频、图片和视频。

微淘包括图文、视频、直播。

4. 受众关系

微博兴趣圈——弱关系。微博更偏向于由兴趣产生关注，用户与博主关系相对较弱。

微信熟人圈——强关系。微信主打熟人关系圈，大部分为亲朋好友等，关系相对紧密。

微淘精准圈——强关系。微淘主要是用户对于店铺的关注，相对来说都是用户感兴趣的店铺，关系较强。

5. 综合分析

微博涨粉快、粉丝开环、爆发性强、质量低。

微信涨粉慢、粉丝闭环、分层运营、变现慢。

微淘电商平台支持多元“吸粉”、回访，变现率高。

1.3.2 “三微”的联合运营案例

2018 年 1 月 31 日，发生了号称 152 年一遇的“超级蓝血月全食”天文事件。笔者曾就此发表《除了刷爆朋友圈 P 图，蓝月亮还有哪些内容营销玩法？》一文。该文章综合分析了蓝月亮洗衣液品牌的微信、微博、微淘“三微”新媒体渠道，除了其“刷爆”朋友圈的图片，笔者还总结了在此次热点事件中，蓝月亮洗衣液借势做内容营销的 9 种玩法，如图 1-7 所示。

蓝月亮洗衣液的营销玩法包括事件营销、造势营销和借势营销。通过分析蓝月亮洗衣液的微信、微博和微淘，发现其充分利用了“超级蓝血月全食”事件，在 2018 年 1 月 30 日之前就已经开始布局，如设计传播文案与创意图片，引导自发传播，并与 12 个品牌进行联合造势营销等，借势和造势有效结合。

任何事件都有生命周期，一般热度不超过七天，再过几天也没人会再谈“蓝月亮”。以百度指数为例，近 30 天内网友搜索“蓝月亮”关键词的峰值出现在 2018 年 1 月 31 日，最高指数达到 180 512，随后开始逐渐下降。

图 1-7 “超级蓝血月全食”蓝月亮洗衣液创意图

因此，要想做好热点事件的借势营销，需要品牌在规划好全年营销的基础上，及时跟进最新热点（以正能量事件为主），通过策划文案和视觉创意，激发用户参与感，收拢一批粉丝。

1．事件回顾

（1）“蓝月亮”事件

据央视新闻报道，2018 年 1 月 31 日 19 时开始，2018 年首场天文奇观——“超级蓝血月全食”亮相。“蓝月”是指一个公历月出现的第二次满月，“血月”常伴随月食出现，但两者齐备极为罕见，是 152 年一遇的奇观，如图 1-8 所示。

图 1-8 “超级蓝血月全食”天文盛宴变化过程

更为难得的是在天气晴好的情况下，我国大部分地区都可以观测到此次月全食的全过程，所以才有了全国各地大规模的图文直播分享。

（2）央视主流媒体直播

如此百年不遇的天文奇观，使得央视新闻媒体通过直播等形式与网友互动，大约有1533万人参与直播互动。网友主要关注的内容包括百年不遇天文奇观背后的科学道理、专业的天文观测设备是什么样的、关于月亮有哪些历史故事等。

（3）朋友圈刷屏直播

事件当晚，朋友圈开始形成大范围的图文直播，第一轮主要还是关于月亮变化的直播，这个时候更偏向于兴趣爱好。第二轮主要是各种段子手开始在朋友圈大胆创意。在微博里面，各大品牌开始用创意文案进行“斗图”。

笔者在朋友圈见过的最幽默诙谐的段子是“蓝月亮给你多少钱，我立白给你双倍，明天把颜色变回来”。

（4）微博刷屏直播

微博作为兴趣类自媒体，传播速度快，各种幽默搞笑的段子丛生。目前国内热点事件的传播发酵，都有微博的功劳。而各大品牌的官方微博更是借助热点事件，通过发布各种创意文案和“视觉盛宴”，吸引群众的参与互动。

2. 内容营销

讲到此次事件，再来说说内容营销。其实内容营销是一个很大的话题，关于内容营销的定义有很多，网上也有很多相关文章。但是如果我们按照拆分词的方法来解析内容营销，则其分为三大部分，即内容、营和销，如图1-9所示。

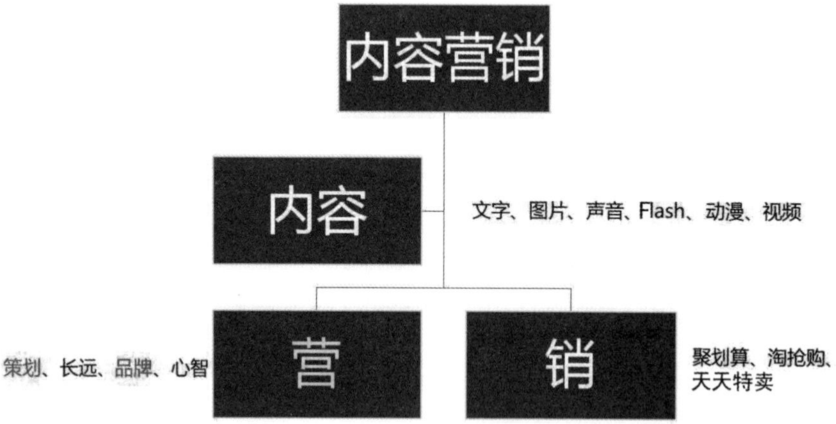

图1-9　笔者对于内容营销的文字拆解

内容是文字、图片、声音、Flash、动漫、视频等的统称。2016年被称作淘宝内容营销的元年，其实很早就有内容营销——内容即广告，广告即内容，在移动互联网时代，我们更加强调的是营。

营需要策划，讲究的是长远价值，品牌借助事件策划，希望抢占用户心智。因为竞争太激烈，目前普通的广告内容已经很难打动用户，所以目前的淘系直通车和钻展的 ROI（投资回报率）在下降。

销是与消费者产生交易。在 PC 端时代，只要玩好直通车、钻展、淘宝客，能够经常组织参加聚划算、淘抢购、天天特卖等活动，就能活得很滋润。

但是在移动互联网和智能手机窄屏时代，流量变得越来越贵，电商的成本逐渐增加，如何通过有特色、有创意的内容与消费者互联值得研究。例如，大家比较熟知的 MG 小象（原毛菇小象），截至 2018 年 11 月 11 日，微淘粉丝数已超过 1919 万人，是前 10 名中唯一的淘宝 C 店。其做法值得研究学习。

拥有店铺微淘粉丝有什么销售价值呢？2017 年 5 月，在女装店铺排名中，MG 小象超过 Only、优衣库、ZARA 等传统女装品牌，成为女装类目的销售冠军。

3．借势文案

每次微博热门借势营销事件似乎都少不了杜蕾斯、杰士邦、冈本、大象、卫龙、华为、荣耀、一加等品牌的参与，当然这些品牌背后是一些 4A（美国广告协会）公司或广告策划公司在精心策划。

在内容营销的讲授中笔者经常会强调几句话，如“酒香也怕巷子深”“会叫的品牌才赚钱”等。

品牌为什么要频繁出现在消费者面前？这并不只是刷存在感，因为品牌需要持续在消费者心智中产生印象。在社交电商时代，通过网络内容、消费者熟悉的事件和语言与消费者建立的连接，更接地气，更能打动消费者，增加互动与消费者的参与感，更好地实现最终的销售目标。

此外，社会化裂变传播所产生的费用远远低于电视台节目赞助和线下高铁、地铁等的广告费用。品牌需要营销，需要把高昂的营销费用节省下来，投资在内容创意与传播上。

过去很多书会讲“海底捞你学不会”“褚橙你学不会”“三只松鼠你学不会”，其实不是学不会，而是公司是否用心去研究，是否能有资金、创意团队去落地实行。公司要找到适合自己当前阶段的方法，然后实施下去，并在发展的过程中推陈出新。

在此次事件中，杜蕾斯、杰士邦、一加、荣耀、卫龙、冷酸灵、自由点等品牌在官方微博中发布的创意文案，值得学习和借鉴。想要学习文案的人，平时可以多关注收藏这些品牌的官方微博。

4．蓝月亮玩法

品牌传播有六度，即品牌认知度、品牌美誉度、品牌知名度、品牌关联度、品牌联想度和品牌忠诚度，如图 1-10 所示。当我们在某个事件或某个画面中联想到某个品牌的时候，这个品牌便成功了，因为它已经占据了我们的心智。

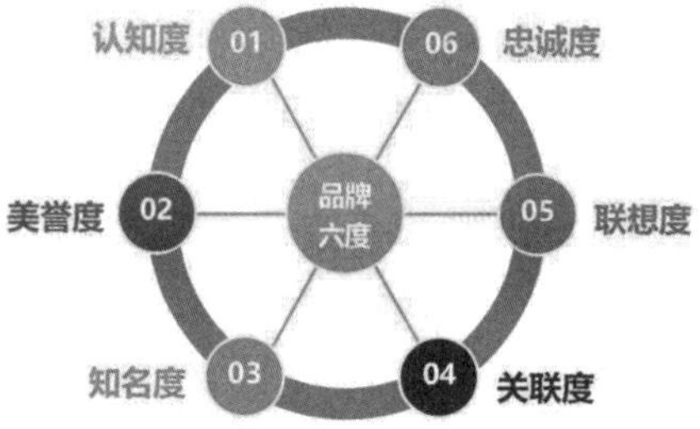

图 1-10　品牌六度的组成

蓝月亮在微信朋友圈和微博里面完成了一次消费者品牌联想和自发社会化传播。但是美中不足的是，在微信中搜索“蓝月亮”，其内容显示为空，即主品牌在微信传播领域为空白。

蓝月亮的官方微博从 2018 年 1 月 30 日就开始了各种微博玩法。笔者按照时间顺序，总结了蓝月亮的玩法，列出了如下 9 种玩法。

（1）玩法 1：结合央视新闻预热

2018 年 1 月 30 日，蓝月亮就开始结合新闻热点进行预热，希望制造话题，引起用户参与，如图 1-11 所示。

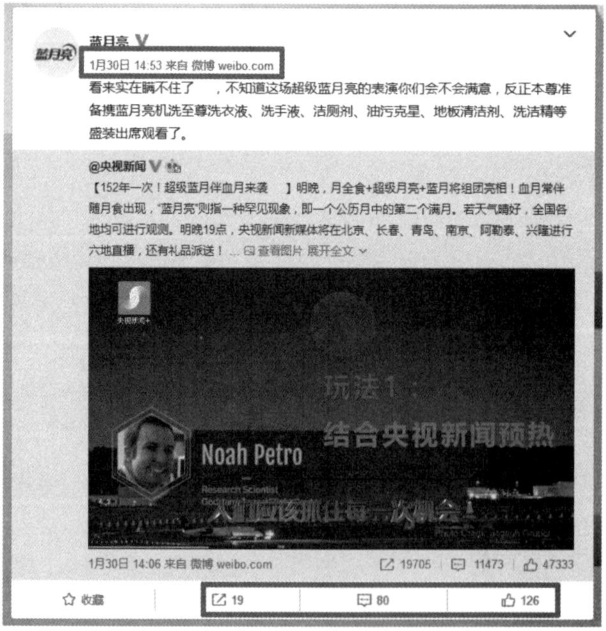

图 1-11　蓝月亮结合央视新闻预热

（2）玩法 2：与中央气象台互动

中央气象台在发布月全食的资讯时，还特意加了一张去掉广告标识的洗衣液图，并加注幽默的文案，“听说明天大家都要看我？”，如图 1-12 所示。不过大众看到该图片基本能够联想到蓝月亮洗衣液。

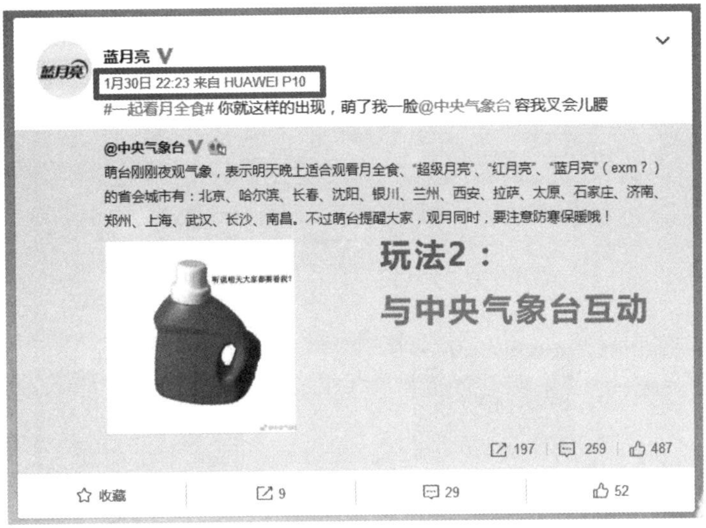

图 1-12　蓝月亮与中央气象台互动

（3）玩法 3：关注 / 转发 / 评论 / 点赞 / 抽奖

按照传统玩法套路，品牌还是希望通过利益刺激的方式，如关注、转发、评论、点赞、抽奖等，有更多的内容裂变传播，如图 1-13 所示。

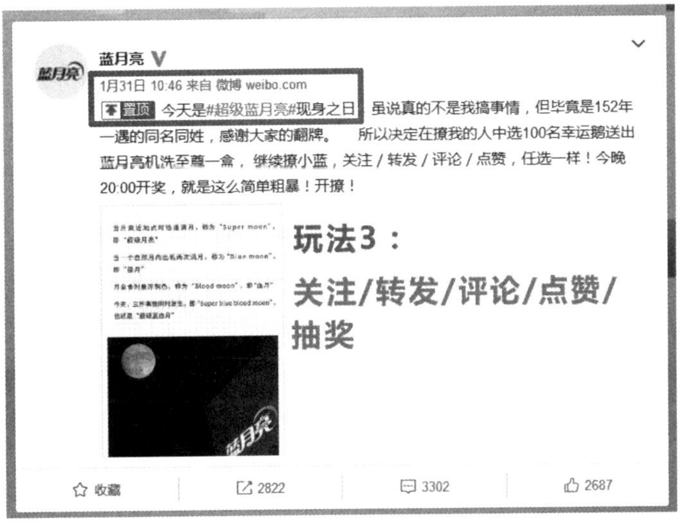

图 1-13　蓝月亮关注、转发、评论、点赞、抽奖

（4）玩法 4：转发公布中奖名单

为了彰显活动公平、公正和公开，结果公正有效，也为了吸引其他用户关注微博，蓝月亮转发公布中奖名单，如图 1-14 所示。

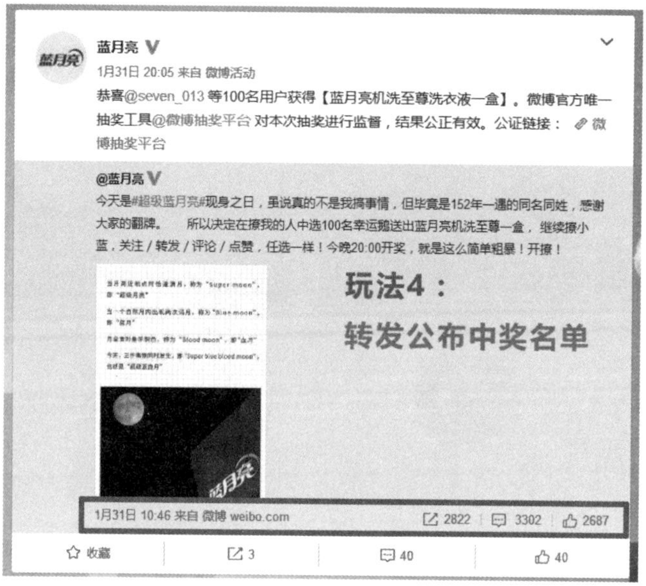

图 1-14 蓝月亮转发公布中奖名单

（5）玩法 5：品牌引导传播图

月全食开始后，蓝月亮最早在 20:37 发布“诺，这是我的蓝月亮”，并鼓励粉丝“晒出泥萌的蓝月亮”，还有抽奖奖励，奖品是蓝月亮推出的新品——蓝月亮机洗至尊洗衣液，如图 1-15 所示。

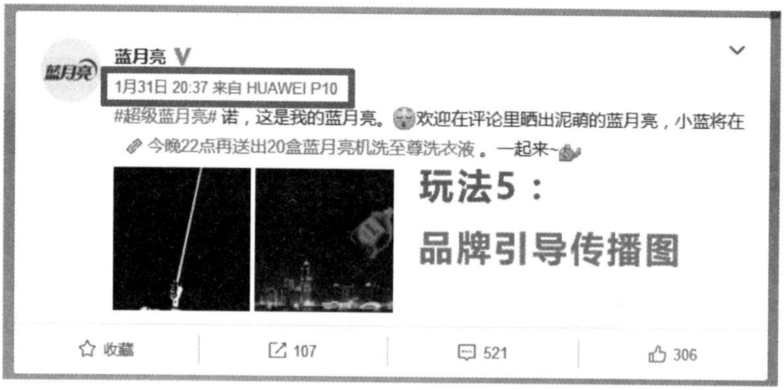

图 1-15 蓝月亮引导传播图

（6）玩法 6：品牌联合营销

品牌联合营销造势是扩大品牌影响力的有效方式之一。蓝月亮在发布图 1-16 所示微博前，与相关品牌官方微博负责人都联系好，约定发布时间和发布内容，并提供赞助礼品。

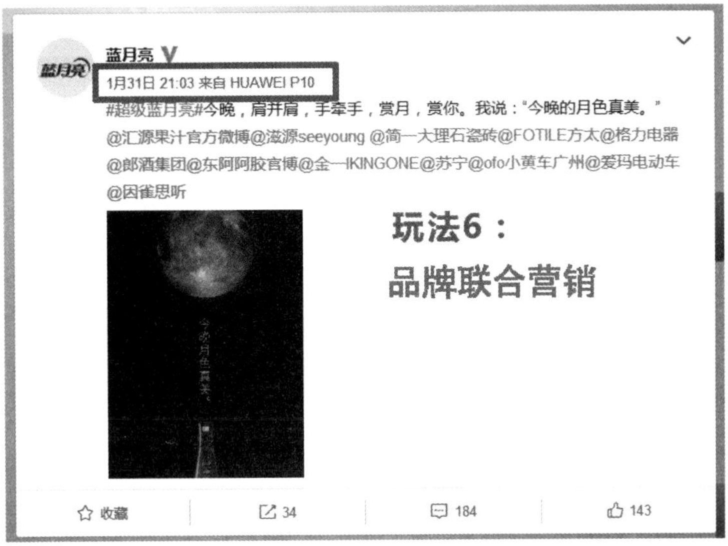

图 1-16　蓝月亮与多品牌联合互动

在参与互动的品牌的官方微博中，每个品牌发送 2 张图片，1 张为与蓝月亮内容运营人员对话的图片，1 张为品牌自身的海报图，以百雀羚官方微博“因雀思听”为例，如图 1-17 所示。

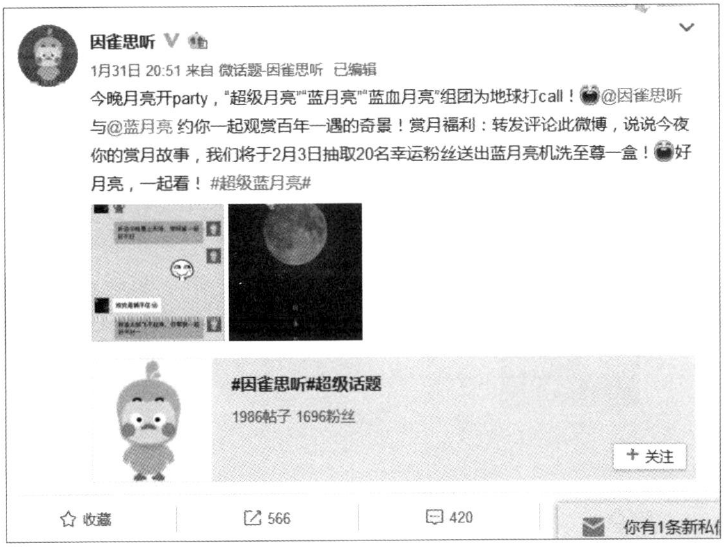

图 1-17　蓝月亮与百雀羚互动

在微博中，百雀羚还晒出与蓝月亮内容运营人员的微信聊天记录，以及表情包的应用，增加了内容的互动趣味，如图 1-18 所示。

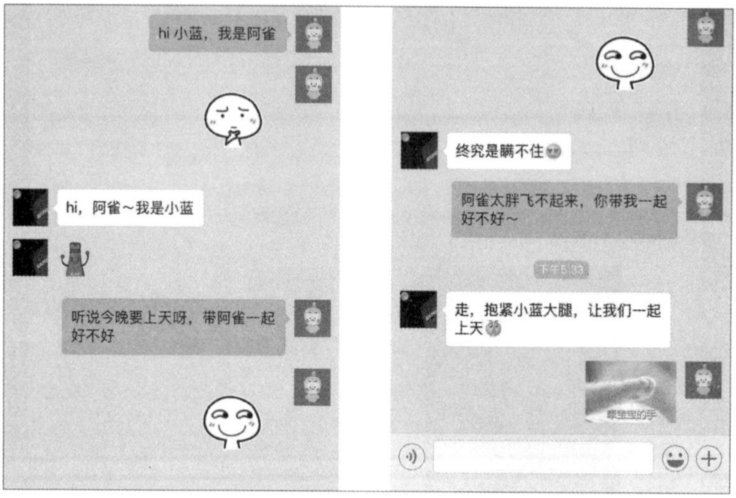

图 1-18　百雀羚与蓝月亮内容运营人员的微信聊天记录

（7）玩法 7：结合产品发动 P 图

我们讲内容营销，最终的目的还是提高销售额，只不过在这个过程中，可以做得更加有趣味性。

在 1 月 31 日 23:01 的时候，蓝月亮官方微博发布“最新一代蓝月亮至尊洗衣液素材都给大家准备好了，不服来 P”，号召粉丝参与全民 P 图，并约定时间，在 2 月 5 日上午 11:00 选出 20 个作品送出奖品，如图 1-19 所示。

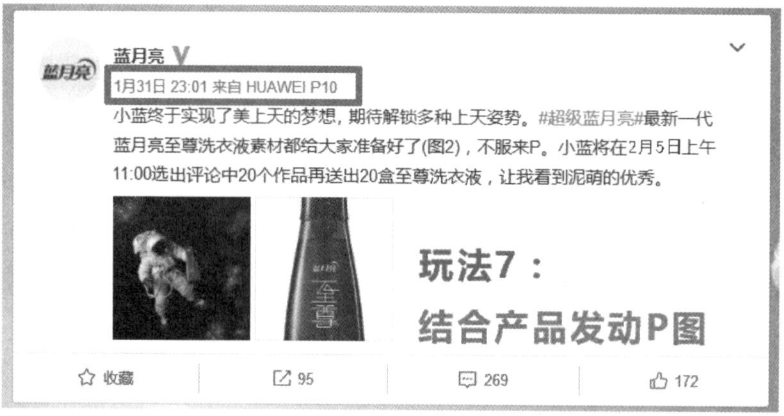

图 1-19　蓝月亮结合产品发动粉丝 P 图

（8）玩法 8：零点和粉丝说晚安

2 月 1 日凌晨，当大家热热闹闹见证完月全食后，一切归于宁静，这个时候做个结尾总结“感恩有你，今夜好梦，你的洁净守护蓝跟你说晚安”，与粉丝互动，也是个不错的方式，如图 1-20 所示。

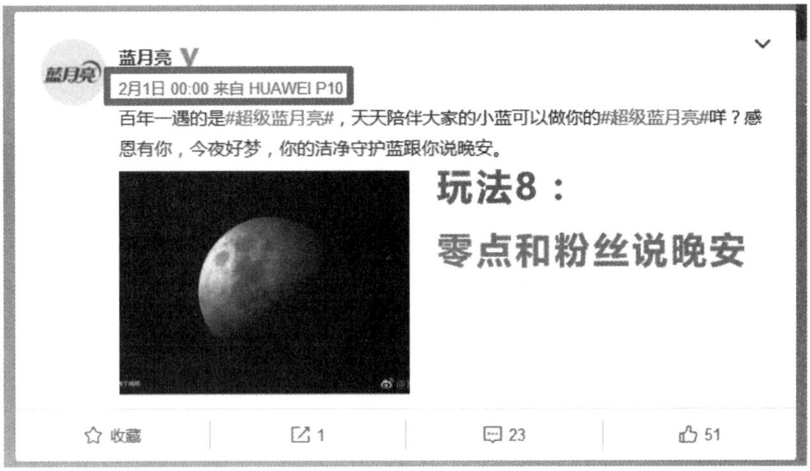

图 1-20　蓝月亮零点和粉丝说晚安

（9）玩法 9：品牌形象代言人互动

2 月 1 日上午 9:26，彭于晏发了一条微博“虽然在 1866 年错过了你，我们最终还是相遇了，我没看到蓝，也没看到红，但是我看到了月亮，很高兴认识你，我是艾迪彭”，如图 1-21 所示。

文章来自 vivo X20 全面屏手机，为手机品牌做了广告。而蓝月亮官方微博在相隔 10 分钟的 9:36，转发了此条微博，有意思的是蓝月亮此前官方微博显示的手机型号为华为（HUAWEI）P10。

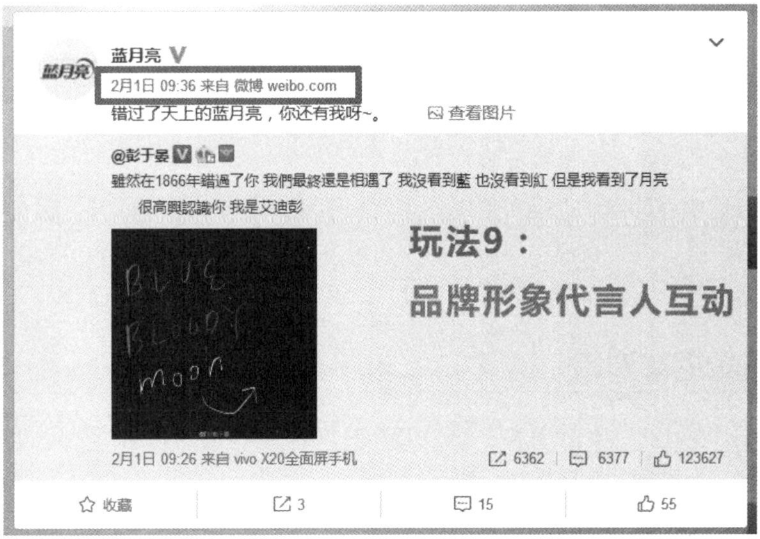

图 1-21　蓝月亮品牌形象代言人微博互动

最后谈到内容营销，天猫是蓝月亮销售的主要线上渠道，其在微博的多种玩法也应用到了微淘中，通过内容的输出和与粉丝的互动，实现了销售引导转化，如图 1-22 所示。

图 1-22　蓝月亮官方旗舰店微淘发布内容

综上所述，除了引导粉丝在朋友圈形成趣味自发传播，笔者只粗略统计了蓝月亮在“超级蓝血月全食”天文事件中的 9 种内容营销玩法。内容营销玩法有很多种，还包括制作短视频或进行视频直播。商家需要借鉴别人家的玩法，结合自身品牌及店铺的情况，找到合适的玩法，并坚持下去，进行效果分析，从而不断优化。

1.4　微淘运营四大思路转变

阿里巴巴集团 CMO 董本洪说，“互联网不是一种技术，而是一种思想，当我们谈超级用户思维的时候，不仅仅是从词语分量上强调对用户的重视，还是一种思想层面的改变，对整个组织、人才、思考、战略都要进行调整”。

微淘运营既是内容运营，也是人群用户运营和活动运营等的综合运营。运营微淘需要调整以往运营店铺的思维，具体来说主要通过四大思维方式进行调整：从流量运营到用户运营，从产品营销到情感营销，从媒体推广到社会化推广，从粗放经营到精细化运营。

1.4.1　从流量运营到用户运营

2018 年 4 月 26 日，董本洪在天下网商主办的 2018 新网商营销大会上，分享了在新零售背景下，市场营销到底该怎么做及超级用户运营策略。

在董本洪看来，如果今天还是单靠流量运营品牌，那么营销力量是不够的。消费者分层的意义在于，要发现消费者所处的位置，然后需要配合不同的运营方式。

谁是品牌的超级用户？超级用户等于付费会员吗？在董本洪看来，超级用户有着更为丰富和立体的面貌，主要包括高净值用户、高价值用户和高传播力用户。

“流量运营是线性的、可预测的”，董本洪说，“无论是投钻展、直通车，还是参加天猫超级品牌日和天猫小黑盒，投入后一定会有非常确定的回报。与之相对的是，用户运营是非线性和发散性的”。

如果今天还是单靠流量运营，那么营销力量是不够的。董本洪说，“以前，我们对消费者所知太少，甚至只对目标用户做一番假想：女性，20～40岁，一线城市，本科及以上教育程度，家庭年收入为50万元等”。董本洪还说，“还有很多品牌对目标用户的分析，停留在这样的阶段”。

我们曾经做过一个针对怀孕妈妈的营销产品，但最后发现，消费者反映最多的却是男性。董本洪说，“用户运营是发散的，是对用户的深度理解。今天，在阿里巴巴数据可视化的全链路生态下，品牌可以通过数据分析，不断重新定义目标用户”。

“这不是说流量运营不重要了。流量运营还是要做，但要从流量运营升级到会员运营”，董本洪说。

1.4.2　从产品营销到情感营销

现代营销学之父菲利普·科特勒教授把营销的演化划分为四个阶段——“以产品为驱动”、“以消费者为驱动”、“以价值观为驱动”和“以自我实现为驱动”。

1. 营销1.0时代：“以产品为驱动”

营销就是纯粹的销售，营销成为一种说服的艺术，主要为销售产品服务。

2. 营销2.0时代：“以消费者为驱动”

企业不仅要注重产品功能，还要为消费者提供情感价值，让消费者了解产品背后的故事，为消费者提供独一无二的功能和情感的价值组合。

3. 营销3.0时代：“以价值观为驱动”

消费者是有独立思想、心灵和精神的完整个体。企业的盈利能力与社会责任感及其所宣扬的价值观息息相关，“交换”与“交易”被转化为“互动”与“共鸣”。

营销的价值主张从功能与情感的差异化，升级为精神与价值观的相适应。

4. 营销4.0时代：“以自我实现为驱动”

在物质过剩的时代，马斯洛需求模型中生理、安全、归属、尊重的四层需求相对容易被满足。

在天猫智库讲“双11”系列课程“大促前如何利用顾客成交”时，笔者曾将马斯洛需求模型进行延伸，探讨消费者到底需要什么，如图1-23所示。

在物质需求时代，人们追求温饱等初级阶段的基本功能消费，主要考虑的是质量和成本，对应产品的基本使用功能。后期开始关注产品能够提供安全保障，寻求稳定，不轻易替换熟悉的产品。

» 关注需求>需要什么

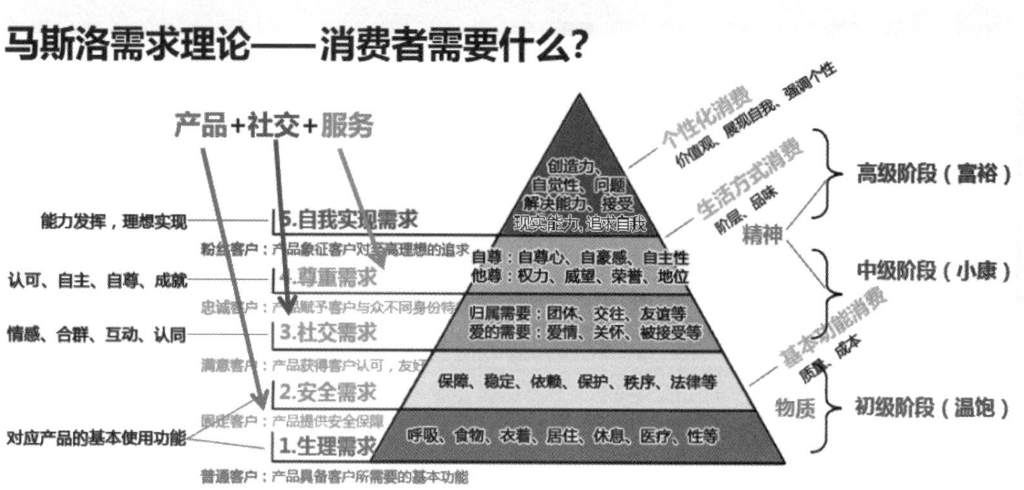

图 1-23　马斯洛需求理论中消费者的需求

随着社会经济的发展，人们开始关注除满足产品和安全外的社交需求，需要情感共鸣、参与、互动和相互认同，因为大众都有归属需要和爱的需要。

在社会交往过程中，人又产生了自尊心，每个人都有自尊心、自豪感和自主性，需要被认可，需要有自主追求，在权力、威望、荣誉和地位上有所成就。

当物质与精神发展到高级阶段后，社会进入“消费升级”层面。在该层面，不只是产品功能的升级，还是关于消费者生活方式和价值观的升级，用户需要找到自己的圈层和价值观，展现自我，实现个性，发挥能力和实现理想。

当营销从 1.0 发展到 4.0 阶段，自我实现成为消费者的现实诉求，科特勒认为新时代的营销需要非常重视企业和消费者的关系。在营销传播中，不能和以往一样单向地对消费者进行产品信息传递，而是应该关注与消费者的互动交流。

伴随着市场经济的发展，科学技术的进步，营销理论还会有新的演化。作为商家，在内容运营上，需要找到适合自身的营销策略，以指导其在微淘内容创作和粉丝互动中的应用。

曾任阿里巴巴 CEO 的张勇表示，从运营商品到运营内容，手机淘宝在从最大商品市场发展为最大消费者社区的过程中，抓住的第一个群体是年轻人——无线时代的原住民。手机淘宝将推动形成一个个围绕时尚潮流、数码玩家、电竞世界、体育迷、军事迷等各种主题的小社区。

张勇说，“同时充分利用优酷、微博、阿里妈妈、阿里影业和微淘等阿里生态圈的内容，紧密打造从内容生产到内容传播、内容消费的生态体系。商家从运营流量转变为运营内容，通过对人的关注，对内容的创新，获得顾客，建立口碑，最后形成牢固的会员关系”。

1.4.3　从媒体推广到社会化推广

《哈佛商业评论》曾经发表了一篇主题为“传统营销已死”的文章，该文章指出在移动互联网时代，传统的广告宣传、公共关系、品牌管理及企业传媒等营销手段已经失效，或许有些企业还未意识到这一点，但实际上，很多传统的营销架构只剩下“躯壳”了。基于同伴影响力和社区导向的新型手段，将在企业营销中发挥重要作用。

供职时在 Facebook 全球营销解决方案部的尼萨 • 科斯汀表示，社交媒体改变了人们搜索与分享信息的方式，也改变了人们做出一次购买决策的方式。营销主们必须意识到，如今已不是消费者“考虑”和“购”时代了，消费者对产品和品牌的“评价”和“拥护”成为影响购买环节的重要因素。

2018 年 8 月，凯度集团发布了《2018 中国社会化媒体生态概览白皮书》，总结了中国社会化媒体发展现状、社会化媒体主要渠道等。目前社会化媒体主要以用户关系和平台内容为基础，以核心与衍生两种社会化媒体为主要表现形式，如图 1-24 所示。

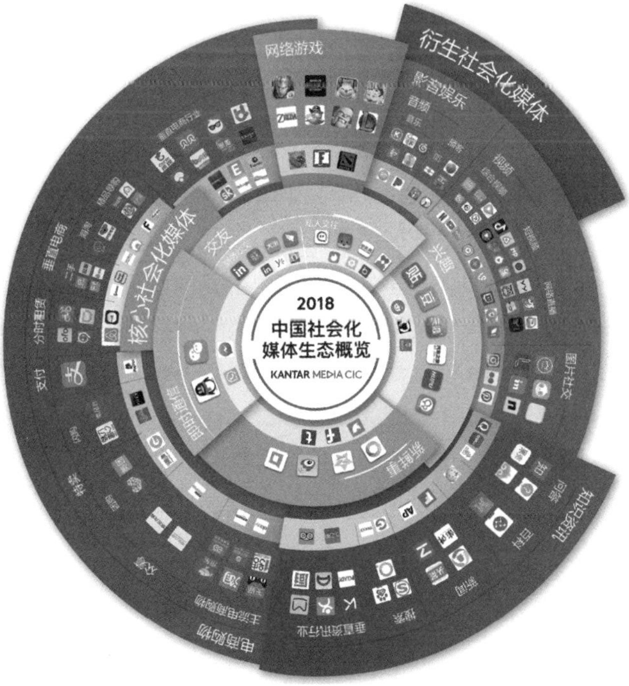

图 1-24　2018 中国社会化媒体生态概览

核心社会化媒体的主要作用是增强人际关系，用户通过核心社会化平台交换各自的生活信息或其他信息。核心社会化媒体包括以交友（钉钉、陌陌等）、兴趣（贴吧、豆瓣等）、新鲜事（微博、QQ空间）、即时通信（微信和QQ等）为目的的线上平台。

衍生社会化媒体的主要作用是帮助平台增加黏性，提升流量。用户从内容生产者处获得更加个性化的信息，以进行更好的决策。衍生社会化媒体包括电商购物（淘宝、京东等）、知识资讯（知乎、百科等）、影音娱乐（QQ音乐、虾米和抖音等）和网络游戏四大部分。

微淘作为淘宝电商购物中的公众平台和社会化媒体，可以帮助品牌和商家传递品牌故事和店铺故事，扩大认知度和知名度，提升流量。同时它也能辅助消费者了解更多的产品信息、资讯信息、活动促销信息及通过盖楼、投票、征集等玩法深度参与商家的互动交流活动等，从而提升店铺、平台对用户的黏性。

1.4.4 从粗放经营到精细化运营

从2003年淘宝创立至今，电商行业竞争日趋激烈，过去依靠经验、依靠感知、依靠个人决断力、缺乏大数据指导的粗放型经营已经很难适应日新月异、迭代变化的电商发展形势。

越来越多的商家意识到逐步提高运营效率和管理能力、实现精细化运营是实现生存和保障发展的重要经营和管理方式。因此，数据成为电商商家从粗放型经营转变为精细化运营的关键。

无论是大商家还是中小商家，都可以借助阿里巴巴提供的数据，对平台海量的消费数据进行统计和分析处理，通过精细化市场分析、产品生产分析、销售分析和内容分析等，提升运营效率，发挥数据的助推作用，改变过去野蛮粗放经营的状态。

供职时任第一财经数据负责人黄磊就曾表示，“大数据不是大公司的专利，而是小公司的福音。作为一种公共资源，大数据要帮助中小企业看清全局，帮助这些企业把有限的资源配置到合理的位置；要告诉创业者他的发力点在哪里，变革点在哪里，把有效的资源配置到合理的位置，解决生存和发展的问题，通过数据赋能来降低创业、创新的门槛”。

在运营微淘的过程中，除了每天坚持创作原创内容，商家也需要利用生意参谋、阿里创作平台、客户运营平台和达摩盘等阿里数据工具，完成以下数据分析工作。

①采集阿里创作平台人群标签中的基础属性、消费行为和兴趣偏好等数据；

②构建微淘读者、粉丝、访客和成交客户等人群画像；

③根据人群画像数据制定营销策略，实行消费者分层；

④根据数据分析结果，针对读者粉丝进行店铺内容风格定位；

⑤建立微淘小编和粉丝的人格化昵称；

⑥制定每月、每周，乃至每个季度和每年的内容规划和排期；

⑦在创作微淘内容的同时，建立阿里创作平台数据统计表，统计内容分析；

⑧统计用户分析中的读者和粉丝分析，同时建立粉丝互动活动规划表和统计表；

⑨分析每周和每月的微淘数据，及时发现问题、寻找原因、提出解决办法；

⑩建立一套完善的微淘数据和内容运营及粉丝互动 CRM 管理体系。

具体数据表格在第 7 章有相关分析，商家可以根据具体内容，制定微淘数据统计和分析表格。

1.5　玩转微淘运营六大秘籍

2016 年 3 月 1 日，时任阿里巴巴集团副总裁靖捷在杭州阿里巴巴西溪园区举行的“2016 天猫全球商家大会”上，分享了“赢在天猫、玩转阿里”的六大秘籍。

“得消费者得天下”，商家的信誉主要来自消费者渗透率的增长和品牌忠诚度的提升，盈利主要来自运营效率的提升。受其启发，笔者总结了玩转淘宝运营的六大秘籍，并于 2016 年 10 月，在电商在线发表《内容架构逐渐清晰，教你 6 招秘籍玩转微淘》文章。

为了方便大家理解其中的六大秘籍，笔者将其做成思维导图（见图 1-25），解析其中的主要内容。“思路决定出路，布局决定结局”，对于商家而言，从阿里的每一次变革中了解淘宝网的趋势和走向意义深远。

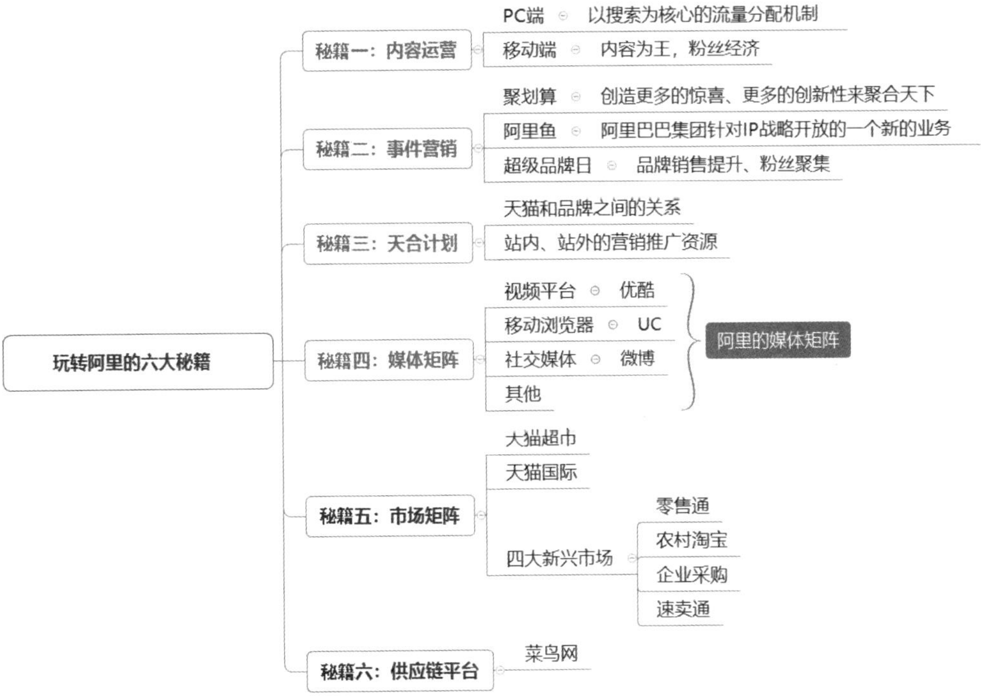

图 1-25　玩转阿里的六大秘籍

从内容运营的角度出发，我们可以重点研究其中的前四大秘籍，即内容运营、事件营销、天合计划和媒体矩阵。另外，天合计划有一定的广告资源置换费用，目前来讲适合有一定资金和广告预算的品牌商家。

“内容与粉丝和流量之间的关系到底是什么？”靖捷说，“如果你真的了解你的人群，‘90后’也好，‘95后’也好，你的内容是能够引起他们的兴趣的，他们愿意去交互，也愿意去分享。内容越好，粉丝越多；粉丝越多，也就会带来更多的流量”。这样的逻辑在原来的PC时代是不适用的。

2016年10月18日，笔者在电商在线发表了《内容架构逐渐清晰，教你6招秘籍玩转微淘》文章，该文章讲述了做好微淘的战略和策略。在2019年的变化基础上，文章有删减和更新，思维导图全部更新。

2016年1月5日，时任阿里巴巴集团CEO张勇召开了主题为“创变未来”的管理者内部会议，分享了阿里零售业务升级路线图。

在解读2016年阿里电商四大方向十六字方针“聚焦体验、繁荣生态、赋能商家、消费升级”时，张勇对“赋能商家”方针提出了几点要求，其中之一为“我们怎么帮助商家去建立一个广播和订阅机制，进行微淘运营”。

与微博、微信等社会化营销“利器”相似，微淘也有着其运营战略规划、运营思路和策略。微淘作为粉丝运营的核心阵地和消费者二次回访的入口，其内容运营可以强化卖家品牌粉丝黏性，最终实现店铺的销售变现。

玩转微淘有很多种方式，正如“战术有千百种”。如何玩转微淘，可以从图1-26所示的六个方面着手。

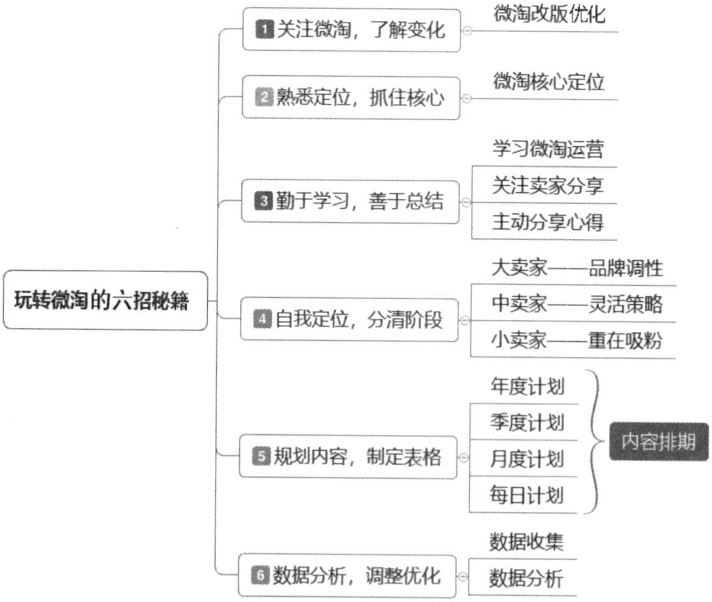

图1-26　玩转微淘的六招秘籍

1.5.1　关注微淘，了解变化

微淘经历了多次改版，以期不断地探索内容展现形式和粉丝互动运营玩法。虽然我们不能查阅微淘整体浏览转化的具体数据，但是从每一次的改版中，我们大体可以看出以下三点。

首先，微淘保留下来的模块一定是有效果的，需要我们在运营和策划当中重点关注和加以利用。

其次，被取消的模块可能是关注的人少，或者与前面的模块有重叠的部分。为了突出关键部分，很多模块被取消了。

最后，微淘新加的模块在某种程度上来说是一种新尝试，如何抓住早起红利，至关重要。

1. 2016 年微淘 3 次改版（见图 1-27）

在 2016 年微淘 3 次改版中，看过不少关注的店铺后，笔者在朋友圈问了三个问题——“你辛辛苦苦发了内容，粉丝为什么不愿与你互动？”“以目前的无线团队配置，内容、新媒体策划可有专人负责？”“现在微淘讲粉丝，可以说是泛粉丝概念，谁是你的粉丝？”。

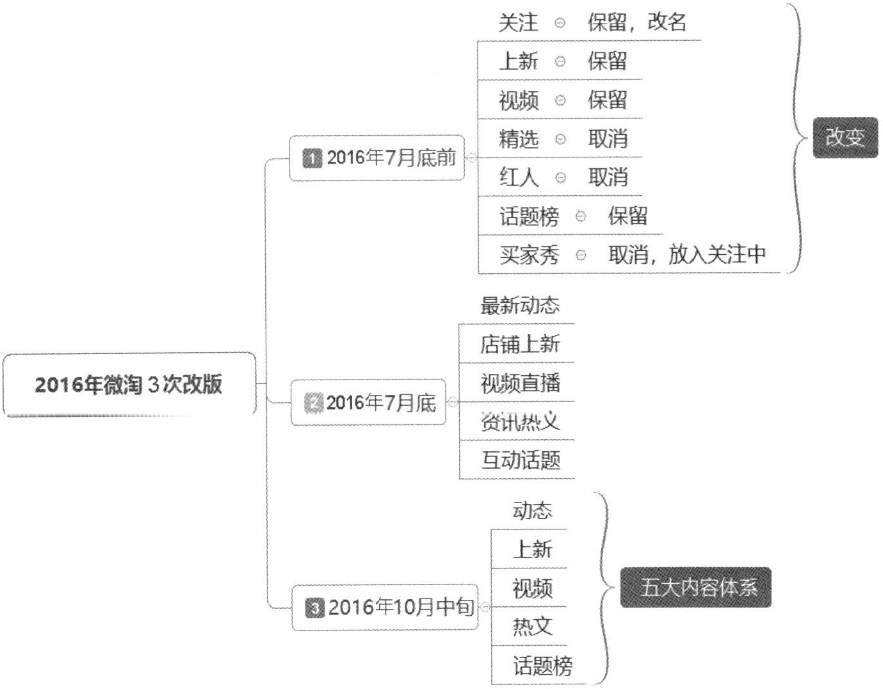

图 1-27　2016 年微淘 3 次改版

2. 2017 年微淘改版（见图 1-28）

2017 年 9 月 5 日，根据微淘变化，笔者在内容营销研习社公众号上发表《微淘 9 月改版 7 大变化，划分关注和发现两大体系》文章，文章中涉及的七大变化如下。

变化 1：UI 设计改变；

变化 2：划分关注和发现；

变化 3：名称改变，取消热榜；

变化 4：新增特别关注达人；

变化 5：发现以短视频为主；

变化 6：微淘故事单成频道；

变化 7：用户可以选择屏蔽取消。

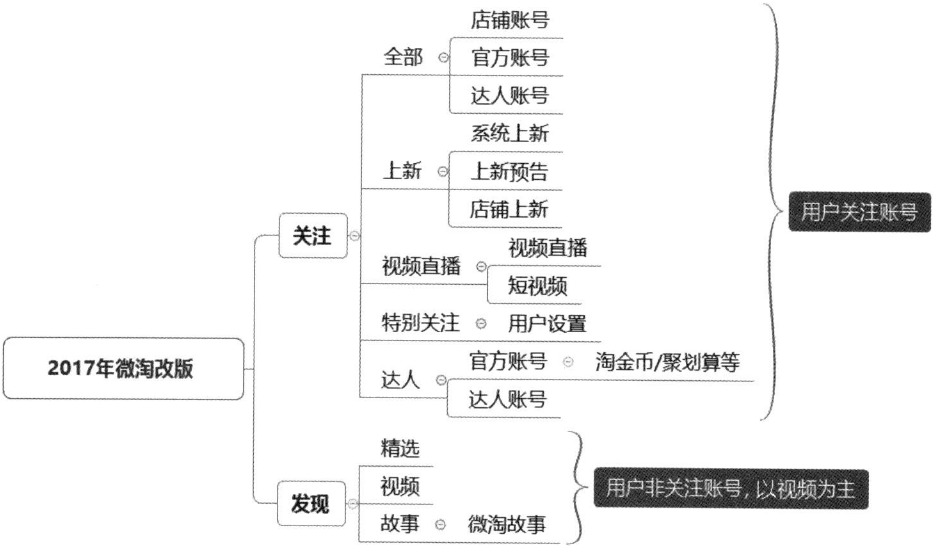

图 1-28　2017 年微淘改版

3. 2018 年微淘改版

2018 年 5 月 4 日，笔者在内容营销研习社公众号上发布《微淘 5 月最新改版，重点关注 8 大变化》文章，该文章讲述了手机淘宝新版来袭，微淘、品牌号全面升级，将为消费者带来更好的体验。更新后的微淘主要以“关注 + 推荐 + 上新 + 垂直渠道”为主，商家需要重点关注八大变化。

升级后，微淘的账号角色依旧以淘宝天猫商家和达人为主；在内容生产方面，需要根据商家自身的情况，选择是自主生产内容，还是与达人结合，通过内容提升店铺流量。

变化 1：关注和发现两列合二为一；

变化 2：重点频道为“关注 + 推荐 + 上新 + 垂直”频道；

变化 3：取消视频直播，融入关注频道；

变化 4：取消特别关注和达人频道；

变化 5：取消发现精选频道，变为推荐；

变化 6：取消发现视频频道；

变化 7：垂直频道展现形式变化；

变化 8：微淘店铺位置调整。

1.5.2 熟悉定位，抓住核心

结合目前微淘的发展方向，在日常发送微淘内容的时候，商家需要思考发送的微淘内容消费者是否喜欢、是否符合消费者对内容消费的需求、是否是精心策划出来的内容（目前很多商家没有专门的内容策划编辑人员）。

笔者发现很多商家发布的内容形式比较单一、没有创意（以发布商品为主），浏览量比较低，评论数比较少，互动效果不尽如人意。

从过去到现在，移动互联网环境一直在改变，手机淘宝和微淘亦随之改变。作为商家，唯有抓住变化，紧跟时代的主旋律和节奏，才能在淘宝天猫运营中，抓住早起红利，掌握更多的流量。

商家通过无线工具、粉丝互动和多媒体视频等内容运营和营销方式，在增加粉丝数量的同时，逐渐提升粉丝黏性，而这一切与运营人员策划好微淘内容息息相关。

1.5.3 勤于学习，善于总结

要想做好微淘，需要不断实践、探索和创新，也需要不断学习，探究其中的玩法和关注微淘的最新变化等。关于微淘的研究，笔者查看了很多材料。

零散资料包括微淘是什么、微淘热门搜索、做好微淘 8 字箴言、微淘运营推广、微淘增粉经验、微淘是如何带来流量的、合理利用微淘营销为“双 12”造势、微淘发表访问数据等内容。

根据自身店铺情况，各位淘宝天猫运营人员为了更好地玩好微淘，需要不断学习，扩充自己的知识体系，而且重在落地应用。只有把微淘内容运营好，写粉丝喜欢看、愿意分享的文章，店铺粉丝黏性才会增强，相应地才会涉及最后的粉丝变现。

2015 年“双 11”结束后，很多淘宝天猫商家分享了他们运营微淘的心得体会，如毛菇小象、七格格、歌瑞尔、宝洁等。2016 年微淘部门开辟了淘宝论坛征集案例专栏，Kappa、巴拉巴拉和 ABC 等品牌都分享了各自运营微淘的心得。各位商家如果有时间，可以搜索查看，相信对于以后如何玩转微淘和经营粉丝有所帮助。

除了学习，对于自己店铺的微淘也需要定期进行数据分析和总结。例如，笔者在运营微淘时，会定期制作 PPT，制定年度微淘战略规划，对店铺粉丝人群等进行定位，对微淘粉丝、访问 UV、引导成交 UV 和互动效果等数据进行总结分析，及时关注微淘最新动态及未来发展方向，不断地做出回顾、总结和展望。

1.5.4 自我定位，分清阶段

讲到定位，可能涉及的面比较广，由于后面章节将会详述，在此主要从店铺定位、人群定位、内容定位和产品定位四个主要方面说起，具体内容如图 1-29 所示。

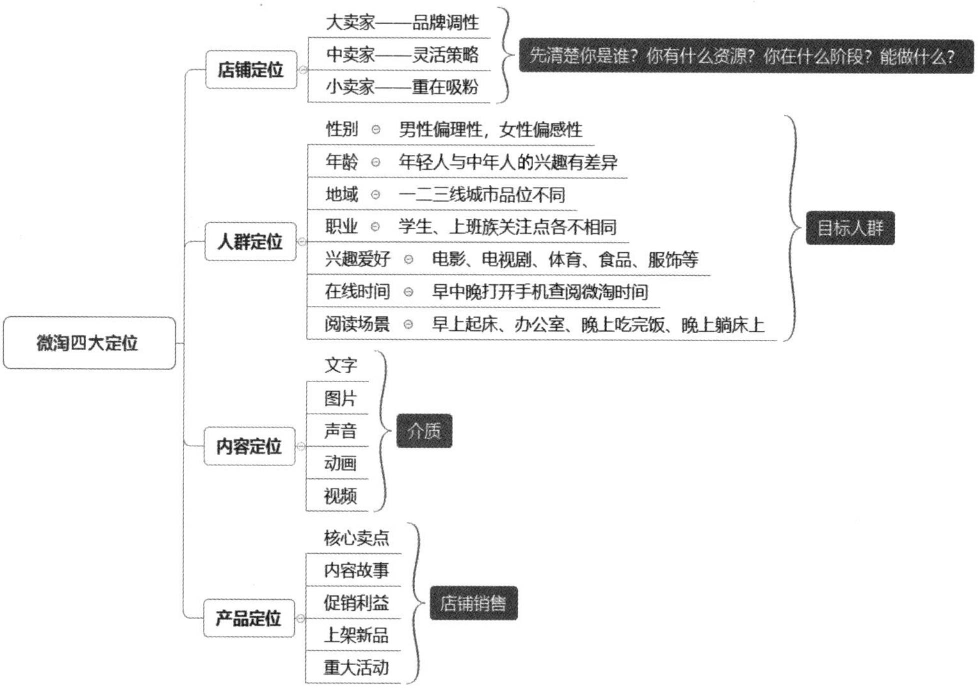

图 1-29 微淘四大定位

1. 店铺定位

店铺定位主要基于卖家层级、品牌发展大小，不一样的等级所掌握的资源、电商团队规模、营销投入是不一样的。市场营销需要资金的支持，也需要好的策划创意。

大卖家、大品牌在做微淘的时候，建议保持一定的品牌调性，要考虑品牌属性和中高消费者的心理诉求。

中卖家则可以采取灵活的策略，在内容选取和创意方面可以根据选题发挥，逐渐把自己转型为特色卖家，通过个性化内容吸引粉丝。

而小卖家的主要任务是先积累粉丝，攒足人气，然后根据自身团队和资金预算情况，进行微淘内容营销。

当然，适合自身的微淘玩法才是最好的。不同的卖家由于掌握的资源程度不同，需要分析自己的定位，总结规划出适合自己的微淘运营方向和策略。

2. 人群定位

在粉丝运营课堂上，对于粉丝定位和人群画像笔者讲了很多相关因素。在微淘里，重点可以关注的人群基本要素包括性别、年龄、地域、职业、兴趣爱好、在线时间和阅读场景等几个重要维度。

只有当商家清晰地了解了这些信息后，才能合理地制订计划，解决写给谁看、他们喜欢看什么的问题。

3. 内容定位

我们将内容以文字、图片、声音、动画和视频等形式进行主题营销。围绕微淘现有的五大栏目，并结合自身的店铺资源，做出相应的内容选择和定位，撰写擅长和消费者喜闻乐见的文章、九宫格、视频、话题和发布促销产品及上架新品等。

4. 产品定位

产品有哪些故事可以描述，核心卖点是什么，每一个上架新品又有什么主题，在聚划算、淘抢购、“618”粉丝狂欢节的促销信息是什么，以及有什么优惠力度，在“双 11”等重大活动中怎么分批次、分类目地去推介产品信息，这些需要商家对目前的产品和即将上新的产品有相应的定位和发送计划。

1.5.5　规划内容，制定表格

生产好的微淘内容离不开科学、系统和合理的规划。微淘规划主要包括年度规划、季度规划、月度规划和每周规划，确定发布的内容节奏分明。

日常发布内容与互动内容需要相互结合。为了更好地安排每一天的微淘发布内容，微淘内容运营人员可以根据店铺自身情况，制订每周内容发布计划。

1.5.6　数据分析，调整优化

在制作天猫商略汇千牛直播分享 PPT 时，笔者曾在朋友圈中说，“天地万物，道生一，一生二，无限衍化。微淘聚集了卖家核心阵地、二次回访入口、内容强化黏性和无线场景营销等多种‘洪荒之力’，如何玩好微淘需要品牌布局规划，管中窥豹，抛砖引玉，不断探索”。

很多商家不知道在微淘栏目中应该写什么。其实，围绕微淘栏目，我们可以撰写出无数内容，最主要的是需要商家找到适合自己的内容并长期坚持下去。关于合适的内容，也需要结合店铺数据进行定期分析，查看基本数据情况和内容评论、点赞及互动等情况。

关于微淘数据，除了收集整理相关基本信息，还需要对这些信息进行加工。笔者在运营微淘时，会经常拉取其中的数据，制作柱形图、折线图和饼状图等，通过对比整理，发现存在的问题和找到解决的方法。以此，不断对微淘工作进行优化，对此前制定的微淘战略方针进行局部调整。

第 2 章 微淘五大价值意义

在淘宝网乃至整个电商界都流行着一个万能公式——销售额 = 访客数 × 转化率 × 客单价。对于微淘的价值很多商家没有重视，往往是因为在无数据整理和分析的情况下，对微淘的流量价值、销售价值、营销价值、粉丝价值和品牌价值等，商家没有形成系统化的认知。

2.1 微淘直接、间接、长远价值

当我们能够清晰地判断出一个人或一件事，乃至一个新生物种的价值的时候，我们往往才会敢于投入自己的团队、资金和技术等资产。当然，在这个过程中可能会成功，也可能会失败，因为营销有试错成本，任何投资都有可能失败。

但是，在这个过程中，很多早期红利也会被敢于尝试的商家抓住。所以我们会看到有的时候微淘发起的各种活动，如曾经的优选好店、造物节、新势力周、微淘粉丝打 call 团、淘宝头条亲测节等，都是部分红人店或特色卖家在积极参与。

在这里，除部分天猫商家不能报名，其他商家内容运营人员可以思考，是因为没有注意信息，还是不知道信息在淘宝论坛；是因为没有在微淘旺旺群，还是看到消息了，却看不懂怎么参与，抑或本身就没有重视这部分流量。

微淘在品牌、店铺、产品和消费者、粉丝之间构建了一座桥梁，形成了一个可以沟通和传播信息的信息层。对淘宝卖家而言，巧妙借助微淘的社交互动营销价值，可以更好地服务粉丝与消费者，传递品牌信息、优惠折扣、新品爆款和情感话题等内容。

根据笔者运营微淘的经历和讲课、调研商家微淘运营反馈，总结的微淘价值主要包括直接价值和间接价值，也可以看作短期价值和长期价值。将微淘价值细分之后又包括流量价值、销售价值、粉丝价值，以及 CRM 价值和品牌价值等，如图 2-1 所示。

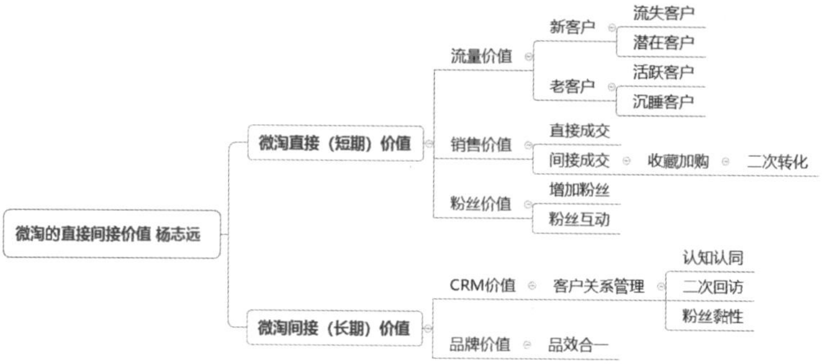

图 2-1　微淘的直接间接价值

最能体现微淘的直接和间接（短期和长期）价值的淘宝店铺案例是微淘拥有 1978 万个粉丝（截至 2019 年 4 月底）的 MG 小象欧美街拍时尚女装店铺（原名毛菇小象，后更名为 MG 小象，书中统称 MG 小象），如图 2-2 所示。

图 2-2　MG 小象欧美街拍时尚女装微淘拥有 1978 万个粉丝

从 2010 年到 2019 年，MG 小象从无到有，从有到优，在每一个阶段不断地去优化和突破，做好产品定位，做好搜索流量，积极报名参加活动，运营好微淘，把握好淘宝内容化、粉丝化和社群化趋势。

2010 年，建筑专业毕业的 MG 小象公司创始人“85 后”郑晓峰从二级建造师转行做淘宝，并将目光锁定在女装。当时的淘宝网无论是从外部环境分析还是内部环境分析，女装是最容易切入的类目。

MG 小象开始时只有郑晓峰和女友两个人的团队。他们主要在杭州四季青服装批发市场和阿里巴巴 1688 的平台上联系供应商拿货，和很多淘宝品牌店主的经历类似，起初的产品上下架、客服、详情页等工作都是他们自学的。

后来因为一家民族风店铺的帮助，他们成为该店铺的分销商，MG 小象逐渐发展壮大，他们将店铺做到了两皇冠。

2011 年，为了节省成本，郑晓峰开始联系工厂生产加工，从拿货来卖到慢慢自己生产。

2012 年底，MG 小象将服装风格定位于欧美风，欧美时尚女装正式确立。

2013 年 7 月 12 日，MG 小象正式注册“杭州默琳服饰有限公司”，10 月销量成功突破 2500 万件，“双 11”日销量首次突破 1000 万件，全年销售额总计 1.5 亿元。

2014 年，MG 小象每月的销售额为 3000 万元，年销售额达到 3.5 亿元。郑晓峰在接受媒体采访时表示，“我时常被问到未来女装怎么做，我觉得淘宝网每天都在变化，只要跟着淘宝网的变化去改变就可以做好”。

2015 年初，MG 小象由自建的设计师团队独立研发设计师款女装，吸引和沉淀了一批对设计有更高需求的粉丝。

笔者最早了解 MG 小象是通过 2015 年 11 月微淘的商家案例征集活动，当时 MG 小象的微淘负责人莫愁在淘宝论坛上发表了一篇名为《毛菇小象——原创、好图、走心，粉丝从 0 到 650 万的微淘路》的文章。

MG 小象在内容运营方面形成了自有的互动玩法，通过作为店铺和客户有效沟通“后花园”的微淘，他们用心地在这里运营好自己的粉丝，与客户发展成为很好的朋友。

2016 年，淘宝网发布的“2016 时尚榜单”显示，“理性”“个性”是“90 后”消费者的普遍特点，“90 后”不会基于炫耀心理购买大牌、奢侈品。相反，“我喜欢”“我需要”在消费决策中扮演了更重要的角色。

2016 年 10 月 10 日，MG 小象店铺粉丝突破千万。在“千万有你粉丝庆典”上，“毛菇小象”正式更名为 MG 小象，目的是把这个品牌做得更有调性。

2017 年，MG 小象连续进入类目热销 Top10 之列，且名列第五。5 月，MG 小象自豪地站上了第一的位置。

2018 年，通过查阅 2018 年 7 月 15 日生意参谋市场的商品店铺榜，MG 小象在当日的全网女装 / 女士精品交易指数中，排名第六（见图 2-3），仅次于优衣库、ZARA 等传统大牌女装。

截至 2018 年 8 月 15 日，MG 小象的微淘粉丝总数为 1780 万人，仅与韩都衣舍旗舰店的粉丝数（1786 万人）相差 6 万人，在淘宝网微淘粉丝总数排行榜中位列第二。

MG 小象的成功既与产品和供应链有关，又和其成熟的内容运营息息相关。MG 小象微淘的每日访客数超过 8 万人，观看直播 UV 的人数为 15 万～ 20 万人，与 MG 小象合作的淘宝达人超过 500 人。

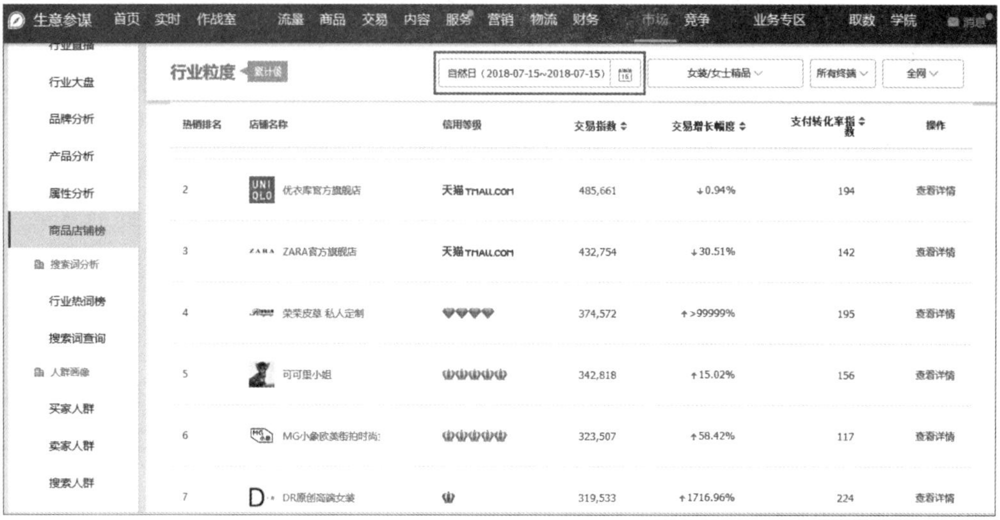

图 2-3 MG 小象 2018 年 7 月 15 日女装 / 女士精品交易指数排名第六

MG 小象微淘成就千万粉丝主要经历了两个内容运营阶段。在 1.0 阶段中 MG 小象通过大量资讯内容吸引用户，通过互动沉淀用户，洞察粉丝心理，建立信任关系，如图 2-4 所示。

在内容运营 2.0 阶段，MG 小象主推 S2B2C 模式，S 是供应链；B 包括设计师、达人、自媒体、网红和明星等；C 是平台上的内容消费者和传播者，包含 MG 小象的用户和粉丝等。

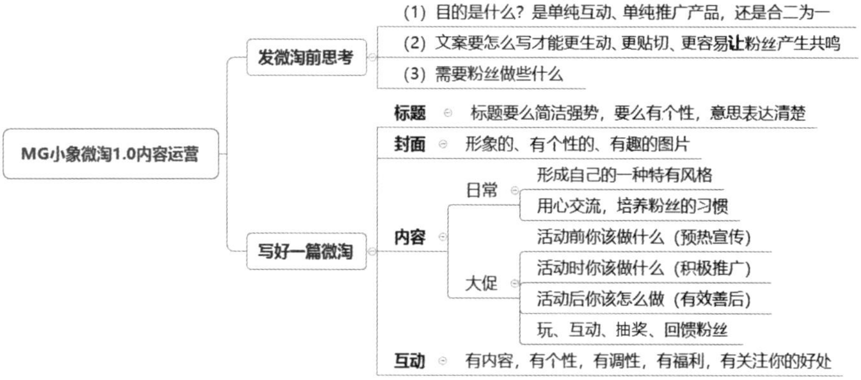

图 2-4 MG 小象微淘 1.0 内容运营

2.2 微淘新客、老客流量价值

讲课的时候，笔者经常强调位置决定流量。微淘位于手机淘宝底部导航第二的位置，每天有巨大的流量曝光。

在“生意参谋”→“流量”→“来源分析”→“店铺来源”中，可以查看和下载月度和每日数据，也可以查看微淘带来的访客数和新访客，如图 2-5 所示。

图 2-5　2018 年 7 月生意参谋中微淘访客数、新访客

2.2.1　如何引导新客户成为老客户

在日常的访问中，微淘既有老粉丝访客，也有新访客，在新用户的拉新和转化过程中，可以沉淀一批新客户，将其变为老客户。

商家可以通过一些互动活动和玩法来引导客户二次回访。目前，商家主要可以通过关注微淘享 VIP 待遇，收藏关注送优惠券，签到有礼活动，引导加购物车，微淘上新、预上新，微淘晒买家秀有礼和会员积分兑换好礼等方式转化新访客。

1. 关注微淘享 VIP 待遇

MG 小象店铺首页设置有“去微淘，享 VIP 待遇”福利，“昭昭第一时间放送潮流新品、活动福利，等你来撩”，如图 2-6 所示。

图 2-6　关注微淘享 VIP 待遇

2. 收藏关注送优惠券

收藏关注送优惠券主要通过卖家服务市场中的第三方工具，引导新访客收藏关注店铺（见图 2-7）。在新访客关注店铺之后，系统自动给予新访客优惠券。在添加优惠券的过程中，还可以引导新访客收藏和加购产品，使转化率相对提高。

关注微淘之后，系统会推荐微淘内容给新访客，为店铺提供更多的展现机会。基于关注关系的流量相对精准，能够为店铺带来一定的新老访客流量。

图 2-7 关注店铺送优惠券

3. 签到有礼活动

商家可以在店铺微淘活动中，设置签到有礼活动，吸引粉丝和新访客持续关注店铺活动。以 MG 小象为例，其在 11 月 1 日至 8 日设置“连续签到 8 天，加送 20 元无门槛券”活动，已完成签到的可以在评论中回复，如图 2-8 所示。

图 2-8 微淘连续签到有礼活动

4．引导加购物车

商家可以在店铺和微淘活动中，提示消费者参与加购物车活动（也称加购活动）。通过微淘加购活动，可以吸引一部分新访客参与。购物车位于手机淘宝底部导航第四的位置，流量和转化效果相对较好。

以 MG 小象为例，其在“双 11”前发布，加购送新衣和半价活动，每天抽取 3 位粉丝送 1 年新衣，50 个半价（指定款），参与方式为在 11 月 8 日至 10 日任意加购两款新品或指定款，然后将购物车截图上传至征集活动，如图 2-9 所示。获奖名单每天抽取，隔天公布，另外，11 月 10 日的获奖名单当天公布。

5．微淘上新、预上新

部分用户对店铺新品上架和新品活动比较感兴趣，商家可以通过微淘预告上新和已上新宝贝信息，通知用户关注；同时，可以配合上新优惠活动，如图 2-10 所示。

图 2-9　微淘加购物车有礼活动

图 2-10　微淘上新和预上新通知

6．微淘晒买家秀有礼

商家可以给予新客户和老客户一定的奖励，引导他们参与微淘晒图活动，以此，把新老客户沉淀为店铺粉丝。客户晒图可以拉近商家与消费者的距离、提高粉丝的活跃度，从而进行一些互动交流。微淘的晒图包括晒图片、晒买家秀、晒订单和晒购物车等。

“双 11”活动结束后，MG 小象征集“晒订单送柯基屁屁包”活动，在 11 月 12 日至 13 日，晒出小象家的订单，随机抽取 20 位小仙女赠送“柯基屁屁包”，11 月 14 日公布获奖名单，如图 2-11 所示。

7．会员积分兑换好礼

商家可以通过第三方工具，引导新访客参加店铺积分活动，通过积分兑换福利。以茵曼旗舰店为例，店铺设置了每日拼手气、报暗号、收藏店铺、生日有礼、投票有礼和订单兑换等多种形式换取积分，如图 2-12 所示。

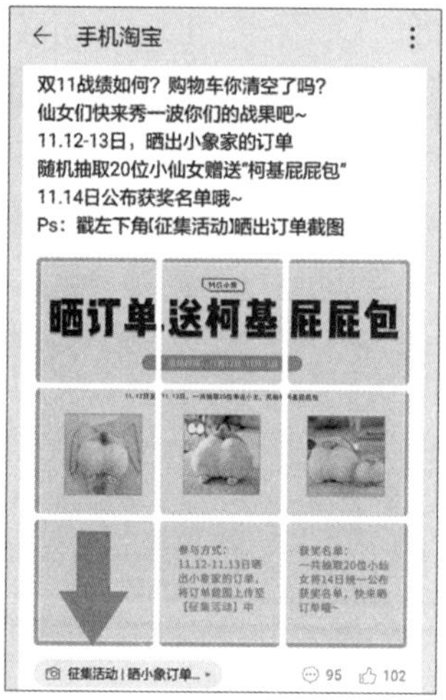

图 2-11　微淘晒图有礼活动

图 2-12　微淘会员积分福利

2.2.2　微淘如何养老客

2016 年 4 月，时任阿里巴巴商家事业部无线互动高级运营专家秦清在淘宝“无线公开课大会”上，分享了“如何以低成本抓回忠实粉丝，微淘如何养老客”。

微淘是手机淘宝中关注关系的粉丝运营阵地，用户关注商家、达人、红人等各种账号，通过他们发布的资讯、娱乐和社交类导购内容，实现更多的互动。

商家需要重视收藏店铺和收藏商品的客户，这些人相对容易发展成为商家重视的客户群体，利用微淘可以帮助商家低成本地培养忠实粉丝。

为了维系老客户，商家需要利用图文、短视频和直播等多种内容形式，提高成交转化率。这些内容形式既可以传播商品，又方便客户边看视频或直播边买商品。另外，商家可以在其中添加红包、优惠券等互动玩法。

品牌方可以效仿小米官方旗舰店，通过淘宝直播发布会，借助微淘、店铺首页和详情页，向粉丝传播品牌故事和商品故事。

2.3　微淘引导成交销售价值

微淘能够带来流量，从而带来部分销售额转化。商家通过微淘，不断地吸引新访客和老访客，聚集自己的粉丝，利用发布的微淘内容，触动来到微淘的访客，从而形成引导转化。

微淘引导销售成交价值包括直接销售额和间接销售额。所谓直接销售额是指用户通过浏览微淘内容中的产品而下单的销售额；而间接销售额是指用户浏览微淘内容中的产品，但是没有购买，而是购买了店铺中的其他产品而产生的销售额。

在“生意参谋”→“流量”→“店铺来源”中可以查看微淘所带来的访客数、支付转化率、支付金额及客单价，如图 2-13 所示。微淘的引导成交销售价值可以做每月汇总，这样更直观地反映微淘的销售价值及意义。

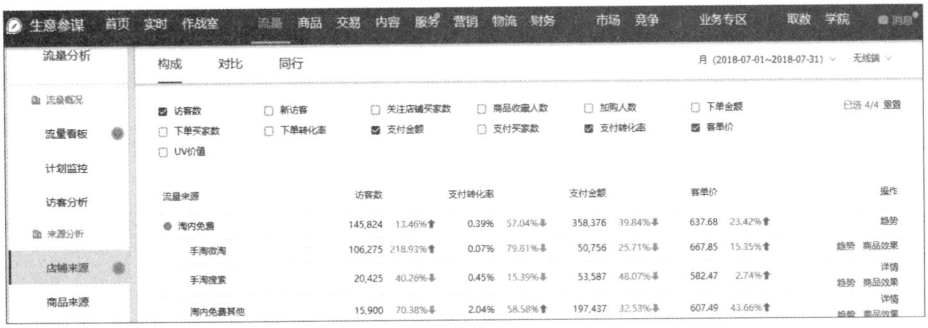

图 2-13 微淘所带来的访客数、支付转化率、支付金额及客单价

2.3.1 粉丝经济，微淘让无线成交翻倍

七格格起步于 2006 年，因创始人曹青的出生日期为 7 月 7 日，所以淘宝店铺取名为“七格格”，身边的人都亲昵地叫她格格。截至 2019 年 4 月底，七格格旗舰店微淘粉丝数为 869 万人，如图 2-14 所示。

图 2-14 七格格旗舰店 869 万个微淘粉丝

2008 年 8 月，七格格旗舰店晋升到 5 钻；2009 年从 1 皇冠升至 2 皇冠；2009 年 9 月，七格格正式注册公司，全称为“杭州黯涉电子商务有限公司”。

在七格格总结的《粉丝经济，黏性是王道，微淘让无线成交翻倍》一文中指出，虽然七格格是比较早接触到微淘的商家，但是中间也经历过微淘的大换血，中断了比较长的一段时间的维护，仅仅是每周不定时更新内容。在后来参与微淘共创后，七格格旗舰店才重拾微淘，保证每天发布内容的数量。

七格格认为，与微淘相关的所有行为其实都是为了吸引、唤醒客户并将其转化为我们的忠实客户的一种行为，特别是微淘的客户是我们的目标客户。

通过日常和大促期间的微淘运营，微淘流量在整体上都是呈上升趋势的，特别是在大促期间微淘引导的UV和引导成交增长情况会特别明显。

在微淘运营过程中，七格格微淘运营人员根据粉丝对每日发送的不同内容的响应做过观察，从动态数据来看，买家对新品及活动的敏感度比较高。

除了活动倒计时用自定义微淘直接引导进入活动页面，其他都是图文内容。因为非标品商家上新频繁，所以主要围绕上新展开微淘活动。

粉丝黏性需要一个培养的过程，需要卖家耐心地引导粉丝参与到微淘中来，并引导进店转化成交。

让买家主动评论和点赞有一定难度。为了让粉丝养成浏览微淘到店的习惯，七格格日常的微淘运营已经基本形成一种定式——新品揭秘 + 上新日倒计时 + 热卖榜单 + 周末粉丝专享活动 + 其他不定的内容。在活动期间，七格格的微淘运营一般还会配合活动解读、抢购攻略、倒计时提醒等。久而久之，一大批粉丝已经能够经常到店互动，无论是评论数还是点赞数都在不断地增加。

七格格每次做互动有奖的活动时，都会秉着公平公正的原则来发奖，活动前说明参与及中奖方式，活动后及时公布数据，遇到粉丝在微淘中提出的问题，都会在当天或第二天马上开贴统一回复。

从最初活动有粉丝认为卖家作假，到现在每次活动发奖时没中奖粉丝会淡然并称下次努力等，甚至在新粉丝有些谩骂等情况时，有些粉丝会主动在微淘上帮忙解释、回复，这种回复比自己回复更真实有效。

而有人说“我们也在做新品预告为什么效果不好呢”。新品揭秘应选取好的款式去做卖点分享，因为大家都知道无线这一“弹丸之地”所能承载的东西很少，有时候详情页的图片并不能展示得那么全，所以在微淘上将卖点做重点说明，有助于买家对产品进行了解，提高成交转化率。

在“双11”期间，七格格微淘运营主要以活动告知、解读，以及与粉丝互动、粉丝问题解答为主。

1. 预热期

（1）官方预售

“双11”预热期间，七格格微淘运营配合官方的节奏展开，10月中旬开始预热官方预定的活动，仍旧是剖析某些款式，解读预定定金两倍抵现的活动优点，分次在合理时间去“轰炸”买家。从“双11”预售总数据来看，效果还是很明显的。

（2）新品预告 + 粉丝互动

10月下旬，七格格微淘运营开始全面预热“双11”的新品，引导买家喜欢就去加购收藏，还是围绕某些主题分款分次预告。

除了促销活动，七格格微淘运营还在做一个品牌活动“最格粉”——盘点“最”，不论是睫毛最长、肚子最大，还是字写得最漂亮、长得最好看，只要粉丝敢晒、敢说，七格格就敢盘点，并公开投票送礼。

在一切为了销售的“双 11”，增加温情互动，反而会有更好的反响，卖家不仅卖货，与买家还是朋友，这更能拉近与粉丝的关系。

（3）店铺活动

直到 11 月初七格格微淘运营才开始正式预告店铺活动，省钱攻略则是做得比较有趣的内容，文案也增加了趣味性及可读性。无线内容字多无益，因为买家不一定会认真阅读，所以多用图或数字来表达内容更加直观。

而在 10 日，七格格微淘运营主要提醒买家自助购物，活动倒计时则告诉买家如何省钱和抢货。

2. 活动当天

11 日七格格微淘运营人员抓住粉丝兴奋点和时间点去做微淘发送：凌晨 3 点，抢货抢得差不多了，那么就要为早起的粉丝准备好最抢手的货，微淘运营人员可以做一个榜单引导。

通常下午是无线的疲软期，所以卖家会追加福袋活动如 3 件 99 元，刺激买家。晚上 9 点则是通过发“双 11”快讯再次推倒计时活动，如满 300 元送 300 元，借助官方快讯，扩大曝光。

“双 11”当天的最后半小时针对老客户再推最后一个福利，曝光量会超过想象，因为在最后半小时很多粉丝都是相对疯狂的冲动消费者，此时发一个力度较大的活动能推起最后的小高峰。不过这时候的微淘运营一定要直击粉丝利益点，才能有成交转化。

3. 收尾期

在 12 日的凌晨 2 点，微淘运营人员会发布一些感性的文字，以及大家最关心的发货现场图，大多数卖家是在 12 日中午甚至更晚才发相关内容。

总的来说，“双 11”微淘运营的节奏不紧不慢，可以说是预热期缓缓而来，引导买家，当天营造抢购氛围，当天可以说是完美收官的。

微淘大概是除客服外，我们能最直接接触到客户、听到粉丝心声的途径了。

2.3.2 从 0 到微淘渠道日引导成交金额近 6 万元

kidsing 是一家专注为 0 ～ 6 岁时尚“小潮童”服务的店铺，有品位、追求时尚的“80 后”“90 后”年轻父母是 kidsing 旗舰店消费的主力群体。截至 2019 年年底，该店铺拥有 69.2 万个粉丝，如图 2-15 所示。

尽管与七格格旗舰店的 869 万个粉丝相比，kidsing 的粉丝数量不高，但 kidsing 也曾通过微淘，实现了从 0 到微淘渠道引导日成交金额近 6 万元。据其分享的经验，kidsing 主要从聚焦定位、盖楼有礼、增加互动、发送时间、活动预告和运营节奏六个方面开展微淘工作。

1. 聚焦定位

为了突出“潮”的定位，对于“双 11”前的预热，无论是产品海报设计，还是模特穿着搭配，kidsing 都围绕“潮”来开展，将潮流新品在微淘上反复曝光，勾起顾客购买的欲望。

图 2-15　kidsing 旗舰店 69.2 万个店铺粉丝

2．盖楼有礼

（1）玩法简单，获奖情况透明

商家的“盖楼有礼”活动采取的获奖方法是用盖楼总层数的百分比确定获奖名单，这种极具随机性的方法让粉丝有了相信商家的理由。透明的获奖机制增加了粉丝对商家的好感度。

（2）奖品有吸引力

商家的奖品价值非常高，这在无形中就能吸引很多粉丝参与活动。

（3）激发参与紧迫感

商家在盖楼活动最后 2 小时发布“盖楼最后冲刺，仅剩 2 小时”，以增加粉丝的紧迫感，使盖楼达到高潮，盖楼总楼层从一千多层直接飙到了七千多层，UV 和成交金额也达到高峰，近七天新增会员 3169 人。

3．增加互动

商家和粉丝的互动也是非常重要的。商家在“双 11”前期，做了一个“晒潮宝赢免单”的活动，共有 500 位妈妈参加该活动，活动效果也是非常明显的。这在无形中让许多粉丝重新回到店铺，对“双 11”当天能进店下单起到了一定的作用。

kidsing 旗舰店一新品曝光时，收到了顾客的反映：鞋子很漂亮、很有个性，但是很多都是系带款的。系鞋带对于幼儿园的小朋友来说无疑是一个难题。于是，kidsing 随后就发布了“魔术贴专场”，对每一位顾客都尽心尽力，用真情打动顾客。

4．发送时间

kidsing 旗舰店的主要客户群体是年轻妈妈，即年轻上班族，中午 12 点、晚上 10 点是她们可以闲下来逛淘宝的黄金时间，在这个时候妈妈们有更多的时间为自己的孩子买东西。微淘在这两个时间段发送，更容易增加点击率。

5．活动预告

首先，标题及内容要一语中的，突出主要利益点，让粉丝心动；

其次，封面要能抓人眼球，能让粉丝在百万动态中选中；

最后，排版要清晰美观，给粉丝留下好的印象。

6．运营节奏

10号当天在21点左右，微淘运营人员发表“狂欢盛宴即将开启，福利最后通告”并配以画着紧急闹钟的封面大图，目的是提醒粉丝免单活动即将开始，增加粉丝的紧迫感。

“双11”当天中午，微淘运营人员向粉丝们告知这半天的活动成果，并且强调“双11”后马上恢复原价，更进一步地增加粉丝们的紧迫感。

在活动即将进入尾声，粉丝们的活动热情渐渐消逝时，微淘运营人员推出“最后一张券”的大面额抢券活动，无疑这是大大的福利，再次“吊”起最后一波高潮，更进一步地清理断码库存。

同样地，最后的预告在最后2小时，微淘运营人员发表“双11狂欢最后2小时，错过再等一年”，刺激正在纠结的粉丝，使他们最终选择购买产品。

如此高强度的微淘“轰炸”，使kidsing旗舰店当天的成交转化率高达3.24%，引导成交金额为11万多元。微淘渠道的日引导成交额近6万元，可谓功不可没。

2.4　微淘粉丝回访黏性价值

成立于2006年的韩都衣舍从一家年销售额20万元的淘宝小店发展成为现在微淘粉丝数2007万人（截至2019年4月底）的店铺，如图2-16所示。

图2-16　韩都衣舍旗舰店有2007万个粉丝

笔者最早接触韩都衣舍是在 2016 年 6 月，与时任韩都衣舍品牌负责人胡永庆和卷耳参加阿里巴巴举办的内容营销共创大会。2016 年 11 月与时任韩都衣舍副总裁贾鹏共同参加天津电视台“双 11”节目的录制，并于 2017 年 2 月 14 日情人节当天到济南走访韩都衣舍。

在 2018 年的“618 购物狂欢节”，韩都衣舍集团的交易额为 1.28 亿元，同比增长 111%，在市场最关注的女装品类中拿到了桂冠。

2018 年 9 月 9 日，在“99 大促”女装行业类目中，开场前 58 分钟，韩都衣舍旗舰店的交易额一路领先，交易指数为 1 170 954，远高于第二名优衣库官方旗舰店的交易指数（874 848）。

据韩都衣舍的 2018 年天猫“双 11”战报，11 月 11 日天猫“双 11”开场第 308 秒，韩都衣舍交易额突破 5000 万元；开场第 176 秒，第一个包裹发出，韩都衣舍强大的柔性供应链第一时间启动。截至“双 11”结束，韩都衣舍在互联网服饰品牌排名中位居榜首，如图 2-17 所示。

图 2-17　韩都衣舍旗舰店 2018 年“双 11”互联网服饰品牌排名

韩都衣舍品牌以其独特的成长之路成为值得深入分析的案例。2016 年 3 月初，韩都衣舍旗舰店的粉丝数突破 1000 万人，成为第一个粉丝数过千万的商家。这个成长迅猛的品牌成为千万粉丝商家到底有哪些独门秘籍呢？

2.4.1　收藏千万粉丝的内容营销三部曲

供职时任韩都衣舍内容营销负责人刘雨分享了韩都衣舍成为千万粉丝商家的内容营销三部曲。

1. 如何吸引粉丝

首先，在保持品质的同时提高品牌影响力。一方面需要在朋友圈建立口碑传播，另一方面让消费者对产品充满好奇。

其次，提高店铺经营能力，满足用户对商品的需求。在淘宝店铺基数非常大的情况下，如果没有对品牌进行具体细分，产生差异化，那么用户找商品的过程会非常困难。反之，在品牌分布清晰的前提下，搜索商品就会精准、快速很多。而韩都衣舍的优势在于 SKU（库存量单位）多，这能给用户提供更大的选择范围。

另外，还要建立一批忠实的粉丝群体。在 2014 年韩剧《来自星星的你》热播时，韩都衣舍与全智贤合作，灵活运用名人效应将潜在用户挖掘出来。通过粉丝对明星的关注，逐渐导入粉丝对品牌的关注，实现流量到品牌的转化。

2．什么才是正确的运营策略

正确的运营策略主要包括两方面，一是多品牌运营。在 2008—2010 年，韩都衣舍只有一个品牌，即韩风快时尚女装。而在以单品牌模式运营三年之后，韩都衣舍发现用户对于衣服的需求多样化。因此，韩都衣舍在 2012 年推出韩风快时尚男装，2013 年又推出童装，一直到现在，韩都衣舍有男装、女装、童装、老年装等近 30 个品牌矩阵。同时，韩都衣舍还建立了自己的孵化平台，以适应网络发展和进化情况，产品创新制度成为韩都衣舍发展的动力。二是品牌人格化。韩都衣舍创始人赵迎光是一个活跃的网红，用个人魅力打造企业形象。他会把发货、吃饭、逛街的照片晒到论坛上，常常能在不同场合看到他的身影。2014 年，他的微博粉丝已经有 60 多万人。

此外，明星代言模式并不新鲜，但一定要找到与品牌定位相契合的优质明星，让其为品牌背书，这才是重要的赋能方式。

2010 年，韩都衣舍开始酝酿粉丝团计划，到 2013 年微博红利期，粉丝团计划才开始真正成型和执行。2014 年《来自星星的你》的热播给主打韩流风的韩都衣舍带来了机遇，提升了韩都衣舍品牌的知名度和美誉度。在短时期内，韩都衣舍聚集了很大的“势能”，引起了年轻人的拥护，甚至受到了娱乐圈内明星的关注。

在积累了大量曝光和关注之后，韩都衣舍又通过微信和微博官方的线上线下活动，将粉丝对明星的关注转化到对品牌的关注上来。韩都衣舍还通过对近 400 个粉丝团的运营，带动了整个韩都衣舍品牌的发展。

目前，韩都衣舍的粉丝团已达 500 个，每个团大概有几万到几十万个粉丝，他们每年给韩都衣舍带来上亿次的曝光量。

品牌人格化的好处在于可以消除企业和用户之间的隔阂，在品牌形象打造的同时起到了巨大的流量推动作用；另外还可以避免审美疲劳，增加品牌的记忆点、触达方式，从而形成潜移默化的营销，不经意间就能将品牌带入生活中。

3．未来韩都衣舍还要做什么

消费群体在发生改变，“90 后”与以往用户有着不同的消费习惯，因此韩都衣舍要加强对营销数据的挖掘，通过精准的预测分析他们的喜好。

从现在 CRM 精准营销数据出发，未来的数据还有更大的想象空间。例如，通过对于收藏数据的精密分析，增加品牌与用户的互动可以提供更人性化和更全面的用户服务。

首先，开辟新的流量入口同样重要。过去流量入口以收藏和购物车为主，如今，此前一些并不被重视的流量入口慢慢涨起来，转化率也越来越高，如微淘、网红、达人等入口。

其次，网红带来的流量变现能力受到各个企业的关注。韩都衣舍也正在尝试和一些平台上的网红合作。网红在营销和与粉丝互动上与企业有巨大的差异，如张大弈就在视频里面对面给用户讲解细节、辅料、剪裁等，以此产生信任感，这也是网红之所以受人追捧的主要原因。

最后，注重营销内容的制造。以网红为例，除了拼自己的客服和商品，他们还将大部分精力投入在网红的打造和内容营销上。人人都有内容传播的能力，品牌粉丝和商品之间的距离正在通过有关联性的内容制造变得越来越小。

2.4.2 千万粉丝助力韩都衣舍微淘“真爱粉召集令”TOP1

2017 年 9 月，微淘官方根据店铺规模、运营能力、影响范围等维度，定向邀约部分天猫商家参与“双 11 真爱粉召集令”活动。

商家在微淘发布主题征集活动，设置活动规则与奖品，号召粉丝参与。经过报名期、预热期和活动期等阶段，人气较高的店铺将进入榜单会场页并在微淘二楼展示。

微淘在“双 11”中成为品牌展示自身的“T 台”，作为多元化的社交型购物方式，融入消费者的移动购物生活中。

2017 年，“双 11”预热期间，微淘“真爱粉召集令”活动上线后，迅速吸引人气，韩都衣舍以约 35.8 万的人气指数，在全品类品牌人气排行榜中高居榜首，如图 2-18 所示。

图 2-18　微淘千万粉丝助力韩都衣舍 2017“双 11”品牌人气第一

2017 年，韩都衣舍在天猫全品类品牌中成为首个粉丝量破 1500 万人大关的店铺。“得粉丝者得天下”，在愈发多元化的新商业时代，粉丝们的需求才是品牌前进的风向标，粉丝的支持不仅仅是对于品牌与文化的认可，也是一种对于未来的期待。

2.5　微淘直播群聊CRM价值

微淘具备 CRM（客户关系管理）价值，商家可以通过发布日常动态、上新或预上新、短视频、淘宝直播、盖楼投票征集活动和促销信息等内容，吸引新访客关注，维护老客户关系，增加读者二次回访，提升粉丝黏性。在阿里创作平台中的“用户分析”→“读者分析”中可以看到读者二次回访的数据。

截至 2019 年 4 月底，美动态旗舰店有 175 万个微淘粉丝，如图 2-19 所示。在 2017 年，美动态旗舰店曾利用淘宝直播创造了超过 8000 万元的引导成交，并在“330 淘宝直播盛典”上获得了商家领域直播成绩的最高奖项。

图 2-19　美动态旗舰店有 175 万个微淘粉丝

2018 年 8 月 28—29 日，第十届派代年会在广州举行。淘宝内容生态负责人闻仲、茵曼内衣创始人杨勋忠、良品铺子电商内容营销负责人李懿、美动态 CEO（首席执行官）王泽辉和上海见解文化传媒总裁杜子建等，共同探讨淘宝内容生态、内容营销和小程序等热门话题和成功案例，帮助商家解决电商增长难题。

关于“店铺直播到底能不能做好”的话题，美动态 CEO 王泽辉表示，首先，要看店铺产品用户的复购率；其次，看直播过程，其要具备及时互动性、沟通性和审美能力；最后，看直播的年龄层次，如果收看直播的年龄层过高，则直播内容可能就和这个渠道不太匹配。

如何结合淘宝直播与微淘做店铺内容粉丝 CRM，时任美动态品牌负责人雷志颍分享了他们团队运营微淘的经验。

首先，在“生意参谋”后台，商家可以看到整个店铺的流量和下单峰值。在内容发布时间上，商家将 5 条微淘合理分配发布时间。收割型内容放在下单峰值上，完成内容收割；“种草”型内容放在流量峰值上，与粉丝进行情感链接，提高点赞和互动频率。互动与收割相结合，情感与购买相承接。

其次，做内容粉丝运营。如果商家对自家的粉丝情况不了解，那么其所创作的内容就不可能吸引粉丝。这时候，商家就需要做一次人群调研，究竟粉丝是什么样的一个人群。

参考行业用户画像（“生意参谋”→“市场”→“买家人群”）、店铺用户画像（阿里创作平台用户分析及客户运营平台粉丝数据）及产品用户画像（与店铺定位和产品定位有关系），即可分析出用户的性别、年龄、职业及地域。

每天 5 条微淘的发送量是远远不够的，如果没有一个好的规划、好的内容素材及输出方向，那么随着日积月累，内容创作力将会枯竭。“我相信，你身边的人都是用淘宝的，那么你店铺的人群就是你身边的某一个人”，雷志颍说。

既然已经有了用户画像，从身边感知一个和店铺用户画像相符合的人，了解他平时喜欢什么品牌的手机、开什么样的车、是否结婚等；再结合店铺产品的利用点和使用场景，进行理性与感性的内容规划，即可得出内容素材与输出方向。

因此，如果商家已经知道了整个店铺的流量及下单峰值和内容素材与方向，那么商家可以制作图 2-20 所示的表格，提前一周计划好店铺微淘内容，这样不仅可以配合店铺运营做一个微淘计划，也能花更多的时间去收集素材，完成精细化的内容创作。

雷志颍表示，商家微淘计划表应该栏目化，规划好每周的发布主题和发布内容，设定好发布时间，以栏目的形式加深消费者的印象，从而使粉丝形成阅读习惯，提高粉丝黏性。

日期		7月4日 星期六	7月5日 星期日	7月6日 星期一
活动/利益点		狂暑季	狂暑季	上新
忙时	9:00	#买家秀#	#买家秀#	#买家秀#
	10:00 流量&下单峰值	#微胖妹妹的美美一夏#（活动通知&宝贝清单）	#微胖妹妹的美美一夏#（活动通知&宝贝清单）	#美动态7.6夏季上新#（上新）
	12:00 下单峰值	爆款单品种草机	爆款单品种草机	#美动态7.6夏季上新#（上新）
	13:00 流量峰值	#胖妹妹衣橱#（活动通知&宝贝清单）	#美动态7.6夏季新品预上新#（预上新）	爆款单品种草机
闲时	14:00	#买家秀#	#买家秀#	#买家秀#
	15:00	#瘦身秘籍#（九宫格）	#笑就瘦了#（九宫格）	#笑就瘦了#（九宫格）
	18:00	#笑就瘦了#（九宫格）	#美动态7.6夏季新品预上新#（预上新）	#美动态7.6夏季上新#（上新）
忙时	20:00 流量&下单峰值	#明星美动态#（九宫格 宝贝+图集）	#明星美动态#（九宫格 宝贝+图集）	#明星美动态#（九宫格 宝贝+图集）
	21:00 流量&下单峰值	#美动态主播的快乐生活#（短视频）	#美动态主播的快乐生活#（短视频）	#美动态主播的快乐生活#（短视频）
	22:00 流量&下单峰值	#晚安打卡#（九宫格）	#晚安打卡#（九宫格）	#晚安打卡#（九宫格）

图 2-20　美动态旗舰店微淘一周计划表（部分）

微淘作为触达粉丝的平台，已经上线了几年的时间，随着内容时代的来临，微淘的创作发布方式越来越丰富，发布条数也越来越多，所以商家必须找到适合店铺的方式去运营微淘。商家可以运用微淘后台互动中心的盖楼、投票及征集活动，在大促和节日点周期性地组织活动，以提高粉丝互动频率，对粉丝进行“种草”。

同时，商家可以将微淘、直播及群聊联合起来，形成私域联动，构建店铺内容社区。商家也可以多发布日常动态与直播活动通知，以增加曝光量及人气。

直播也能宣传微淘活动，从而提高互动性。直播及微淘都能引导粉丝加入淘宝群，将粉丝“圈”起来，进行维护，在淘宝群内不仅可以做优惠活动，还可以及时发布微淘活动及直播活动，形成三项联动。

2.6　微淘品效合一品牌价值

在“客户运营平台”中，通过“客户分析”中的数据可以看出，在支付人数和成交金额方面，粉丝比非粉丝低；而在支付转换率和客单价方面，粉丝比非粉丝高，如图 2-21 所示。

另外，粉丝每年或每月的购买频次、在店铺的停留时间等数据，也都高于普通访客。淘宝天猫店铺多年来积蓄和沉淀的巨大粉丝池，是店铺打造忠实粉丝池的强大流量源泉。

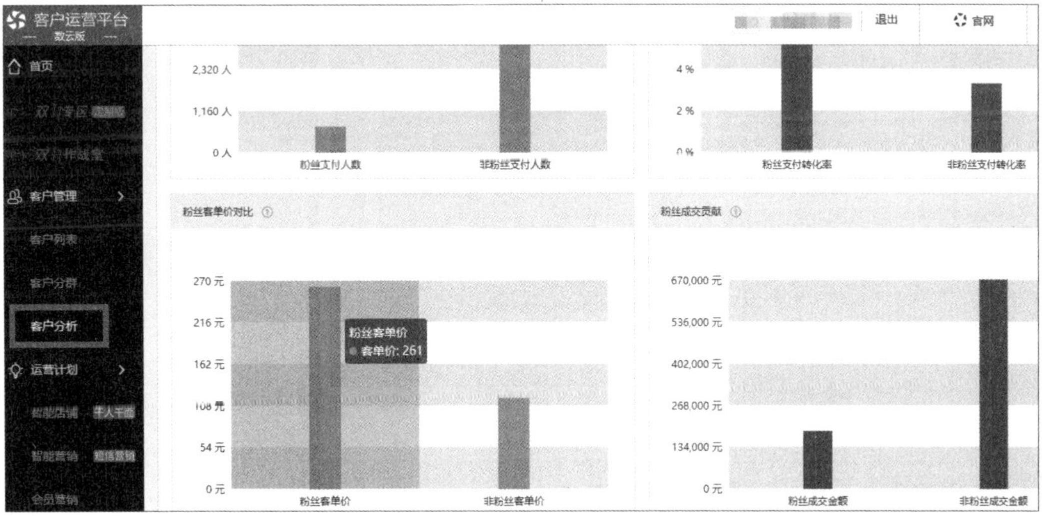

图 2-21　“客户运营平台”中“客户分析”数据

2019 年 3 月，笔者发表题目为《LOVO 家纺再造微淘盖楼纪录，168 万评论背后的粉丝内容运营升级》的文章，讲述 LOVO 家纺微淘盖楼有礼案例。微淘盖楼有礼活动不仅能实现粉丝互动、商家内容传播、增加店铺访客流量和店铺销售额，也可以在全域进行营销，包括在站内私域和站外公域推广内容。

同时，在流量红利减少的情况下，通过具有相似消费人群的不同类目之间的品牌联合营销活动，更多地为店铺获取流量曝光。本文旨在抛砖引玉，需要商家结合策划、粉丝和预算等情况，设计适合自身的盖楼互动玩法。

回顾2016年，LOVO官方旗舰店在“双11”的时候，创造了微淘历史上60万条的盖楼评论纪录。2019年是LOVO家纺成立十周年，在与天猫合作的超级品牌日中，LOVO官方旗舰店创造了168万条的微淘盖楼评论纪录，如图2-22所示。

据了解，LOVO家纺一直在思考粉丝盖楼活动给品牌带来了什么，探索更多粉丝盖楼互动的玩法，寻找店铺需求和粉丝需求两者之间的平衡点，实现粉丝内容运营的升级，最终形成平台、店铺和粉丝三方的互利共赢。

为了LOVO十周年超品助力微淘盖楼活动，LOVO官方旗舰店联系了巴拉巴拉、九阳、伊芙丽、索菲亚、欧普、慕思、茵曼、佐卡伊和丸美9家品牌，在微淘盖楼、淘宝直播、微博宣传等方面都取得了不错的效果。

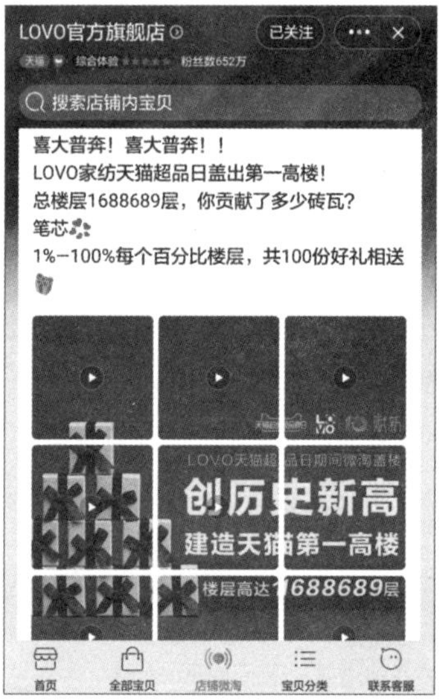

图2-22　2019年LOVO官方旗舰店168万条微淘盖楼评论纪录

2.6.1　2016年罗莱家纺微淘60万条盖楼评论纪录

2016年天猫“双11”，罗莱家纺官方旗舰店创造了三项纪录。

①罗莱家纺官方旗舰店销售额为2.088亿元，家纺类目连续5年排名第一。

②罗莱家纺官方旗舰店微淘单篇盖楼评论高达60万条（见图2-23），创造了微淘盖楼纪录。

③罗莱家纺 | 杨洋天猫直播点赞数为1.32亿次，创造了天猫直播历史纪录。

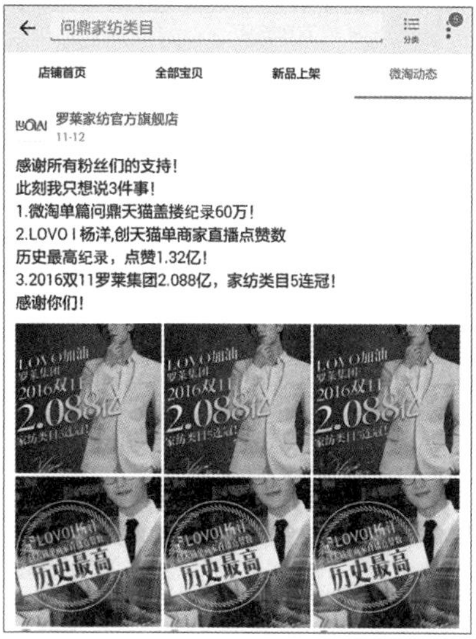

图 2-23　2016 年罗莱家纺官方旗舰店 60 万条微淘盖楼评论纪录

2018 年 8 月 6 日，罗莱家纺官方旗舰店升级更名为 LOVO 官方旗舰店，主要是为了更好地服务用户及粉丝，打造互联网直卖床品，拆分原来的天猫罗莱家纺官方旗舰店，把 LOVO 品牌从罗莱家纺官方旗舰店剥离出去，LOVO 品牌单独成立自己的官方旗舰店。

2016 年“双 11”结束之后，笔者到南通罗莱家纺采访，发表题目为《微淘史上最高楼，揭秘罗莱家纺创纪录背后的粉丝运营》的文章，它被电商在线、派代网、微淘论坛、千牛头条、卖家服务市场和搜狐网等转发。

受此案例启发，有些商家向罗莱内容运营人员取经微淘日常内容及粉丝运营的方法和如何盖更高层的楼，有网红店盖出了 100 多万层的微淘楼层新纪录。

2.6.2　2019 年 LOVO 官方旗舰店 168 万条微淘盖楼评论新纪录

2019 年 3 月 18 日，LOVO 家纺联合天猫超级品牌日，在法国卢浮宫举行了“LOVO 家纺十周年庆生 PARTY 暨天猫超级品牌”盛典，开启 LOVO 天猫超级品牌日。LOVO 家纺再一次尝试新的营销策略，以此拓展天猫超级品牌日的边界。

分析数据之后，笔者发现，在 LOVO 微淘盖楼活动中，活动累计访问次数达 1399 万次，活动期间新增粉丝 8.6 万人，加厚保暖冬被被芯单日销量破 8103 件，实现了内容、活动、粉丝和销售的共赢。

1. 168 万条微淘盖楼评论新纪录

从 2019 年 3 月 14 日活动开始，截至 3 月 21 日 23 时 59 分，LOVO 官方旗舰店总盖楼层数为 1 688 689 层，LOVO 官方旗舰店创造了新的微淘盖楼纪录，如图 2-24 所示。

图 2-24　2019 年 LOVO 官方旗舰店 168 万条微淘盖楼评论新纪录

2. LOVO 微淘盖楼活动页面设计

LOVO 官方旗舰店策划负责人王欢介绍，“关于本次 LOVO 微淘盖楼活动页面设计，我们在首页展示粉丝点击量最高的文案；从 H5 盖楼游戏页面的第一屏就会有直接跳转至盖楼层的链接；在第一屏的十周年赋新盖楼文案，第二、第三屏的超级品牌日主推产品，以及盖楼按钮上方的图片中，也会有连续盖楼 100 次以上会提高中奖概率等提示”，如图 2-25 所示。

图 2-25　LOVO 官方旗舰店微淘盖楼活动页面设计图

页面的整体设计简洁，只保留“开头—产品—提示”，由简单的几点来完成。为了让粉丝能够第一时间参与其中，H5 盖楼游戏页面是卖家服务市场超级无线盖楼中的应用，在微淘盖楼活动页面可以设计活动说明和产品介绍等。

为了方便查看，笔者将 H5 盖楼游戏页面截成三部分，第一部分是“天猫超级品牌日 LOVO 家纺十年赋新”，点击“立即参与盖楼”可以进入盖楼；第二部分为“十周年纪念款床品走心推荐”，主要包括“邂逅卢浮宫”“不管生活多苦，内心要甜”“沉醉于法国的高级红”

等五款主题床品；第三部分直接进入盖楼活动，“宝宝们动动手指，据说连点 100 次盖楼以上能大大提高中奖概率喔！红包、大礼包就是你的啦”，如图 2-26 所示。

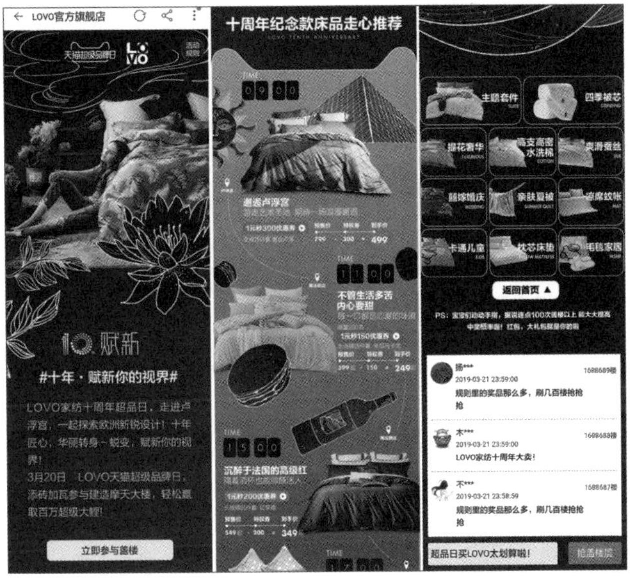

图 2-26　2019 年 LOVO 官方旗舰店微淘盖楼活动页面

3. LOVO 微淘盖楼累计访问次数

根据阿里聚石塔总览数据，LOVO 官方旗舰店盖楼活动从 2019 年 3 月 14 日的 28 万次访问，到 17 日最高 370 万次访问和最后一天的 166 万次访问，活动期间累计访问次数为 1399 万次。

4. 活动期间新增 8.6 万个粉丝

从店铺的角度来看，LOVO 官方旗舰店希望借助超级品牌日这种 S 级的官方活动，通过盖楼来进行“种草”，从而抓住官方流量，为店铺的粉丝池进行蓄水。

活动期间，3 月 17 日新增粉丝数为 82 835 人，累计带来粉丝数为 8.6 万人，如图 2-27 所示。

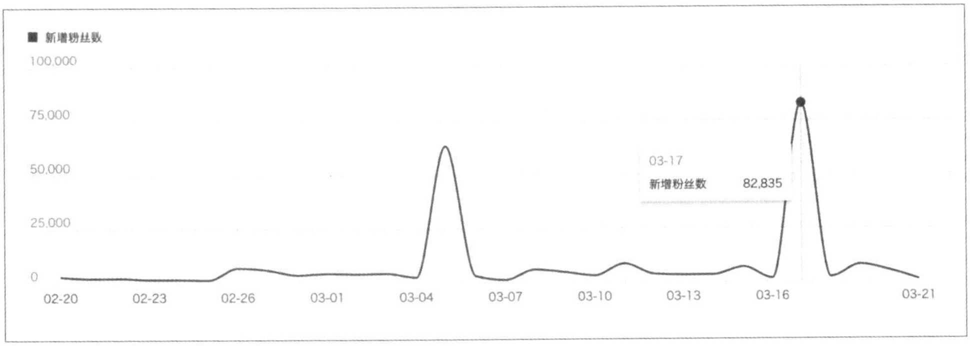

图 2-27　LOVO 官方旗舰店微淘盖楼活动累计带来粉丝 8.6 万人

5. LOVO 活动引导销售

内容运营主要是指对基于产品的内容进行内容策划、内容创意、内容编辑、内容发布、内容优化、内容营销等一系列与内容相关的工作。

很多商家在做内容营销的时候有多个目的，如增加品牌曝光量、增加访客、增加粉丝和增加店铺销售额。

通过天猫超级品牌日活动，结合微淘盖楼“种草”活动，LOVO 官方旗舰店的加厚保暖冬被被芯单日销量破 8103 件，下单转化率为 11.94%，支付金额为 67 万元，如图 2-28 所示。

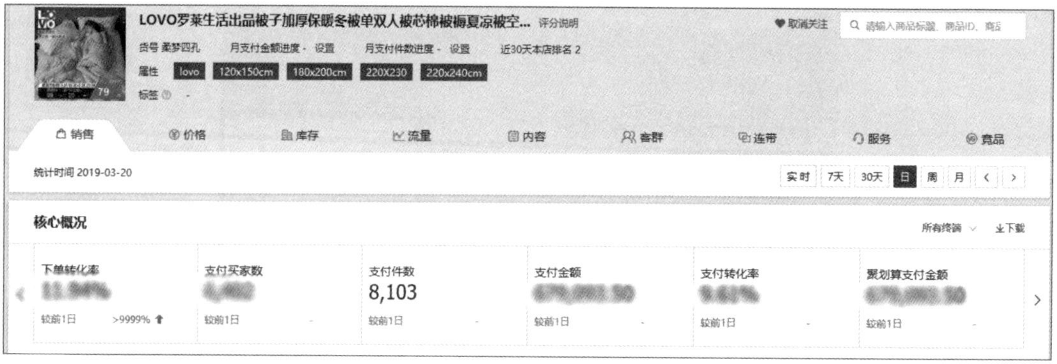

图 2-28　LOVO 官方旗舰店加厚保暖冬被被芯单日销量破 8103 件

LOVO 家纺被套北欧风床上用品 ins 风床单网红双人四件套全棉床上用品单日销量破 4203 件，下单金额为 860750.75 万元，如图 2-29 所示。

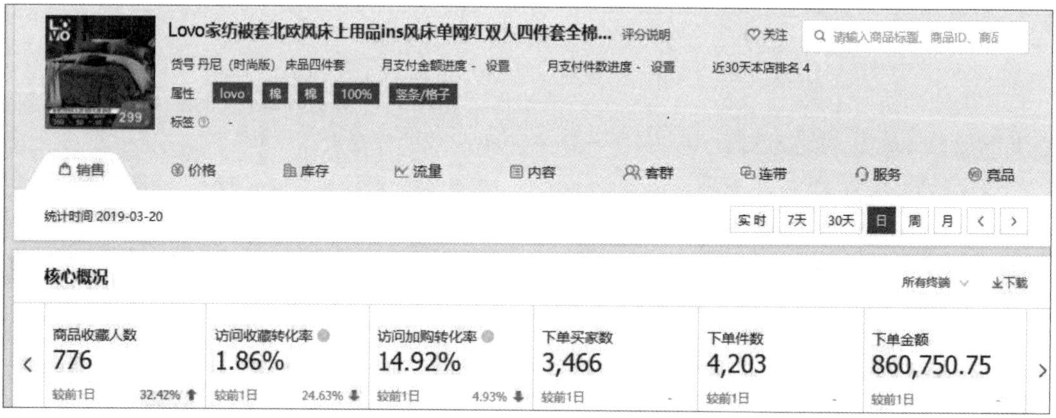

图 2-29　LOVO 家纺被套北欧风床上用品 ins 风床单网红双人四件套全棉床上用品单日销量破 4203 件

2.6.3　为什么要持续策划盖楼活动

1. 2016年LOVO策划盖楼活动的原因

LOVO官方旗舰店策划负责人（原罗莱家纺无线运营负责人）王欢说："我们主要是为了贯彻罗莱家纺'双11'历年的传统，力争在2016年完成家纺类目五连冠的目标。在互动玩法上我们也有重大突破，就像在2015年的定向push粉丝圈的'吸粉'赛中，我们就以全类目第一的成绩排在粉丝圈的高峰！"

2016年是内容崛起的一年，我们要赶上趋势，适应粉丝玩法，用一个主题两条主线的方式，策划一个与粉丝一起并肩作战的活动——"万众与一心"。

2. 2019年LOVO策划盖楼活动的原因

回顾2016年盖楼活动，LOVO官方旗舰店策划负责人王欢和内容负责人沈鑫鑫向笔者介绍，"2016年我们只是单纯地做粉丝互动，并没有考虑资源整合、品牌联合和关联产品页面，即没有把粉丝留下来"。

2019年策划盖楼活动的重点是品牌复兴，内容也要复兴，正如我们的主题"十年赋新"，王欢和沈鑫鑫说，"其实在2018年我们也策划过一些主题活动，但是没有这次的规模大"。

王欢表示，2019年LOVO围绕整体活动主题，对页面和各内容端口进行整合，用于内容"一带引销"，即用内容篇幅引导销售转化；依靠店铺首页、商品详情、客服窗口等强关联活动吸引粉丝；在品牌联合中，不再是单兵作战，而是与合拍的商家一起玩，达到互赢。

2.6.4　LOVO家纺2019年盖楼活动内容粉丝运营升级

与2016年的盖楼活动相比，2019年LOVO官方旗舰店在内容粉丝运营上有所升级，包括与粉丝互动玩法的淘口令文案设计、全域营销推广微淘盖楼活动和10家天猫品牌联合营销提升微淘盖楼整体曝光量。

1. 与粉丝互动玩法的淘口令文案设计

淘口令主要从品牌、销售、互动利益点、粉丝趣味、粉丝积极性等7个不同角度出发进行设计，以暗示店铺利益点和增强粉丝互动性，如图2-30所示。

王欢介绍，"我们把粉丝定义为铁粉与小白粉，铁粉是指会详细浏览盖楼规则，并且积极参与及转发的粉丝，其稳定性高；小白粉是指近期关注的粉丝或以人群标签进店且进入游戏后被强制关注的粉丝"。

图 2-30　LOVO 官方旗舰店盖楼活动不同淘口令与粉丝互动

王欢说，“小白粉往往进入盖楼后，不知道要干什么，不知道规则也不知道奖品，具有不稳定性。这个时候就需要自定义的楼层文案，把小白粉强制带入这个游戏中”。

2. 全域营销推广微淘盖楼活动

LOVO 官方旗舰店微淘盖楼有礼活动除了用内容和奖品吸引用户，也在私域店铺首页、店铺详情页、会员粉丝互动页面、店铺会员福利群和店铺淘宝直播等中进行推广，以及通过站外的店铺新浪微博等渠道进行推广。

（1）利用好私域店铺首页

2019 年 LOVO 官方旗舰店微淘盖楼活动预热期间，商家在首页设置盖楼活动入口，如图 2-31 所示。

（2）利用好店铺详情页

在 LOVO 官方旗舰店商品详情页面中，商家也设置了相应的活动入口，如图 2-32 所示。

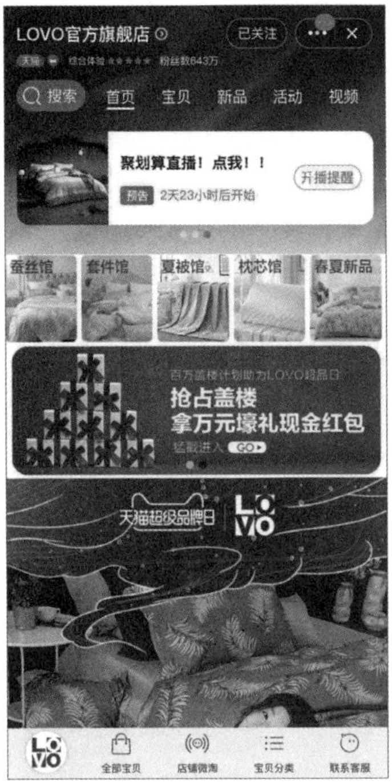

图 2-31　LOVO 官方旗舰店首页盖楼活动入口

图 2-32　LOVO 官方旗舰店详情页盖楼活动入口

（3）利用好会员粉丝互动页面

在 LOVO 官方旗舰店会员粉丝互动页面中，商家也设置了相应的活动入口，如图 2-33 所示。

图 2-33　LOVO 官方旗舰店会员粉丝互动页面盖楼活动入口

（4）利用好店铺会员福利群

在 LOVO 官方旗舰店会员福利群中，商家也发布了相应的活动入口链接，如图 2-34 所示。

图 2-34　LOVO 官方旗舰店会员福利群盖楼活动入口链接

（5）利用好店铺淘宝直播

在 LOVO 官方旗舰店淘宝直播中，商家也在直播过程中，讲述了盖楼活动参与方式和中奖礼品，如图 2-35 所示。

（6）利用好店铺新浪微博

在新浪微博中，LOVO 官方旗舰店认证的“LOVO 睡务局”发布“LOVO 家纺超品日百万盖楼计划”，号召粉丝参与盖楼领取红包等大礼，如图 2-36 所示。

图 2-35　LOVO 官方旗舰店淘宝直播讲述盖楼活动

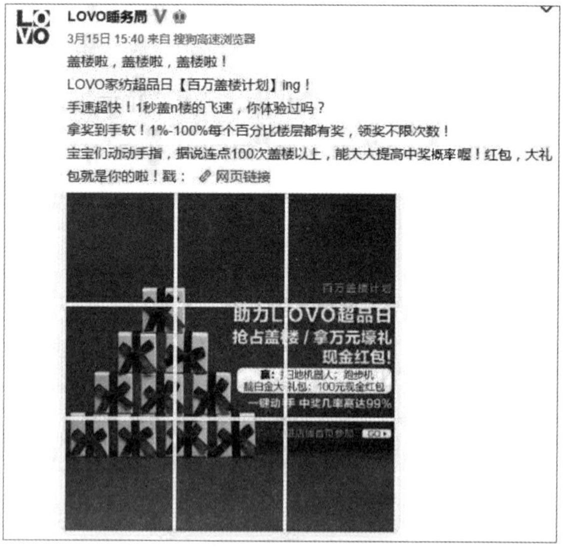

图 2-36　LOVO 官方旗舰店微博盖楼活动介绍

3．10 家天猫品牌联合营销提升微淘盖楼整体曝光量

沈鑫鑫介绍，为了 LOVO 十周年超品日助力微淘盖楼活动，LOVO 官方旗舰店联系了巴拉巴拉、九阳、伊芙丽、索菲亚、欧普、慕思，茵曼、佐卡伊和丸美 9 家品牌店铺。

沈鑫鑫说，这次联合在曝光的同时做了很多赋新，主要包括以下三个方面。

在渠道上进行全域营销，涉及微博、微淘、直播、页面；

在认知上进行赋新，联合不仅要有曝光量，还要有引导进店和引导成交；

在结果上取得了一些小突破。

（1）微淘盖楼 3 家破 11 万层

由于奖品 10 家叠加，粉丝们盖楼的积极性很高，除了 LOVO 官方旗舰店的 168 万层新纪录，其他达到 11 万层的有 2 家，分别是伊芙丽官方旗舰店（115 219 层，见图 2-37）和丸美旗舰店（11 042 层）。

（2）10 家店铺联合淘宝直播

由于利用 10 家互挂链接、10 家联合赠品、10 家联合切片，所以本来单独一场直播宝贝最多 100 次的点击量，大家共同发力后达到每个主推宝贝接近 1000 次的点击量。

LOVO 官方旗舰店超级品牌日期间仅直播就带来了 30 多万流量，观看人数也暴增，其中茵曼旗舰店的淘宝直播观看人数为 1 万多人，如图 2-38 所示。

图 2-37　伊芙丽官方旗舰店微淘盖楼约 11 万层

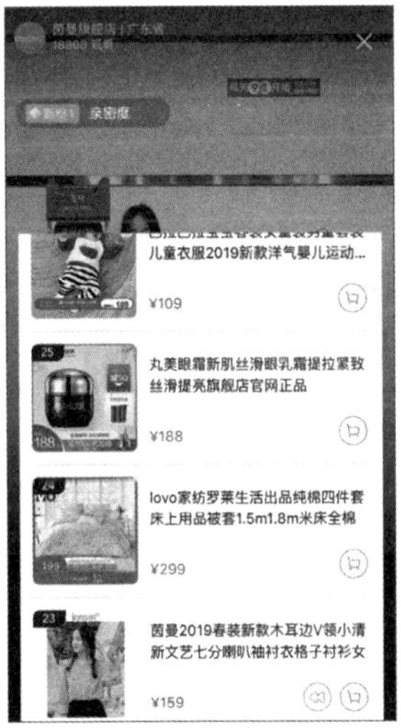

图 2-38　茵曼旗舰店淘宝直播观看人数

（3）10 家店铺联合设计首页

参与品牌联合活动的品牌店铺将活动内容放到首页第二屏，点击量也从单店铺日常 1000 多次，叠加到 10 000 多次，如图 2-39 所示。

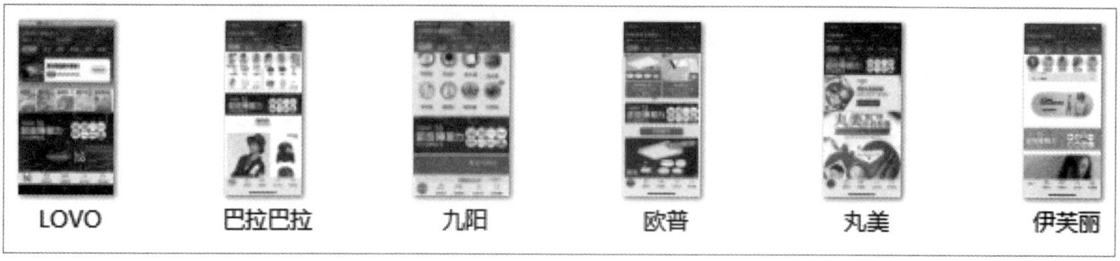

图 2-39　LOVO 官方旗舰店联合 9 家品牌店铺首页活动展现

（4）10 家店铺联合礼品丰富

由于 10 家品牌店铺联合，LOVO 官方旗舰店微淘盖楼活动为粉丝准备的礼品十分丰富，包括脑白金睡眠大礼包 1 份：50 名、巴拉巴拉儿童积木 1 份：50 名、科沃斯扫地机 1 台：3 名、亿健跑步机 1 台：1 名、现金红包 100 元：30 名等，如图 2-40 所示。

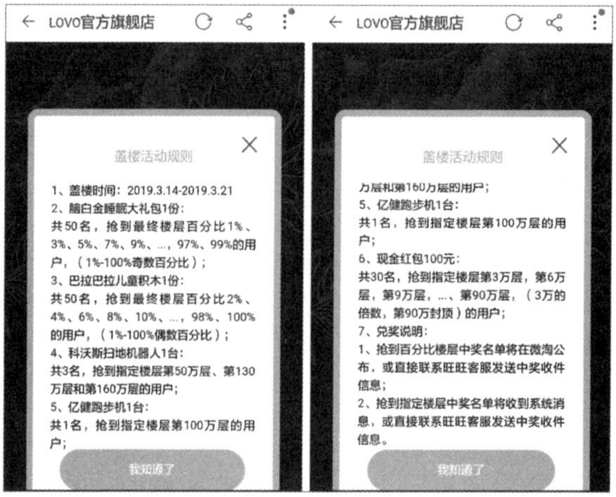

图 2-40　LOVO 官方旗舰店联合 9 家品牌店铺为粉丝准备的礼品

盖楼活动中奖名单将在微淘公布，或者直接联系旺旺客服，由它发送中奖信息，如图 2-41 所示。

图 2-41　LOVO 微淘盖楼活动粉丝中奖名单公布

（5）微博超级锦鲤粉丝转发互动

微博能够给品牌赋新，即赋予品牌新态度，并设置了超级锦鲤，引发粉丝们纷纷转发互动，如图 2-42 所示。

图 2-42　LOVO 官方旗舰店联合 9 家品牌店铺部分微博截图

“千里之行始于足下”，再辉煌的业绩也是从日常发布内容的运营维护开始的。无论是大商家还是中小商家，要想做好微淘内容，需要找对内容运营方法，然后坚持下去，从而提升免费的内容流量和店铺的销售额。

除了上述五大价值，当微淘粉丝表现非常活跃、积极参加店铺的互动活动时，商家还可以根据粉丝的评论情况，分析粉丝的兴趣偏好，通过目标客户进行市场调研，然后对产品的市场反馈做测试。

例如，某内衣店铺准备上架 100 款产品，可以在微淘里对产品进行测试，分析一下粉丝对产品的颜色、尺码、款式等的喜好，然后根据数据反馈，选择生产粉丝喜欢的产品，对于粉丝不喜欢的产品减少投入，避免因缺乏有效规划产生资源浪费。

每次可以选 9 款产品进行测试，对于参与投票调研的粉丝，商家可以赠予优惠券或红包。对于粉丝的需求和评论，商家也可以做记录和回复，形成 F2C 的新柔性供应链模式。

第3章 微淘前台展现形式

微淘位于手机淘宝首页底部导航第二的位置，官方会根据数据情况增减前台的展示频道。另外，微淘图文、短视频的形式是文案在上、图片在下，还是图片在上、文案在下，以实际调试版本为主。

以 2019 年 3 月的微淘版本为例，微淘频道主要包括关注、上新、精选、晒单、时尚、美食、潮 sir 等，如图 3-1 所示。其中女王节频道为活动期间设置的，活动结束后就取消。

关注、上新、精选、晒单四个频道为固定形式，晒单等垂直行业频道为千人千面展示，依据不同的消费者人群标签进行展示。

图 3-1　2019 年 3 月的微淘版本

3.1　微淘关注频道内容形式

微淘关注角色主要包括微淘商家号、特别关注账号、微淘商家达人号、淘宝达人号和官方平台账号等。微淘会为关注账号较少的用户推荐精选人气账号（见图 3-2），如淘宝红人店、自媒体和淘宝达人个人账号。

微淘会在内容信息流中，按照千人千面原则推荐用户可能感兴趣的内容和账号，用户点击右侧“关注”即可关注并订阅该账号，如图 3-3 所示。

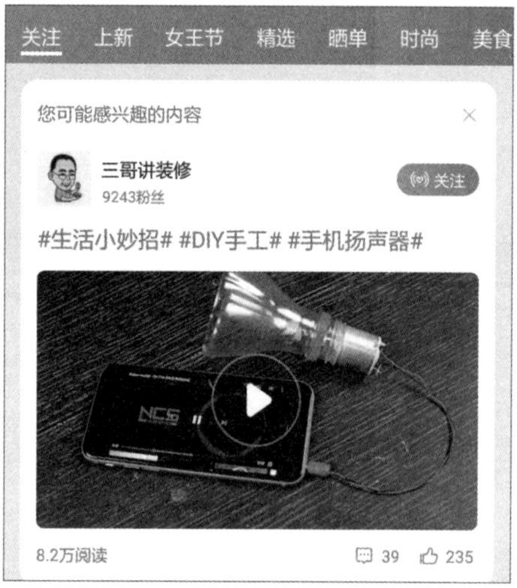

图 3-2　精选人气账号

图 3-3　微淘推荐用户可能感兴趣的内容

3.1.1　微淘结构组成部分

微淘首页顶部包括搜索功能和关注的店铺、账号和达人等内容，以及关注行业的分类。其中，搜索内容包括历史搜索和热门搜索，历史搜索主要包括消费者近期的搜索词，热门搜索主要包括微淘官方根据消费者搜索热词进行的系统推荐，如图 3-4 所示。

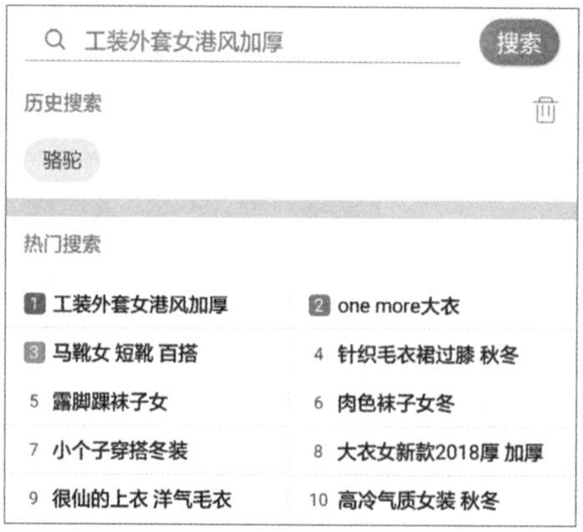

图 3-4　微淘的历史搜索和热门搜索

点击微淘搜索右侧的人物标识，进入微淘“我的关注”，查看用户关注的内容。“我的关注”主要包括全部、店铺、达人、其他（官方账号）及分类等内容，如图 3-5 所示。

图 3-5 “我的关注”界面

点击关注账号右侧的三个点，可以选择屏蔽动态、特别关注和取消关注（见图 3-6），而屏蔽动态和取消关注两项数据可以在阿里创作平台的“用户分析”→“粉丝分析”中查看。

特别关注账号目前只能选择设置一个，设置之后，在“我的关注”的最上方展示。另外，在“我的关注”中也会展示“最关心的 TA 有新动态啦”，如图 3-7 所示。

图 3-6 微淘我的关注中屏蔽动态、特别关注和取消关注

图 3-7 微淘特别关注的前台展示

3.1.2 消费者、用户可以屏蔽关注

2017 年 6 月 29 日，微淘官方宣布微淘新增了负反馈功能，即用户对微淘推荐里不符合自己兴趣的内容可以进行反馈了。

微淘动态频道里的“你可能感兴趣的内容”根据用户的阅读轨迹做了相关推荐，如果用户对相关推荐内容不感兴趣，可以在微淘的内容浏览界面直接反馈。

点击右侧“×”选择相应的反馈理由，不感兴趣的理由包括不想看、看过了、低俗色情、虚假不实、恶心恐怖、标题党和内容质量差等。用户可以选择取消关注或屏蔽动态，如图 3-8 所示。

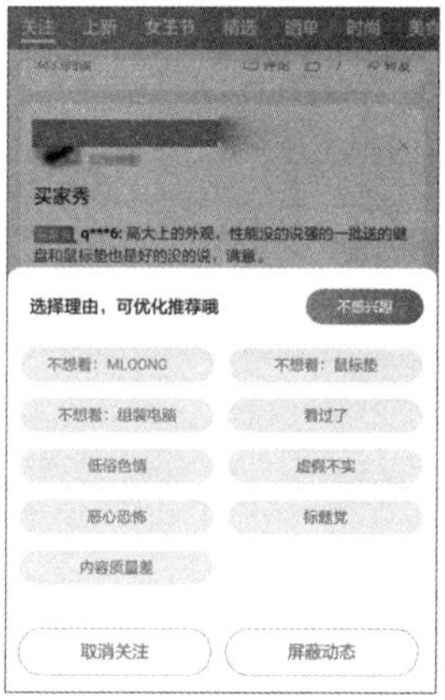

图 3-8　用户可以选择取消关注或屏蔽动态

3.1.3 微淘前台内容发布

商家或达人登录手机淘宝后，可以直接发布微淘内容。微淘内容包括图集和短视频，“图集中同时加入宝贝和图片用户更喜欢哦”，如图 3-9 所示。

图 3-9　商家或达人可以通过手机淘宝账号发布微淘内容

3.2　微淘预上新和上新内容

微淘预上新和上新内容主要包括微淘系统自动预上新和上新、微淘商家手动预上新和上新、微淘上新发布时间和栏目、微淘商家新势力周活动。上新的时间周期为 15 天，超过上新时间，重新上架的产品则不属于上新。

一个新品只能发布一次，不能重复发布，即一个新品可发布一次预上新和一次上新。

淘宝商家可以通过微淘后台手动发布预上新和上新内容，让店铺粉丝及时了解店铺的最新动态，以便进行 CRM 客户关系管理，提升粉丝黏性和互动频率，增加新品曝光和成交转化机会。

3.2.1　微淘系统自动预上新和上新

微淘系统自动预上新主要展示的内容文案为“亲～以下是我们即将上架的宝贝哦～”，如图 3-10 所示。而微淘系统自动上新主要展示的内容文案为“亲，下面是我家新品，欢迎选购，么么哒”，如图 3-11 所示。

图 3-10　微淘预上新内容形式

图 3-11　微淘上新内容形式

为了让消费者有更好、更及时准确的上新浏览体验，从 2017 年 5 月开始，微淘已使用新的自动预上新和自动上新方案，并与原来的自动上新历史合并为一条方案进行优化调整。

只要商家在店铺上架新品，微淘就会自动发布上新动态。原来的自动上新内容和数据全部累计在一条内容上，优化后，自动预上新、自动上新内容成为一条独立的内容。

原有的历史累计数据（浏览量、评论、点赞）的数据统计方式也会随之改变，数据会记录在每天独立的自动预上新、自动上新内容上。

上新频道优化后，在每天的预上新内容（自动预上新、手动预上新）和上新内容（自动上新、手动上新）中，同类型的内容在上新频道中只展示与消费者浏览时间最近的一条。

如果产品已经上线，则预上新频道自动隐藏这条内容。如果当天同时有自动上新和手动上新内容，上新频道只会展示手动上新内容。

3.2.2 微淘商家手动预上新和上新

微淘商家手动预上新发布近 15 天内会上架的产品，手动上新发布近 15 天内已经上架的产品。

在手动上新中，商家可以编辑推荐理由。例如，南风小铺 OL 轻复古女包的上新频道展示的内容在 140 个字以内，可以空行展示，突出喜欢先加购，“评论中选 8 个宝宝送加购的衣服”，如图 3-12 所示。

另外，上新内容可以是 30 个字以内的简短介绍，该内容主要展示在点击上新文字内容之后的上新详情里。前端展示的内容可以和详情页里介绍的内容不相同，如图 3-13 所示。

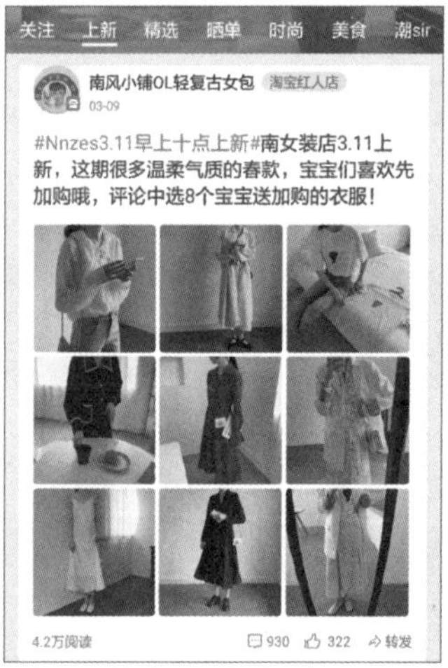

图 3-12 微淘上新频道的上新内容

图 3-13 微淘上新频道的上新合辑内容

3.2.3 微淘上新发布时间和栏目

上新内容比较适合非标品类目的商家，商家通过微淘预上新和上新刺激用户优先抢购，实现流量转化。在微淘上新时，商家需要结合生意参谋访客数据，考虑上新时间。另外，商家可以通过策划盖楼、投票等互动活动，吸引粉丝参与。

1. 生意参谋访客时间

不同类目的访客时间和下单时间略有差异。在“生意参谋”→“访客分析”中，商家可以查看访客访问时段和下单时段分布，如图 3-14 所示。访客高峰期一般在上午 9:00—

11:00、下午 13:00—16:00 和晚上 20:00—22:00。上新可以选择在访客高峰期发布。

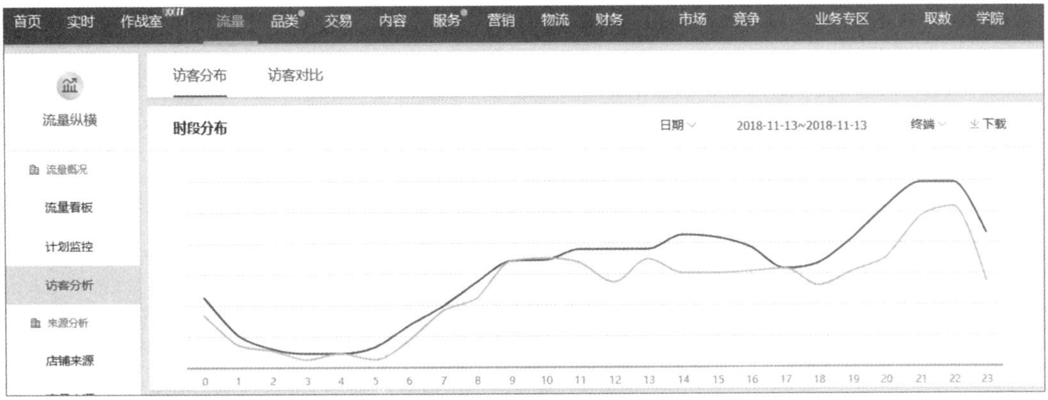

图 3-14　微淘上新栏目的访客访问时段和下单时段分布

2. 形成上新内容栏目

商家可以围绕人气新品和活动新品等产品设置上新栏目。以 MG 小象为例，其在“双 11”期间设置“# 双 11 必买新品 #”栏目，该栏目主要在活动期间推广新品，并介绍相关的优惠活动，如图 3-15 所示。

在日常上新活动中，商家也可以设置“# 新品王 #”“# 新品清单 #”等上新栏目，具体栏目名称还可以结合店铺特色命名；推荐理由可以是产品特点描述，也可以是上新优惠，如图 3-16 所示。

图 3-15　微淘大促“# 双 11 必买新品 #”栏目

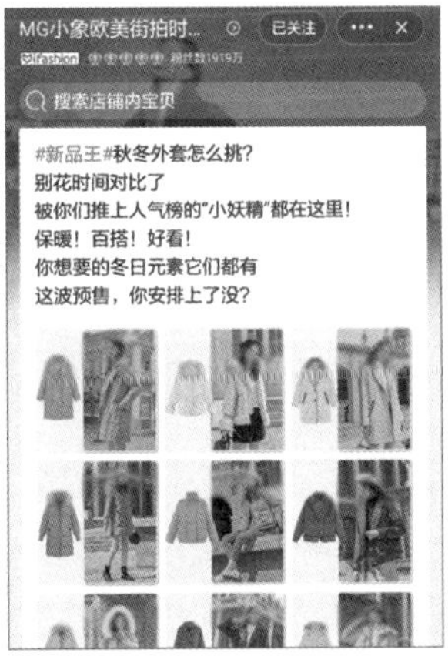

图 3-16　微淘日常上新“# 新品王 #”栏目

3. 上新点赞评论活动

商家上新时可以策划点赞评论活动等，以港仔文艺男为例，其发布“1000w 马上到了，想提前发个小福利，点赞 + 评论，评论每两百抽一人送衣服”活动，该活动既能吸引粉丝关注，又可以对新品进行有效曝光，同时还能增加评论数，提升微淘粉丝活跃度，如图 3-17 所示。

图 3-17　微淘点赞评论活动

3.2.4　微淘商家新势力周活动

微淘官方在每个季节都会发布新势力周活动，粉丝们可以通过该活动快速访问商家的上新内容，好的内容能吸引粉丝关注。活动期间，微淘官方会进行大规模的全曝光支持，其中包括微淘发现等大规模资源，商家每天可获得千万级的流量曝光资源，如图 3-18 所示。

图 3-18　微淘新势力周活动

所有参与新势力周活动的商家在活动期间发布手动上新内容时，内容标题前应带有“# 新势力周夏日上新 #”（具体情况根据活动要求确定），用户点击内容之后可以访问微淘主页、店铺页或产品详情页。

微淘系统会根据微淘历史和活动期间微淘活跃度数据，推荐内容进入头部热度榜展示，从而使商家获得更多的流量。

参与活动的商家的手动预上新和手动上新内容可以通过微淘关注栏目、微淘氛围框和新势力周主会场三个渠道，推广给更多的用户。

3.3　微淘精选商家、达人、红人

目前参与微淘的角色包括品牌商家、明星、自媒体、红人、淘女郎、垂直领域专家等，他们为消费者推荐资讯信息、店铺宝贝和大促活动等。商家除了自己发布微淘内容，还可以与达人、红人、自媒体等合作发布微淘内容。

3.3.1　微淘精选店铺达人、红人

目前微淘主要向 18 个行业领域的 125 种角色的创作者开放申请认证。角色认证是对创作者身份角色的认可，代表相关领域的专业度。淘宝达人可以在阿里创作平台的“账户”→“我的角色”中进行申请认证。

角色认证对于达人来说大致有三个方面的价值。首先，达人独有的认证标识可以作为官方背书，提升用户的信任感；其次，根据细分角色和能力认证，达人可以快速入驻相应渠道；最后，在阿里 V 任务中，角色认证可以让商家清晰地了解达人的专注领域，增加合作机会。

1. 微淘精选推荐商家店铺

微淘精选推荐的店铺包括天猫旗舰店、专卖店、专营店和淘宝 C 店等，如 dacco 旗舰店、palyboy 度涵专卖店和北面骑士运动折扣店等，如图 3-19 所示。品牌店铺会有“品牌官方店”角色标签。

图 3-19　微淘精选推荐天猫旗舰店、专卖店和淘宝 C 店等

2. 微淘精选推荐红人店铺

微淘精选推荐已认证的淘宝红人店，如腰精的秘密 [暴走的萝莉]、阿姐家独家定制和花栗鼠小姐等，如图 3-20 所示。

图 3-20 微淘推荐淘宝红人店等

3. 微淘精选推荐认证红人

微淘精选除了推荐淘宝红人店，还会推荐一些没有店铺的淘宝官方认证的红人，如 SEVEN- 柒柒，如图 3-21 所示。

4. 微淘精选推荐明星内容

微淘精选也会推荐一些认证明星的微淘内容，如董璇、戚薇、柳岩、林允、papi 酱、赵奕欢等入驻微淘的明星发布的内容，如图 3-22 所示。

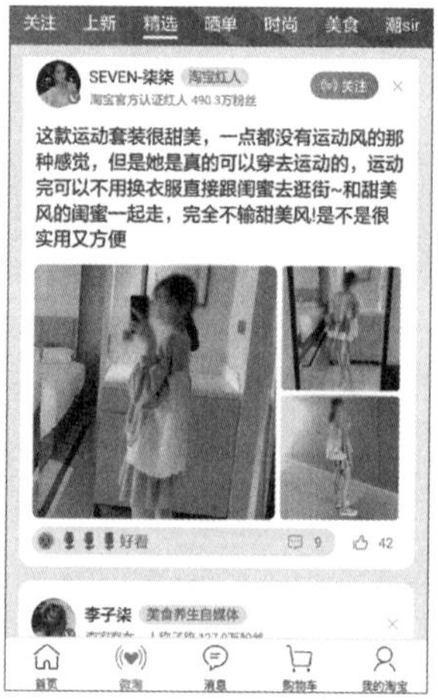

图 3-21 微淘推荐淘宝认证红人

图 3-22 微淘推荐明星内容

5. 微淘精选推荐达人

微淘精选推荐的达人包括认证达人和非认证达人，商家注册的商家达人号也会被微淘精选抓取，如图 3-23 所示。

图 3-23 微淘推荐达人和商家达人号

6. 微淘精选推荐自媒体

微淘精选会推荐一些与行业类目有关的自媒体，如母婴自媒体生了么、时尚自媒体张凯毅 KEVIN 等，如图 3-24 所示。

7. 微淘精选推荐官方账号

微淘精选也会推荐淘宝天猫的官方账号，如飞猪神秘旅行，该账号主要发布一些旅游类资讯，如图 3-25 所示。

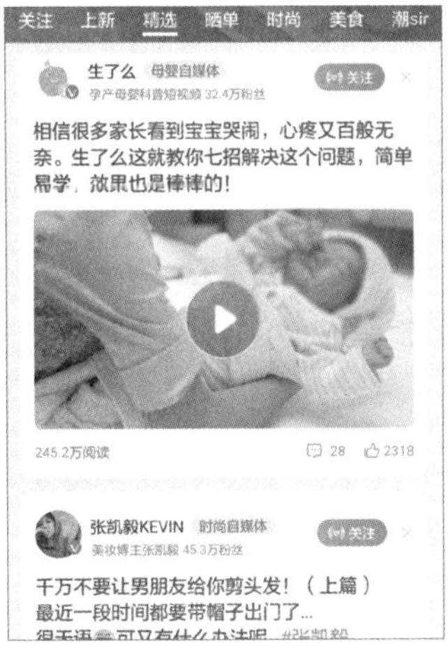

图 3-24 微淘推荐自媒体

图 3-25 微淘推荐官方账号

3.3.2 微淘推荐主要内容方向

2018 年 9 月 4 日，微淘官方公布了达人、商家推荐的主要内容，其主要包括教程型内容和评测型内容，如图 3-26 所示。

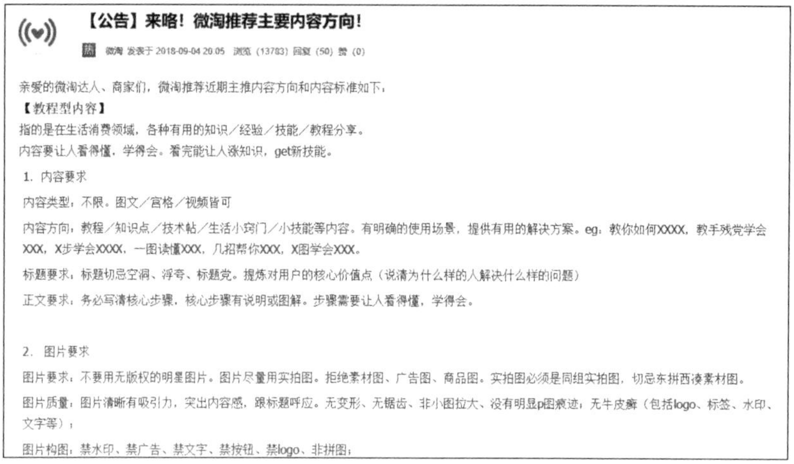

【公告】来咯！微淘推荐主要内容方向！

微淘 发表于 2018-09-04 20:05 浏览（13783）回复（50）赞（0）

亲爱的微淘达人、商家们，微淘推荐近期主推内容方向和内容标准如下：

【教程型内容】

指的是在生活消费领域，各种有用的知识／经验／技能／教程分享。

内容要让人看得懂，学得会。看完能让人涨知识，get新技能。

1. 内容要求

内容类型：不限。图文／宫格／视频皆可

内容方向：教程／知识点／技术帖／生活小窍门／小技能等内容。有明确的使用场景，提供有用的解决方案。eg：教你如何XXXX，教手残党学会XXX，X步学会XXXX，一图读懂XXX，几招帮你XXX，X图学会XXX。

标题要求：标题切忌空洞、浮夸、标题党。提炼对用户的核心价值点（说清为什么样的人解决什么样的问题）

正文要求：务必写清核心步骤，核心步骤有说明或图解。步骤需要让人看得懂，学得会。

2. 图片要求

图片要求：不要用无版权的明星图片。图片尽量用实拍图。拒绝素材图、广告图、商品图。实拍图必须是同组实拍图，切忌东拼西凑素材图。

图片质量：图片清晰有吸引力，突出内容感，跟标题呼应。无变形、无锯齿、非小图拉大、没有明显p图痕迹；无牛皮癣（包括logo、标签、水印、文字等）；

图片构图：禁水印、禁广告、禁文字、禁按钮、禁logo、非拼图；

图 3-26 微淘推荐主要内容方向

1. 教程型内容

教程型内容主要通过长图文、短视频或九宫格等内容形式，讲述产品相关知识、使用经验和技巧、操作步骤等内容。在相关的使用场景下，教程型内容帮助消费者读懂和学会使用产品、增长知识技能，为消费者提供有价值的解决方案。

微淘精选教程型内容规范主要包括内容要求、图片要求、商品要求和视频要求四个方面，如图 3-27 所示。商家和达人发布的符合规范的内容可能会被抓取到微淘精选频道中。

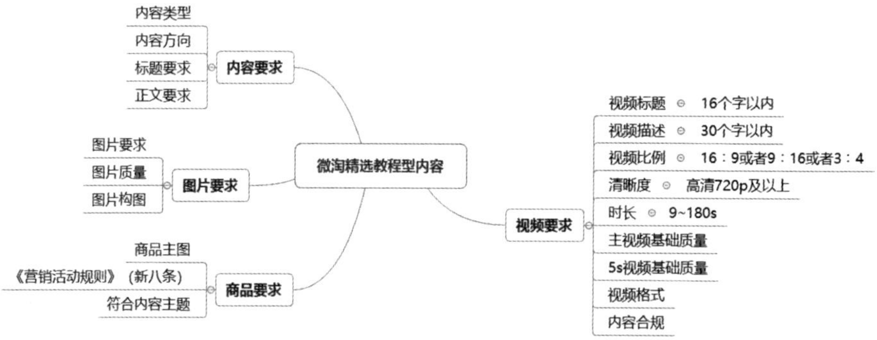

图 3-27 微淘精选推荐教程型内容的四大要求

微淘精选推荐的教程型内容案例如图 3-28 所示。关于三者的浏览和转化效果，商家可以根据被推荐到公域的内容类型进行测试，然后选择持续创作相应类型的内容。

图 3-28　微淘精选推荐的教程型内容案例

2. 评测型内容

评测型内容主要通过视频或图文的形式，讲述对产品的评测过程。评测型内容需要亲自测试，并客观和翔实地记录体验过程、产品参数、评测维度，以及说明优缺点、适合什么样的人群及使用须知等内容，如图 3-29 所示。

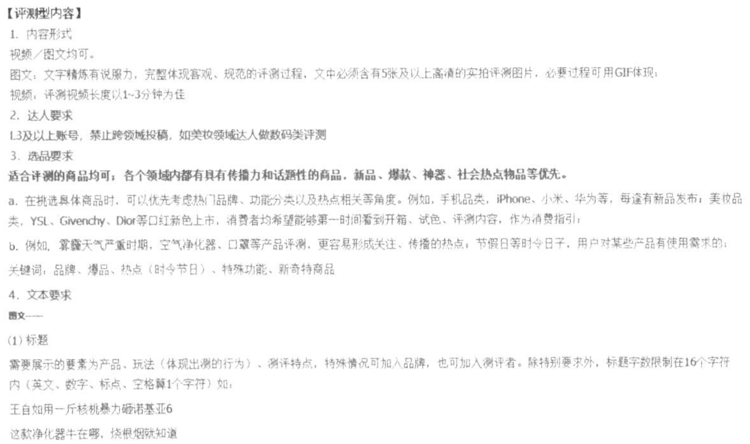

【评测型内容】

1. 内容形式

视频／图文均可。

图文：文字精炼有说服力，完整体现客观、规范的评测过程，文中必须含有5张及以上高清的实拍评测图片，必要过程可用GIF体现；

视频：评测视频长度以1~3分钟为佳

2. 达人要求

L3及以上账号，禁止跨领域投稿，如美妆领域达人做数码类评测

3. 选品要求

适合评测的商品均可；各个领域内都有具有传播力和话题性的商品，新品、爆款、神器、社会热点物品等优先。

a. 在挑选具体商品时，可以优先考虑热门品牌、功能分类以及热点相关等角度。例如，手机品类，iPhone、小米、华为等，每逢有新品发布；美妆品类，YSL、Givenchy、Dior等口红新色上市，消费者均希望能够第一时间看到开箱、试色、评测内容，作为消费指引；

b. 例如，雾霾天气严重时期，空气净化器、口罩等产品评测，更容易形成关注、传播的热点；节假日等时令日子，用户对某些产品有使用需求的；

关键词：品牌、爆品、热点（时令节日）、特殊功能、新奇特商品

4. 文本要求

图文——

(1) 标题

需要展示的要素为产品、玩法（体现出测的行为）、测评特点，特殊情况可加入品牌，也可加入测评者。除特别要求外，标题字数限制在16个字符内（英文、数字、标点、空格算1个字符）如：

王自如用一斤核桃暴力砸诺基亚6

这款净化器牛在哪，烧根烟就知道

图 3-29　微淘精选推荐评测型内容

评测型内容要求规范主要包括内容形式、达人要求、选品要求、文本要求和选题方向五个方面。评测型内容的重点是选题方向，可以按照场景、方式或主体三种主流方向对产品进行评测，如图 3-30 所示。

以认证为“数码评测师”的三点创意科技为例，通过短视频的形式，评测两款手机，获得了 240 个赞和 145 个用户评论，如图 3-31 所示。

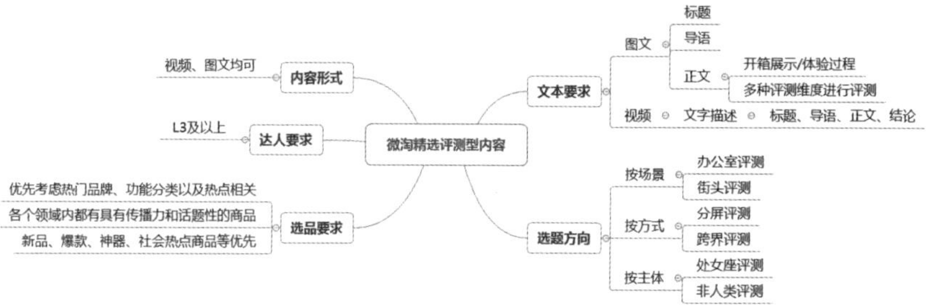

图 3-30　微淘精选推荐评测型内容五大要求

图 3-31　微淘精选推荐评测型内容的案例

3.4　晒单买家秀公域的透出

商家运营好买家秀，可以提升免费的公域流量，促进单品成交转化。目前，公域的主要透出渠道包括微淘晒单、洋葱盒子、猜你喜欢和行业频道等。微淘晒单频道主要抓取买家秀内容运营得好的商家，如图 3-32 所示。

图 3-32　微淘晒单买家秀透出公域

3.4.1 宝贝详情有买家相册模块

商家要想使买家秀透出公域，需要在店铺详情页的买家相册模块中展示的宝贝数在 10 个及以上，并且单个宝贝下加精的买家秀不少于 4 条，如图 3-33 所示。

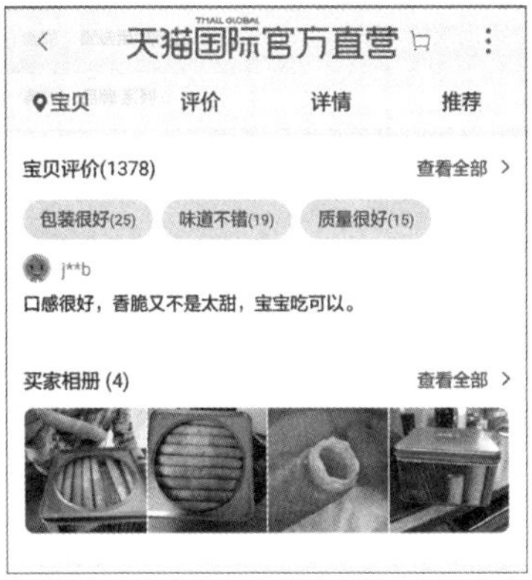

图 3-33 店铺详情页中买家相册模块

具体操作方法：在阿里创作平台“发微淘”的买家秀或在千牛后台应用中心的店铺互动中心对买家秀内容进行加精，如图 3-34 所示。

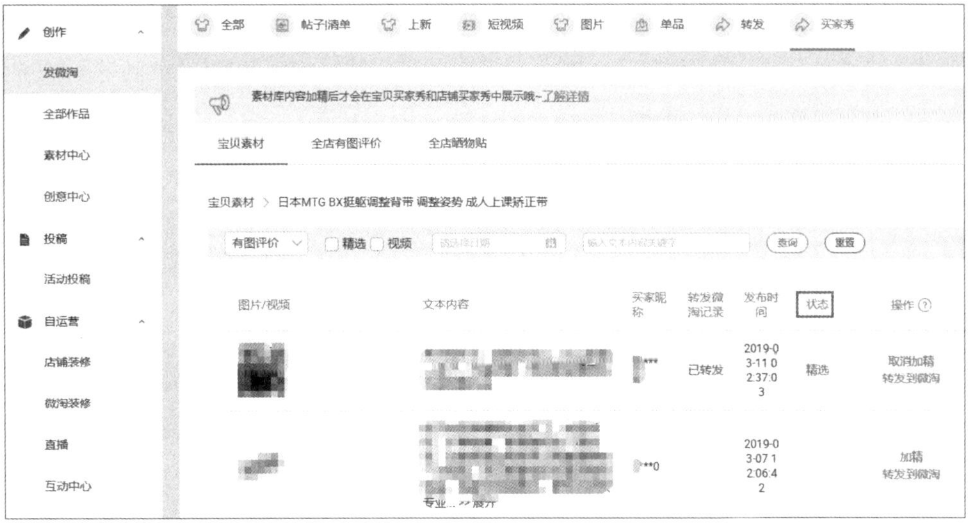

图 3-34 阿里创作平台的买家秀加精

商家在操作与管理买家秀的过程中，需要注意保持每周加精的更新频次，按照优先顺序进行展示，按照店铺宝贝销量高低进行重点调整、重点维护。商家需要清除一些质量较差的买家秀，如清晰度低、与商品无关、包裹纸箱，以及用户面部用马赛克、表情遮挡的买家秀图片。

3.4.2 买家秀符合优质内容标准

商家要想使买家秀被抓取到公域，除了买家相册符合要求，还需要筛选出符合公域内容标准的加精优质买家秀。系统会自动抓取优质的买家秀内容，审核通过的买家秀内容被微淘官方收录，并推荐到各公域渠道。

2018 年 5 月，互动中心官方公布了《公域透出优质买家秀的内容标准》，该标准针对图片、文本和视频内容提出了相应的规范，如图 3-35 所示。

【公域内容标准】公域透出优质买家秀的内容标准

何欢 发表于 2018-05-24 19:46 浏览（24642）回复（28）赞（0）

一、图片标准

图片基本要求： 图片清晰明亮、背景干净整洁、商品主体完整，无广告、马赛克、杂乱文字等牛皮癣。

封面图最重要！封面图最重要！封面图最重要！如果第一张图片不好看，请先选择后面好看的图片设为封面再进行加精操作，这样就会以这张封面图片对外展示。

封面图片要求细则：

1. 图片须为用户实拍图，不能是卖家展示图、模特棚拍图、非关商品图等；
2. 图片须构图正常，不能有翻转、角度歪斜、主体处于图片边缘等现象；
3. 图片须体现真实，不宜过度美化，导致变形、变色、失真；
4. 商品主体完整，不宜是局部特写或细节展示，在图片中的大小适中，不能是快递包装纸箱或泡沫垫图片；
5. 有人物出镜时，颜值不宜过低，表情不能阴郁怪异，不宜处于杂乱的背景下或人物众多的公众环境中；
6. 在符合以上要求基础上，图片精致、美观、大气是加分项。

图 3-35 微淘公域透出优质买家秀的内容标准

另外，对于买家秀的加精内容，商家还需要注意不要用商品主图、与商品无关的图、包裹纸箱图等作为封面图，这些图片是微淘晒单的黑名单图，不会被推荐到公域中。

不同行业的买家秀标准也有差异,《公域透出优质买家秀的内容标准》主要列举了护肤美妆、服饰配饰、孕婴童和食品类等的图片标准示例，如图 3-36 所示。

https://maijiahudong.bbs.taobao.com/detail.html?postId=8569125

护肤美妆图片示例：

1. 单件商品展示时

易于辨识商品本身：商品宜正面朝上平放或者朝前摆放，不宜以垂直俯视角度或背面朝上放置拍摄；

主体居中且背景整洁：商品置于画面中心，背景宜干净整洁，不宜将商品置于画面边缘或参差杂乱的背景中。

图 3-36 微淘公域透出优质买家秀护肤美妆的图片标准示例

根据互动中心的总结，四个类目的大致要求如图 3-37 所示，具体内容标准要求和图片示例可查看《公域透出优质买家秀的内容标准》原文。

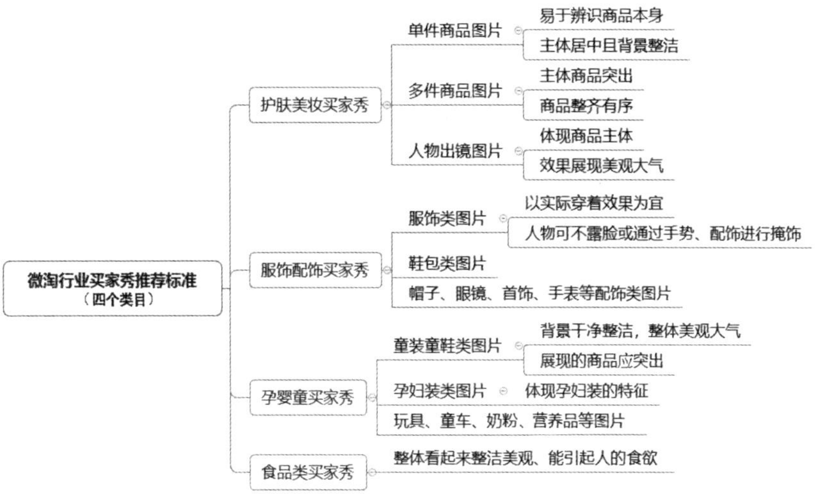

图 3-37　微淘公域透出四个类目的买家秀图片标准

对于微淘晒单买家秀，商家除了需要注意图片标准，还需要注意买家秀的文本内容标准和视频标准。其中文本内容标准包括评价感受、评价字数和评价描述等；视频标准包括拍摄内容清晰、背景干净、主体完整、时尚大气和有一定的美观度等，如图 3-38 所示。

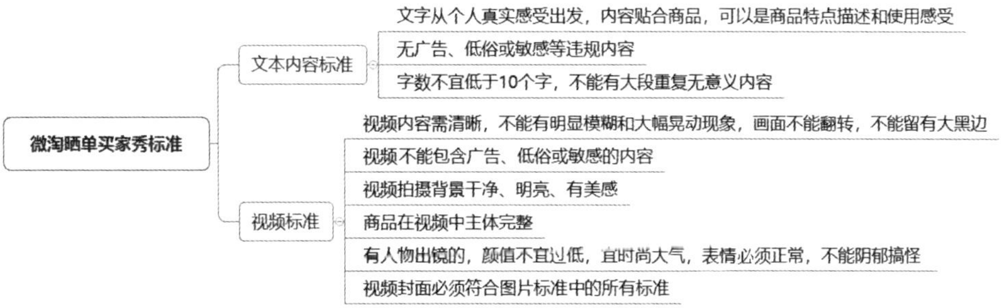

图 3-38　微淘公域透出文本内容标准和视频标准

3.5　微淘垂直行业类目内容

截至 2019 年 3 月，微淘垂直行业类目内容主要包括时尚、美食、潮 sir、生活、明星和品牌等栏目，各个栏目展示的内容相似。

3.5.1 微淘垂直行业类目前台

目前，微淘垂直行业类目前台主要推荐达人发布的长图文和短视频等，如图 3-39 所示。

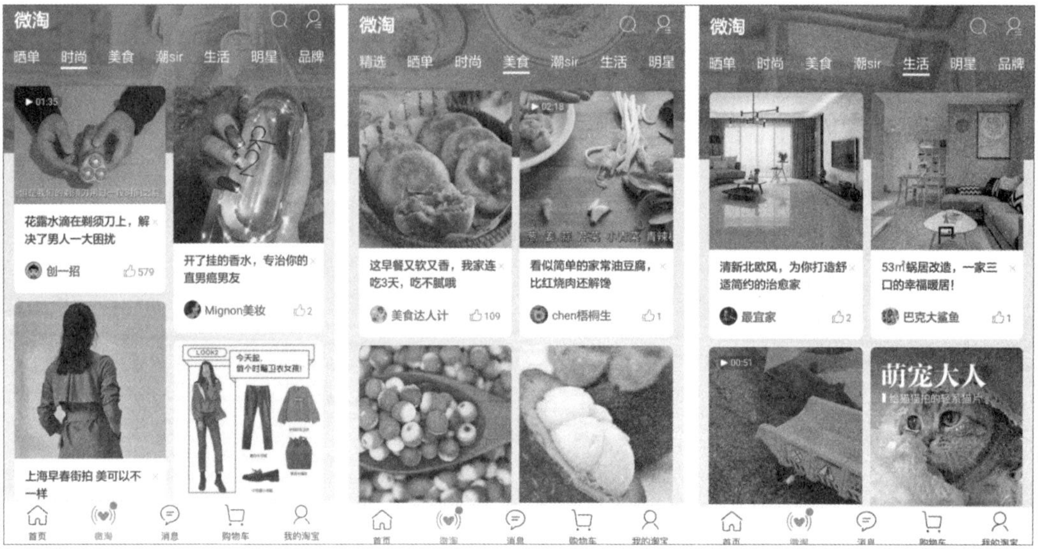

图 3-39 微淘垂直行业类目前台的推荐内容

长图文内容主要包括标题、封面图、导语、正文、图片和商品，如图 3-40 所示。长图文的优点是写的内容较多，能够完整地讲述产品故事；缺点是目前消费者阅读长图文的习惯和耐心在下降。

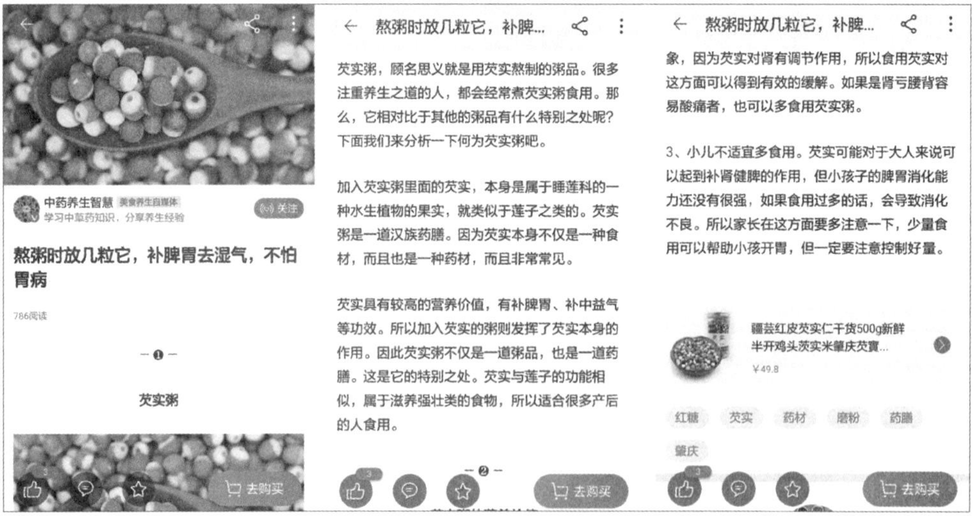

图 3-40 微淘垂直行业类目的长图文内容

时尚、潮 sir 等栏目涉及美搭、美妆个护等内容，图文展示与长图文的形式有所不同，主要为“穿搭日记”和“我是配饰控”等，如图 3-41 所示。

图 3-41　微淘垂直行业类目的美搭图文内容后台

在内容展示上，图文展示以 3 ～ 9 张搭配图为主，配合部分文章内容。相对于长图文，它主要用简短、精练的语言进行描述，表达穿搭心得或建议等，如图 3-42 所示。

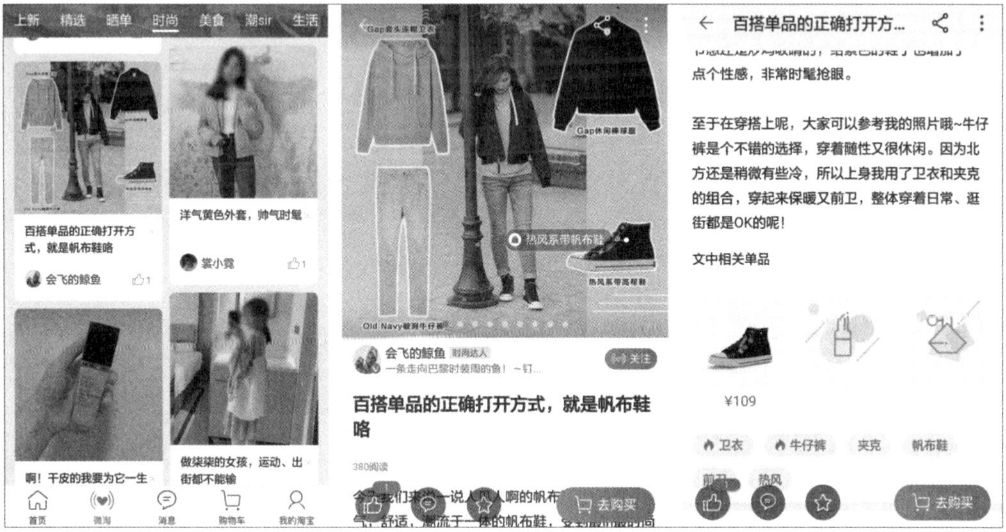

图 3-42　微淘垂直行业类目的美搭图文内容前台

由于短视频内容综合了文字、图片、声音和动画等多种元素，用户可以直观清晰地观看和聆听里面讲述的故事，因此整体阅读量比图文的高，如图 3-43 所示。经过精心策划的栏目型短视频更容易获得粉丝的青睐。

图 3-43　微淘垂直行业类目的美食短视频内容

3.5.2　微淘垂直行业活动投稿

商家和达人可以通过阿里创作平台，报名参加垂直行业类目的活动投稿。商家和达人在阿里创作平台中查看有权限参与的投稿入口，创作符合活动主题的微淘内容，然后等待审核通过后，展示在微淘垂直行业类目中，如图 3-44 所示。

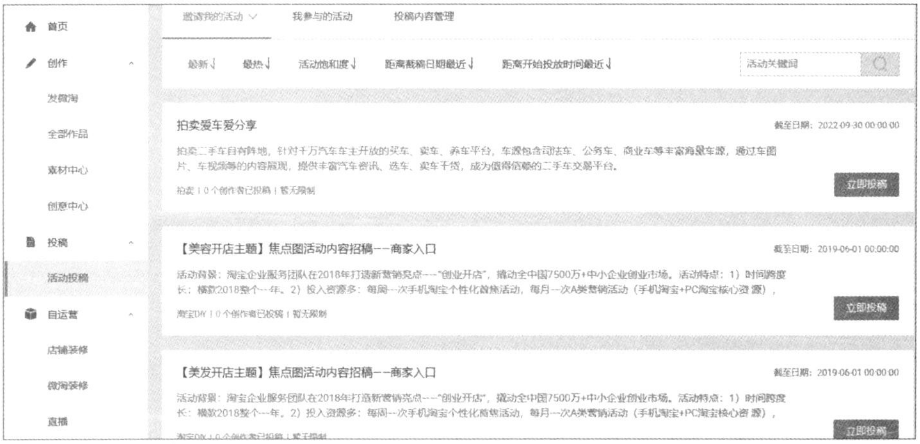

图 3-44　阿里创作平台的活动投稿

目前，微淘平台定向邀约投稿时会考核商家和达人的数据指标，数据指标主要包括店铺粉丝活跃度、微淘运营能力和影响范围等。此外，商家和达人创作的内容还需要满足淘宝天猫营销活动的规则。

商家投稿的内容需要添加盖楼、征集、群聊或投票等互动组件，活动上线时间与品牌内容上线时间保持一致。每个商家最多审核通过一条内容，因此需要注意投稿的短视频、图文内容符合征稿主题。

3.6　微淘公域渠道推荐规则

为了鼓励商家进行优质的内容创作和运营好粉丝，阿里创作平台将符合规则的商家的优质微淘内容推荐到更多公域渠道，通过更多的展示曝光机会，使商家获取更多的免费流量。

微淘透出公域的渠道既包括关注、上新、精选、晒单等微淘频道，也包括手机淘宝经验（原淘攻略）、淘宝头条、哇哦视频（原爱逛街）和猜你喜欢等手机淘宝首页公域渠道，如图 3-45 所示。

图 3-45　微淘透出到手机淘宝首页部分公域渠道

3.6.1　微淘免费推荐基本要求

2019 年 1 月，微淘官方发布《微淘公域推荐内容标准》（2019 年版本），如图 3-46 所示。

图 3-46　微淘公域推荐内容标准

1. 账号要求

为了获得微淘免费推荐，商家账号需要在 L1 ～ L6，并且保持一定的活跃度，近 7 天需要主动发布的微淘内容条数不少于 1 条。

2. 内容要求

微淘内容可以是上新（或预上新）、宝贝清单、宝贝图集，以及买家秀等形式，发布时间在 30 天以内。

另外，如果商家想要获得更多的推荐流量，商家账号则需要满足近 30 天主动发布内容的天数不少于 15 天、近 7 天粉丝内容回访率不小于 23%（最近 7 天粉丝浏览次数 / 最近 7 天粉丝曝光次数 ×100%）。如果商家参加活动投稿，那么审核通过的内容会被平台直接采纳推荐，并面向非店铺粉丝展示。

3.6.2 微淘免费推荐内容要求

微淘免费推荐内容规范主要包括标题规范、导语规范、图片规范、选品规范、图片锚点规范、正文规范和短视频规范等。

1. 标题规范和导语规范

根据微淘官方要求，标题规范主要包括符合基本语言规范、客观正向、简洁明快有亮点和口语化等；导语规范包括核心主题、字数和广告法违禁词语等，如图 3-47 所示。

图 3-47　2019 年微淘公域推荐内容标题规范和导语规范

2. 图片规范和选品规范

图片规范主要包括清晰正规、中心突出和吸引人等；选品规范需要符合淘宝天猫营销规则等，如图 3-48 所示。

图 3-48 2019 年微淘公域推荐内容图片规范和选品规范

3. 图片锚点规范和正文规范

图片锚点规范主要包括准确有物、规整美观和锚点标签易于阅读等；正文规范包括格式美观、言之有物和生动有趣等，如图 3-49 所示。

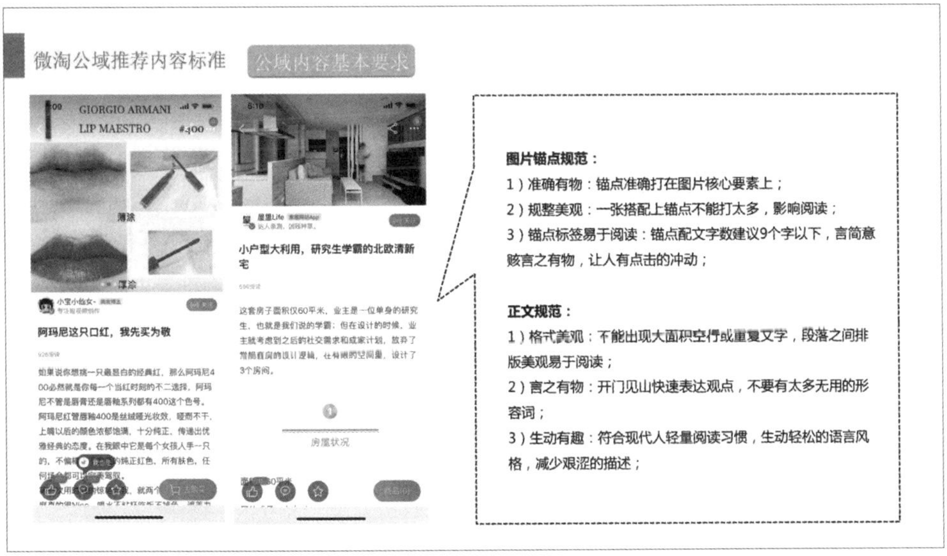

图 3-49 2019 年微淘公域推荐内容图片锚点规范和正文规范

4. 短视频规范

短视频规范主要包括清晰可读、言之有物、完整流畅和美观精致等，如图 3-50 所示。

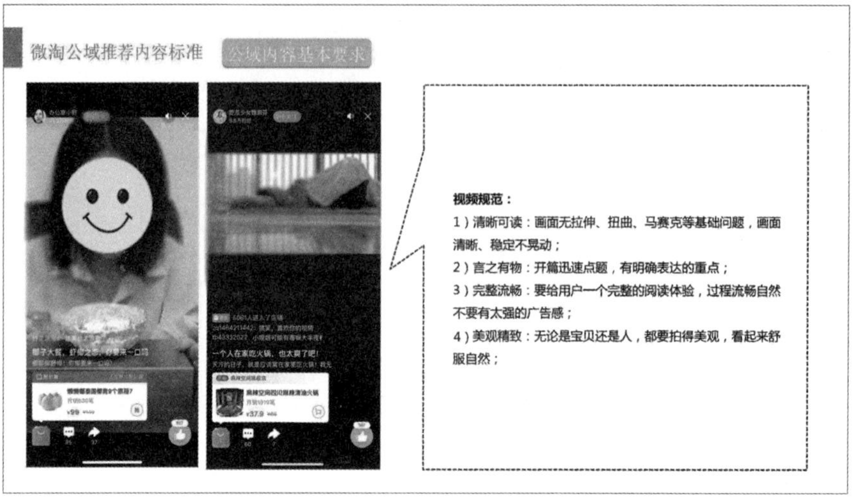

图 3-50　2019 年微淘公域推荐内容短视频规范

3.6.3　微淘免费推荐内容类型

商家优质内容类型包括好货“种草”、主题清单、店铺上新、买家秀、粉丝福利和店铺动态等几种形式。

1. 好货“种草”

好货“种草”概念和案例如图 3-51 所示。

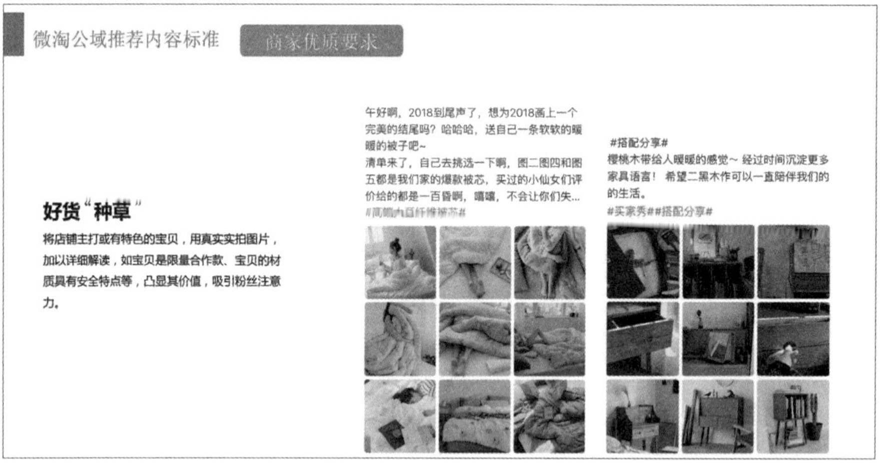

图 3-51　好货“种草”

2. 主题清单

主题清单概念和案例如图 3-52 所示。

图 3-52　主题清单

3．店铺上新

店铺上新概念和案例如图 3-53 所示。

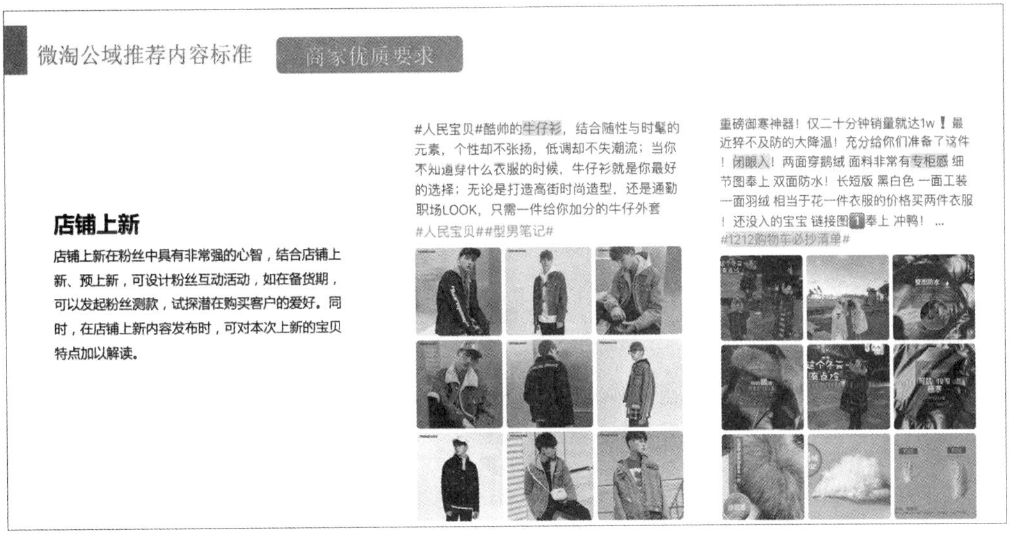

图 3-53　店铺上新

4．买家秀

买家秀概念和案例如图 3-54 所示。

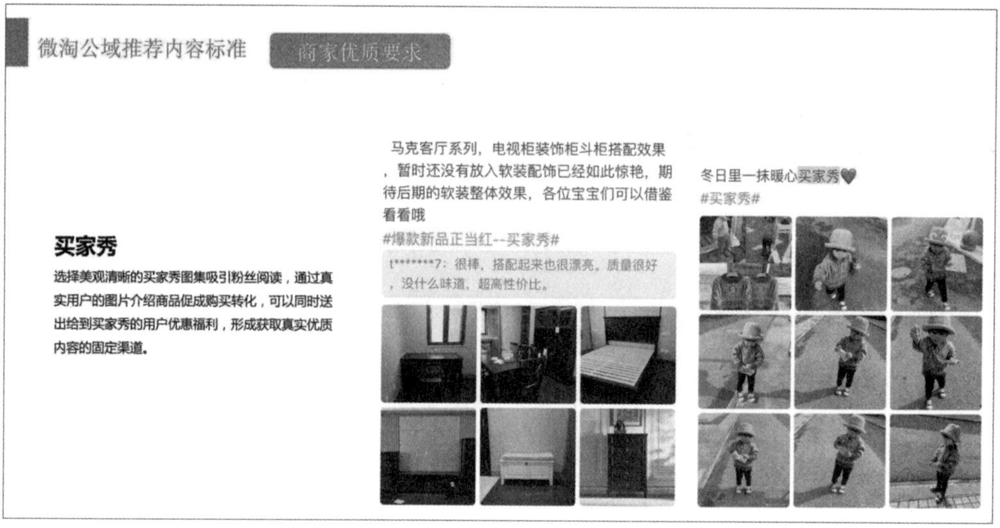

图 3-54　买家秀

5．粉丝福利

粉丝福利概念和案例如图 3-55 所示。

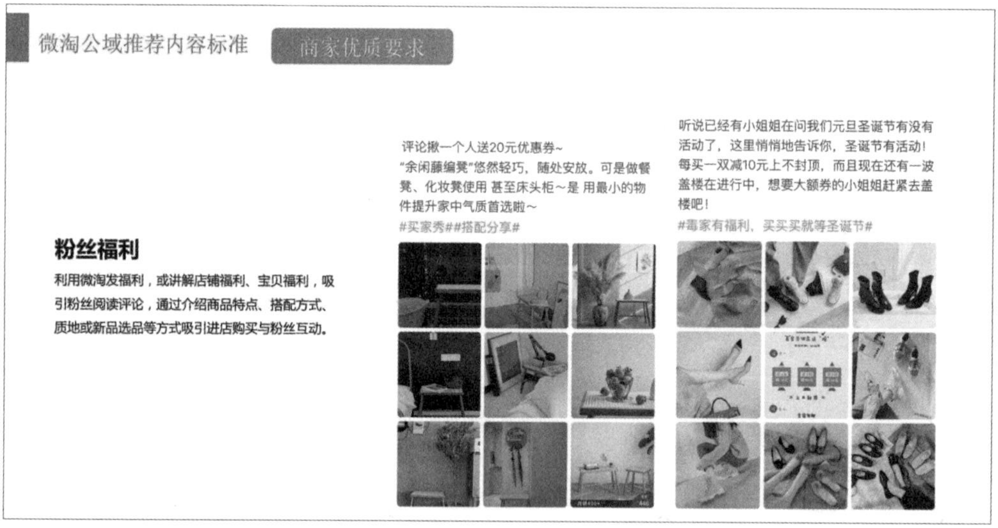

图 3-55　粉丝福利

6．店铺动态

店铺动态概念和案例如图 3-56 所示。

图 3-56　店铺动态

3.6.4　微淘不会推荐的内容类型

1. 明星、搞笑类内容（见图 3-57）

明星、搞笑类内容虽然阅读量高，但是一方面因为产品转化率低，另一方面因为容易产生侵权，所以微淘不会推荐此类内容。

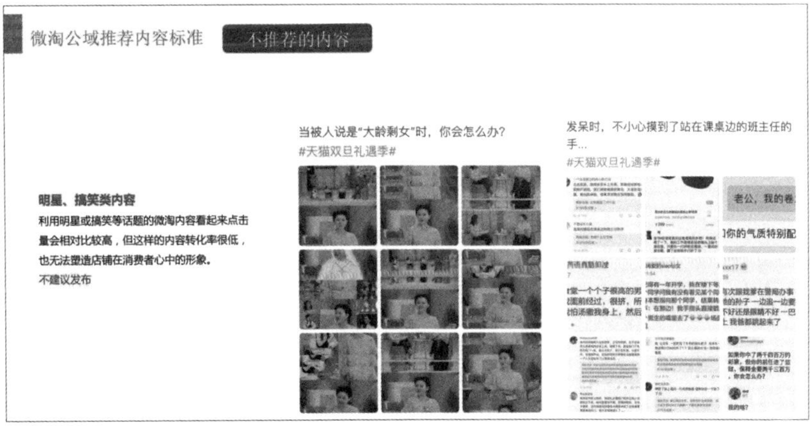

图 3-57　微淘公域不推荐明星、搞笑类内容

2. 文字内容过简 / 话题使用不当 / 内容或图片重复（见图 3-58）

文字内容过简，短短一到两行有时候不能表达出主题推荐内容，或者话题使用不当，话题栏目过多，以及内容或图片重复，这样的内容不会被微淘推荐。

商家可以在阿里创作平台“全部作品”中，查看内容是否被微淘平台采纳推荐。如果平台采纳中显示“微淘发现”或“微淘推荐”即内容被微淘推荐了，如图 3-59 所示。

图 3-58　微淘公域不推荐文字内容过简 / 话题使用不当 / 内容或图片重复

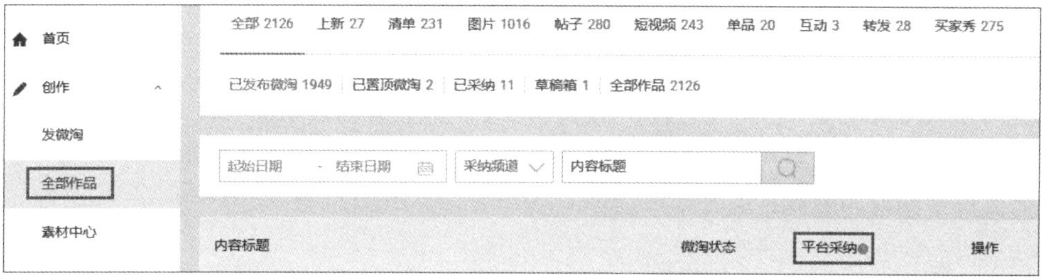

图 3-59　查看微淘平台采纳情况

商家的投稿内容被微淘平台采纳之后，会在试投池进行推广，如果数据表现好会推荐到公域进行放大，反之表现不好则不会被推荐。因此，被平台采纳不代表该条内容流量一定会有很大变化。

第4章 微淘后台内容运营

微淘后台是针对“达人平台 2.0”进行的重大升级，以优质原创内容创作者为主体，微淘官方对参与淘宝内容生态体系的账号重新进行了定义和分类，其涵盖原达人体系、商家体系等各类内容生态角色。

通过阿里创作平台微淘号进行入驻。如果入驻的是开店商家且店铺状态正常，即可登录创作后台或千牛发布端进行微淘发布。

4.1 微淘后台的构架

微淘后台由顶部导航（阿里 V 任务、达人学院、帮助、反馈、社区和消息）及左侧导航（首页、创作、投稿、自运营、任务、统计和账号七大部分）组成，对于淘宝天猫商家来说，常用的主要是顶部导航的消息和左侧导航。微淘后台的组成可以更加细分，部分拆分图如图 4-1 所示。

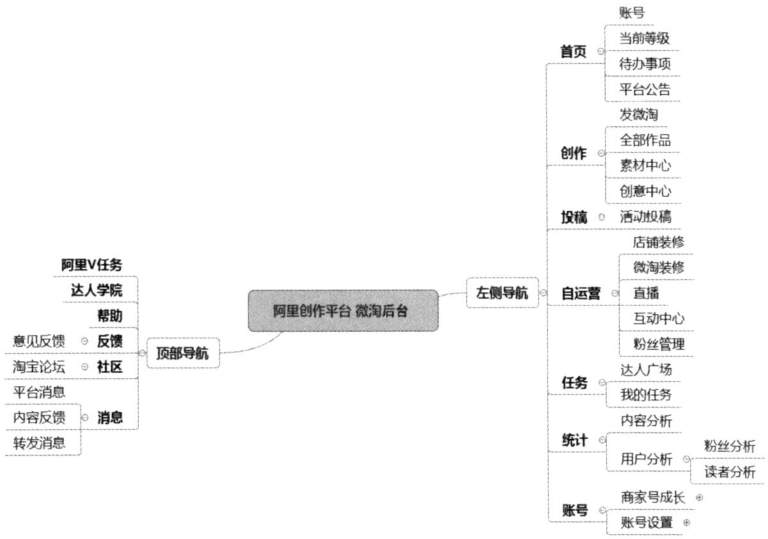

图 4-1　阿里创作平台微淘后台的部分拆分图

4.1.1 微淘后台首页

阿里创作平台（微淘后台 3.0 版本）首页主要包括 L0 ～ L6 的等级展示，以及平台公告。在这里需要注意的是，商家和微淘运营需要经常关注微淘后台的官方公告，因为这里不仅有规则的变化，也有一些活动的报名招商，如图 4-2 所示。

图 4-2 阿里创作平台首页

4.1.2 微淘后台创作

阿里创作平台创作板块主要包括发微淘、全部作品、素材中心和创意中心四大组成部分。

1. 发微淘

截至 2019 年 5 月，发微淘主要包括店铺上新、好货“种草”、买家秀、主题清单、粉丝福利、图文教程、短视频、店铺动态和转发 9 种内容类型、11 种内容形式，如图 4-3 所示。9 种内容类型、11 种内容形式在 4.2 节中会详细解析。

图 4-3 阿里创作平台的发微淘

2. 全部作品

全部作品主要记录从 2017 年 9 月起（不同店铺的记录不同）商家发布的微淘作品，主要包括上新、清单、图片、帖子、短视频、单品、互动、转发和买家秀等，如图 4-4 所示。

图 4-4　阿里创作平台的全部作品

2018 年 8 月 7 日，微淘官方公布新版商家全部作品内容管理功能。在平台采纳中，商家可以查看是否有内容被公域采纳。

在“编辑”中，商家可以修改过去发布的微淘内容，需要注意的是有部分内容类型暂时不支持编辑。如果微淘内容不能修改，则后台“编辑”字样为灰色。商家可以点击“编辑”，查看不能编辑的原因。

如下 5 种类型的内容不能编辑。

①微淘平台招投稿已经审核通过的内容；

②已经被公域渠道采纳的内容；

③招投稿超出了编辑次数的内容；

④超过 180 天的发布内容；

⑤不是 PC 端发布的内容，如千牛端发布的内容。

内容质量与粉丝效果好的单条微淘内容会被微淘频道采纳，并在各频道前台进行展示。如果内容被频道采纳，商家想要取消，可以选择点击“撤回”。如果内容没有被频道采纳，商家想要取消，可以点击“删除”。

商家可以建立 Excel 表格，以便统计每种内容类型的数量和占比情况，分析目前店铺经常使用的内容形式。

商家也可以根据起始时间或搜索标题，查看之前发布的微淘内容。微淘数据统计主要展示内容阅读数和评论数。

商家可以在“单条分析”中查看内容详情（包括内容质量分、内容效果分和内容健康分），以及用户反馈（包括新增粉丝数和取关粉丝数），如图 4-5 所示。

图 4-5　阿里创作平台的单条分析

商家可以点击“推广”，提取单条微淘的二维码或链接，在店铺首页、详情页或包裹等渠道进行单条微淘内容推广，如图 4-6 所示。

图 4-6　阿里创作平台的单条微淘内容推广

此外，商家也可以选择置顶热门或需要重点推广的商品和内容，占据店铺微淘顶部位置，置顶条数不能超过 3 条。

3. 素材中心

微淘素材中心主要由两部分组成，即我的素材和找音乐。

（1）我的素材

我的素材主要包括我的商品、我的图片和我的产品，如图 4-7 所示。在我的商品中商家可以对商品按照类目进行管理，以便查询。

我的图片主要使用的是素材图片，包括商品图和在网络上搜集的素材图。

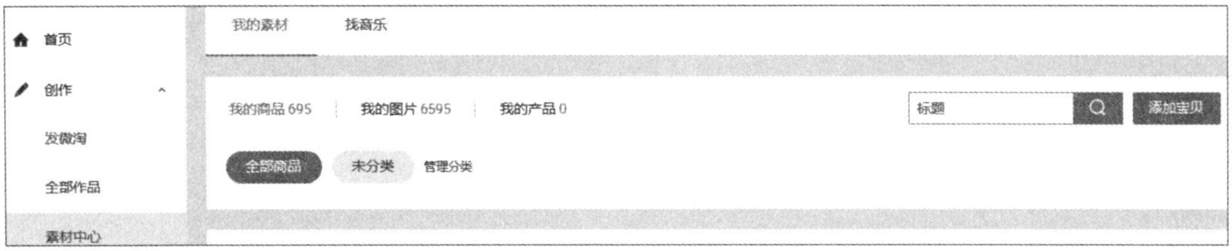

图 4-7　阿里创作平台的素材中心

在“搜索框”中，商家可以通过搜索产品标题找到产品素材，或者可以通过添加宝贝中的链接找到商品素材，如图 4-8 所示。

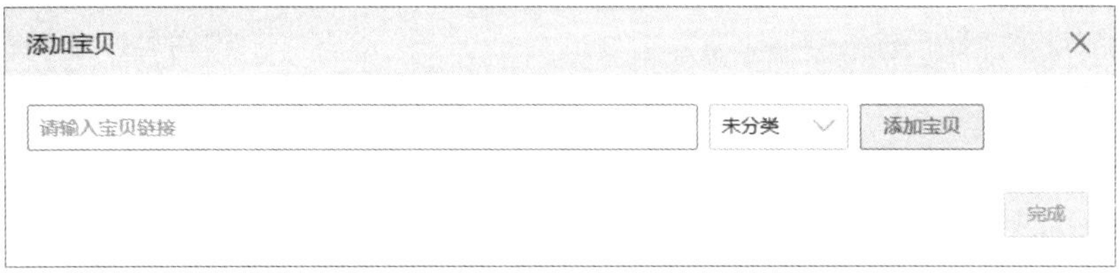

图 4-8　阿里创作平台的添加宝贝

在“添加图片”中，可以对素材进行分类。商家直接拖拽文件到虚线框内即可上传，一次最多能上传 5 张图片，每张图片大小不超过 3MB，如图 4-9 所示。

图 4-9　阿里创作平台的添加图片

（2）找音乐

音螺（Conch Music）平台是阿里音乐旗下的一站式音乐创新服务平台，主要帮助商家提升品牌价值和形象，以及商业效能，为淘宝天猫商家提供专业的解决方案。

通过 AI（人工智能）大数据分析，音螺平台提供强大的音乐智能导购服务，精准地满足各类应用场景的音乐需求，为商家量身定制引领潮流的时尚音乐，如图 4-10 所示。

图 4-10 阿里创作平台的找音乐

音螺曲库专业性强，音乐类型丰富，主要联合虾米寻光音乐人、国内外专业的音乐工作室、独立创作者和知名版权公司为商家提供海量引领潮流的音乐，如图 4-11 所示。

作品	作者	类型	时长		
习惯你	未来星B3Rich，3Bangz	歌曲	03:18		获取授权
Pink Trip	Chill Boy	歌曲	02:45		获取授权
风中舞	夏沐草乐队	歌曲	04:31		获取授权
逝年	夏小虎	歌曲	03:15		获取授权
这回忆	杨茜茜	歌曲	04:17		获取授权
旧时光	夏小虎	歌曲	06:08		获取授权

图 4-11 阿里创作平台的音乐作品

购买的音乐仅限授权账户在淘系平台（淘宝网、天猫、聚划算）的网络店铺作为背景音乐或短视频背景音乐使用，作为店铺背景音乐使用时在授权时间内无次数限制。而作为淘宝视频背景音乐使用时，每个音乐包中的每首歌曲在授权期内只能在 1 个短视频里使用，使用 1 次该授权即失效，若需用于另一短视频或另一网络店铺，需要重新购买，如图 4-12 所示。

购买音乐需要前往“会员体验专区”购买“音乐包”，并填写授权的淘宝会员名。选歌下载时，点击“音乐库”通过标签搜索需要的音乐，选中心仪的音乐点击“获取授权”，将该首音乐加入“音乐包”，之后就可以下载使用了。

图 4-12　阿里创作平台的音乐包

在“授权下载管理”页面，可以对“音乐包”中的歌曲下载授权证明。如果需要开具发票，可以点击“订单管理”，对所有购买的订单申请纸质发票。

更多关于找音乐购买流程的购买授权、选歌下载、授权证明、发票开具等问题，可以在“常见问题”中详细阅读和查看，如图 4-13 所示。

图 4-13　阿里创作平台中找音乐的常见问题

4．创意中心

创意中心主要包括粉丝热点、人群热点和趋势创意三大板块，具体内容将在 4.4 节中详细解读。

4.1.3　微淘后台投稿

阿里创作平台活动投稿（见图 4-14）主要包括邀请我的活动、我参与的活动和投稿内容管理。

该活动投稿可以按照最新、最热、活动饱和度、距离截稿日期最近和距离开始投放时间最近五个维度进行筛选，也可以通过活动关键词进行筛选。

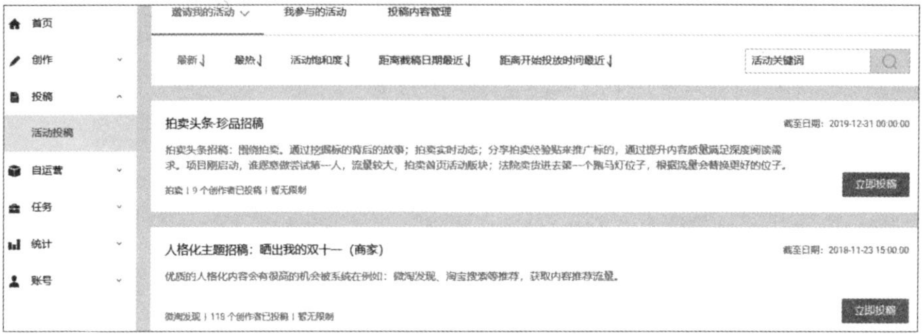

图 4-14　阿里创作平台的活动投稿

点击“立即投稿”，会显示商家参与的招募活动的详细说明，按照微淘平台官方要求，创作相关内容即可完成投稿，如图 4-15 所示。

图 4-15　阿里创作平台的投稿要求

点击“我参与的活动”，会显示商家报名参与的活动，如图 4-16 所示。

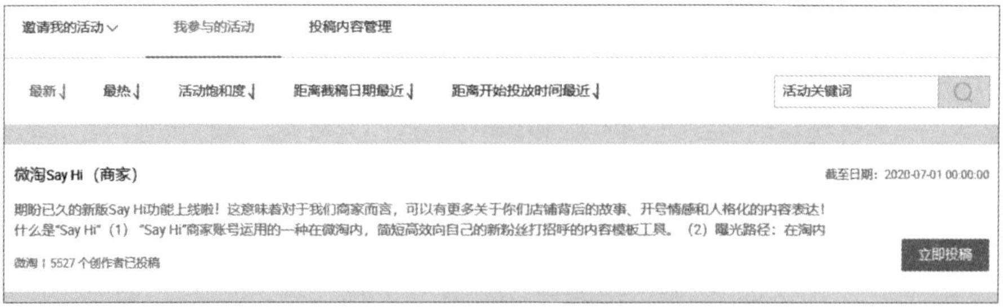

图 4-16　阿里创作平台中我参与的活动

点击“投稿内容管理”，会显示商家已发布的内容，如图 4-17 所示。

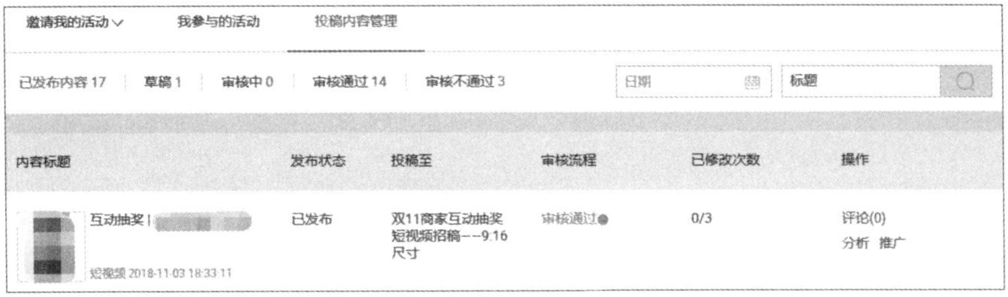

图 4-17 阿里创作平台中投稿内容管理

4.1.4 微淘后台自运营

微淘后台自运营主要包括店铺装修、微淘装修、直播、互动中心和粉丝管理五大部分。

1. 店铺装修

点击“店铺装修”，页面直接跳转到淘宝旺铺装修中，可以直接装修手机端和 PC 端的页面内容，方便了页面装修，如图 4-18 所示。

图 4-18 阿里创作平台的店铺装修

2. 微淘装修

微淘装修主要针对微淘店铺进行装修，具体内容将在 4.5 节中详细解读。

3. 直播

直播入口直接接入淘宝直播中控平台，方便创建淘宝直播和进行直播管理及直播内容数据的分析，如图 4-19 所示。

商家在发布直播时，可以将直播投稿给淘宝直播频道，也可以推送至微淘、个人主页。

在发布帮助中，有《如何使用电脑进行直播》、《必看！直播栏目投稿须知》、《直播封面图规范》、《直播内容规范》、《天猫 618 直播全攻略》和《天猫 618 封面图规范》等详细规范，商家可以选择自行学习。

图 4-19　阿里创作平台的直播

4. 互动中心

互动中心主要包括互动管理、评论管理和奖品管理。在互动管理中，商家可以根据新的微淘等级，创建投票、征集等互动内容，详细玩法和案例将在第 11 章中讲述。

（1）互动管理

互动管理主要包括活动名称、活动类型、活动时间、活动状态（编辑中：创建活动时选择使用官方发奖工具，此时需在活动开始前完成奖项设置；已作废：创建活动时选择使用官方发奖工具，且活动开始前未能完成奖项设置，活动将作废不可再编辑）、推广渠道等内容，如图 4-20 所示。

图 4-20　阿里创作平台的互动中心

（2）评论管理

评论管理主要包括用户和粉丝对所有已发布内容的评论，商家可以根据自身情况回复粉丝评论，以保持积极互动。

评论内容可以预览，点击“预览”，可以看到是哪条内容下面的评论。点击“回复”，可以直接回复粉丝评论。

如果在微淘上有恶意评价、重复评价甚至打广告的情况，商家可以针对此情况直接删除评论，如图 4-21 所示。

图 4-21　阿里创作平台的评论管理

（3）奖品管理

奖品管理主要包括商家设置活动的名称、类型、总数量、已发放、剩余和对应活动内容，如图 4-22 所示。

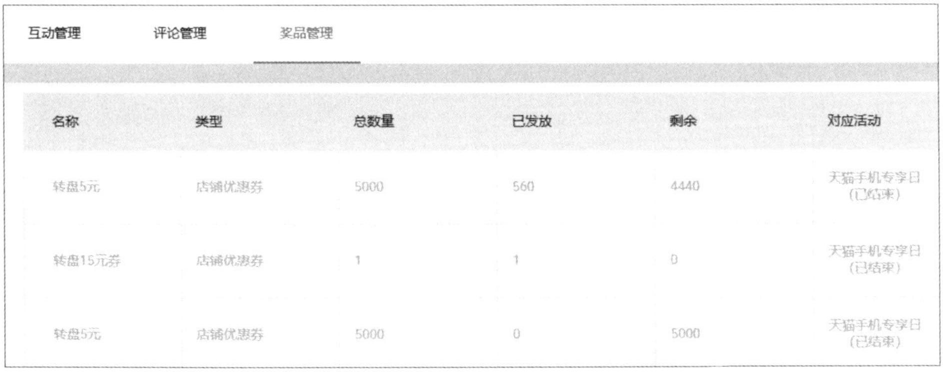

名称	类型	总数量	已发放	剩余	对应活动
转盘5元	店铺优惠券	5000	560	4440	天猫手机专享日（已结束）
转盘15元券	店铺优惠券	1	1	0	天猫手机专享日（已结束）
转盘5元	店铺优惠券	5000	0	5000	天猫手机专享日（已结束）

图 4-22　阿里创作平台的奖品管理

5. 粉丝管理

粉丝管理是微淘推出的一款清理粉丝的工具，在粉丝管理中，商家可以看到粉丝构成情况并进行清理。具体内容将在 4.5 节中详细解读。

4.1.5 微淘后台任务

微淘后台任务主要包括达人广场和我的任务，具体内容将在 4.6 节中详细解读。

4.1.6 微淘后台统计

经过微淘平台与生意参谋几次优化改版，目前微淘后台统计包括内容分析和用户分析两大板块。具体内容将在第 7 章中详细解读。

4.1.7 微淘后台账号

微淘后台账号主要包括商家号成长和账号设置两大部分。

1. 商家号成长

商家号成长（见图 4-23）主要包括商家成长核心指标、商家号等级和微淘号商家指数三大组成部分。商家成长核心指标主要指明店铺当前等级和商家号指数，具体指数可以点击“查看解读”查看。

我的成长之路主要是指商家微淘号在 L0 到 L6 等级中所处的阶段，用灰色标注代表现阶段所处等级。

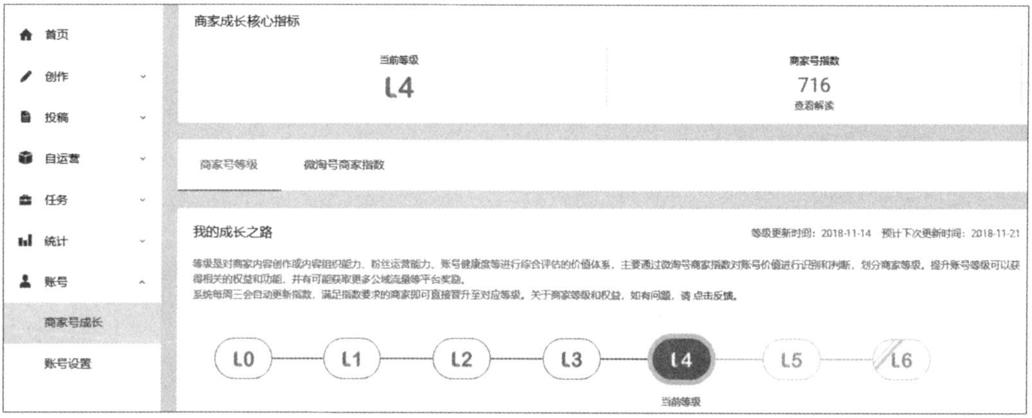

图 4-23 阿里创作平台的商家号成长

当前等级会介绍现有等级如 L4 的定义，以及目前等级所享有的权益（包括粉丝置顶、角色认证、淘宝群、微淘动态装修、互动工具和征集活动等）。

针对当前等级，商家如果想做进一步提升，则可根据微淘官方平台提供的相应玩法指引，参照其中的内容进行有效的内容生产和粉丝互动。

微淘号商家指数会显示目前商家指数，针对内容价值分、粉丝价值分和账号健康分等指数解读，每周三进行数据更新，如图 4-24 所示。

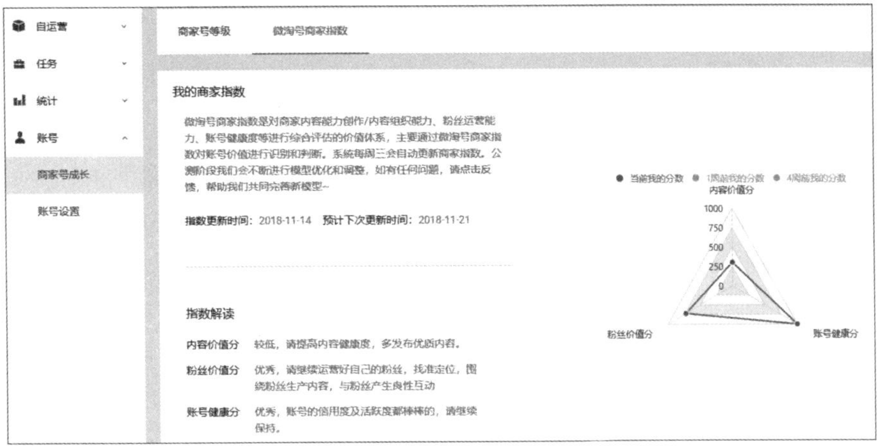

图 4-24　阿里创作平台的微淘号商家指数

2. 账号设置

微淘账号主要由账号信用、账号信息和微淘达人号三部分组成。其中账号信用主要记录商家在微淘、直播和短视频中的违规行为，出现违规将会被扣除信用分，信用分降到一定分数就会触发账号处罚，并降低微淘号商家指数。

在账号设置中，主要需要注意账号简介的修改，用一段 70 个字左右的文案，简明扼要地介绍店铺微淘的风格和定位，如图 4-25 所示。

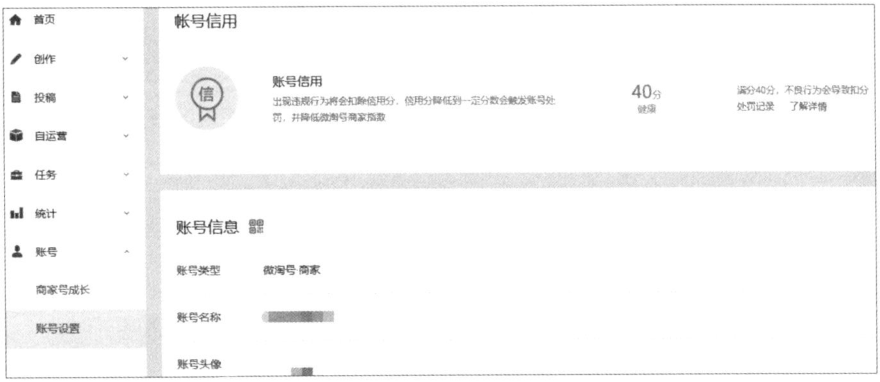

图 4-25　阿里创作平台的账号设置

微淘号子账号主要由商家主账号创建，子账号不能创建。在手机店铺的“店铺微淘”中展示的内容主要是由商家发送的，而商家以“微淘号•达人”身份发布的内容则不会出现在里面。但是，这两类内容都能够在关注频道中，推荐给关注此账号的粉丝。

商家在登录阿里创作平台时，可以选择以“微淘号 • 商家”或“微淘号 • 达人”两种身份切换登录，但是不能同时登录，也不要打开两个不同的浏览器登录，或者在多台电脑上分别登录。

4.2 11种内容类型的创作

截至 2019 年 5 月，在阿里创作平台商家号发布的微淘内容主要包括店铺上新、好货“种草”、主题清单、买家秀、粉丝福利、图文教程、短视频、店铺动态和转发 9 种内容类型、11 种内容形式，如图 4-26 所示。其中店铺上新、好货“种草”和主题清单属于商品“种草”，买家秀和粉丝福利属于粉丝运营；店铺上新包括上新和预上新，好货“种草”包括多品“种草”和单品“种草”。

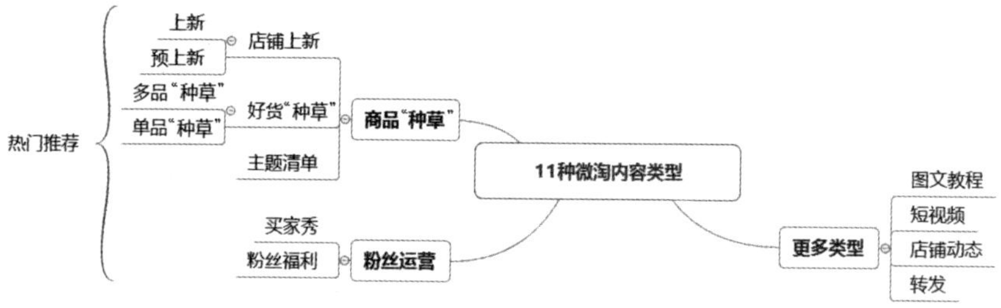

图 4-26　11 种微淘内容类型

4.2.1 上新内容创作

店铺上新的主要目的是分享店铺最新的宝贝，介绍新品的卖点、风格和潮流趋势等。由于新品内容点击率高，发布后流入微淘上新频道，因此能够帮助店铺提升新品转化。

店铺上新分为上新和预上新。上新是指店铺发布最近 15 天内首次上架的商品（见图 4-27），而预上新是指店铺发布未来 15 天内将会上架的商品。

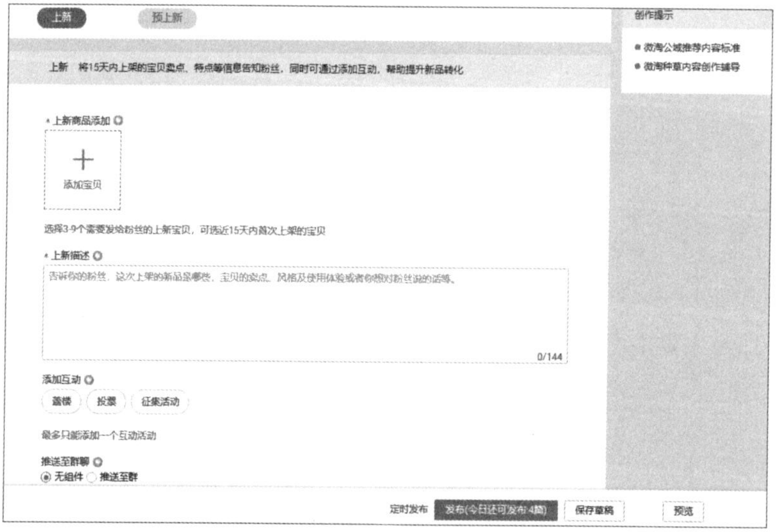

图 4-27　店铺上新内容创作模板

1．模板描述

将 15 天内上架的宝贝卖点、特点等信息告知粉丝，同时可通过添加互动，帮助提升新品转化。

2．上新商品添加

商家在“上新商品添加”中添加 3 ～ 9 个需要发给粉丝的上新宝贝，新品可以在商品库中选择，也可以输入宝贝关键词，快速构建一个专题。

3．上新描述

上新描述的主要目的是告诉粉丝，本次上架的新品卖点、风格和使用体验，或者想对粉丝说的话等。

4．添加互动、推送至群聊

选择一个互动活动，然后将内容推送至群聊。

5．上新前台样式

上新内容发布后，在前台展示时会有“上新”字样，点击文字描述可以查看上新专题。图 4-28 所示是 ONLY 官方旗舰店和 TeenieWeenie 官方旗舰店的微淘上新样式。

图 4-28　店铺上新的前台样式

4.2.2　预上新内容创作

预上新是指将预上架的宝贝以内容化形式通知粉丝，完成商品“种草”。预上新模板与上新模板相似，如图 4-29 所示。

图 4-29 店铺预上新内容创作模板

预上新商品在前台展示时会标注“上新预告”，系统预上新会展示“亲，这些是我们即将上架的宝贝哦”，如图 4-30 所示。

图 4-30 店铺预上新前台展示形式

4.2.3 多品“种草”内容创作

好货“种草”主要通过实拍的商品和场景图片，真实地描述商品的特色及使用感受，帮助粉丝“种草”。根据相关数据，“种草”类图片内容的点击率高，是粉丝比较喜欢的一种内容类型，而且有机会被微淘和有好货推荐。

1. 模板描述

多品“种草”真实分享多个商品的使用实拍图，描述商品特色及使用感受，帮助粉丝“种草”，如图 4-31 所示。

图 4-31 多品“种草”内容创作模板

2. 添加“种草”图片

上传 3 ～ 9 张真实拍摄或有真实感的图片，请勿上传与商品无关的图片，图片比例建议为 1:1、4:3、3:4。

3. “种草”信息

根据对宝贝特色的感受进行描述，突出体现特色、卖点、性价比等“种草”优势和理由，真实的宝贝使用感受会提升内容点击效果。

4. 添加互动、推送至群聊

选择一个互动活动，然后将内容推送至群聊（方法和店铺上新相同）。

5. 多品“种草”前台样式

图 4-32 所示是小谷粒女装 YESIAMXIAOG 多品“种草”前台样式，通过 9 张图片的形式，介绍店铺短袖上衣，并辅助盖楼有礼活动。

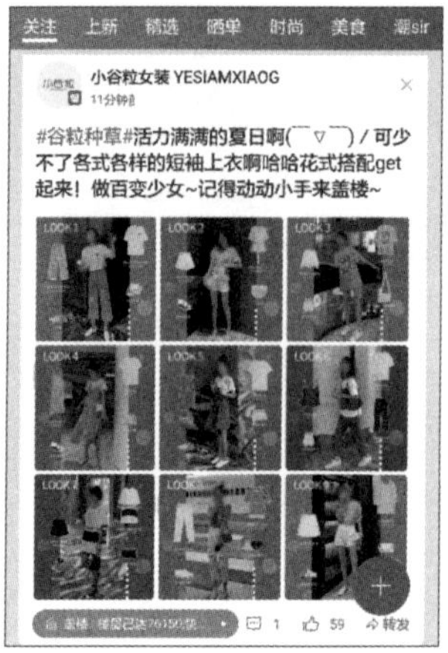

图 4-32　小谷粒女装 YESIAMXIAOG 多品“种草”前台样式

4.2.4　单品“种草”内容创作

单品“种草”重点分享单个商品多维度的特色及使用感受，帮助粉丝“种草”。

1．添加一个宝贝

单品“种草”（见图 4-33）需要添加一个宝贝，并且围绕单品添加具有真实感的“种草”图片。

2．添加具有真实感的“种草”图片

上传 3 ～ 9 张和商品相关的真实拍摄或有真实感的图片，请勿上传与商品无关的图片，图片比例建议为 1:1。

图 4-33　单品“种草”内容创作模板

3. “种草”标题

“种草”标题需要按照“品牌名 + 商品名 + 心得词”的格式创作。

4. “种草”描述

“种草”描述需要从自身的使用心得或体验出发，以给朋友分享好物的口吻描述使用宝贝的场景、宝贝的特点，打消粉丝的购买顾虑，帮助粉丝“种草”，如图 4-34 所示。

图 4-34 单品“种草”描述模板

5. 添加互动

选择一个互动活动，然后将内容推送至群聊（方法和店铺上新相同）。

6. 单品“种草”前台样式

图 4-35 所示是 RonRon 独立设计的单品“种草”前台样式，通过 9 张图片的形式，介绍店铺仙女蛋糕裙，并辅助从评论中抽三位仙女送优惠券活动。

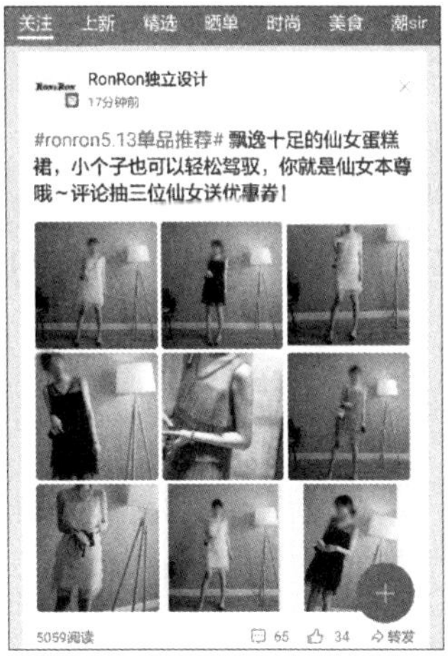

图 4-35 RonRon 独立设计的单品“种草”前台样式

4.2.5 主题清单内容创作

主题清单发布同类主题的宝贝集合，重点突出同一类型商品的特色，帮助提升关联商品的推荐效率，其优质内容可被微淘推荐。

1．这篇文章想对粉丝说什么

想对粉丝说的话主要展示在微淘关注中，内容可以和推荐理由一致。

2．标题和推荐理由

标题需要 16 个字左右，推荐理由需要 40 ～ 140 个字，如图 4-36 所示。

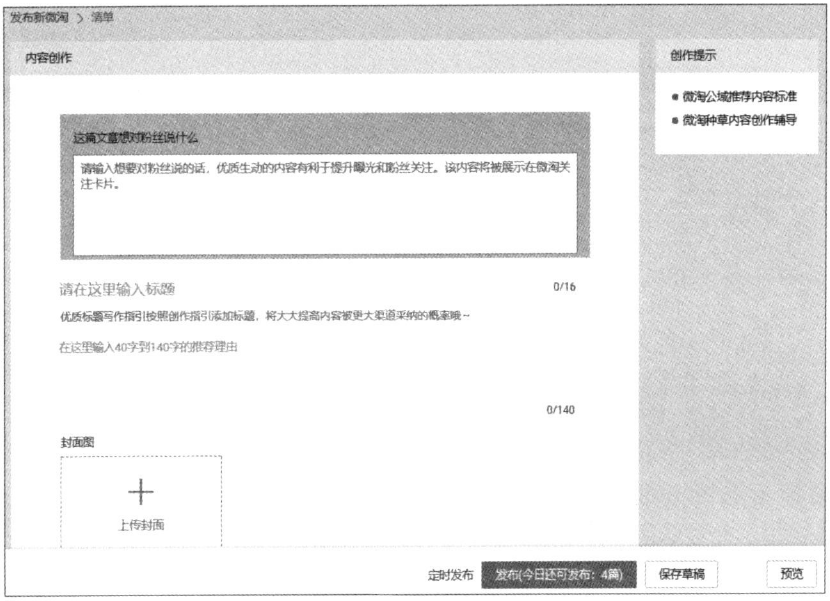

图 4-36　主题清单的标题和推荐理由

3．封面图

封面图为上传尺寸不小于 750px×320px、大小不超过 5MB 的图片。

4．添加宝贝

添加宝贝时，必须添加 6 ～ 100 个宝贝，如图 4-37 所示。

5．宝贝图片

宝贝添加完毕后，需要检查宝贝图片是否精美，若图片含有引导促销、广告“牛皮癣”，则必须进行换图。点击“完善资料”则可针对宝贝图片换图，如图 4-38 所示。

图 4-37　主题清单的添加宝贝

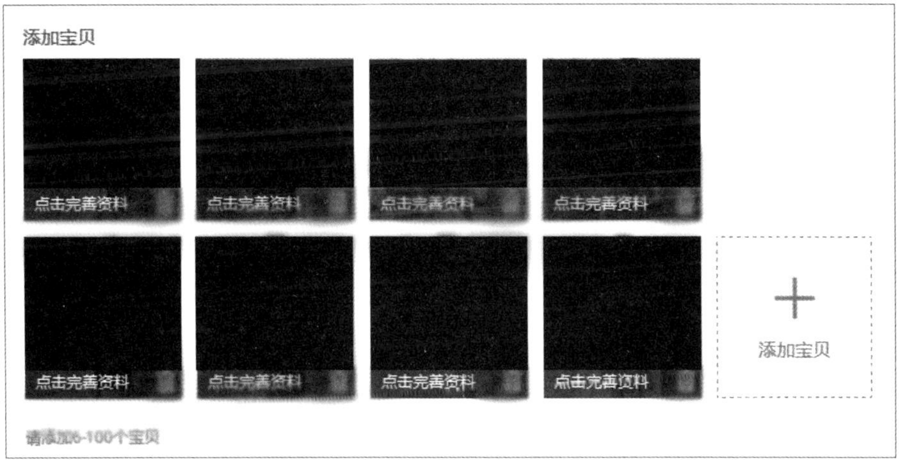

图 4-38　点击“完善资料”替换图片

6. 主题清单前台样式

主题清单是商家常用的前台样式之一，根据商家发布宝贝的数量，其前台展示样式为六宫格或九宫格，如图 4-39 所示。与其他集中内容形式相比较，主题清单浏览数量较高，因此用主题清单创作的内容较为广泛。

图 4-39　主题清单前台展示样式

4.2.6 买家秀内容创作

买家秀主要是精选优质的买家有图评价而发布的，帮助完成商品转化，拉近与粉丝的距离。买家秀是粉丝的真实评价，粉丝信任度高，更容易买单。此外，优质内容可被微淘推荐。

买家秀主要包括宝贝素材、全店有图评价和全店晒物贴。在买家秀中进入全店有图评价，找到优质买家秀。全店有图评价包括宝贝、图片 / 视频、文本内容、买家昵称、转发微淘记录、发布时间、状态和操作八部分。全店有图评价只展示买家在半年内发布的该店带图片 / 视频评价内容，如图 4-40 所示。

图 4-40　买家秀展示

如果买家秀图片少于 2 张，则这些图片无法进行转发。商家转发内容到微淘时，可以输入想要对粉丝说的话，内容会显示在微淘关注频道中，如图 4-41 所示。

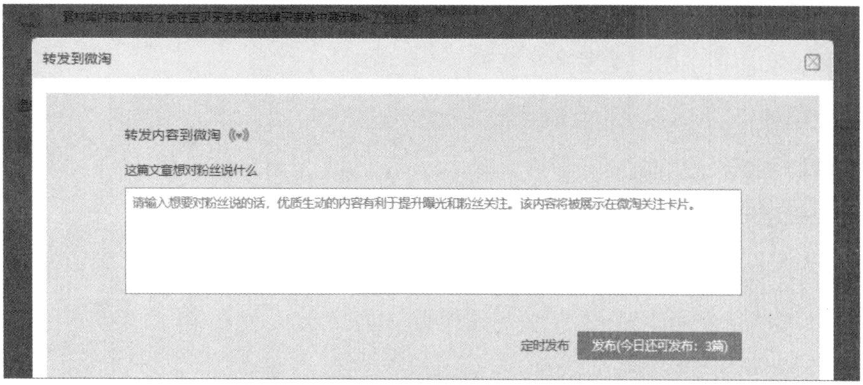

图 4-41　买家秀转发内容到微淘

商家可以选择定时发布，设置发布时间，设置完成后点击发布按钮，即可定时推送和投稿，如图 4-42 所示。发布完买家秀后，商家可以在全部作品中查看发布的内容，还可以选择置顶或删除等。

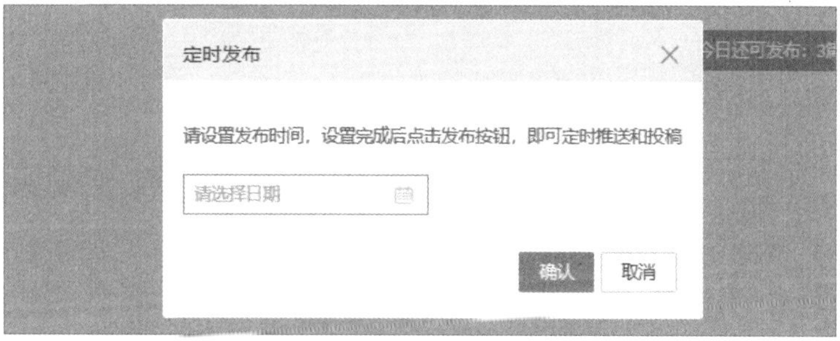

图 4-42　买家秀定时发布

4.2.7　粉丝福利内容创作

粉丝福利可以拉动粉丝活跃度及提高粉丝对店铺的认可度。发布粉丝福利的主要目的是提升淘宝商家内容自运营效能，同时使更多商家粉丝自运营玩法在微淘内放大。

商家通过自定义福利派发，可以在日常粉丝召回、潜力新粉转化及上新预热传播等多种店铺运营场景中进行持续的内容自运营加持。

目前，粉丝福利主要针对天猫、淘宝 L1 及以上商家全量开放。互动组件关联的福利包括征集、自定义条件抽奖福利和短视频答题福利等。

4.2.8　图文教程内容创作

深度评测类长文的创作自由度高，多元素组件编辑灵活。

2016 年 5 月，微淘在普通图文广播的基础上，增加了长文章内容形式。经过一系列内容编辑的优化，现在长文章的内容编辑器格式基本固定下来了。前台长文章形式也进行了迭代更新，在微淘关注和店铺里面的呈现略有不同。

1. 模板描述

长文章内容包括标题、封面、导语、图片、商品和文章内容等多种元素，优质的长文章能够详细具体地讲述一个故事，让用户深入了解商品，如图 4-43 所示。

图 4-43　长文章内容创作形式

2. 这篇文章想对粉丝说什么

商家需要输入想要对粉丝说的话，该内容会在微淘关注频道中向关注账号的粉丝展示。商家还需要输入内容文案，其与下面 10 ～ 100 个字的内容摘要相同，否则在微淘关注频道中只展示话题标签。优质生动的内容有利于提升曝光和粉丝关注。

3. 标题

主标题为4～19个字，主要描述文章主旨，不要有太多特殊字符，或者复制其他文章的标题，否则会影响文章的内容质量分。副标题字数为40个字以内，商家可以点击“优质标题写作指引”，按照写作指引添加标题，这样有可能提高微淘内容被渠道采纳的概率。

4. 正文

正文编辑时可以添加文字、图片、视频、热区图和宝贝等，并且可以调整文章段落顺序。

5. 内容摘要

内容摘要是对长文章内容的简要描述，字数控制为 10 ～ 100 个字，可以帮助读者了解文章的大致内容，然后选择是否继续阅读，如图 4-44 所示。

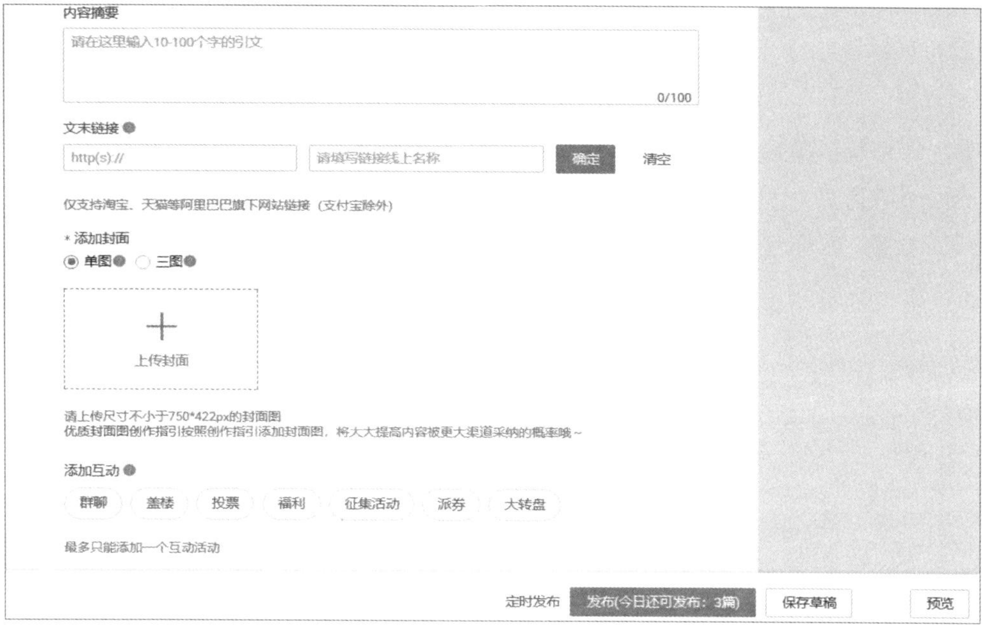

图 4-44　长文章内容摘要

6. 文末链接

文末链接出现在文章底部，需要商家注意的是，链接目前仅支持淘宝网、天猫等阿里巴巴旗下的网站链接（支付宝除外）。

7. 添加封面图

封面图分为“单图”与“三图”两种模式。

“单图”模式为上传一张尺寸为 750px×422px 的图片，该图片将会在前台展示卡片上应用。图片采用基础的封面图上传模式，以便优先保证微淘的展示规则。图片要求上传尺寸不小于 750px×422px，图片突出主体与内容的真实意图。

“三图”模式为上传三张尺寸为 750px×422px 的图片，增加更多场景的流通可能性。若选择“三图”模式，三张图片需填满，建议第三张图片为浅色底。

8. 添加互动、推送至群聊

根据商家等级不同，长文章可以添加群聊、投票和征集活动等互动活动，并默认全部推送至所有淘宝群。

商家可以根据本文目标人群，筛选相关领域的人群，如时尚生活、科技兴趣、美食兴趣、运动兴趣、女性风格、成长周期、生活兴趣、营销、趣味身份、其他兴趣、文娱兴趣、男性风格和元素偏好等。

此部分标签与4.3节中的人群热点有关，标签可围绕匹配的人群进行创作，以得到更多曝光。具体内容可以查看人群说明与热点。

9. 长文章前台样式（见图4-45）

长文章在微淘关注中展示推荐理由、图片和主题说明，点击区包括封面图、标题和正文内容及商品数量，底部包括点赞数、评论数、收藏和商品。点击“商品”，可以查看文中所关联的商品。

图4-45　长文章前台样式

4.2.9 短视频内容创作

2016年4月30日，微淘官方发布视频广播功能上线。当时视频广播功能开通75个类目，虚拟商品、成人用品、禁限售商品除外。商家可以在无线运营中心发微淘活动中发视频。

随着微淘后台的不断升级，目前在阿里创作平台发微淘中，可以选择发视频，在互动视频编辑中添加互动玩法，分享趣味好玩的视频内容以获得用户关注，如图4-46所示。

图 4-46 短视频内容创作形式

1. 模板描述

在短视频模板中需要商家创建短视频，在视频中可以添加边看边买和优惠券等内容。

2. 内容编辑

在这篇文章中想对粉丝说什么、标题、140 个字的摘要、添加互动和推送至群聊中填写的内容与在上新、预上新等中填写的内容一样。

商家按照优质标题写作指引添加标题，将大大提高内容被更大渠道采纳的概率。商家需要输入 50 ～ 140 个字的摘要，然后上传视频和 1 : 1 封面图，如图 4-47 所示。

添加互动视频时可以在视频中加入宝贝等互动玩法。商家既可以添加已经编辑好的互动短视频，也可以创建新的互动短视频，如图 4-48 所示。

对于创建新的互动短视频，可以在淘宝互动视频编辑器中，选择视频进行编辑。编辑视频时，可以在边看边买中添加店铺宝贝，如图 4-49 所示；可以在优惠券中设置优惠券（见图 4-50），优惠券既可以是店铺已创建的优惠券，也可以是创建的新的优惠券；也可以在红包中创建现金红包。

倒计时宝箱从首帧开始出现，需要添加优惠券。倒计时时长可以是 10s、20s 或 30s。

除了添加互动、推送至群聊和筛选目标人群，商家还需要填写视频分类，包括内容类型和视频内容领域，如图 4-51 所示。

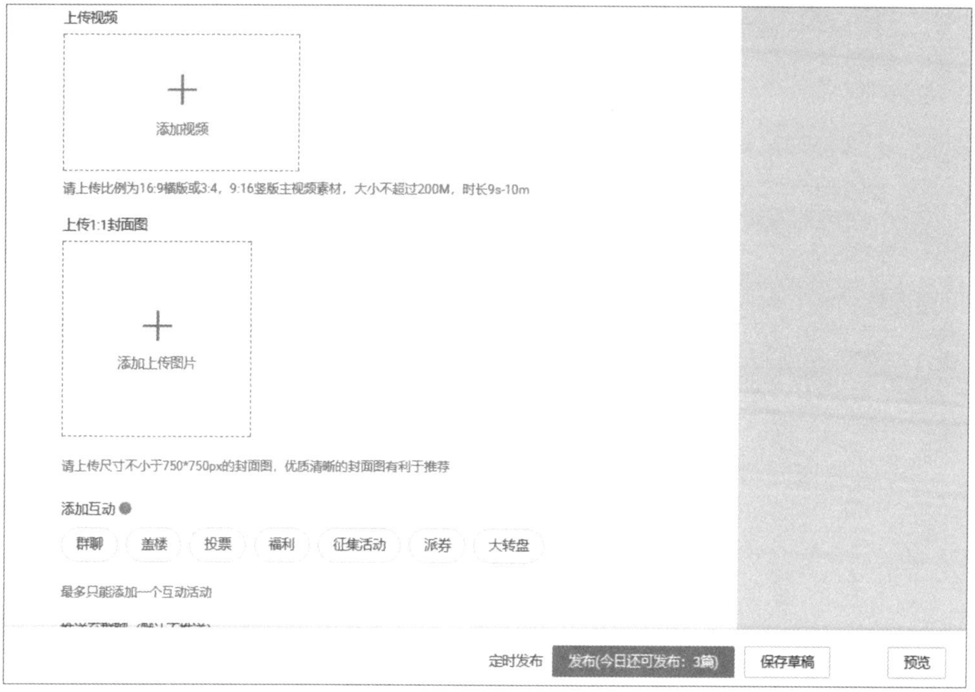

图 4-47　上传视频和封面图

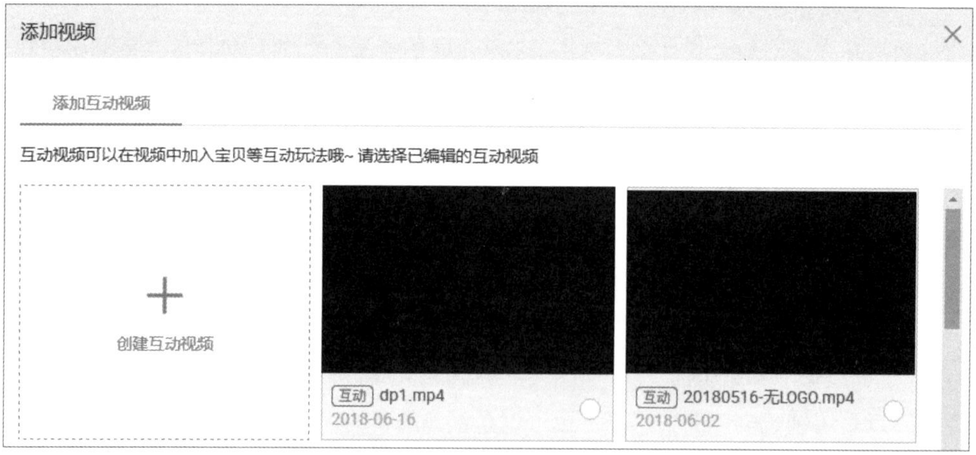

图 4-48　添加互动视频

图 4-49　互动视频编辑

图 4-50　设置优惠券

图 4-51　视频分类

3. 手机端发布短视频

当然，除了用电脑端发布短视频，商家也可以用手机淘宝中的微淘发布短视频。商家用商家账号登录微淘，点击“+”发布短视频。短视频可以选择已经拍摄好的短视频，或者剪辑拍摄的长视频内容。

视频剪辑完成之后，可以添加视频标题和视频正文、关联推荐宝贝、编辑视频封面、添加标签，即可完成手机短视频发布，如图 4-52 所示。

图 4-52 手机端发布短视频

4. 短视频前台样式

短视频前台以横向展示为主，包括文字摘要和互动工具，如图 4-53 所示。视频包括竖向视频和横向视频两种形式，视频中添加的宝贝可以点击购买和加入购物车。

图 4-53 短视频前台展示形式

4.2.10 店铺动态内容创作

1. 添加店铺动态图片

商家可以上传 3 ～ 9 张真实拍摄或有真实感的图片。图片可以与店铺相关，展示店铺日常。

2. 店铺动态信息

点击输入掌柜日常、粉丝互动、店铺近期活动等最新动态信息，鼓励粉丝参与点赞、评论或参与活动，如图 4-54 所示。

3. 添加互动、推送至群聊

图 4-54 店铺动态信息

4.2.11 转发内容创作

转发主要转发和传播其他优质创作者的原创内容。转发内容将在 4.6 节中详细解读。

4.3 微淘创意中心人群热点

创意中心主要考虑如何写好的内容。好的内容需要一个好的创意点作支撑，或者一个好的写作主旨立意。当商家或达人不清楚从何处着眼创作内容的时候，可以在创意中心寻找创作灵感。

创意中心会对不同的账号所对应的粉丝和潜在粉丝进行数据分析，然后根据其所在的内容创作领域、粉丝或潜在粉丝近期关注的内容，为创作者提供创意和热点信息，帮助他们更好地创作内容。

根据商家类目所在领域进行区分，创意领域主要包括动漫、园艺、型男、居家、摄影、数码科技、文化娱乐、母婴、汽车、游戏、美妆个护、美搭、美食、萌宠、运动等。

创意中心作为创作辅助工具，对商家和达人开放，它主要由粉丝热点、人群热点和趋势创意三大部分组成，如图 4-55 所示。

图 4-55　创意中心组成

4.3.1　微淘创意中心粉丝热点

在粉丝热点中，微淘平台会根据商家或达人此前发送的微淘内容，为商家或达人匹配当前账号唯一一个专注领域，默认展示该领域下面的粉丝热点排行，还会显示当前创意中心累计发布数、昨日发布数和昨日阅读数，以及正在使用创意中心的创作者数，如图 4-56 所示。

图 4-56　创意中心的粉丝热点排行

系统每日计算分析出粉丝近期最新关注点，点击“解读”，可以查看数据分析的详细情况。商家或达人根据数据分析选择热门关键词创作微淘内容。

热词分析包括热词指数和关联分析。以电饭锅为例，粉丝比较关注加热方式、品牌、保修期和采购地等，如图 4-57 所示。

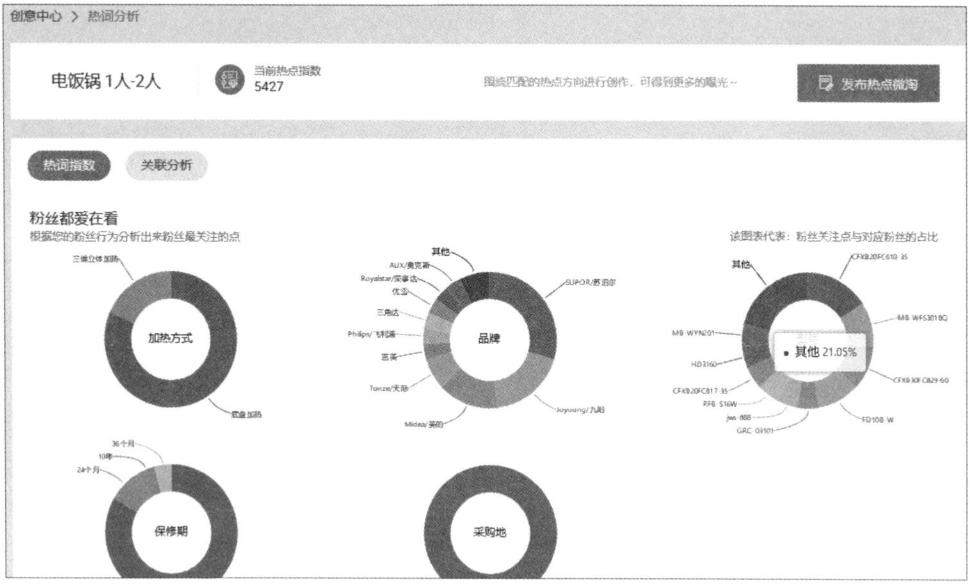

图 4-57　创意中心粉丝的热词分析

在粉丝热文排行中，系统会根据对应领域，每日计算分析近期粉丝行为，从而得出专注领域下粉丝热文排行，如图 4-58 所示。商家和达人可以参考其中的优质内容，找到可以学习借鉴的部分。

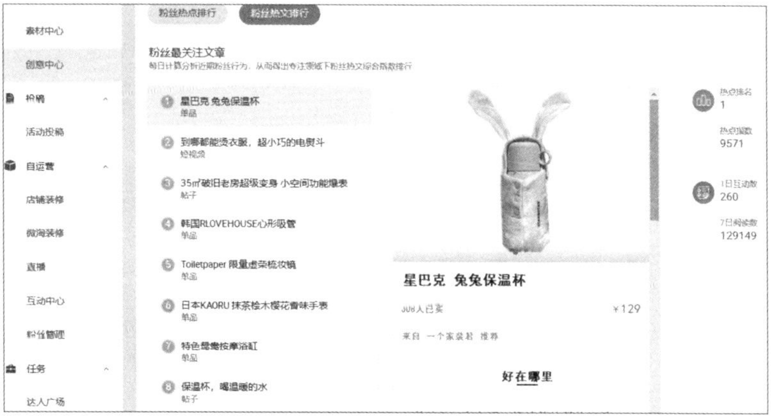

图 4-58　创意中心的粉丝热文排行

4.3.2　微淘创意中心人群热点

人群热点的主要目的是聚合出更多同类目标人群及其热点，帮助商家和达人更好地了解专注领域下的粉丝或潜在人群的关注点，从而创作出目标人群下用户感兴趣、偏好的内容，如图 4-59 所示。

图 4-59　创意中心的目标人群热点排行

如果围绕这些细分人群的关注热点进行创作，创作的内容符合粉丝兴趣偏好，那么对此感兴趣的细分人群变成粉丝的概率会增加。

在目标人群热文排行中，商家可以关注专注领域下的目标细分人群目前所关注的热文、热点排名、热点指数、1 日互动数，以及 7 日阅读数，如图 4-60 所示。

图 4-60　创意中心的目标人群热文排行

在目标人群解读中，系统会对每一个细分人群做详细解读，如厨艺达人的人群画像为“针对喜欢厨艺非常精湛的用户，有自己的拿手好菜，会自己 DIY 一些美味的食物，会经常搜罗一些好看又实用的厨具”，如图 4-61 所示。

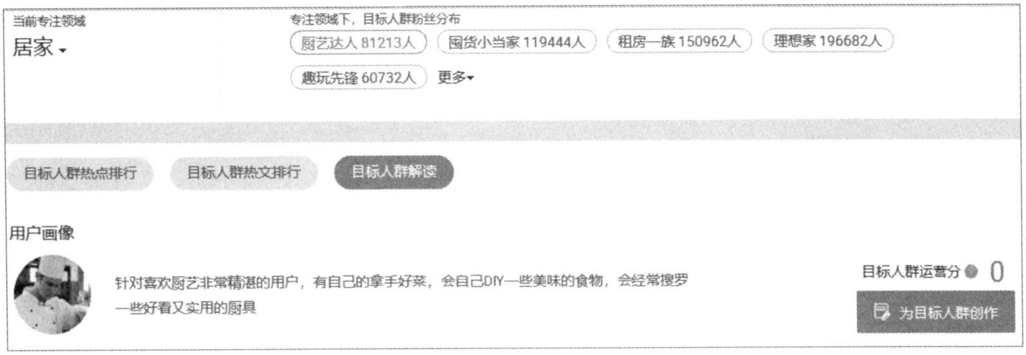

图 4-61　创意中心的目标人群解读

在用户在线分析中，用户的男女比例分布为男性占 49.1%、女性占 50.9%，男女比例相对比较均衡；而用户的年龄分布除 61 岁以上人群外，主要以 41 ～ 50 岁、31 ～ 35 岁和 26 ～ 30 岁三个年龄段人群为主，如图 4-62 所示。

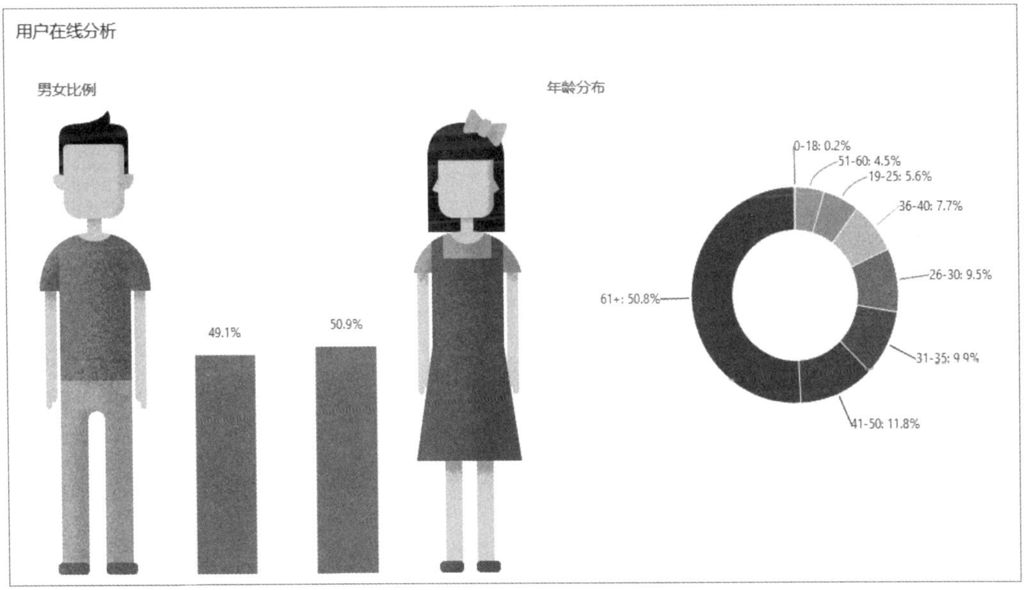

图 4-62　创意中心的用户在线分析

在职业占比中，用户主要包括公司职员（24%）、个体经营 / 服务人员（13.2%）、教职工（6.1%），以及医务人员（4.6%）、公务员（2.6%）、工人（2.1%）等，如图 4-63 所示。

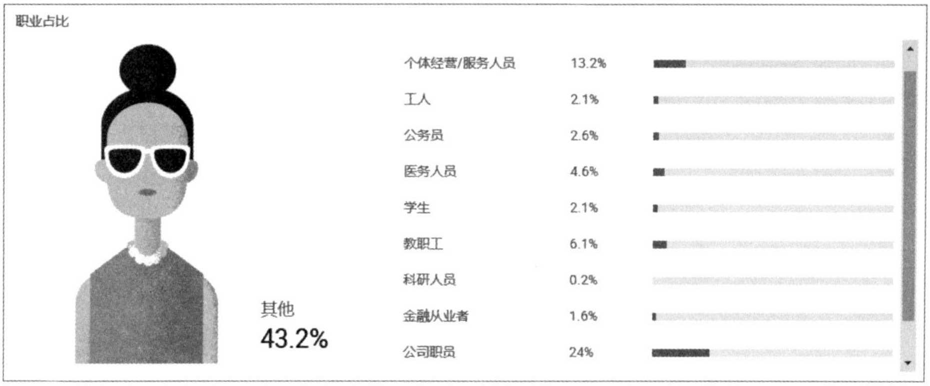

图 4-63 创意中心的职业占比

在购买力等级分布中，用户被划分为七档，从第一档到第七档消费能力逐级升高。如图 4-64 所示，用户主要集中在一、二、三、四、五档，即中低消费用户较多。

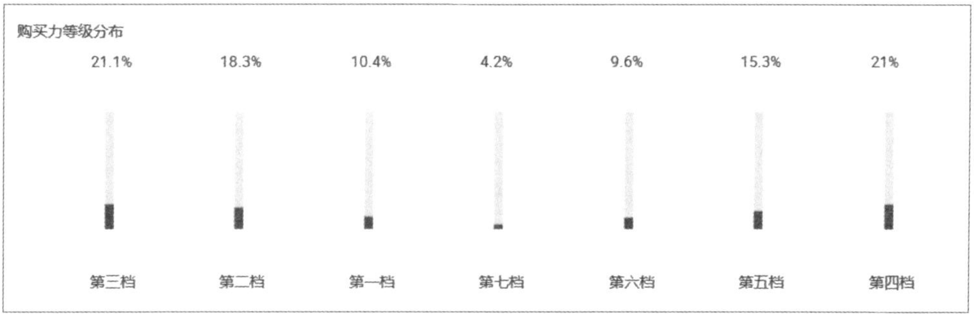

图 4-64 创意中心的购买力等级分布

4.3.3 微淘创意中心趋势创意

创意中心趋势创意主要是通过数据总结平台的用户需求，包括购物消费需求和内容阅读消费需求等，为商家和达人提供创作方向参照，如图 4-65 所示。

平台根据国内外消费市场的趋势及热点，或者时下用户较为关心或感兴趣的话题，不定期地整理出每个领域下的趋势创意词，从而帮助创作者高效地捕捉创作点，提升微淘内容发布效率。

在创意热词稀缺度排行中，选择分类领域下官方精选趋势创意进行创作，与自己用户或领域不相关的内容将不能得到推荐，如图 4-66 所示。

需要注意的是，系统推荐的创意词主要是根据平台预测挖掘用户趋势需求的节奏而定的，没有推荐所有领域的趋势创意词，因此这些创意词有时效性，需要商家和达人保持关注，找到合适的热词进行创作，如图 4-67 所示。

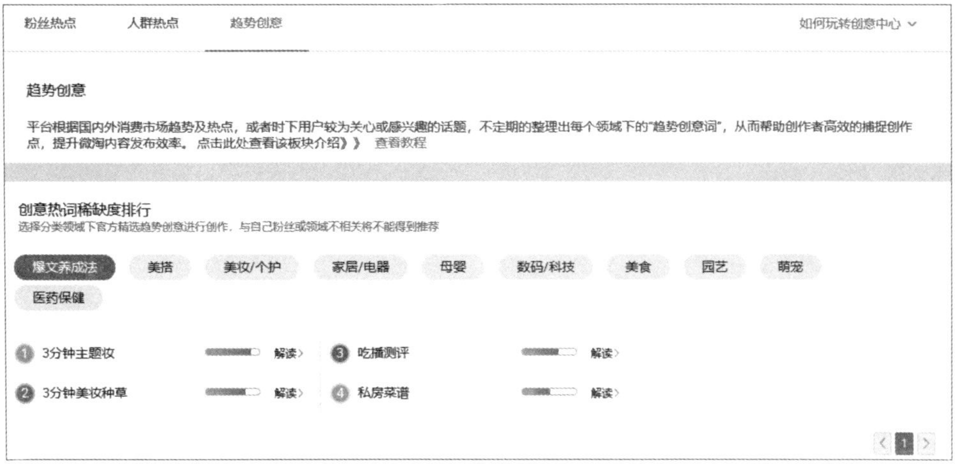

图 4-65 创意中心的趋势创意

图 4-66 创意中心的创意热词稀缺度排行

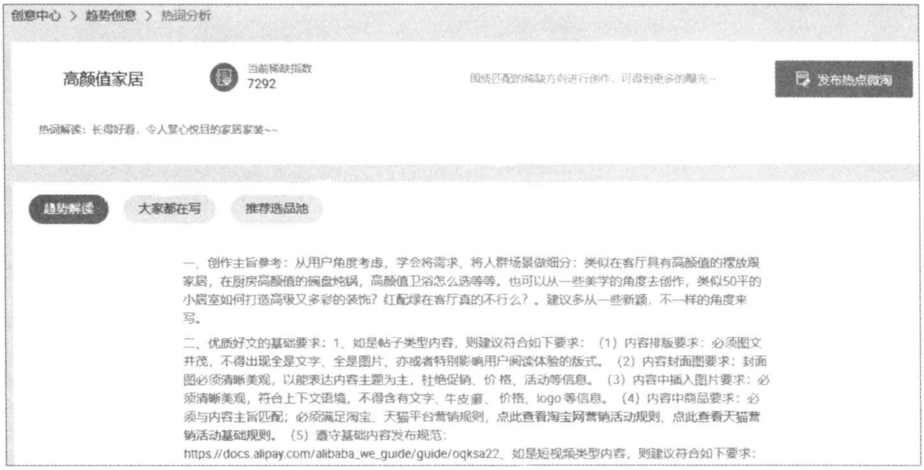

图 4-67 创意中心的高颜值家居趋势解读

查看完趋势解读，商家或达人可以看一下“大家都在写”中的“目标人群热文”，以此作为参考方向，如图 4-68 所示。

图 4-68 创意中心的目标人群热文

点击“发布热点微淘”，可以选择创作模板，包括长文章、短视频和上新宫格等主要内容形式，以及预上新宫格、宝贝图集和好货心得等发布入口，如图 4-69 所示。

图 4-69 创意中心的发布热点微淘

4.4 微淘装修动态粉丝管理

在微淘运营过程中，商家可以进行微淘店铺装修，将微淘动态内容展示得更加多元化，通过图文 banner 设置加上链接，向粉丝传递更多店铺优惠和活动信息，实现多元互动。同时，商家也可以对粉丝进行管理，优化粉丝结构，清除异常粉丝。

4.4.1　微淘装修动态

2017 年 12 月 26 日，微淘官方发布店铺微淘装修工具上线。微淘动态主要是维系老粉丝的商家私域场景，商家在上面设计产品展示、盖楼活动等轮播图，可以引导粉丝参与活动互动。

以 LOVO 官方旗舰店为例，商家在 2019 年 3 月 14—21 日策划微淘百万盖楼活动，在微淘装修动态中设计活动入口，引导新访客、粉丝和会员等参与到活动中，如图 4-70 所示。通过多渠道展示，LOVE 官方旗舰店最终创造了微淘盖楼 168 万层的新纪录。

图 4-70　LOVO 官方旗舰店微淘装修动态

对于商家微淘动态装修，主账号和子账号都可以编辑。在编辑微淘动态时，两个人不能用同一个账号同时编辑。

4.4.2　微淘装修动态 3.0 版

2018 年 7 月 20 日，店铺微淘装修动态 3.0 版上线，如图 4-71 所示。新版微淘装修动态最多可以编辑 3 个模块，即多图轮播、欢迎模块和日期模块，并且不能重复使用。

轮播图片可以横向滑动，最多为 5 张图，尺寸固定，轮播时间为 3s。

图 4-71　店铺微淘装修动态 3.0 版

对于已关注的用户，商家可以按照自然日设置主题内容，主要对每周二次访问的用户形成固定心智的活动，吸引用户定时参加活动，如抽奖和积分兑换等。

对于非关注的用户，商家可以设置专门的问候语和心情语文案，自定义设计图片和链接内容，如图 4-72 所示。

图 4-72　店铺微淘装修动态 3.0 版非关注用户配置特殊营销模块

4.4.3　微淘粉丝管理

2018 年 3 月 12 日，微淘官方粉丝管理工具上线，商家通过微淘号可以看到微淘粉丝构成情况并进行清理。

1. 微淘粉丝构成

微淘官方将粉丝主要分为健康粉丝、沉默粉丝、异常粉丝三类，如图 4-73 所示。

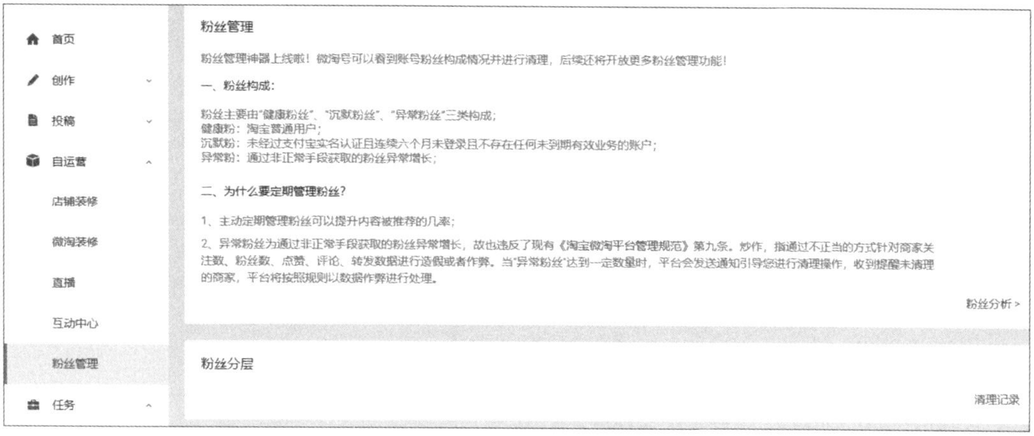

图 4-73　微淘粉丝构成

2. 异常粉丝

异常粉丝主要有两种情况，一种是商家通过非正常方式增加的粉丝；另一种是部分淘宝用户违反了平台规则后，被清理后成为异常粉丝。

如果商家店铺的异常粉丝数达到一定量，阿里创作平台会通过发送消息的形式，告知其对异常粉丝进行清理，如图 4-74 所示。

图 4-74　微淘异常粉丝数清理提醒

3. 为什么要定期管理粉丝

微淘官方平台提示，定期管理粉丝可以提升粉丝质量，帮助商家提升内容被推荐到公域的概率，以便提升微淘内容价值分、粉丝价值分和账号健康分，从而提升微淘指数分，使商家获取更多的流量。同时这样也能避免因为有过多的异常粉丝违反平台管理规定，被处罚信用分和扣分降级等情况的发生。目前粉丝分层主要包括沉默粉和异常粉，如图 4-75 所示。

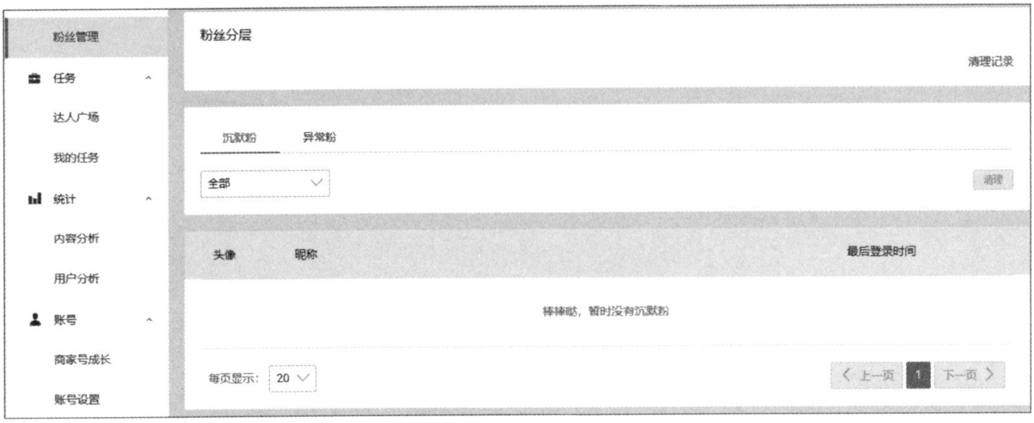

图 4-75　微淘粉丝分层

4.5　阿里V任务与达人合作

在微淘内容创作过程中，商家既可以选择自己原创深度内容和轻度内容，也可以选择和淘宝达人合作，由其协助创作内容，而且投放和转发达人创作的内容可以帮助商家提升微淘新等级中的内容价值分。

4.5.1　阿里 V 任务寻找淘宝达人

在阿里创作平台中，点击“任务”，可以链接到阿里 V 任务中找创作者，如图 4-76 所示。在阿里 V 任务中汇聚了全网内容服务方，其主要包括个人创作者和 MCN 机构。其中创作者主要由身份、渠道和领域三大部分组成。

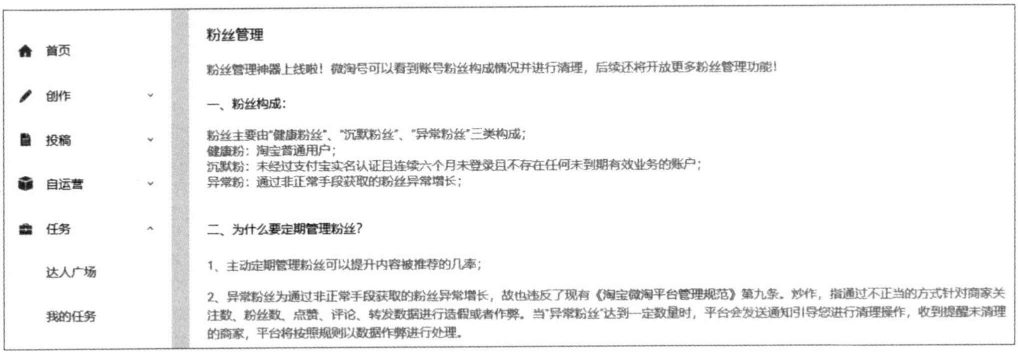

图 4-76　阿里创作平台中达人广场和我的任务

身份包括淘女郎、时尚自媒体、家居买手、美妆编辑、母婴自媒体、资深吃货、科技自媒体、运动户外装备控等淘宝达人认证身份。

渠道主要包括淘宝头条、有好货、必买清单、淘宝直播、iFashion、家有萌娃等，部分渠道在手机淘宝新改版中会有更名或删减。

领域主要由淘宝达人所创作内容的类目组成，包括美搭（服装、鞋包和配饰等）、居家、美食、母婴、型男（男性用户相关产品）、数码科技、运动、汽车等行业领域，如图 4-77 所示。

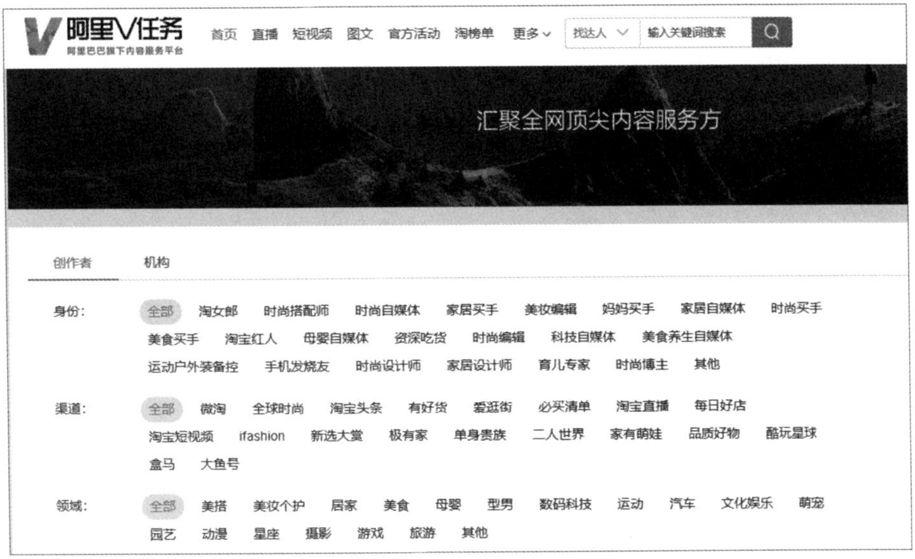

图 4-77 阿里 V 任务中创作者页面

商家根据不同类目筛选完达人后，可以找到对应身份、渠道和领域的达人。按照达人综合能力、完成任务数和任务完成率，可以对达人进行相关排序。

创作者页面主要包括达人昵称、粉丝数、合作任务数、服务评分、任务完成率、垂直领域、所属机构等，如图 4-78 所示。

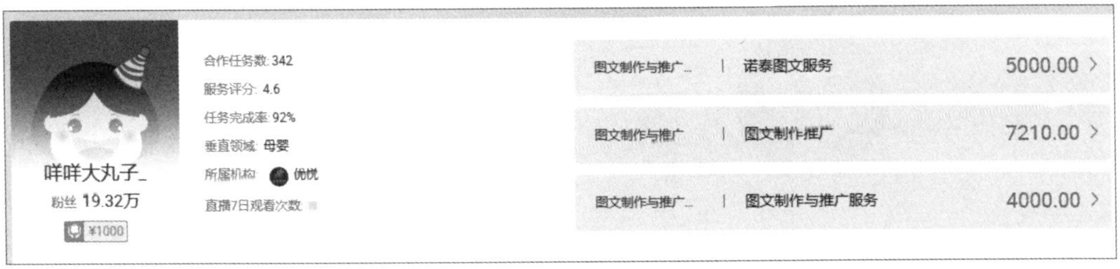

图 4-78 阿里 V 任务中创作者页面信息

点击“达人头像”，可以查看达人综合能力分数，以及接单效果（接单率、响应时间、完成率）和服务效果（服务评分、累计用户数、服务数量）。服务效果反映了达人的接单和服务水平高低。

此外，商家也可以查看达人的服务详情，包括直播、短视频、图文、大鱼号、官方任务等的具体套餐数、报价和合作次数，如图 4-79 所示。

图 4-79　创作者效果信息和服务详情等信息

在粉丝分析中，粉丝基础特征即性别占比、年龄分布和粉丝城市分布。男女性别占比和不同的年龄分布、一线城市或二三线城市对消费者消费产品及价格敏感度有不同的影响，如图 4-80 所示。

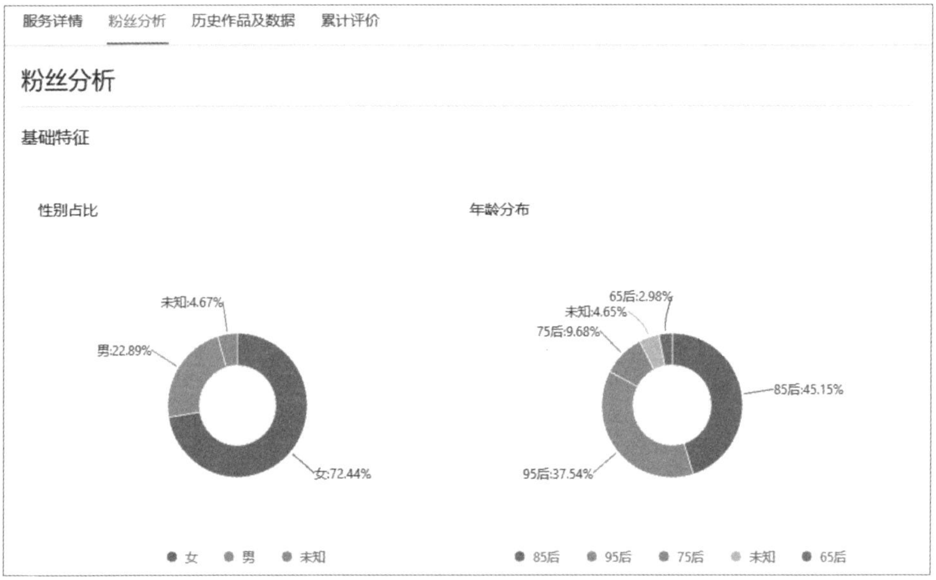

图 4-80　创作者粉丝分析中性别和年龄信息

消费偏好主要包括类目偏好和生活偏好等，如图 4-81 所示。类目偏好主要包括女装 / 女士精品、移动 / 联通 / 电信充值中心、女鞋、美容护肤 / 美体 / 精油和女士内衣 / 男士内衣 / 家居服等。生活偏好主要包括速食客、买鞋控、家庭主妇、烹饪达人和数码达人等。通过粉丝分析，商家可以了解目前店铺消费人群及兴趣偏好等。

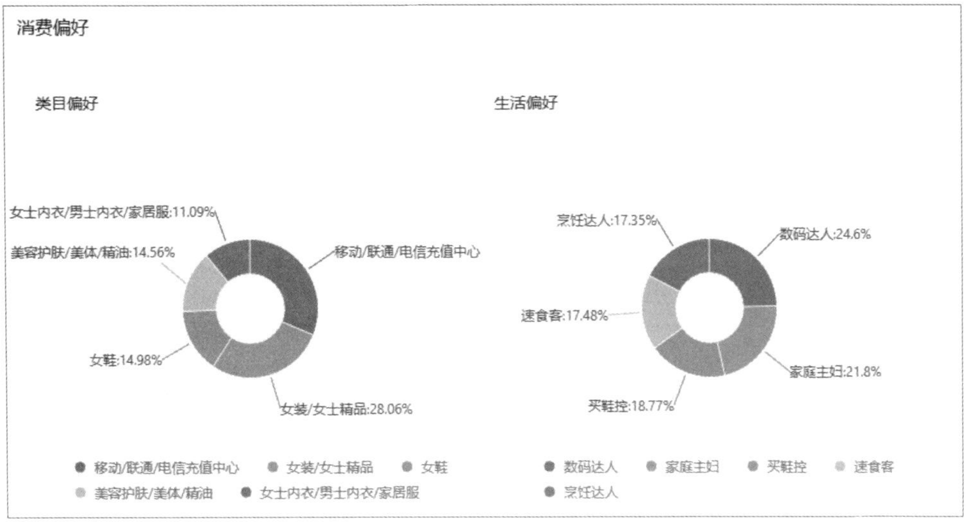

图 4-81 创作者粉丝分析中类目偏好和生活偏好信息

在历史作品及数据中，可以查看达人内容创作的日期和观看数等基本信息，如图 4-82 所示。点击具体某一个直播，可以看到历史直播信息和对应的宝贝数量，从而判断直播效果和主播的产品。

图 4-82 创作者的历史作品及数据

累计评价页面主要展示了和达人合作的客户名称、服务类型（图文、直播或短视频）、服务金额（数据隐藏）、星级、评价时间和评价内容，如图 4-83 所示。如果达人制作的内容较好，则评价的星级和内容分数相应较高，否则分数较低。

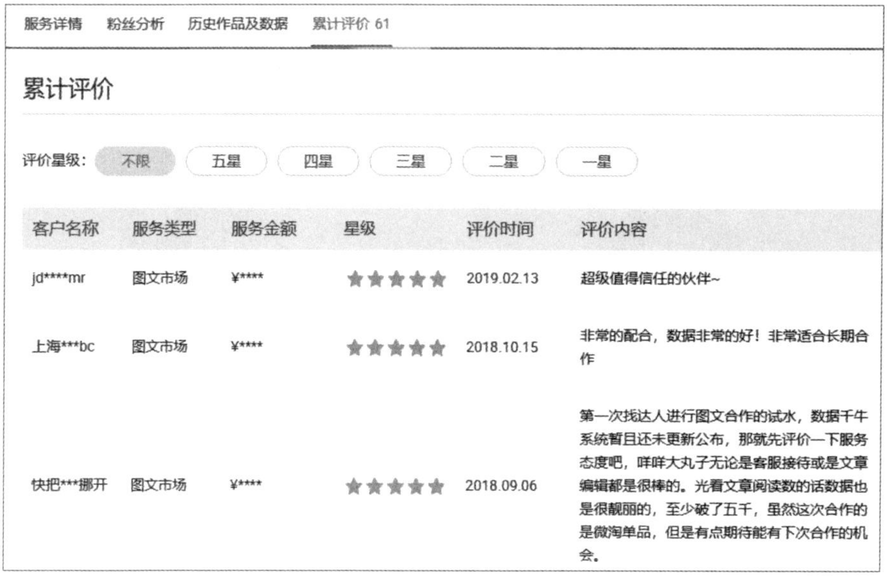

图 4-83　创作者累计评价内容

商家在筛选达人的时候，可以根据效果分数、服务详情和累计评价等内容，建立相应的淘宝达人统计信息表，方便之后寻找达人，以及在日常和大促前开展合作，实现双方及粉丝互利共赢，如图 4-84 所示。

淘宝达人统计信息表													接单效果数据			服务效果数据		
序号	渠道	淘宝达人号	粉丝数	垂直领域	渠道	合作任务数	任务完成率	服务评价	合作咨询（旺旺）	图文单价	视频单价	达人综合能力指数	接单率	响应时间	完成率	服务评分	累计用户数	服务数量
1	有好货																	
2	有好货																	
3	有好货																	
4	有好货																	
5	有好货																	
6	有好货																	
7	有好货																	
8	有好货																	
9	有好货																	
10	有好货																	
11	有好货																	
12	有好货																	
13	有好货																	
14	有好货																	
15	有好货																	
16	有好货																	
17	有好货																	
18	有好货																	

图 4-84　创作者淘宝达人统计信息表

4.5.2　微淘达人内容转发

2018 年 5 月 9 日，微淘官方对转发功能做了一次产品迭代，上线了新的转发功能。在发微淘中的转发里，商家可以查看我的 V 任务内容、达人微淘内容和商家微淘内容。商家可以通过 PC 端转发内容，也可以通过主账号在手机淘宝中转发，如图 4-85 所示。

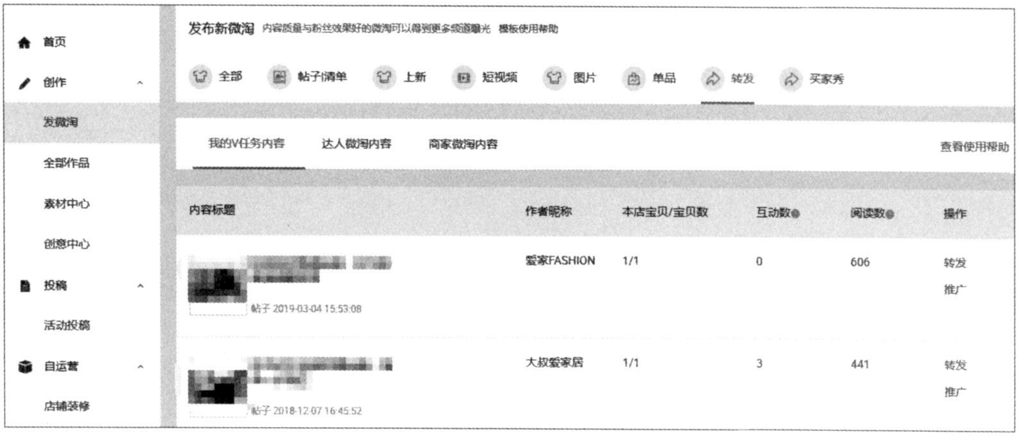

图 4-85　发布新微淘中我的 V 任务内容

我的 V 任务内容主要包括商家在阿里 V 任务中发布的招商内容，在后台中会展示内容标题、作者昵称、本店宝贝 / 宝贝数、互动数和阅读数等数据。

达人微淘内容包括含本店铺宝贝内容和非本店铺内容，商家可以点击勾选“含本店铺宝贝内容”，选择阅读数比较高的内容，转发到店铺微淘中，如图 4-86 所示。

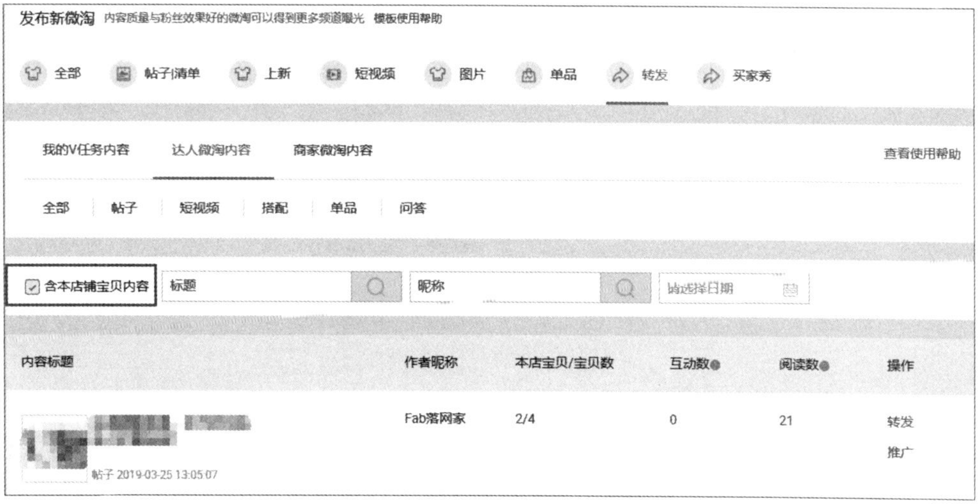

图 4-86　发布新微淘中达人微淘内容

商家微淘内容主要是指阿里创作平台上其他商家发布的内容。商家如果做品牌联合，则可以转发其他商家的含本店铺宝贝的内容到自己的店铺微淘中，如图 4-87 所示。

图 4-87 发布新微淘中商家微淘内容

商家可以对转发到店铺的微淘数据进行收集统计和分析。当用户点击商家在店铺微淘中转发的内容时，系统会将其匹配到新的转发详情页，而不是此前达人原创的内容。另外，转发后的浏览、互动和引导等数据可以在分析中查看具体结果，如图 4-88 所示。

图 4-88 单条内容的浏览、互动和引导数据

对于微淘可以转发的内容，系统会匹配最优的 5000 条内容。商家在转发内容到微淘的时候，可以输入想要对粉丝说的话，该内容会在微淘关注中展示，如图 4-89 所示。

图 4-89　转发内容到微淘

商家转发完微淘内容之后，可以在全部作品中查看相关内容，包括新旧迭代期内的新版转发和旧版转发两种统计数据。

商家可以按照转发时间段、采纳渠道和内容搜索，查看被转发的内容数据。转发的内容会计算到当日发布的条数中。

如果商家转发达人发布的内容，则达人可以获取佣金。而新转发的内容获得的评论、点赞等互动数据，计算到转发的商家微淘数据中，这些互动数据会对商家的内容价值分和粉丝价值分等产生一定的影响。

第 2 篇　进阶篇

衣带渐宽终不悔，

为伊消得人憔悴

第 5 章 微淘商家问题汇总

在讲微淘课的时候，笔者做了商家调研，了解了目前商家在运营微淘时存在的问题，并分析了其主要原因（见图 5-1）。很多商家在运营微淘时存在微淘内容单一，阅读量低、互动低，转化低，粉丝增长、维护难，发送时间、频率不稳定等问题。其主要原因既与类目和人群等客观因素有关，也与内容团队策划专业度、与粉丝保持定期互动活动和商家对微淘的重视程度不一等主观因素有关。

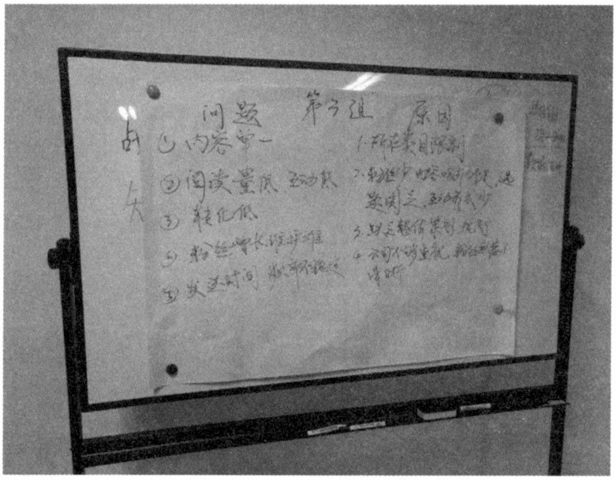

图 5-1　目前商家在运营微淘时存在的问题和原因分析

5.1　影响微淘活跃度的十大因素

数字出版和电子阅读与传统纸质出版和纸质阅读不同，它所特有的娱乐化、碎片化、多样性、交互性等特点更符合用户的阅读习惯。现在很多用户喜欢刷屏，利用碎片时间阅读。

因此，在做微淘内容的时候，需要注意其主要内容大致会受到行业类目、品牌知名度、上新频次、产品复购率、读者粉丝性别、读者粉丝年龄、读者粉丝地域、读者粉丝职业及学历、读者粉丝兴趣偏好和商家内容推送时间十大因素的影响。

5.1.1 行业类目因素

目前产品按生产标准的不同，划分为标品和非标品。标品和非标品的定义区分如下。

标品是指为了满足大工业生产的需要，将已生产的、经使用证明性能良好的机械设备进行定型，并且系列化的产品。

非标品是指不是按照国家颁布的统一行业标准和规格制造的产品或设备，而是根据用户要求，在标品的基础上生产、改造或定做的产品。

在淘宝和天猫中，所谓的标品是指规格化的产品，有明确的型号等，如笔记本、手机、电器、美妆品等；而非标品是指无法进行规格化分类的产品，如服装、鞋子等。

天猫商品分类主要包括女装 / 内衣、男装 / 运动户外、女鞋 / 男鞋 / 箱包、美妆 / 个人护理、腕表 / 眼镜 / 珠宝饰品、手机 / 数码 / 电脑办公、母婴玩具、零食 / 茶酒 / 进口食品、生鲜水果、大家电 / 生活电器、家具建材、汽车 / 配件 / 用品、家纺 / 家饰 / 鲜花、医药保健、厨具 / 收纳 / 宠物等，如图 5-2 所示。

图 5-2 天猫标品和非标品行业类目商品分类

微淘内容受标品和非标品影响比较大，所以大家电 / 生活电器、手机 / 数码 / 电脑办公、家具建材、汽车 / 配件 / 用品、厨具等标品的商家微淘内容阅读量相对较低，用户对它们的品牌、价格和评价等关注较多。

以戴尔官方旗舰店（见图 5-3）和可可里小姐店铺（见图 5-4）微淘为例，其中笔记本标品的微淘阅读量较低，远远低于女装非标品的微淘阅读量。两者的运营玩法和单个粉丝的价值不同，对于非标品类目来说，商家应正视类目限制，重点关注单个访客、读者、粉丝的产值。

图 5-3 戴尔官方旗舰店笔记本标品微淘阅读量低

图 5-4 可可里小姐女装非标品微淘阅读量高

5.1.2 品牌知名度因素

笔者将淘宝天猫商家分为 4 种类型，即品牌型店铺（adidas、Nike 等）、特色型店铺（MG 小象、南风小铺等）、网络红人型店铺（吾欢喜的衣橱、暴走的萝莉等）和普通型店铺。

品牌型店铺的认知度、知名度、美誉度和忠诚度较好，在消费者的心智中印象较深，因此粉丝数量基础庞大，单篇微淘阅读量较高。

目前各大品牌在淘宝网上大多都有百万或千万个微淘粉丝，截至 2019 年 2 月 11 日，优衣库官方旗舰店有 1601 万个粉丝，ZARA 官方旗舰店有 1628 万个粉丝，韩都衣舍旗舰店有 1940 万个粉丝，太平鸟男装旗舰店有 417 万个粉丝，森马官方旗舰店有 1119 万个粉丝，三只松鼠旗舰店有 2424 万个粉丝，百草味旗舰店有 1817 万个粉丝。

2019 年，adidas 官方旗舰店拥有 1956 万个粉丝，其在 2019 年 2 月发布的买家秀有 14.4 万人阅读、165 人评论、633 人点赞，发布的宝贝清单内容有 11.6 万人阅读、14 人评论、216 人点赞，发布的上新内容有 1.1 万人阅读，如图 5-5 所示。

图 5-5 adidas 官方旗舰店的微淘阅读量

而特色型店铺和网络红人型店铺因为粉丝运营玩法多样，主打人格化运营，所以粉丝基数也很庞大。以淘宝C店为例，截至2019年2月11日，小谷粒女装有1149万个粉丝，大喜自制独立复古女装有993万个粉丝，港仔文艺男有978万个粉丝，三年二班不一样的文具有761万个粉丝。

5.1.3 上新频次因素

除了非标品的个性化因素，在上新频次上，标品数量有限，上新较少；而非标品上新频次较高，很多店铺基本保持每周上新，以吸引粉丝保持关注。以迪卡侬旗舰店为例，单次上新微淘阅读量为8000次以上，如图5-6所示。

图5-6 迪卡侬旗舰店微淘上新

5.1.4 产品复购率因素

复购率主要是指消费者对该品牌产品或服务的重复购买次数，复购率越高，说明消费者对品牌的忠诚度越高；反之则越低。

在“客户运营平台”→“客户分析”中，商家可以查看用户每月购买频次和365天内成交次数占比，分析用户购买次数，判断产品复购率情况，如图5-7所示。

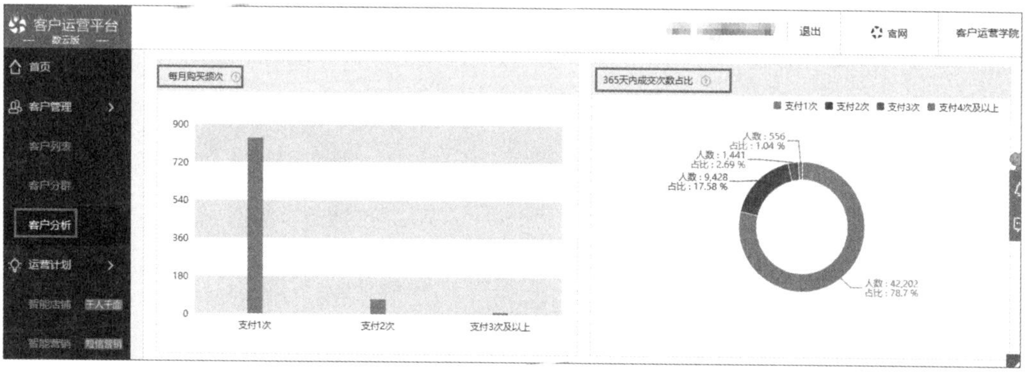

图5-7 客户运营平台中客户每月购买频次和365天内成交次数占比分析

产品复购率高低对微淘内容阅读量也会产生影响。复购率高的产品的二次回访率相对较高，如食品、饰品、衣服和鞋子等。而像冰箱、彩电、无人机等一两年甚至更长时间才更换的复购率低的产品，用户的二次回访率相对较低。

以良品铺子旗舰店为例，其粉丝数为2122万人，产品的复购率较高，用户的二次回访率也相对较高，单条微淘内容阅读量为4.4万次，12人评论，868人点赞，如图5-8所示。

与良品铺子旗舰店相反，dji大疆官方旗舰店粉丝数为74.8万人，且复购率较低，用户的二次回访率也相对较低，单条微淘内容阅读量为1930次，如图5-9所示。

图5-8　良品铺子旗舰店高复购率对阅读量的影响

图5-9　dji大疆官方旗舰店低复购率对阅读量的影响

5.1.5　读者粉丝性别因素

因性别差异，男性用户和女性用户的阅读内容、阅读时间、互动评论和参与度等都不同。男性偏理性，很少写商品评价；而女性偏感性，喜欢逛淘宝、阅读内容和参与互动活动。

通过阿里创作平台中读者粉丝性别占比分析（见图5-10），不同类目店铺性别占比不同，一般女性读者粉丝占比较多的店铺微淘内容阅读量相对较高。另外，阅读活跃度也受年龄因素的影响。

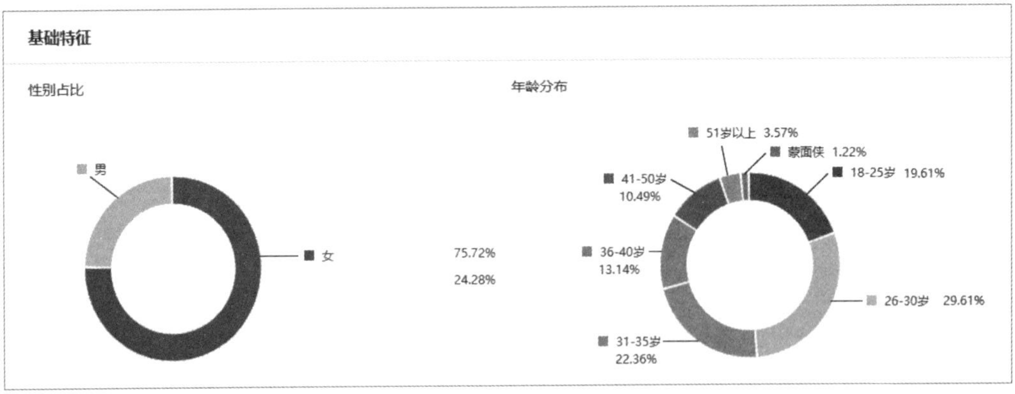

图5-10　阿里创作平台中读者粉丝性别占比分析

以南风小铺 OL 轻复古女包为例，其店铺粉丝数为 536 万人，主要以女性消费者为主，微淘内容阅读量和互动数较高，如图 5-11 所示。

而 kaltendin 旗舰店店铺粉丝数为 5.6 万人，其产品以男性西装为主，微淘内容阅读量和互动数相对较低，如图 5-12 所示。

图 5-11　南风小铺 OL 轻复古女包女性用户对微淘内容阅读量的影响

图 5-12　kaltendin 旗舰店男性用户对微淘内容阅读量的影响

5.1.6　读者粉丝年龄因素

年龄是影响消费行为和阅读内容行为的主要因素之一，不同年龄阶段的消费者因其生活经历的差异而表现出不同的消费心理和行为。

目前根据年龄可以将消费市场分为儿童消费市场、青少年消费市场、中年消费市场和老年消费市场。

根据 2018 年的网络数据调查，从移动阅读用户的年龄来看，用户主流群体集中在 30 岁及以下年龄段，“90 后”在移动阅读用户中占比达到 37.9%；“80 后”用户占比逐渐下降，为 25.2%；“00 后”因为进入了 K12 阶段，需要通过移动阅读来获得大量的知识，其占比达到 19.7%。

上述情况主要源于智能手机的高普及率，以及移动阅读平台提供的内容更趋向年轻化，“80 后”“90 后”“00 后”用户的阅读时间更充裕、灵活，他们也是最主要的忠实用户群体。“90 后”群体一直是社会热议的话题，但随着他们不断地成长，大都已经进入职场，其对于阅读的需求量也成为整个行业的主体，“90 后”喜欢的作品与风格成为市场的指标。

在阿里创作平台的读者年龄分布中，用户年龄一般分为 18 ～ 25 岁、26 ～ 30 岁、31 ～ 35 岁、36 ～ 40 岁、41 ～ 50 岁、51 岁以上和蒙面侠（数据无法辨识）7 个年龄段，如图 5-13 所示。

年轻用户喜欢阅读、参与互动，而随着年龄的增长，30 岁以上的用户参与互动的热情逐渐下降，在买家秀中注意隐私，大部分人晒产品或头像时会打马赛克，评论和点赞数也偏低，如图 5-14 所示。

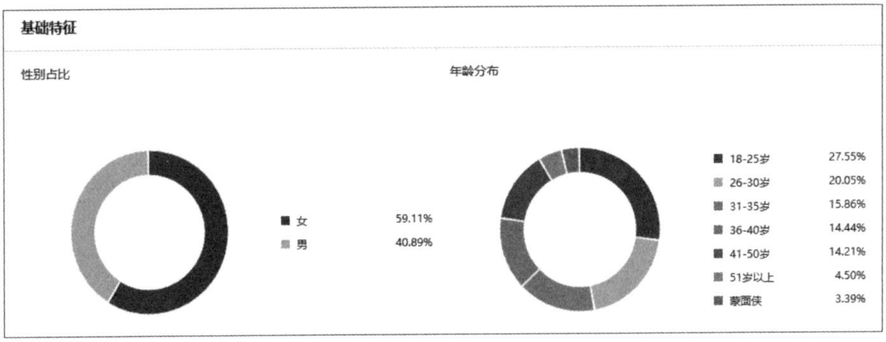

图 5-13　阿里创作平台的读者年龄分布

图 5-14　年龄对微淘用户的影响

5.1.7　读者粉丝地域因素

不同城市的消费者的消费行为、对产品特性的偏好和对媒体的偏好也大相径庭。商家可以通过收入水平、地理位置、城市之间的经济联系和贸易往来，分区域实施不同的营销策略。

在阿里创作平台的读者粉丝分析中，地域分布主要包括城市排名和省份排名，不同城市经济发展不尽相同，因此消费者的关注点和偏好也不同，如图 5-15 所示。

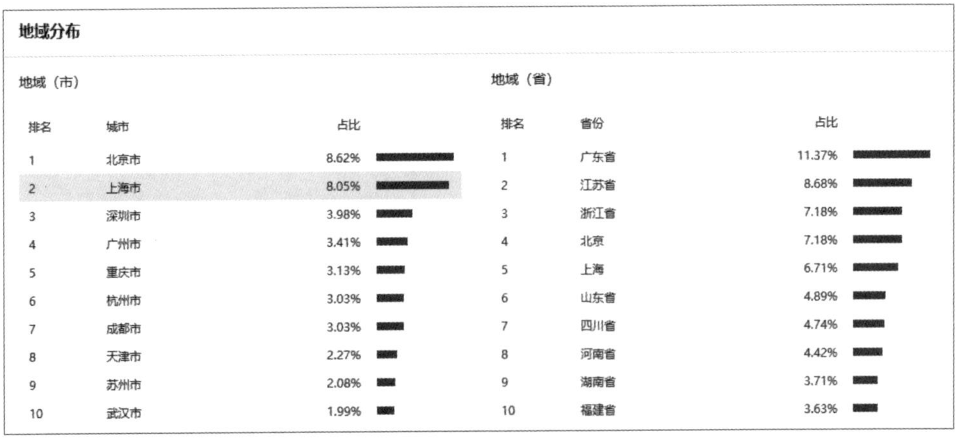
地域分布

地域（市）

排名	城市	占比
1	北京市	8.62%
2	上海市	8.05%
3	深圳市	3.98%
4	广州市	3.41%
5	重庆市	3.13%
6	杭州市	3.03%
7	成都市	3.03%
8	天津市	2.27%
9	苏州市	2.08%
10	武汉市	1.99%

地域（省）

排名	省份	占比
1	广东省	11.37%
2	江苏省	8.68%
3	浙江省	7.18%
4	北京	7.18%
5	上海	6.71%
6	山东省	4.89%
7	四川省	4.74%
8	河南省	4.42%
9	湖南省	3.71%
10	福建省	3.63%

图 5-15　地域对微淘用户的影响

另外，根据酷鹅用户研究院 2018 年发布的《三四线用户内容消费洞察报告》，三四线城市用户偏好泛娱乐内容，打发时间诉求强，对于心灵鸡汤、搞笑段子、健康养生等泛娱乐内容关注程度更高。相对而言，一二线城市用户对财经、房产 / 汽车、客户等垂直领域的内容关注程度更高。

三四线城市用户喜欢图片、短视频、直播等形式的资讯，尤其是短视频。三四线城市喜欢看短视频资讯的用户占比高达 46%，高出一二线城市 8%。

不同级别城市用户对内容消费的痛点大体相同，但相对而言一二线城市用户在内容质量（标题党、内容低俗、内容同质化）方面痛点更深，而三四线城市用户在内容甄别、信息推送方面痛点更深。

5.1.8 读者粉丝职业及学历因素

在阿里创作平台的“用户分析”→“读者粉丝分析”中，职业分布主要包括公司职员、学生、个体经营 / 服务人员、教职工、医务人员、公务员、金融从业者、工人和其他九大职业人群，不同人群的内容偏好也不相同，如图 5-16 所示。

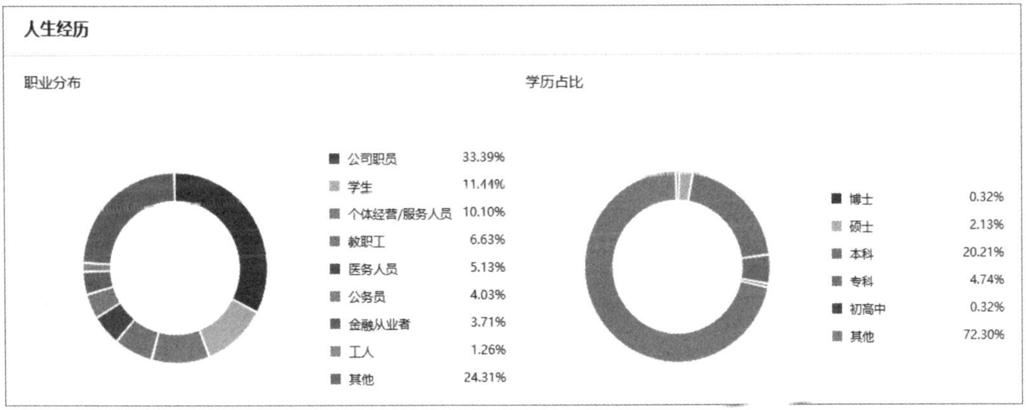

图 5-16 职业及学历对微淘用户的影响

学历占比主要包括博士、硕士、本科、专科、初高中和其他六类。根据企鹅智库发布的《2019—2020 中国互联网趋势报告》，我国初中及以下学历的人群总数约为 8.27 亿人，其中手机网民总数约为 3.78 亿人，移动互联网在初中及以下学历人群中的渗透率约为 45.7%。

初中及以下学历的网民对社会和娱乐新闻保持着非常高的关注度，同时，他们也对生活技巧和健康类内容有着明显的偏好。相比于关注世界大事，他们更关心身边发生了什么。

对初中及以下学历的网民而言，选择资讯的主要考量是看得懂、感兴趣和有价值。因此，图片和视频资讯快速成为他们喜爱的形式。

5.1.9 读者粉丝兴趣偏好因素

在移动互联网时代，用户每天都会被迫接收大量的网络信息。面对海量的有效信息和无效信息，用户已经学会分辨哪些是无用的，哪些是自己喜欢和关心的内容，他们会点击和收藏自己感兴趣的内容。

微淘内容运营人员需要分辨出哪些是读者粉丝喜欢的内容，学会通过图文、短视频等内容形式对产品进行包装和策划。

以 ONLY 官方旗舰店为例，其在 2019 年 2 月 14 日情人节前，策划“爱在情人节”征集活动，“参与征集活动，晒出你的情人节装扮，就有机会获得 ONLY 准备的豪华宠爱……”，如图 5-17 所示。

图 5-17 ONLY 官方旗舰店情人节策划粉丝互动内容

关于读者粉丝的性别、年龄、地域、职业、学历等因素，商家可以通过使用阿里创作平台、客户运营平台、达摩盘和生意参谋等阿里数据工具制作人群画像，进一步洞察店铺消费者，从而制定相关的营销方案。

5.1.10 商家内容推送时间因素

商家创作好内容之后，选择在什么时间段推送也很重要。如果推送时间段与访客访问的高峰时段相匹配，那么店铺的曝光会相对高些，微淘阅读量也会提升。

在“生意参谋”→“访客分析”中查看访客访问时段分布，商家可以得到访客访问和下单高峰时段。一般而言，访客访问和下单时段主要集中在上午的 9:00—10:00，下午的 13:00、15:00 和 17:00，以及晚上的 20:00—22:00。时段分布主要与公司职员或学生的工作和学习生活等作息时间有关，周一到周五大体相似，周六、周日因休息而略有不同，如图 5-18 所示。

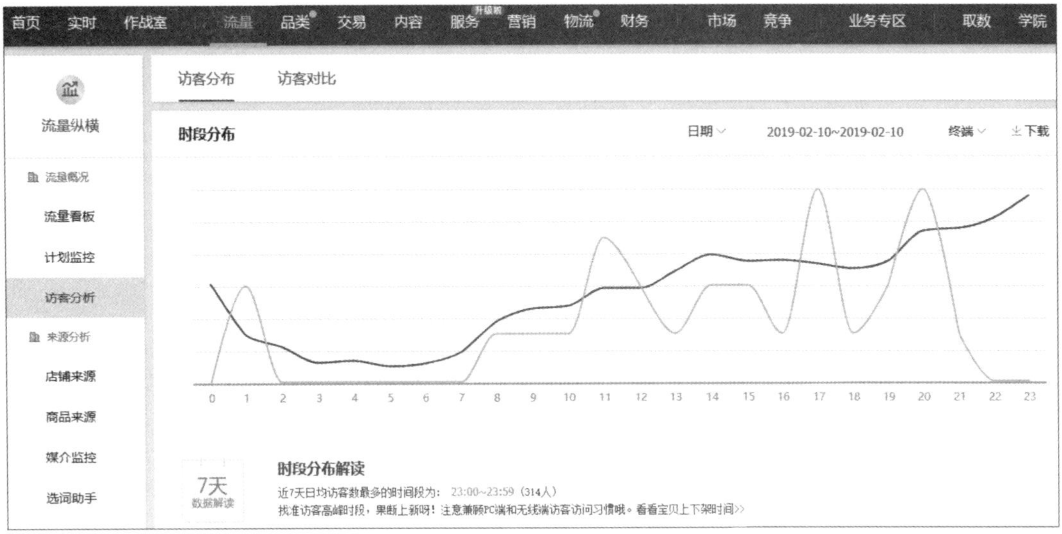

图 5-18 商家内容推送时间与访客访问时间匹配

商家可以参考第 9 章制作店铺内容规划表，做好年度、季度、月度和每周的时间规划，以及相应的内容规划，使内容发布频次循序渐进、按部就班、有效地执行。

5.2 微淘阅读曝光数据偏低

很多商家存在微淘阅读曝光数据偏低的问题，其原因除了第 5.1 节中讲的影响微淘活跃度的十大因素，还包括微淘内容形式单一、不吸引人，只创作内容而缺少推广，以及微淘内容不规范，无法推荐到公域，如图 5-19 所示。

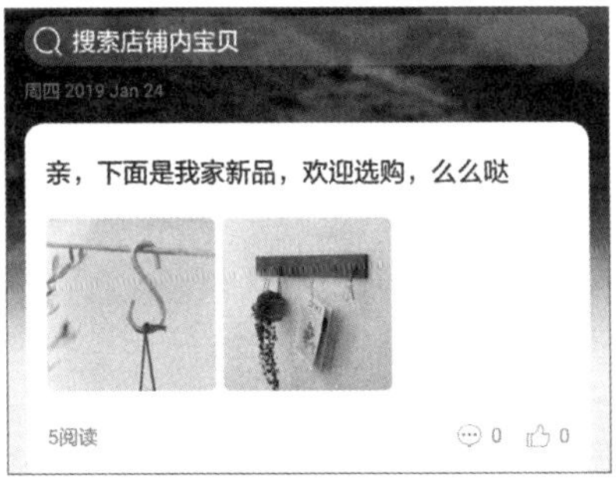

图 5-19 商家微淘阅读、评论、点赞量低

5.2.1 微淘内容形式单一、不吸引人

在微淘里，内容形式从大的方面说主要包括图文、短视频和直播，细分的话如前面第 4 章所讲，包括店铺上新、好货“种草”、买家秀、主题清单、粉丝福利、图文教程、短视频、店

铺动态和转发 9 种类型、11 种内容形式，如图 5-20 所示。

图 5-20　阿里创作平台 9 种类型 11 种内容形式

部分商家发布的大部分内容都是买家秀或上新，如图 5-21 所示。一方面可能是因为买家秀内容相对比较简单；另一方面可能是因为没有专门的微淘内容运营人员，不知道从什么方向入手创作微淘内容。

图 5-21　商家发布的买家秀

仅发布买家秀很难吸引粉丝持续关注店铺。为了丰富微淘内容，商家可以按照第 4.2 节中的内容进行内容创作，内容可以是宝贝清单和图集，也可以是短视频、淘宝直播，然后搭配买家秀和转发内容。

宝贝清单内容重点在于文案，以及搭配的图片，具体方法可以参照第 6.3 节中的内容，如图 5-22 所示。

在发布图集的时候，注意保证图片清晰度，尽量保持干净整洁，具体方法可以参照第 6.3 节中的内容，如图 5-23 所示。

图 5-22　发布宝贝清单

图 5-23　发布图集

除了图文内容，商家还可以创作短视频内容。根据产品特点，编写内容剧本，搭建和产品相关的场景，真人讲解教程内容，拍摄之后剪辑和添加文字或音乐，然后发布到微淘，并观察短视频数据，如图 5-24 所示。

此外，视频直播内容也会同步到微淘关注当中，以及直播完之后在微淘中沉淀，方便粉丝回看。在直播的过程中，也要注意人、产品和场景的搭建，并在直播过程中进行抽奖等与粉丝互动活动，如图 5-25 所示。

图 5-24　发布短视频

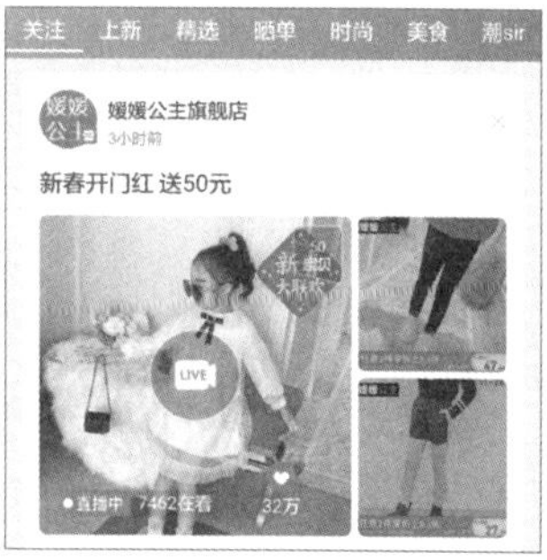

图 5-25　视频直播

5.2.2　只创作内容而缺少推广

商家策划好微淘内容之后，除了发布到店铺微淘，还可以把内容推送到店铺 PC 端和无线端的首页上，设计成banner图或板块图。另外，也可以将微淘内容制作成产品详情页中的活动图，形成店铺内的流量闭环。

关于微淘内容链接，可以在阿里创作平台中的“全部作品”界面单击“推广”按钮，会出现二维码和链接推广，将其复制之后，放到设计好的图片中即可。

具体的推广方法可以查看第10.1节中的内容，对已发布的微淘内容进行推广，如图5-26所示。

图5-26 阿里创作平台的推广链接

除了可以在店铺内推广，商家还可以通过智钻中的“粉丝置顶”进行推广，主要展示位置在手机淘宝微淘“关注”页面的顶部，显示“热门”，如图5-27所示。具体操作方法参见第12.5节中的内容。

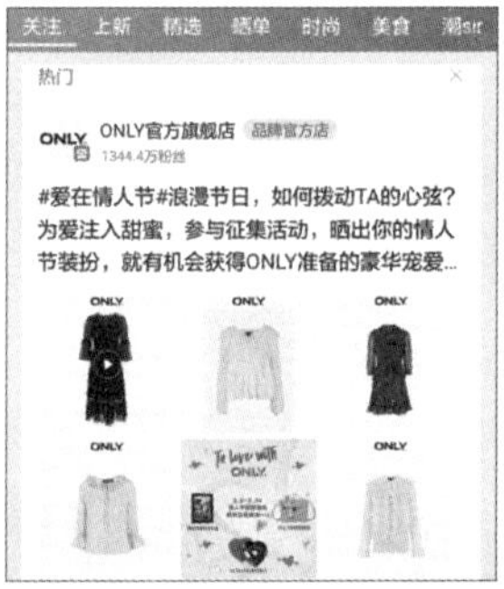

图5-27 微淘粉丝置顶在“关注”页面中显示“热门”

5.2.3 微淘内容不规范，无法推荐到公域

微淘公域抓取的内容能够帮助店铺获取更多的曝光。很多商家在创作内容的时候，没有了解微淘官方推荐的内容标准，以及不推荐发布的内容，因此大部分内容只能沉淀在店铺里面，没有被公域渠道抓取。

在发布微淘内容前，商家可以先了解微淘的规则，如后面第6章中讲到的阿里创作平台管理规则、微淘内容创作禁用词语、微淘平台日常内容规范、图文标题推荐理由范例和微淘内容四大属性划分等。

另外，微淘平台不推荐的内容包括明星和搞笑内容，如图5-28所示。正所谓“知己知彼，百战不殆”，只有了解平台需要什么内容，然后按照规则创作，才有机会获得更多的曝光和

流量。

微淘官方的规范有很多，以下两种常见错误在日常微淘创作中需要特别注意。

1. 图片中“牛皮癣”较多

在平台大促、聚划算或节日期间，很多商家会在图片上标注价格标签等内容，醒目地显示活动促销力度。但是这样的内容往往使图片变得复杂，而且也不符合微淘官方推荐公域内容标准，如图 5-29 所示。

图 5-28 明星内容容易引起肖像权纠纷

图 5-29 微淘含价格标签及文字标注等“牛皮癣”的图片影响公域推荐

如果大量发布含“牛皮癣”的图片，则会影响微淘内容价值分。在阿里创作平台的“平台消息”页面中，有内容价值分优化提醒，“亲爱的商家号，您在内容价值方面需要进行以下优化：内容中图片不能包含牛皮癣，或变形模糊，不符合规范等问题 。请根据指数解读进行改进，改进后内容价值分会恢复或提升至更高水平”，如图 5-30 所示。

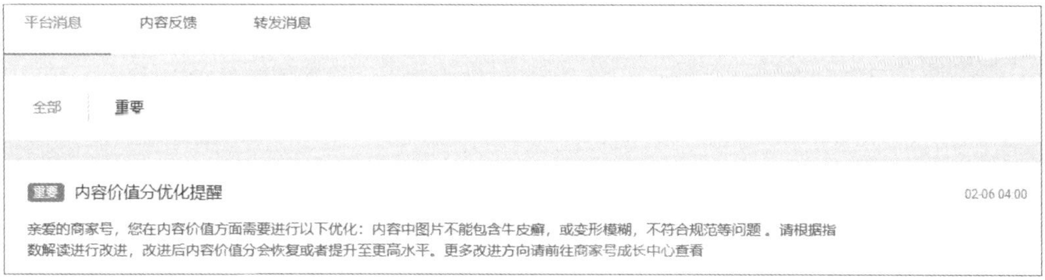

图 5-30 阿里创作平台的内容价值分优化提醒

2. 图片内容过于复杂

图片中除了不能有“牛皮癣”，也尽量不要有微信聊天信息等，一方面是因为图片可能与店铺产品无任何关联；另一方面是因为图片被压缩，使整体显得比较凌乱，如图 5-31 所示。

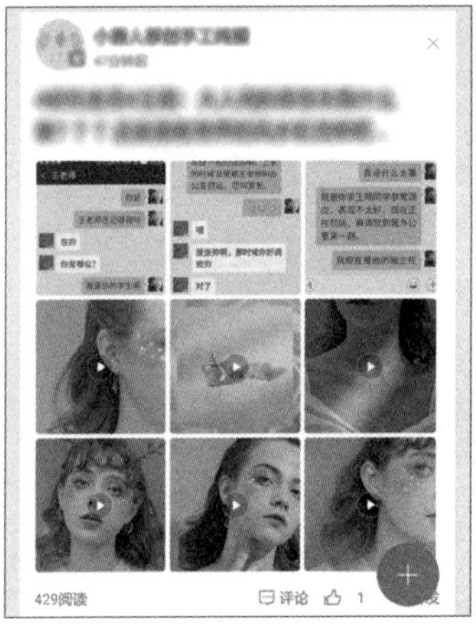

图 5-31　微淘图片含有聊天信息显得凌乱

5.3　微淘收藏关注粉丝数少

关于店铺粉丝（店铺粉丝属于泛粉丝，非保持互动评论点赞的纯粉丝）数少的原因，主要有以下几个方面。

①有些店铺是新店，所以积累的粉丝数相对较少。

②有些店铺虽然开了几年，但是由于经营不善、缺少特色，很难吸引粉丝收藏关注。

③有些老店因为缺少吸引粉丝关注的营销工具和活动策划，所以流失了很多原本可以关注店铺的日常访客。

5.3.1　新店流量少、关注粉丝少

相关数据显示，截至 2019 年 2 月，淘宝店铺数为 9 328 258 家，天猫店铺数为 213 237 家。每年都有新的淘宝和天猫店铺开店营业。

新店铺如果推广引导流量较少，那么日常访客就会很少，因而收藏关注店铺的粉丝数也会很少，这属于正常现象，如图 5-32 所示。

微淘粉丝主要包括活跃粉丝、静默浏览粉丝和僵尸粉丝。其中活跃粉丝会浏览内容、参与评论和点赞等；静默粉丝会浏览内容，但是不参与评论和点赞等互动；而僵尸粉丝既不浏览内容，也不参与互动。

我们不能保证所有店铺粉丝都会参与店铺微淘阅读和互动，微淘泛粉丝数是基数，如果粉丝数过少，则店铺微淘阅读量和二次回访率会更低，如图 5-33 所示。

因此，不管是新店还是老店，都需要在日常运营中千方百计地增加粉丝数，扩大粉丝基数，然后同步活跃粉丝。具体操作方法可以查看第 10 章和第 11 章。

图 5-32　新店铺微淘粉丝数相对较少

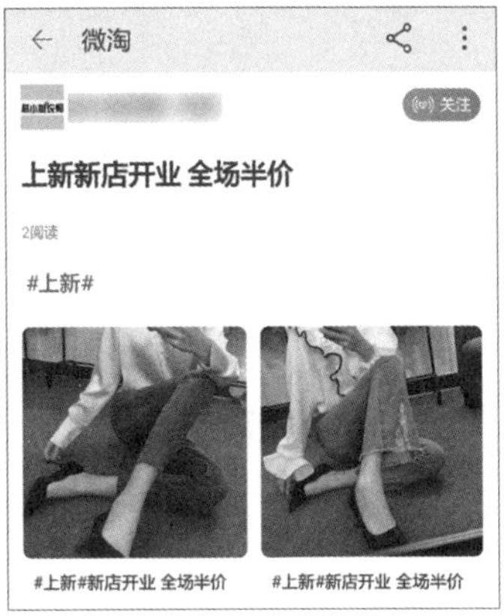

图 5-33　新店铺微淘粉丝数少，阅读量低

5.3.2　老店没有特色，很难吸引粉丝

有些店铺虽然已经经营了很多年，但是店铺粉丝数依然很少，仅有几万人或十几万人。店铺增粉既与淘宝店、天猫专营店、天猫专卖店或天猫旗舰店等店铺属性有关，也与是否是品牌型店铺、网络红人型店铺和特色型店铺等有关。

如图 5-34 所示，虽然第一个店铺经营了 10 年，但是店铺收藏人数只有 10 万人；第二个店铺经营了 7 年，店铺收藏人数为 11 万人。

如果店铺不是品牌型店铺、网络红人型店铺或特色型店铺，且创作的内容也没有特色，整体内容属于流水线式的创作，那么很难吸引粉丝的关注，内容阅读量等也会较低，如图 5-35 所示。

图 5-34　老店微淘粉丝数少与其缺乏特色有关

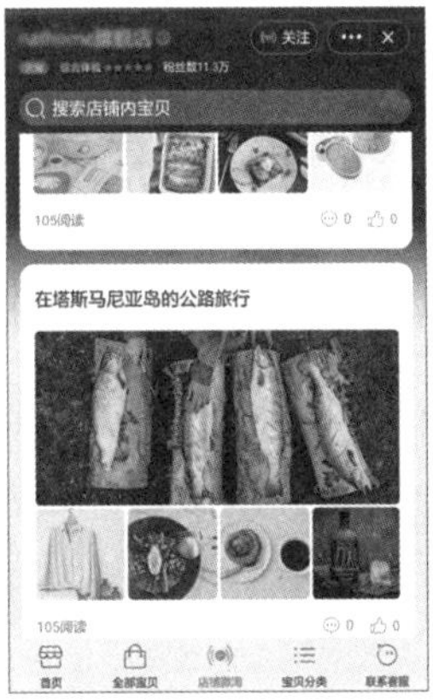

图 5-35　老店微淘内容阅读量低与其缺乏特色有关

5.3.3　老店缺少引导粉丝关注的营销工具

除了店铺特色，商家如果缺少引导粉丝关注的营销工具，那么每天浏览店铺的访客也会流

失，难以形成收藏和关注。营销工具的具体使用方法可以查看第 10.2 节中的内容。

以时白白真品汇为例，其在无线店铺首页设置“¥5 无门槛使用”banner 图，访客点击之后会有收藏链接，如图 5-36 所示。需要注意的是，设置 3 元或 5 元无门槛券需要根据商家商品成本和利润等核算。

点击“¥5 无门槛使用”，显示“关注有礼，关注店铺即可领取 5 元优惠券”，如图 5-37 所示。点击“关注领取”，用户关注店铺后即可领取优惠券。

图 5-36 在无线店铺首页设置 banner 图引导粉丝关注

图 5-37 点击“关注领取”引导粉丝关注收藏

除了首页，还可以在详情页设计 banner 图，添加营销工具，如收藏链接，优惠券领取方式与首页的相似，可以引导详情页访客关注收藏，如图 5-38 所示。

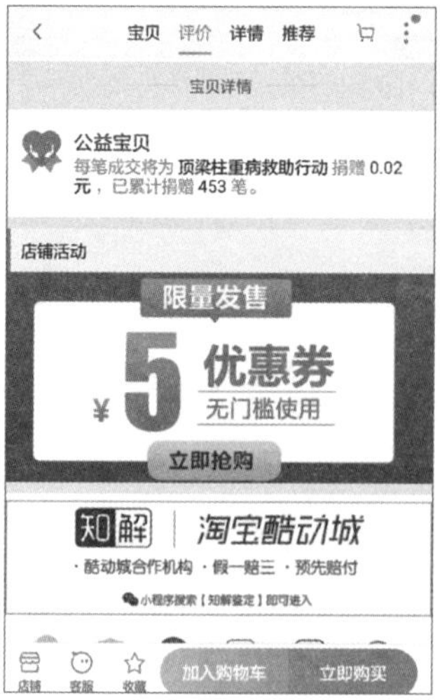

图 5-38 在详情页设置 banner 图引导粉丝关注收藏

除了收藏工具，商家还可以选择使用抽奖收藏或加购等工具，引导店铺的日常访客参与活动，从而增加粉丝数量。具体操作方法可以查看第 10.3 节中的内容。

5.4　微淘评论点赞互动较少

很多店铺的微淘内容的评论、点赞数很少（见图 5-39），一方面与店铺微淘读者粉丝人群的性别、年龄等因素有关；另一方面也与店铺内容是否吸引人、店铺是否有丰富的互动玩法和一些新鲜有趣的话题引导有关。

图 5-39　微淘内容评论、点赞数很少

5.4.1　微淘内容缺少互动玩法

很多店铺发布的内容缺少互动玩法，如前面提到的投票、征集和分享有礼等。具体玩法可以参照第 11 章的内容。

1. 投票有礼——妖精的口袋旗舰店

商家发起投票有礼活动，可以选择文字、图片等形式，号召粉丝选择喜欢的产品，感兴趣的话题、人物或热点事件等。商家可以通过投票测试新款宝贝、大促宝贝的排名等。例如，妖精的口袋旗舰店利用投票进行新品剧透，在评论中抽取 3 名粉丝赠送 50 元无门槛优惠券，如图 5-40 所示。

2. 征集买家秀——LOVO 官方旗舰店

商家可以通过有奖征集的方式，吸引粉丝参与买家秀征集。例如，LOVO 官方旗舰店在春节期间发起“寻找最美卧室装扮”活动，吸引粉丝参与买家秀征集，赢取新年好礼，如图 5-41 所示。

3. 晒情人节心愿——努比亚官方旗舰店

除了征集买家秀活动，商家还可以策划晒购物车或类似晒情人节心愿和祝福等活动。例如，努比亚官方旗舰店在 2019 年 2 月 14 日情人节前策划“# 情人节 # 努比亚陪你一起遇见 Ta”活动，如图 5-42 所示。

图 5-40 微淘策划投票有礼粉丝互动活动

图 5-41 微淘策划征集买家秀粉丝互动活动

图 5-42 微淘策划晒情人节心愿粉丝互动活动

5.4.2 微淘内容缺少话题引导

前面讲述的内容主要是官方互动活动工具的应用，除此之外，商家也可以选择通过节日话题、留言选送礼品、点赞 + 评论抽奖、参与竞猜活动和公布中奖名单等方式与读者粉丝互动。

1．节日话题——三只松鼠旗舰店

商家可以选择的节日话题有春节、情人节、女王节、愚人节、劳动节等，每个节日商家都可以选择一个主题，组织创作话题内容，与粉丝实现话题互动。例如，三只松鼠旗舰店在情人节期间策划“味觉情书”活动，如图 5-43 所示。

2．留言选送礼品——小镇姗姗 TOWN33

很多网红店铺在新款上新的时候，都会选择策划留言选送礼品优惠活动。例如，小镇姗姗 TOWN33 开春新款上新，号召小姐妹聊聊喜欢的款式，如图 5-44 所示。

图 5-43　微淘策划节日话题活动

图 5-44　微淘策划留言选送礼品活动

3．点赞 + 评论抽奖——小谷粒女装 YESIAMXIAOG

与留言选送礼品活动相似，为了增加点赞数，商家还可以策划点赞+评论抽奖活动。例如，小谷粒女装 YESIAMXIAOG 策划“# 小谷粒最 IN 单品 # 点赞 + 评论，抽宝宝送 20 券”活动，如图 5-45 所示。

4．参与竞猜活动——安踏官方网店

商家也可以策划竞猜活动，设置竞猜内容和答案。例如，安踏官方网店策划全明星赛竞猜活动，如图 5-46 所示。

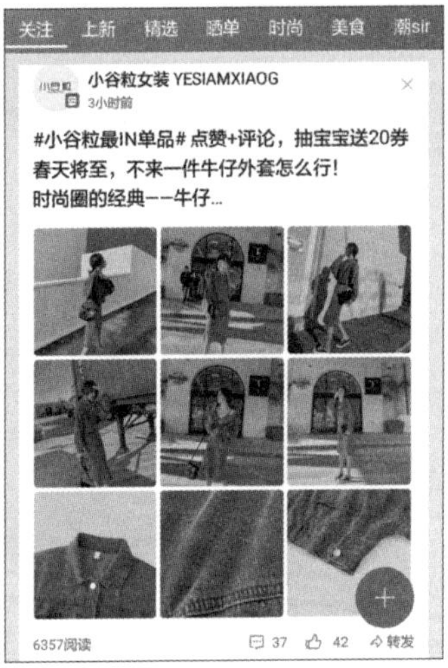

图 5-45　微淘策划点赞 + 评论抽奖活动

图 5-46　微淘策划参与竞猜活动

5．公布中奖名单——媛媛公主旗舰店

每次读者粉丝互动活动结束后，商家也可以选择用长文章的形式公布中奖名单，以示活动的公平、公正和公开。例如，媛媛公主旗舰店发布春节期间中奖名单，如图 5-47 所示。

图 5-47　微淘策划公布中奖名单活动

粉丝互动活动的玩法还有很多种，需要商家集思广益，形成一套适合自己店铺与粉丝参与的活动，按照每月和每周的排期有序地进行。

5.5　微淘商家重视程度较低

2016 年是淘宝内容营销的元年，淘宝首页内容板块如图 5-48 所示。

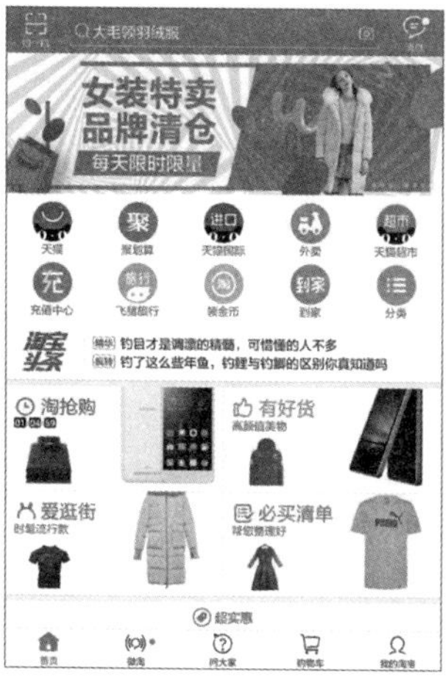

图 5-48　2016 年淘宝首页内容板块

淘宝变化的主要依据是通过大数据，分析消费者的浏览行为、点击行为和下单转化等情况。相对于 PC 端，手机淘宝受手机屏幕狭小的限制，只有优质的内容才能增加用户的停留时长，抢占用户更多的时间，使用户实现从“逛逛逛”到“买买买”的转变。

athenaie 旗舰店的怡萌介绍，“现在大多数商家发布的微淘内容质量都不高，偏硬广，淘宝受众的认知度也较低，我如果不做这项工作，也不知道有微淘”。

5.5.1　目前主要精力在直钻淘

生意参谋流量来源主要包括淘内免费、自主访问、付费流量、淘外网站、淘外 App 和其他来源六个部分，如图 5-49 所示。不同来源的支付转化率不同，很多商家会根据 ROI（投资回报率）来筛选主要推广投放渠道。

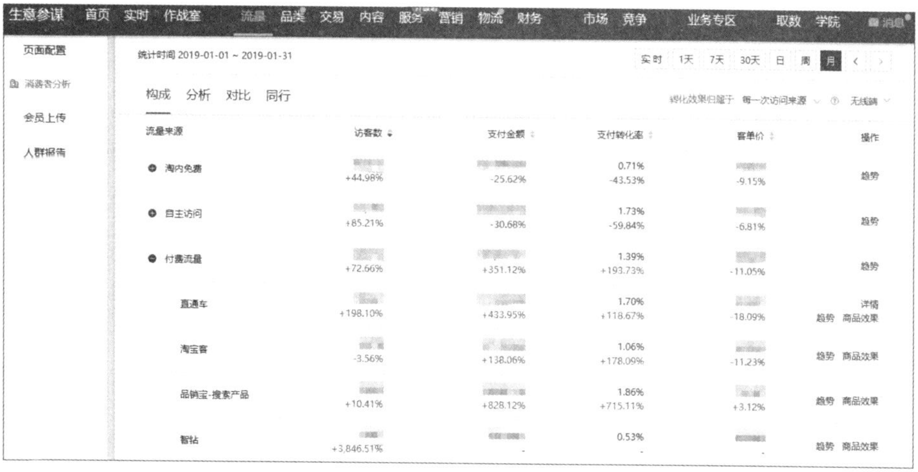

图 5-49　生意参谋流量来源

阿里妈妈是阿里巴巴集团旗下数字营销的大中台，付费流量来源中的直通车、智钻、淘宝客、品销宝和达摩盘都是阿里妈妈旗下的产品。

淘宝直通车是指卖家设置与推广商品有关的关键词和出价，当买家搜索相应的关键词时，推广商品获得展示和流量，实现精准营销，卖家按所获流量（点击数）付费。卖家加入淘宝直通车，即默认开通搜索营销。

淘宝直通车的主要发展历程是2007年4月雅虎直通车诞生，2008年正式改名为淘宝直通车。发展至2019年，对于很多淘宝天猫商家来说，淘宝直通车属于相对熟悉的传统营销推广的一部分。

智钻是指以图片展示为基础，以精准定向为核心，面向全网精准流量实时竞价的展示推广平台。智钻支持按展示付费（CPM）和按点击付费（CPC）。

淘宝客是一种按成交计费的推广工具，由淘宝客帮助推广商品，买家通过推广链接完成交易后，卖家支付一定比例的佣金给对应的淘宝客，提升店铺成交机会。

品销宝是一款致力于提高品牌影响力的产品，是淘宝网 / 手淘 App/UC 浏览器的搜索结果的首屏展示广告位，能为品牌搜索买家传递深入人心的品牌理念，大大提升品牌的调性。

2017年4月24日，在“2017新网商营销大会”上，时任阿里妈妈CMO（首席营销官）沈威分享了阿里妈妈作为全域营销大数据中台，具有为商家提供满足消费者差异化需求的能力。阿里妈妈是自主化广告营销的大数据平台，大家都很熟悉直钻淘，但为什么现在大家要去做品牌和销售之间的联动呢？

沈威表示，全域营销的关键其实是围绕人的营销。通过对人群的洞察、对机会的挖掘，以及对消费者人群分层的认知，得出了全域营销的三个重要模块：全域策略、全域传播、全域运营。其中阿里妈妈扮演的核心角色是全域传播，其三大核心数据赋能如图5-50所示。

图5-50　阿里妈妈三大核心数据赋能

在消费升级的过程中，我们看到消费者结构在发生变化，消费力在升级，消费品牌也在升级，这意味着商家的品牌需要重新塑造。品牌不断推出新品，整个新品的生命周期越来越短，但成功率却不高。因为过去的营销广告是短期的，是围绕着商品本身进行的。我们需要思路的升级，以长期长链路的消费者数据去观测、运营，把短期诉求向长期目标升级。

围绕淘系品牌，阿里妈妈提供直通车、智钻、新品专、新霸屏及会员权益。同时很多企业不仅仅在阿里上做生意，还在淘宝网、天猫上做营销和投广告。面对全媒体，阿里妈妈也提供了投放中台，如图 5-51 所示。

商家要做营销，确定性事件有两类，一类是淘宝网、天猫主导的运营类事件，如“双11”“双 12”等；另一类是商家在经营过程中所设定的每年的策略、每年重要的一些时间点。当平台主导的时候，我们需要用新霸屏为营销质量加分；当商家有自己的节奏的时候，新霸屏可以在有广度的基础上获得确定性流量。

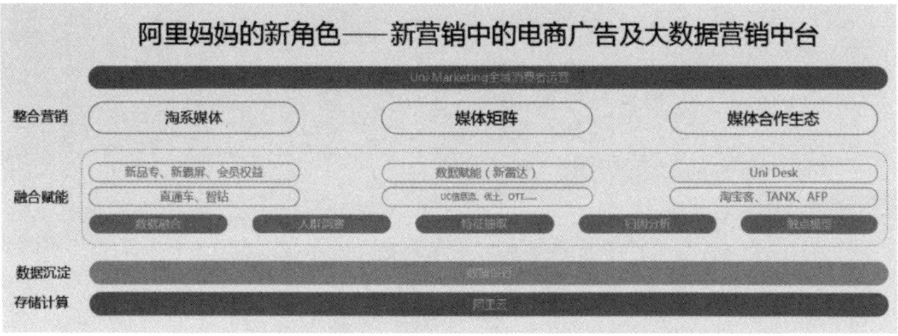

图 5-51　阿里妈妈提供的投放中台

蓄水、互动之后商家要去收割意向，收割意向在这里是指直钻（直通车和智钻）是千人千面的销售模式，而淘宝客是分享、推荐、内容化的消费模式，新品专（品牌专区）是长期进行品牌重塑的阵地，如图 5-52 所示。这三种不同的销售模式决定了大家在收割品牌意向的过程中如何进行组合营销。消费升级、品牌重塑不是一蹴而就的，由于消费者类型差异非常大，所以需要商家提供不同的商品，以相互补充。

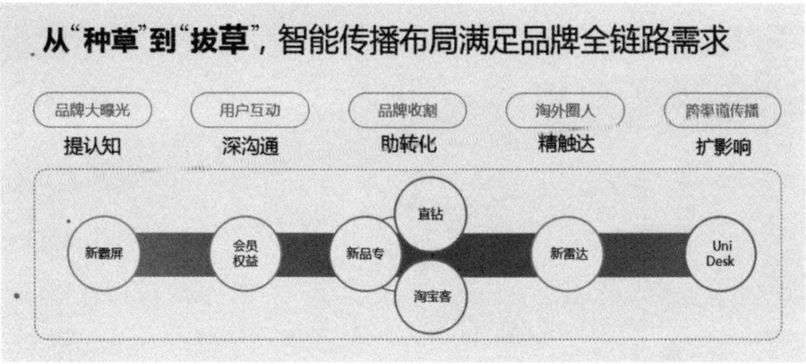

图 5-52　阿里妈妈从“种草”到“拔草”智能传播布局

5.5.2　缺少数据分析，忽视微淘价值

在讲课过程中，笔者常常强调位置决定流量。微淘位于手机淘宝首页底部导航的第二个位

置，每天的流量不言而喻，重视该板块运营，不仅能够为商家带来访客，也会产生直接和间接的支付金额，如图 5-53 所示。

在“生意参谋”→“店铺来源”中可以查看各个渠道每月、每日和 30 天等的访客数、下单买家数、支付金额、支付转化率、客单价和 UV 价值等数据，从中可以看出微淘为商家带来的流量。

图 5-53　微淘位于手机淘宝首页底部导航的第二个位置

微淘的直接价值主要是指通过微淘发布的商品成交的金额，而微淘的间接价值是指通过微淘进入店铺，没有购买微淘发布的商品，而购买了店内其他商品而产生的销售额，如图 5-54 所示。

为了能够更直观地反映微淘的流量和成交金额，商家可以制作微淘月报，统计每月微淘的数据和无线端的成交数据，如图 5-55 所示。

图 5-54　生意参谋的微淘访客数和支付金额

XXX店 生意参谋 微淘月报										
	微淘数据				无线端数据					
月份	微淘访客数	微淘支付转化率	微淘客单价	微淘支付金额	无线端访客数	无线端支付转化率	无线端客单价	无线端访支付金额	微淘无线访客占比	微淘无线支付金额占比
2018.09									#DIV/0!	#DIV/0!
2018.10									#DIV/0!	#DIV/0!
2018.11									#DIV/0!	#DIV/0!
2018.12									#DIV/0!	#DIV/0!
2019.01									#DIV/0!	#DIV/0!

图 5-55　生意参谋微淘月报

5.6　微淘缺少内容运营团队

很多商家做不好微淘，与内容运营团队有关。在传统营销向新营销转变过程中，除了传统的直钻淘推广，为了适应手机淘宝的不断迭代变化，商家也需要构建店铺的私域和公域内容运营团队。

私域内容运营主要包括微淘、问大家、淘宝群、店铺淘宝直播、店铺和产品短视频、品牌号（部分品牌商家）、商家达人号、首页和详情页营销工具等；公域内容运营包括淘宝头条、有好货、达人淘宝直播、哇哦视频、每日好店和我的频道中的与行业相关的 iFashion、必买清单、极有家、亲宝贝、汇吃、美妆学院和全球时尚等，如图 5-56 所示。

图 5-56　私域和公域内容运营

5.6.1　商家内容运营团队的构成及职责

微淘涉及人群、内容、粉丝、活动等多种运营。部分商家没有微淘运营岗位，主要是运营或推广部在随机发送；也有的商家目前只有一个微淘内容运营人员；还有部分商家由几个部门相互配合运营微淘。

笔者在讲内容营销课的时候，会给商家安排一项填写店铺私域公域内容规划表的任务，执行事项和负责人需要根据店铺团队的实际情况填写，设定任务开始时间和结束时间，如图 5-57 所示。

微淘的工作内容可以进行细化分解，并与电商运营和设计部及客服部等相互配合，与店铺大促和自身活动同步，注意蓄水期、预热期、正式活动期和收尾期，如图 5-58 所示。

XXX旗舰店 店铺私域公域内容规划表						1月份														
流量类别	项目	执行事项	负责人	开始时间	结束时间	二	三	四	五	六	日	一	二	三	四	五	六	日	一	二
						1	2	3	4	5	6	7	8	9	10	11	12	13	14	15
私域	微淘	微淘人群画像	张三																	
	短视频		李四																	
	淘宝直播	开通权限																		
		了解淘宝直播规则																		
	问大家	问大家收集统计	客服																	
		问大家分析																		
	买家秀	1活动规则																		
	无线页面工具	收藏																		
	会员体系	搭建构建																		
	详情评价																			
公域	淘宝头条																			
	有好货	寻找达人																		
	淘宝直播																			
	哇哦视频																			
	每日好店																			
	必买清单																			
	极有家																			

图 5-57　店铺私域公域内容规划表

XXX旗舰店 店铺私域公域内容规划表					
项目	执行事项	负责人	配合部门	开始时间	结束时间
微淘	微淘人群画像分析	张三			
	微淘内容定位				
	微淘每月/每周规划排期（与店铺活动匹配）		店长/运营		
	微淘内容形式筛选（图文/直播/短视频）				
	规划每天发布内容				
	策划店铺微淘互动活动（大促和粉丝互动）		设计部		
	统计阿里创作平台/生意参谋微淘数据				
	分析微淘等级和各项指数增长/降低情况				
	粉丝微淘阅读和互动数据情况				
	优化调整微淘内容发布等				

图 5-58　商家微淘内容大致工作执行事项

1. 微淘人群画像分析

微淘人群画像分析主要是指根据阿里创作平台、客户运营平台等官方工具，分析店铺读者、粉丝、访客和成交客户等不同角色人群的性别、年龄、地域、职业、学历和兴趣偏好等。具体操作方法可以查看第 8 章内容。

2. 微淘内容定位

微淘内容定位主要是指根据读者粉丝人群画像情况，确定店铺微淘内容的写作方向，如女装店铺粉丝喜欢新品，可以设定“新品人气榜单”栏目；喜欢搭配方向，可以设定“潮流穿搭”栏目；喜欢早安和晚安对话，可以设定“早安心语”或“××（具体粉丝昵称根据店铺粉丝修改）粉晚安”栏目等。具体操作方法可以查看第8.6节中的内容。

3．微淘每月/每周规划排期（与店铺活动匹配）

微淘排期是指根据每个月、每一周的店铺活动计划制定的微淘内容规划，如2月的除夕、春节、情人节和元宵节等节日活动；平台的开学季、“38”女王节等大促活动，或者店铺报名的淘抢购、聚划算等活动；店铺策划的分享有礼、投票有礼活动。

具体的微淘内容排期可以查看第9章内容。只有规划好每一天需要发布的内容，才能保证微淘内容发布数量和发布频次，保持账号健康分在1000分左右。

4．微淘内容形式筛选（图文/直播/短视频）

内容形式主要是指按照图文、直播和短视频三大形式，发布帖子、宝贝清单、宝贝图集、买家秀、单品、问答、短视频或转发等。具体操作玩法可以查看第4章和第6章的详细内容。

5．规划每天发布内容

在每月和每周内容规划好之后，具体的每一天规划也可以根据实时发生的新鲜事，更换部分内容，保持微淘内容的新鲜度，并与粉丝交流话题保持同步。

6．策划店铺微淘互动活动（大促和粉丝互动）

互动活动主要包括投票有礼、签到有礼、征集有礼、竞猜等。规划好的互动活动可以形成模板，以便下一次活动使用。在下一次活动使用时，商家仅需要更换一下活动主题和活动奖品及活动时间即可。具体互动玩法可以参照第10章和第11章内容。

7．统计阿里创作平台/生意参谋微淘数据

阿里创作平台数据主要包括“我的等级”中的微淘号商家指数、内容价值分、粉丝价值分和账号健康分，“内容分析”中的浏览数据、互动数据和引导数据等，以及“用户分析”中的粉丝分析和读者分析。

生意参谋数据主要包括“流量来源”中手淘微淘的支付金额、访客数、支付转化率和客单价等关键数据。具体统计方法可以参照第7章内容。

8．分析微淘等级和各项指数增长/降低情况

分析数据主要是指把每月或每日的数据用柱形图、折线图等呈现出来，观察微淘数据的增长或降低趋势，以便分析造成此种问题的原因。例如，图5-59所示是生意参谋微淘访客数趋势图。

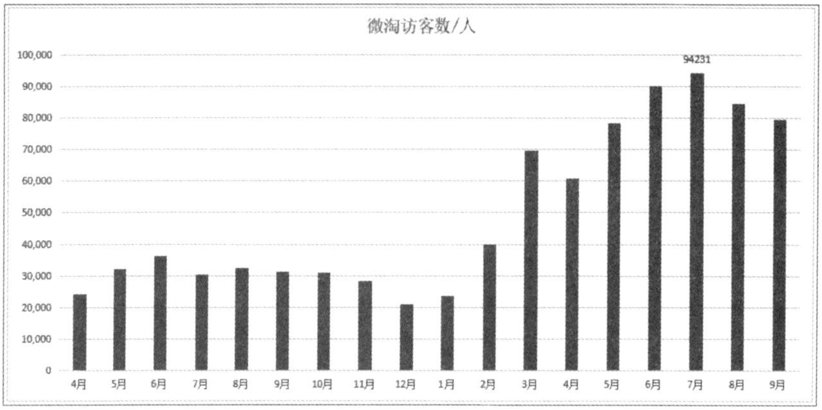

图 5-59　生意参谋的微淘访客数趋势图

9．粉丝微淘阅读和互动数据情况

微淘阅读和互动数据包括内容浏览次数（见图 5-60）、内容浏览人数、内容互动次数、内容互动人数、引导进店人数、引导收藏人数、引导加购商品数、引导加购人数、引导支付人数、引导支付金额和引导支付子订单数等。

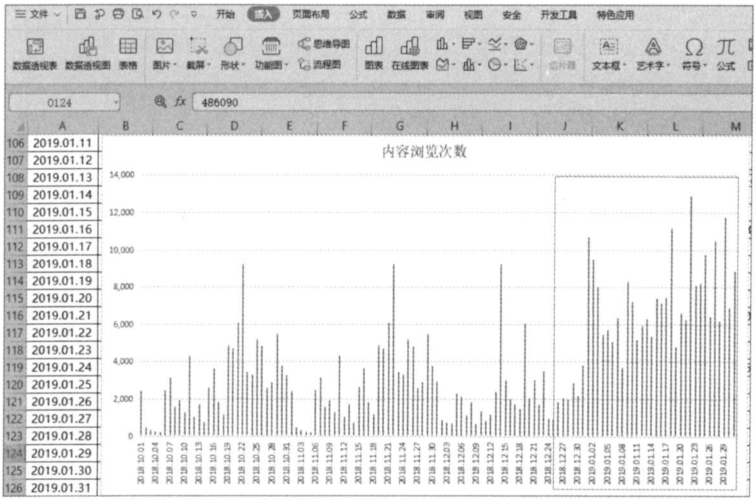

图 5-60　阿里创作平台的内容浏览次数

10．优化调整微淘内容发布

根据统计的阿里创作平台和生意参谋数据，如果发现数据下降比较异常，商家则需要分析其主要原因，是发布条数问题、发布频次问题，还是发布内容质量问题、店铺活动问题等。

分析造成问题的主要原因之后，商家需要找到具体的解决办法，然后按照新的店铺微淘内容规划方向发布微淘内容。

5.6.2 商家微淘内容数据的 KPI 考核

在讲微淘内容考核的课程时，笔者建议主要从三个维度考虑，即考核维度 1：发布条数 + 粉丝，包括发布条数、新增粉丝数；考核维度 2：引导数据，包括内容浏览人数、引导进店人数、引导收藏人数、引导加购人数；考核维度 3：销售数据，包括支付金额、访客数、支付转化率、客单价、支付买家数和新访客，如图 5-61 所示。

不同商家资金、团队结构和运营目标等不同，考核的方式和方法可以根据自身情况设定。

XXX店铺微淘内容考核												
数据来源	阿里创作平台 全部作品+粉丝分析		阿里创作平台-内容分析				生意参谋-流量					
考核维度	考核维度1 发布条数+粉丝		考核维度2 引导数据				考核维度3 销售数据					
	发布条数	新增粉丝数	内容浏览人数	引导进店人数	引导收藏人数	引导加购人数	支付金额	访客数	支付转化率	客单价	支付买家数	新访客
目标数据	150条/月	2万人+					10万元					
2019.01												
2019.02												
2019.03												
2019.04												
2019.05												
2019.06												
2019.07												
2019.08												
2019.09												
2019.10												
2019.11												
2019.12												

图 5-61 ××× 店铺微淘内容考核表

1. 考核维度 1：发布条数 + 粉丝

发布条数与店铺微淘等级（L0 ～ L6）有关。L0 ～ L1 可以每天发布 1 条内容；L2 ～ L4 可以根据自身情况创作内容，需要注意的是，如果没有时间和精力创作优质的内容，则建议保持 2 条左右，否则内容质量参差不齐会影响整体内容价值分和商家指数分等；L5 ～ L6 的商家也根据自身的团队和粉丝活跃度等情况创作内容，一般看策划能力，为了保持内容丰富度，可以发布多种形式的内容，以及每周策划不同的粉丝互动活动。

商家每个月可以定一个粉丝数增长目标，配合第 10 章内容，提升店铺的泛粉丝数量，如图 5-62 所示。

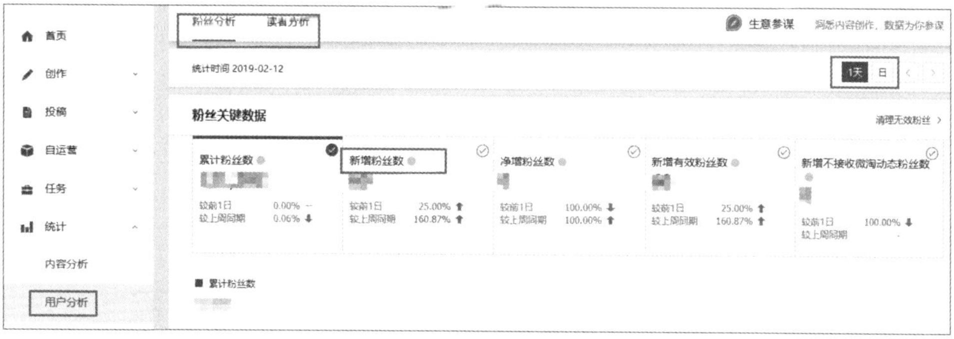

图 5-62 阿里创作平台的新增粉丝数

2. 考核维度 2：引导数据

内容分析主要考核发布的微淘内容有多少粉丝浏览，有多少粉丝被引导进店，并在店铺里完成收藏、加购或成交。

互动人数数据因为盖楼等工具不计入互动数据，因此商家在考核评论和点赞时主要看日常微淘内容里面的评论和点赞数。

3. 考核维度 3：销售数据

微淘销售数据一般以生意参谋数据为准。商家主要参考支付金额、访客数、支付转化率、客单价，以及新访客数等数据，如图 5-63 所示。

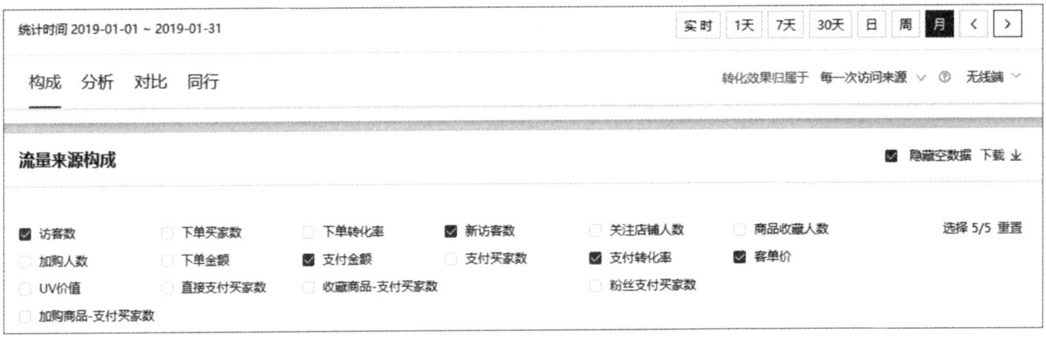

图 5-63 “流量来源构成”中的微淘销售数据

第6章 微淘优质内容规范

商家在阿里创作平台创作内容时，需要先了解平台的规则，以免因为违反规则而遭到处罚。淘宝直播与微淘信用分和账号健康分息息相关。另外，商家在创作内容的时候，为了避免违反《中华人民共和国广告法》（以下简称《广告法》），个别词语在微淘中也不要出现。在日常和大促中，商家按照微淘日常内容规范，结合内容四大属性和微淘推荐的内容进行创作。

6.1 阿里创作平台管理规则

在讲微淘课的时候，除了讲微淘的历史，笔者也常告诉商家要注意微淘内容创作的相关规则，因为一旦违规，不仅是扣分的问题，对于后面的内容和享有的权益也会有相应的损害。

2018 年 8 月 16 日，阿里创作平台微淘商家信用分上线。微淘商家信用分处罚通知如图 6-1 所示。

图 6-1　微淘商家信用分处罚通知

信用分是评价账号在自然年内内容创作（含直播和视频）是否健康的一个指标。信用分的满分为 40 分，采取扣分制，扣分以阿里创作平台账户为维度进行累计，如果内容创作者同时拥有“达人”和“商家”两种角色，那么扣分将累计在同一账户中。每一年度的违规扣分在下一年度的 1 月 1 日 0 时清零。

如果内容创作者发布的内容为直播，则优先适用《淘宝直播平台管理规则》的相关规定，因违反相关规定而产生的扣分将一并累计在阿里创作平台账户中。信用分降低到一定分数会触发账号处罚，并降低微淘号商家指数。

2018 年 8 月，笔者运营的一家店铺微淘因为在直播过程中主播临时外出几分钟，导致直播出现空场情况，被扣除 3 分，同时微淘健康分被扣除 300 分，商家指数被扣除 100 ～ 200 分，如图 6-2 所示。

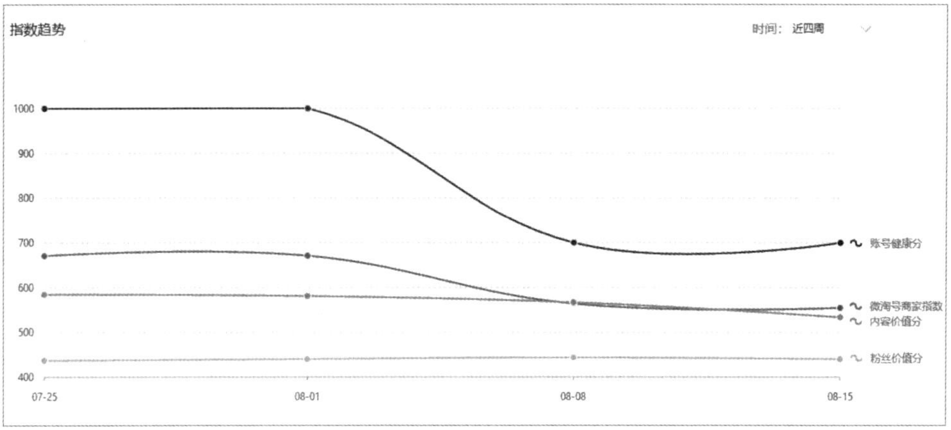

图 6-2　指数趋势

商家一旦出现违规问题，商家指数、内容价值分、粉丝价值分很难再提升。该店铺的微淘号商家指数已经达到 671 分，原本可以冲击 L5，但现在只能慢慢恢复。

如果需要查看店铺微淘商家信用分，则可以在阿里创作平台的“账号设置”页面中查看，该页面包括目前账号信用分、处罚记录和不良行为导致扣分详情等信息，如图 6-3 所示。

图 6-3　查看店铺微淘商家信用分

处罚记录包括违规编号、违规时间、违规类型、违规说明、处罚方式、扣分、小二提醒和操作，如图 6-4 所示。

如果商家对处罚表示质疑，则可以点击“申诉”，进行意见反馈和咨询。提交建议需填写问题分类、上传截图、填写问题描述、输入联系旺旺，如图 6-5 所示。

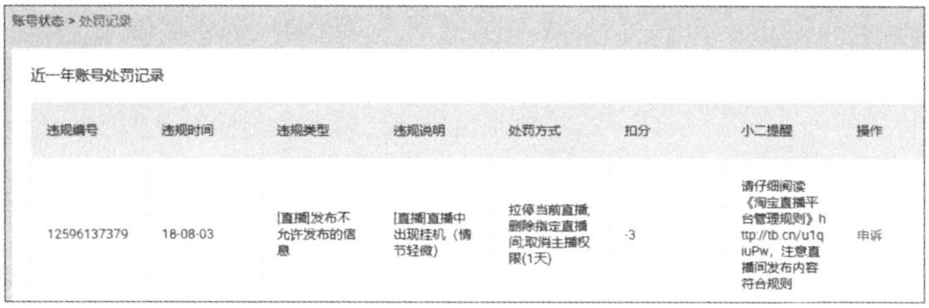
账号状态 > 处罚记录

近一年账号处罚记录

违规编号	违规时间	违规类型	违规说明	处罚方式	扣分	小二提醒	操作
12596137379	18-08-03	[直播]发布不允许发布的信息	[直播]直播中出现挂机（情节轻微）	拉停当前直播,删除指定直播间,取消主播权限(1天)	-3	请仔细阅读《淘宝直播平台管理规则》http://tb.cn/u1qiuPw，注意直播间发布内容符合规则	申诉

图 6-4　近一年账号处罚记录

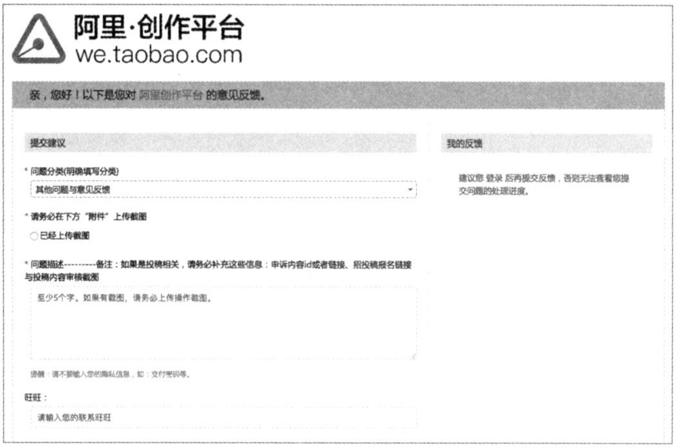

图 6-5　阿里创作平台的意见反馈

6.2　微淘内容创作禁用词语

除了注意阿里创作平台的内容规则，商家在创作微淘内容的过程中，还要遵守新《广告法》中的规定，因为稍有不慎，就可能因为违反新《广告法》而被投诉、被平台处理。

大多数商家和微淘小编认为新《广告法》只适用于淘宝天猫产品详情和图片宣传，因此在创作微淘内容的时候，忽视了新《广告法》里面的禁用词。

大多数商家被投诉，一方面是因为对于广告中的一些禁用词没有完全记清楚；另一方面是因为有些小编没有接受培训，在编辑内容的时候，也没有特别注意此类问题。在很多店铺的微淘里其实都可以查到一些禁用词的存在，广告禁用词查询系统（公众版）如图 6-6 所示。

图 6-6　广告禁用词查询系统（公众版）

例如，很多商家都使用“百搭”一词，淘宝头条的创作者有时候也使用，如图 6-7 所示。但是广告禁用词查询系统显示“百搭”是极限词，而且工商局也在严查敏感词的使用。

图 6-7　很多商家在微淘中使用“百搭”一词

2015 年 4 月 24 日，第十二届全国人民代表大会常务委员会第十四次会议修订的《中华人民共和国广告法》已于 2015 年 9 月 1 日正式实施。对于使用极限用语的店铺，一经发现将给予扣分并进行罚款，情节严重的将直接进行封店处理。

一旦遇到顾客投诉极限用语，并维权成功，赔付金额将全部由商家承担。所以，各商家要重视该问题，自查自纠，及时进行修正和更改，以免被罚。

因此，为了保险起见，商家在发布微淘内容的时候，尽量不要用“百搭”或其他极限词，避免因为投诉引发的不必要的纠纷或扣分处理。

在微淘内容创作过程中，无论是商家微淘号还是淘宝达人号，都不应使用以下词语或内容。

1. 与“最”有关

最、最佳、最具、最爱、最赚、最优、最优秀、最好、最大、最大程度、最高、最高级、最高端、最奢侈、最低、最低级、最低价、最便宜、史上最低价、最流行、最受欢迎、最时尚、最聚拢、最符合、最舒适、最先、最先进、最先进科学、最后、最新、最新技术、最新科学等，如图 6-8 所示。

2. 与“一”有关

第一、中国第一、全网第一、销量第一、排名第一、唯一、第一品牌、NO.1、TOP1、独一无二、全国第一、仅此一次（一款）、最后一波、全国 × 大品牌之一、销冠（需住建委证明方可使用），如图 6-9 所示。

3. 与“级 / 极”有关

国家级（相关单位颁发的除外）、国家级产品、全球级、宇宙级、世界级、顶级（顶尖 / 尖端）、顶级工艺、顶级享受、极品、极佳（绝佳 / 绝对）、终极、极致，如图 6-10 所示。

4. 与“首/国”有关

首个、首选、首发、首席、首府、首选、首屈一指、全国首家、国门、国宅、首次、填补国内空白、国际品质，如图 6-11 所示。

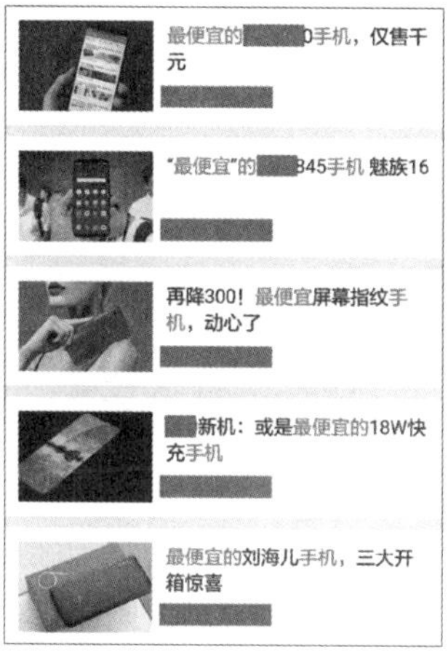

图 6-8 部分商家在微淘中使用“最便宜”违禁词

图 6-9 部分商家在微淘中使用“最后一波”违禁词

图 6-10 部分商家在微淘中使用“世界级”违禁词

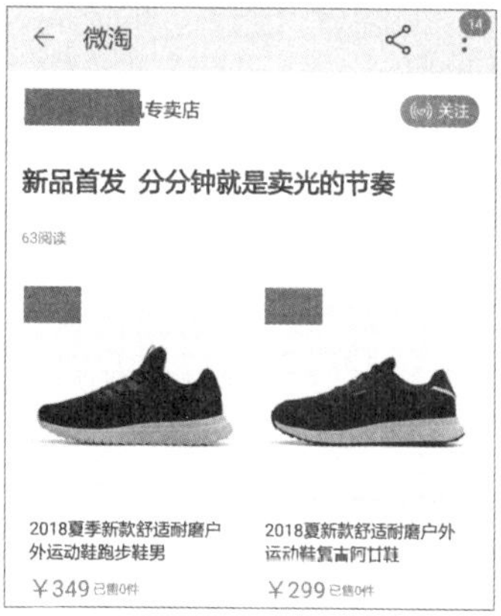

图 6-11 部分商家在微淘中使用“首发”违禁词

5. 与“品牌”有关

王牌、领袖品牌、世界领先、创领品牌、领先上市、至尊、巅峰、之王、王者、冠军、缔造者，如图 6-12 所示。

6. 与“虚假”有关

史无前例、前无古人、永久、万能、祖传、特效、无敌、纯天然、100%、前无古人后无来者、绝版、珍稀、稀少、绝无仅有、绝不再有、稀世珍宝、千金难求、世间罕见、不可多得、空前绝后、寥寥无几、屈指可数等，如图 6-13 所示。

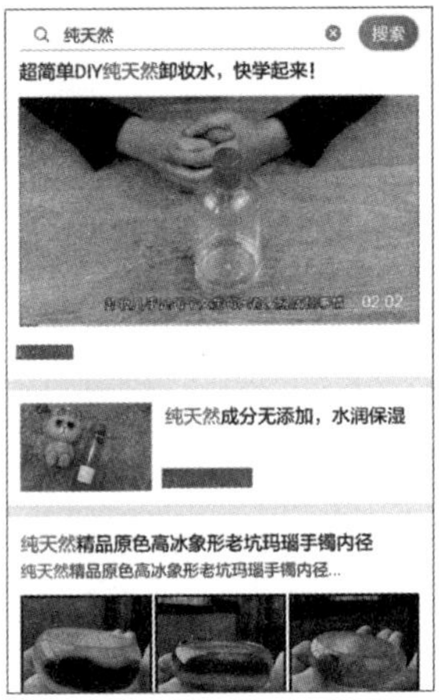

图 6-12 部分商家在微淘中使用“缔造者”违禁词 图 6-13 部分商家在微淘中使用“纯天然”违禁词

7．与“诱导”有关

点击领奖、恭喜获奖、全民免单、点击有惊喜、点击获取、点击转身、点击试穿、点击翻转、领取奖品等涉嫌诱导消费者秒杀、抢爆，如图 6-14 所示。

8．与“欺诈”有关

再不抢就没了、不会更便宜了、错过就没机会了、万人疯抢、全民疯抢 / 抢购、卖 / 抢疯了、售罄、售空、史上最低价、没有他就 ××、错过不再 / 错过即无（错过就没机会了）、未曾有过的、免费领、免费住、0 首付、免首付、零距离、价格你来定，如图 6-15 所示。

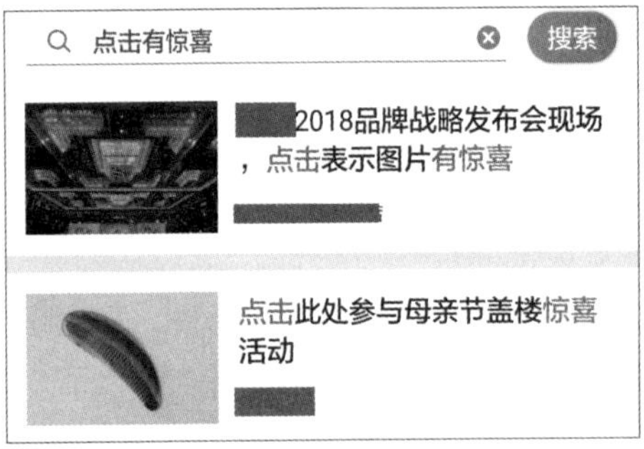

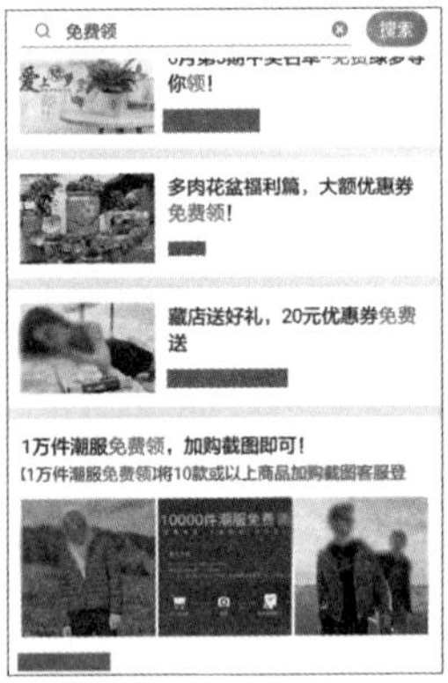

图 6-14 部分商家在微淘中使用“点击有惊喜”违禁词 图 6-15 部分商家在微淘中使用“免费领”违禁词

9．与“时间”有关

限时必须说明具体时间，严禁使用随时结束、随时涨价、马上降价、今日、今天、几天几夜、倒计时、趁现在、就、仅限、周末、周年庆、特惠、闪购、品牌团、精品团、单品团（必须有活动日期），如图 6-16 所示。

10．与“独家”有关

独家、独创、开发者、创始者、发明者，如图 6-17 所示。

图 6-16 部分商家在微淘中使用“倒计时”违禁词

图 6-17 部分商家在微淘中使用“独家”违禁词

11．与“领”有关

世界领先、遥遥领先、领导者、领袖、引领、创领、领航等，如图 6-18 所示。

12．与“权威”有关

特供、专供、专家推荐、国家 ×× 领导人推荐、使用人民币图样（央行批准的除外），如图 6-19 所示。

图 6-18 部分商家在微淘中使用“领导者”违禁词

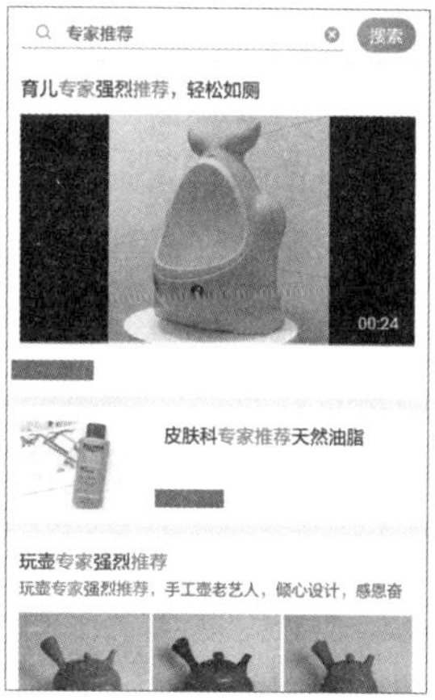

图 6-19 部分商家在微淘中使用“专家推荐”违禁词

13．与“肖像权”有关

严禁使用公民肖像权、儿童肖像权、明星肖像权、名人肖像权、名人卡通形象、动画片卡通形象等，如图 6-20 所示。

14. 与“歧视性”词语有关

贵族、高贵、上流、巅峰、富人区、名门、×× 阶层等，如图 6-21 所示。

图 6-20 部分商家在微淘中使用明星照片

图 6-21 部分商家在微淘中使用“上流”违禁词

6.3 微淘平台日常内容规范

俗话说“无规矩不成方圆”，微淘官方曾对商家微淘内容存在的问题进行汇总，发布《微淘日常内容规范》，该规范主要从标题、正文、商品、图片和视频五大维度对微淘内容加以规范，避免商家出现同类错误。

6.3.1 标题日常内容规范

1. 标题常见错误

①标题不符合基本的语言规范，如含有错别字、不完整、多字、不通顺等。例如，标题“打底裤不嫌多，姐妹们屯起来”，“屯”字为错别字。

②标题含特殊符号，如☽、♬、♣、♥、✪等。

③标题全部为外文或含有繁体字。

2. 标题内容问题

①标题含色情、政治等敏感信息等。

②标题含不雅词汇。

③标题低俗、媚俗、庸俗。以暴力、色情为卖点吸引眼球；曲意迎合他人的不良嗜好，采用不正当的手段取悦读者；一味地进行道德批判，不管是非曲直；激化社会公众情绪，罔顾新闻事实；挖苦贬损他人，以人身攻击的方式哗众取宠；标题冒用微淘官方名义，如微淘推荐、微淘收藏等。

④标题夸张，如故弄玄虚型：不为人知、万万没想到、真相竟然等；震惊恐慌型：看哭了、惊呆了、吓死了、震惊了等；挑衅威胁型：千万不要、肠子都悔青了、打死都想不到等；夸大数据型：99% 的人等；夸大效果型：堪比整容、1 晚瘦 30 斤等；危害生命型：犹如服毒、窒息死亡、瞬间毙命等。

⑤标题使用绝对化用语，如最高级、全网、抄底、全国、国家级、顶级、万能、销量冠军、独家、巅峰等。

6.3.2　正文日常内容规范

1．正文格式常见错误

全文为繁体字，全文为外文，文中有乱码，未分段，排版错乱、无标点等。

2．正文内容问题

①恶搞优秀传统、亵渎文化经典、调侃崇高精神和一味追捧西方生活方式。

②炒作个人隐私、情感纠纷、家庭矛盾，宣扬一夜成名、炫富享乐、自私自利、钩心斗角。

③不加批评地展示丑闻劣迹、丑行恶态，内容主题搜奇猎艳、血腥暴力、矫情滥情、低俗媚俗、挖苦贬损。

④引用新闻不加明确注释。

⑤引用与生活消费类无关的社会新闻或资讯，如时政新闻、刑事案件等。

⑥内容不完整或重复，如正文缺失、段落重复、图片不显示等，影响整体阅读。

⑦抄袭，侵犯他人版权、肖像权或隐私等，如发布没有版权的明星图片、发布未得到授权的个人照片等。

⑧不符合事实、科学，如发布谣言、捏造数据、虚假宣传、夸大效果等。

⑨内容低质，如素材拼贴，内容不经修饰；前后矛盾，逻辑不能自洽；表述混乱，主题晦暗不明；行文敷衍，错别字较多等。

⑩内容低俗。

⑪标题党，如文章“吃它们，半个月瘦 20 斤不是梦”。

⑫文章超过时效，如文章“过年啦！什么口味的坚果买的人最多？”上传于年后，文章“iPhone 7 即将问世，双摄像头有希望吗？”上传于 iPhone 7 发布之后。

⑬出现与商品本身无关的广告信息，如问答中出现个人推广信息（二维码、联系方式等）。

⑭同一作者多篇内容雷同、大同小异，则只取最先发稿的那篇；不同作者的内容雷同、大同小异，则只取最先发稿的文章。

建议：商家只发布本账号专注领域内的稿件，如母婴类账号发布与母婴有关的文章，居家类账号发布与居家有关的文章。

雷同的判定：标题的遣词造句或用意非常相似，如“胖 MM 千万别再穿一身黑了，不信你看！”“胖妹子别再穿一身黑了，不信你看！”“别再穿一身黑了，胖姑娘这样穿更动人”；文章段落结构或行文风格非常相似。

抄袭的判定：句子抄袭，如照抄原话，不加引号；过多引用别人的原话，如3句以上；句子重新组织，但是整个段落和其他文章非常相似，如关键动词几乎一样、句子结构一样等；除了整段抄袭，以下几种情况仍然属于剽窃，如删除其中几句、把句子顺序颠倒、增加几句、只改变一些动词和少量修饰词、盗图（没有获得图片版权）。

6.3.3 商品日常内容规范

1. 商品选取问题

①商品与文章主题不符，如在数码主题文章中插入母婴商品等。

②商品与文章调性不符，如在轻奢化妆品中插入廉价口红等。

2. 商品排版和描述问题

商品排版和描述突兀，干扰整体阅读。

3. 商品信息问题

①一级页面中的商品信息与详情页中的信息不一致，如价格不一致。

②商品图带有水印、“牛皮癣”等，影响整体阅读。

4. 商品链接问题

商品链接无法打开、失效、商品下架等。

5. 商品重复问题

同一作者连续2篇及以上内容推荐的商品有80%以上重复，则只取最先发稿的文章。

6.3.4 图片日常内容规范

1. 插入没有获得授权的图片

2. 图片不符合设计规范

①有商品标志。

②有宣传文字。

③有不合规的推广信息，如二维码、个人微信号、公众号、电话号码等联系方式。

④图片显眼位置有马赛克或其他遮挡物。

⑤图片拉伸变形。

⑥图片模糊不清。

3．图片不符合配图规范

①政治敏感、色情、暴力血腥。

②低俗、不雅，引人不适。

③恶意展现他人丑态。

④配图与主题内容无关，如美妆内容配了数码商品的图片。

6.3.5　视频日常内容规范

1．视频画面问题

①画面抖动（非视频特效）。

②画面模糊不清（非视频特效）。

③显眼位置有非必要的马赛克或其他遮挡物，影响正常信息传达。

④画面扭曲（非视频特效）。

⑤播放过程中出现 3 秒以上黑屏故障（非视频特效），影响观看。

⑥不合规的推广信息，如二维码、个人微信号、公众号、电话号码等联系方式。

2．视频内容问题

①硬广告，低质营销广告，不具有可看性的纯营销视频。

②无主题漫谈，实用性、可看性低的视频。

③不符合消费平台调性的视频。

6.4　图文标题推荐理由范例

商家在发布微淘内容的时候，除了要注意标题、正文、商品、图片和视频的日常内容规范，在内容创作时也需要注意长文章中图片与文字的结合、标题吸引力打造技巧和图片及推荐理由描述。

6.4.1　长文章图文优质内容矩阵

根据 2017 年微淘小二玖粟千牛直播分享的《什么才是微淘内容运营的正确姿势》可知，一篇优质的长文章内容需要注意图文交错、格式整齐、图片质量、图片数量、正文字数、标题字数和热点要素等重要因素。

微淘小二将此总结为“八要八不要”，具体要求如下。

①要图文交错，不要单一类型。

②标题长度要合适，不要特别短。

③图片数量要合适，不要过多。

④正文字数要合适，注意篇幅，不要冗长。

⑤图片质量要好，不要劣质图片。

⑥商品推荐一定要有明确的理由，不要堆砌商品。

⑦排版格式要整齐，不要凌乱。

⑧内容主题与商品本身吻合，不要风马牛不相及。

图 6-22 所示为微淘长文章范例，封面图片、文章标题、正文字数、图文结合及商品的推荐都符合规范要求。

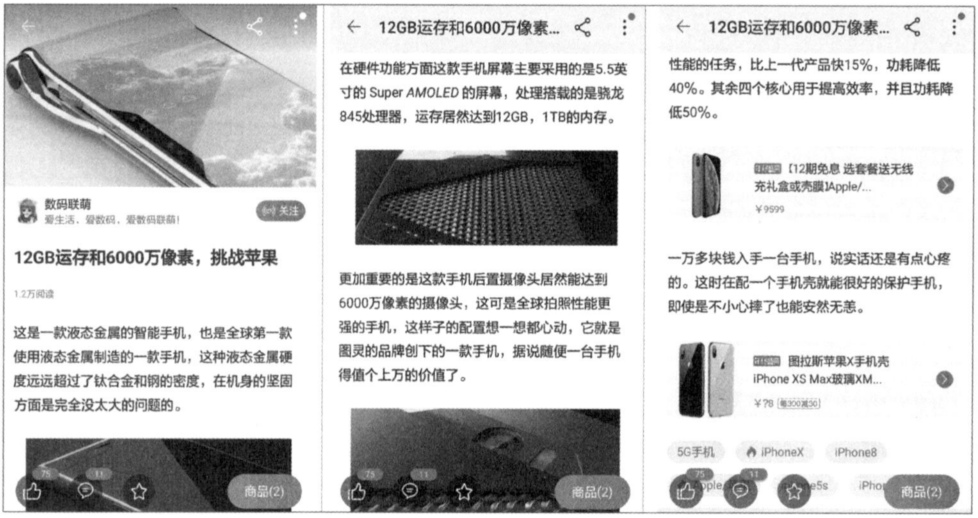

图 6-22　微淘长文章范例

6.4.2　标题主题元素吸引力打造

针对微淘标题的描述，微淘小二主要从标题主题相关性、标题元素构成和标题吸引力技巧等方面进行了介绍。

1．标题主题相关性

标题应该与正文内容和产品相关。

2．标题元素构成

标题包括事件、人群、冲突点、场景、商品信息、热点、明星、人群、地域、年龄、性别、身材、赠送、功能、时间、季节、风格、品牌、材质和新品等元素，如图 6-23 所示。

图 6-23　微淘标题元素构成——人群 + 年龄 + 行业商品

3. 标题吸引力技巧

标题需要具有吸引力，如可以与近期热销品类、热点事件和热门话题等相关联，激发用户的浏览兴趣。打造有吸引力的标题可以从引发观念的冲突、引发人们的好奇心、引发思考和引发共鸣四个方面着手。

（1）引发观念的冲突

错误示例：肌底液你用错了。

正确示例：买了这么多护肤品，其实还不如入手这一件肌底液。

（2）引发人们的好奇心

错误示例：日本人泡澡。

正确示例：看日本人是如何在狭小的浴室空间里享受泡澡的。

（3）引发思考

错误示例：大部分女性不知道该如何穿搭。

正确示例：你真的知道该如何穿搭吗？

（4）引发共鸣

错误示例：如何减肥？

正确示例：减肥真的要管住嘴？市面上瘦身巧克力 TOP10。

6.4.3　微淘十种标题的打造技巧

好的标题具有提炼精华信息，揭示正文主旨；抓住受众注意力，激发阅读兴趣；激发用户购买欲望，促成用户购买等作用。

关于标题，笔者在学习广告学时，教材中有数十种写作手法，这里结合淘宝头条和微淘中常见内容的标题，梳理归纳其中十种标题的打造技巧。

1.“支招式”标题

“支招式”标题在淘宝文章中比较常见，主要根据消费者的需求，并结合商品的特性，为消费者提供解决需求和问题的招式或方法。例如，“衣物凌乱放不下，教你 3 招轻松来收纳”“轻奢小户型养成记，3 招化解难题”等，如图 6-24 所示。

图 6-24　微淘“支招式”标题

2.“许诺式”标题

“许诺式”标题主要是指商家的商品能给消费者带来物质利益、健康和精神享受等的标题，具有极大的吸引力和推销力，能极大地促进消费者购买商品、接受服务，如图 6-25 所示。

①带来物质利益的标题，如降价、满减、甩卖、免费、赠品、优惠、购物券。

②满足身体健康和容貌美丽需求的标题。

③带来精神利益的标题，如方便、实用、大气、高贵、舒适等。

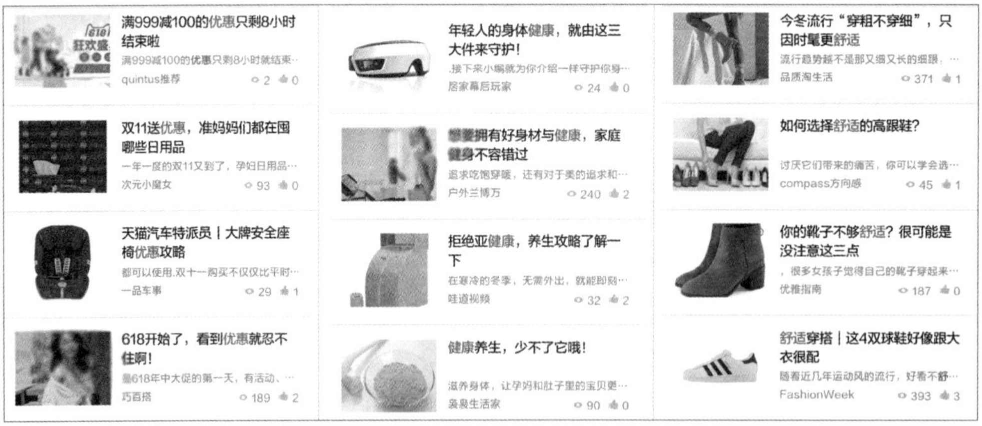

图 6-25　微淘“许诺式”标题

3. “数字式”标题

数字具有一定的说服力，令人信服。数字范围涉及原料的构成、制造、用途和使用等方面。标题不要使用虚数，应尽量使人易读、易懂。例如，“秋冬必备5件外套！你有几件”和“学会这5类通勤搭配，让你上班越来越美”等，如图6-26所示。

4. “恐惧式”标题

“恐惧式”标题是指标题使消费者对自己的生理、心理和生活习惯感到担心、忧虑，从而希望找到解决的办法。“恐惧式”标题应符合法律和道德规范，否则可能产生相反的效果，如图6-27所示。

图6-26 微淘“数字式”标题

图6-27 微淘“恐惧式”标题

5. “新闻式”标题

“新闻式”标题主要是指能够提供有关产品的新信息的标题，包括新产品的推出、原产品的改造或新用途，以及产品的各种特点和产品的销售量、市场占有率等。“新闻式”标题常用形容词或副词，如令人惊奇的、即将推出的、现在、突然等，如图6-28所示。

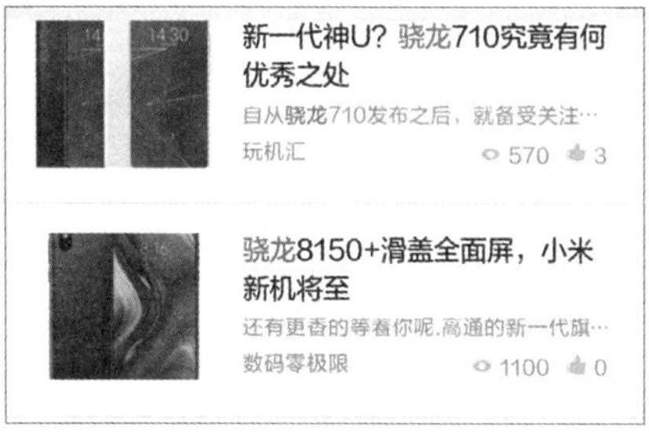

图6-28 微淘“新闻式”标题

6. “反问式”标题

人们都有好奇心，喜欢寻根问底，追求事物的本源。“反问式”标题主要是指以提问的方式来吸引受众注意的标题。“反问式”标题需要找出产品能够引人注意的、大众关注或担忧的核心卖点，从而提出问题，如图 6-29 所示。

“反问式”标题可以用的句式包括“难道……？”“……？它是……”“谁不愿……？”“您能……？”“谁能……？”等。例如，“显瘦的下搭你选对了吗？”和“衬衫＋半裙，大气又养眼，你会穿吗？”等。

7. “设问式”标题

创造“设问式”标题需要全面掌握产品的特点、细节，及时捕捉引人关注的焦点问题，主观臆造一个问题常常是没有效果的；应该站在消费者的角度观察问题，不能给受众一种强迫感。“设问式”标题应该简洁易懂，一般应包含商品名称。例如，“冬天敷面膜没有用？原因竟然出在这里”和“流行穿搭术？满满干货拿走不谢！”等，如图 6-30 所示。

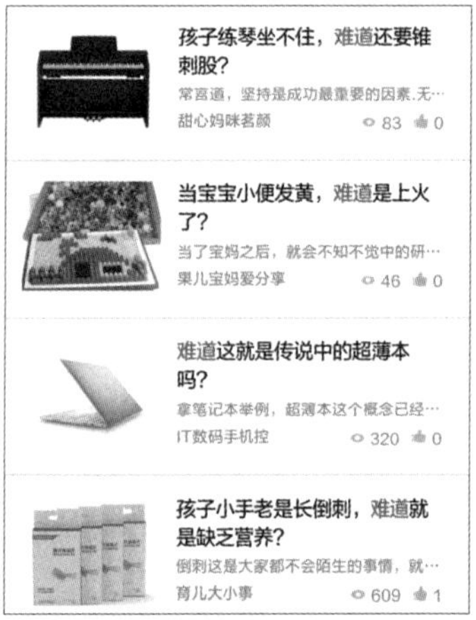

图 6-29　微淘“反问式”标题

图 6-30　微淘“设问式”标题

8. “建议式”标题

“建议式”标题主要是指建议、劝解消费者接受某种产品的标题。通过建议、指导等使消费者了解某种产品或服务的特点、功能，从而促使消费者购买。“建议式”标题需要以理服人，以情动人，不可强迫，否则难以达到效果，如图 6-31 所示。

“建议式”标题包括 6 种形式，即请求式、建议式、叮咛式、引导式、提醒式、忠告式。

9. “否定式”标题

“否定式”标题主要是指含有否定词的标题。带有否定含义的词包括“不”“不能”“别”等。例如，“涂口红的 5 个错误，第 1 个不能抿嘴”“3 招不能再多，拯救你的熬夜皮肤”“打造秋冬质感妆容，应季单品不能少”等，如图 6-32 所示。

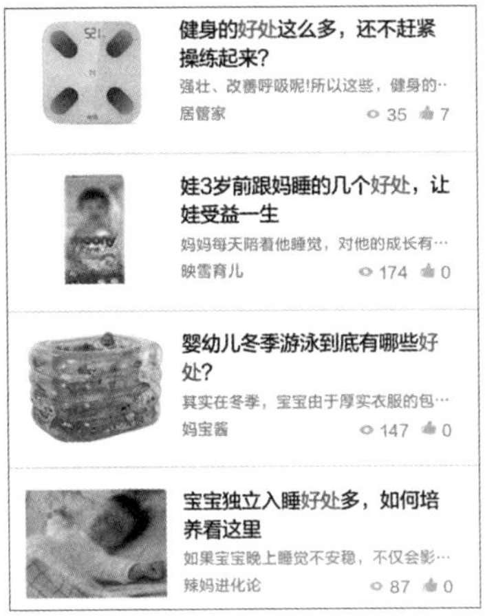

图 6-31 微淘“建议式”标题

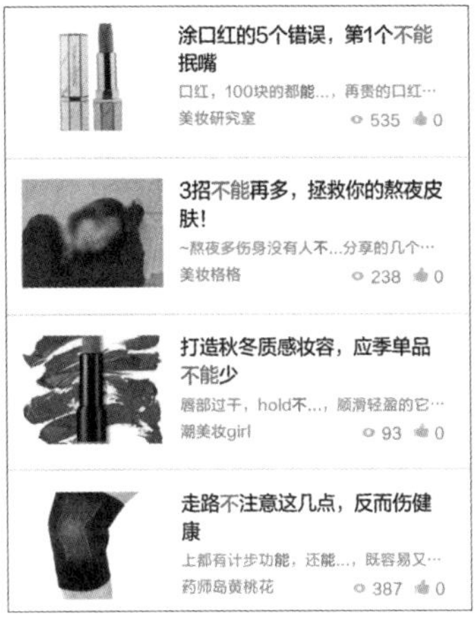

图 6-32 微淘“否定式”标题

10．“诱惑式”标题

“诱惑式”标题能够激发消费者的情感，如果使用某种产品后能够给人带来欢乐、美感、刺激等，那么往往能诱使他们采取行动。“诱惑式”标题需要符合实际，不要过分夸张。例如，“冬天羽绒服搭配这件单品，一点也不显胖”等，如图 6-33 所示。

图 6-33 微淘“诱惑式”标题

6.4.4 微淘图片和推荐理由要点

商家在创作微淘内容时还需要注意图片和推荐理由。

1．微淘图片的选图要点

微淘图片的选图要点包括图片质量、价格促销点、清晰度和干净度等，如图 6-34 所示。

①图片质量要好，不要劣质图片。

②微淘为粉丝运营的阵地，促销策略与日常促销策略略有不同，吸引粉丝的主要是内容本

身的好坏，所以“牛皮癣”、价格促销并不是吸引点。

③图片足够清晰好看，以能传达丰富有趣的信息为佳。

④产品图片尽量保持清晰干净，不带任何信息，能清楚展示产品信息。

图 6-34　微淘问题图片与正确图片示例

2. 微淘推荐理由要点

微淘推荐理由需要注意理由、主题等和产品有相关性。

①单品推荐一定要有明确的理由，不要堆砌商品。

②内容主题与产品本身相吻合，不要风马牛不相及。

如图 6-35 所示，单品推荐理由比较清晰，介绍了手提包的绒毛、手提与拉链等，同时也描绘了搭配后的效果等，内容主题与商品本身相互映衬。

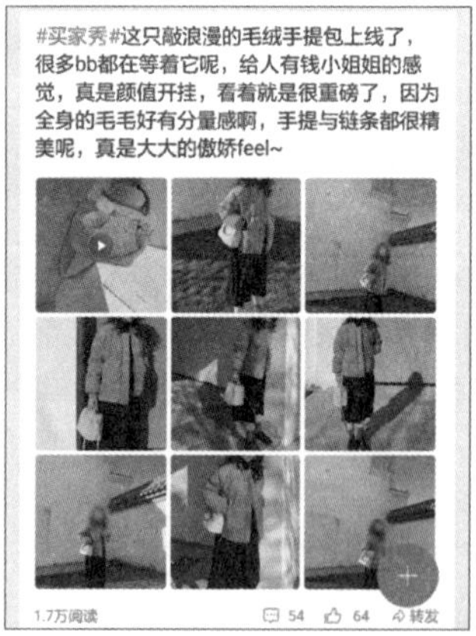

图 6-35　微淘推荐理由与商品和主题有关

6.4.5　微淘内容素材的来源渠道

关于微淘内容素材，很多商家主要从产品角度出发，一旦产品数量较少，内容创作的持续性就会降低。为了更好地扩充微淘的内容，需要内容运营编辑每天浏览一些网站的内容，如四大门户网站、新浪微博热搜、今日头条等资讯网站，以及新榜等热门排行网站等。

1．四大门户网站

中国四大门户网站指的是新浪网、网易网、搜狐网、腾讯网，这四家网站几乎占领了中国整个门户网站的市场。

新浪网包括新闻、科技、体育、娱乐、汽车、家居、时尚、教育、旅游和文化等分类，在每种分类中有具体的行业信息内容，微淘内容运营编辑可以对素材进行整合，筛选与店铺类目产品相关的信息内容，如图 6-36 所示。

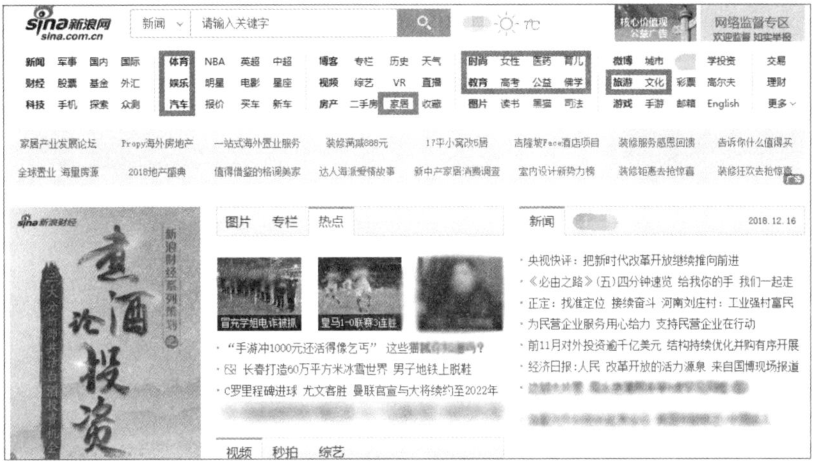

图 6-36 新浪网

网易网包含新闻、娱乐、体育、财经、时尚、直播、房产、汽车、健康、旅游、公益和艺术等分类，如图 6-37 所示。

图 6-37 网易网

搜狐网包含新闻、财经、体育、房产、娱乐、汽车、时尚、科技、美食、星座等分类，如图 6-38 所示。

图 6-38 搜狐网

腾讯网包括热剧、综艺、影展、历史、国际、明星、电影、数码、手机、健康、育儿、车型、旅游、家居、生活、儿童、文学、动漫等分类，如图 6-39 所示。

图 6-39 腾讯网

2. 新浪微博热搜

新浪微博既包括热门、头条、视频、新鲜事、榜单、搞笑、社会、时尚、电影、美女、体育和动漫等分类，也包括微博实时热点和大家正在搜等信息，如图 6-40 所示。

微博实时热点主要展现的是用户最近比较关注的内容信息，事件信息为新发生的大众比较关注的热门信息。在微淘内容创作中，微博实时热点具有一定的实时互动交流价值，如图 6-41 所示。

图 6-40　新浪微博

图 6-41　微博实时热点

3. 今日头条等资讯网站

资讯网站可以查看的内容比较多，包括新华网、人民网、中国新闻网、中国报业网、环球网、光明网，以及今日头条等几百家网站。

今日头条包括热点、图片、科技、娱乐、游戏、体育、汽车、财经、搞笑、时尚、探索、养生、历史、国际、旅游、育儿、美食和美文等分类，如图 6-42 所示。

图 6-42　今日头条

4. 新榜等热门排行网站

目前部分专业类网站能够抓取统计全网热门文章的综合数据。以新榜为例，在榜单中，抓取了微信、微博、头条号、PGC 视频、小程序、淘直播等每日、每周和每月的数据排行榜单，方便创作者参考优秀内容账号和文章，如图 6-43 所示。

图 6-43 新榜

6.5 微淘内容四大属性划分

2016 年 4 月 18 日，微淘官方总结发布了《微淘内容生产指引》，旨在解决商家在日常运营中发什么、怎么玩等问题，并将微淘内容划分为四大类。

微淘内容集合了商家、账号、达人等各种不同来源、不同属性的内容，包罗万象。它既是社会化内容，也承载了极强的商品分销能力，所以微淘内容的好坏也不能一概而论。

目前，将所有电商内容简单地划分为商品类内容、资讯类内容、导购类内容和互动类内容四大类。

6.5.1 商品类内容及规范

商品类内容包含上新等广播内容，内容不单是文章、图片，商品本身也是非常重要的商品类内容元素。在微淘内容中，商品不再是单纯的售卖货品，而是微淘的重要内容之一，商家需要做好商品信息和内容的处理和包装。

1. 商品类内容

（1）一般性商品类内容

一般性商品类内容包括自动上新、手动上新等最基础的商品内容元素，如图 6-44 所示。

（2）主题性商品类内容

主题性商品类内容是指根据商品特性、商品范围圈出来的符合一定商品主题的商品，如运动鞋 Top10、适合夏天穿的衣服、新势力周、CC 潮流等，如图 6-45 所示。

图 6-44　一般性商品类内容

图 6-45　主题性商品类内容

2. 商品类内容规范

（1）微淘动态

微淘动态的标题、图片以商品本身信息或商品主题为主，不含促销、价格、活动等信息。

（2）商品类详情内容的基本要素

商品类详情内容的基本要素包括商品、介绍、使用场景举例和推荐理由。

（3）内容规范

①商品图片不包含文字、价格，商品图片是清晰美观的照片或概念图，同一信息流内保持统一的商品及图片风格。

②封面图保持干净、整洁、清晰，不包含文字、价格等信息，突出商品元素，尺寸为 800px×800px。

③商品类内容及标题以突出特定品类商品为主，或者以商品亮点为主，如“这 10 款高端耳机，能让你耳朵嗨到爆”。

④除上新外，商家在信息详情中不可堆砌商品，需要对每款商品进行充分的说明和介绍，以及使用场景举例。

6.5.2 资讯类内容及规范

1. 资讯类内容

资讯类内容主要为图文广播，不包括商品推荐和导购，即传统意义上的文章或信息，包括但不限于娱乐八卦、影视评论、情感等媒体、社交网站上常见的具有强可读性的内容。资讯类内容可以是围绕商品的相关类内容，也可以脱离商品、脱离电商领域，囊括任何有趣、可读的好内容，如图 6-46 所示。

资讯类内容包括趣味类、教程类、行业动态类、鸡汤类、时尚类、情感类、生活类、评测类、娱乐类、热点类、影视类、社会类、健康类、美食类、星座类、历史人文类等内容，如图 6-47 所示。

图 6-46　资讯类内容

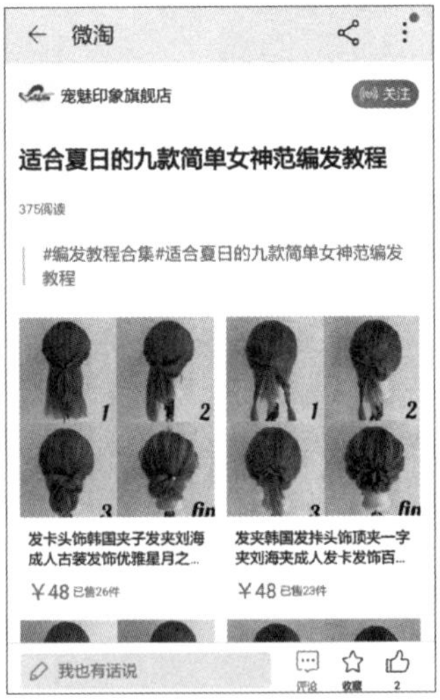

图 6-47　教程类内容

行业资讯包括运动、家居、旅行、海淘、搭配、科技、数码、美妆、美搭、园艺、厨具等类目的资讯信息，如图 6-48 所示。

围绕商品相关类资讯主要包括好货、商品保养、商品日常百科、商品动态、商品评测等内容，如图 6-49 所示。

图 6-48　行业资讯

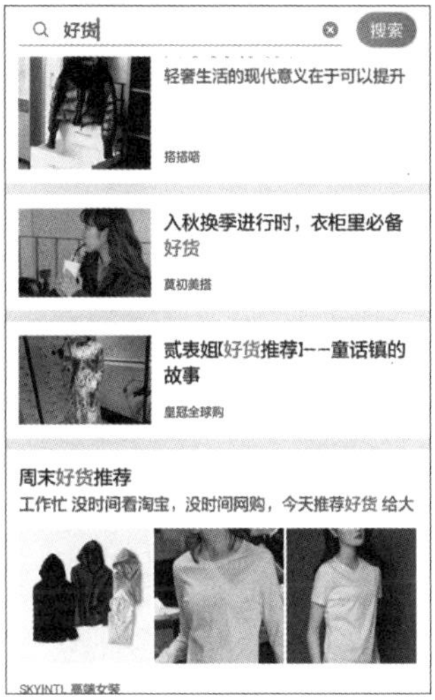

图 6-49　围绕商品相关类资讯

2. 资讯类内容规范

（1）微淘动态

微淘动态的标题有明确的主题，图片以主题为主，图片本身有内容、有故事。

（2）资讯类内容的基本要素

资讯类内容的基本要素包括 500 字以上的文字及丰富、清晰、符合内容的配图。

（3）内容规范

①不含商品。

②文章内容为 500 字以上，一般以 800 ～ 2000 字为佳，深度好文可更长。

③有丰富的配图。

④配图必须清晰美观，与文字内容相辅相成。

⑤文字及图片排版必须工整美观，行间距、字间距整齐统一，有分段、有逻辑、有层次。

6.5.3　导购类内容及规范

导购类内容包括商品推荐的资讯内容，有丰富的图文详解、推荐理由，以特定话题主体聚合某一类或某一个商品的内容。

1. 导购类内容

（1）话题型导购类内容

话题主要是指谈话的题目、谈论的主题。商家可以策划粉丝互动话题、问答话题、热点话题、节日话题、考试话题和一些带有趣味性主题的话题，在话题中引入相关商品，如图 6-50 所示。

（2）故事型导购类内容

故事主要是指通过叙述的方式讲一个带有寓意的事件，或者陈述一件往事。微淘内容可以是商品故事、店铺故事、店主故事、设计师设计故事等，如图 6-51 所示。

图 6-50　话题型导购类内容

图 6-51　故事型导购类内容

（3）热点型导购类内容

热点主要是指比较受广大群众关注、欢迎的新闻或信息，或者指某时期引人注目的地方或问题。它包括节日热点、娱乐事件或其他大众比较关注的信息，如七夕、元旦等。

2. 导购类内容规范

（1）微淘动态

微淘动态的标题有明确的主题，图片以主题为主，图片本身有内容、有故事。

（2）导购类内容的基本要素

导购类内容的基本要素包括主题内容、商品推荐、推荐理由及介绍。

（3）内容规范

①有明确的主题，主题内容为 500 字以上。

②图文与商品有分区，文在前，商品在后。

③商品清单、商品介绍与图文穿插匹配，商品插入位置必须与图文介绍内容有关，且在图文内容之后，商品与商品之间需要有明显的区隔。

④动态内容、封面必须以主题为主，杜绝促销，封面图不宜做成广告 banner 形式，图片本身要有故事。

⑤商品图片不包含文字、价格，商品图片是清晰美观的照片或概念图，同一信息流内保持统一的商品及图片风格。

⑥被推荐商品需要结合主题内容，必须有匹配主题的相关介绍、说明及推荐理由，杜绝商品堆砌罗列。

6.5.4　互动类内容及规范

1. 互动类内容

互动类内容是以话题、活动形式为主导，使消费者产生评论、点赞等互动行为的内容，包括但不限于投票、集赞等功能及互动话题、互动游戏等内容，如图 6-52 所示。具体玩法可参照本书第 11 章内容。

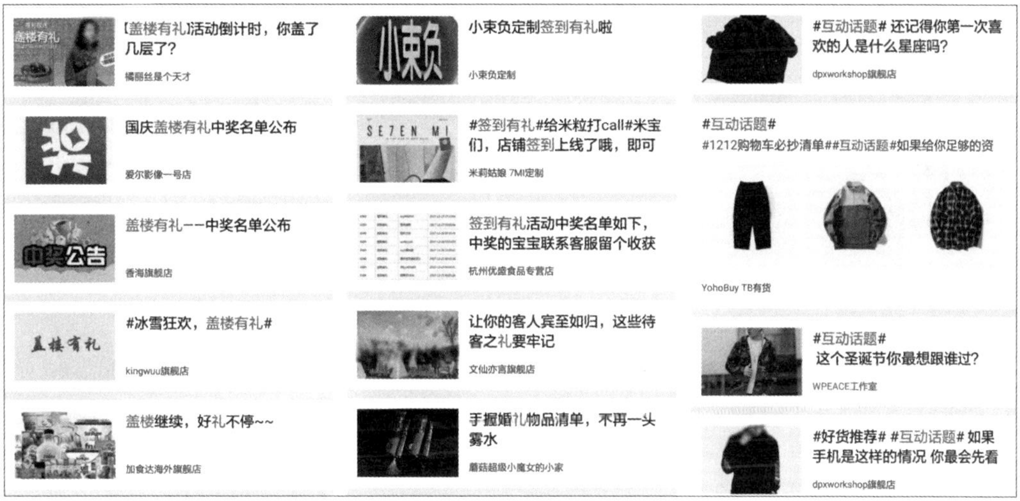

图 6-52　互动类内容

2. 互动类内容规范

（1）微淘动态

微淘动态的标题有明确的态度，或者有明确的引导式提问。

（2）互动类内容的基本要素

互动类内容的基本要素包括话题引导（活动说明）、示例（观点态度）、用户互动优质内容展示及评论区引导互动。

（3）基本规范要求

①互动类内容必须有明确的话题、主题引导，或者活动说明，并且给出话题示例（观点或活动游戏示例）。

②有强评论区管理，无垃圾评论，与消费者有频繁的互动。

③评论区也需要有话题引导，抛砖引玉。

④互动类内容需要持续更新。

⑤关于带有商品性质的互动内容，商品图片必须清晰干净，不含促销、价格等信息，对商品要有推荐理由和介绍。

6.5.5 不同内容属性的作用与角色

微淘小二曾经总结，对于消费者而言，每种内容都有其价值和必要性，微淘内容的核心就是消费者想看的内容，但每种内容的使用场景、作用、消费者的需求频次各有不同。不同链路环节、不同内容属性需要合理利用。图 6-53 所示为微淘小二总结的消费者决策链路中的内容。

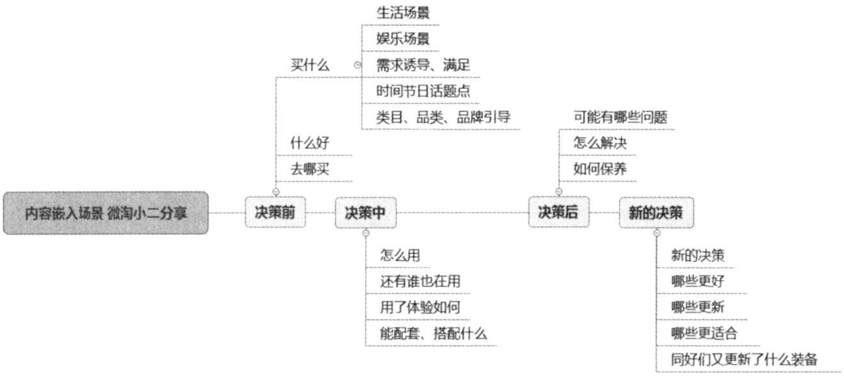

图 6-53 内容嵌入场景

第 7 章 微淘数据统计分析

微淘数据统计分析主要包括生意参谋微淘访客数和销售额分析、生意参谋微淘内容分析、阿里创作平台内容分析、阿里创作平台用户分析等。商家通过建立日报和月报表，统计分析微淘所带来的访客数（UV）和支付销售金额，以及浏览互动、引导成交等数据。

7.1 生意参谋微淘访客数和销售额分析

微淘数据统计在生意参谋中主要有日报和月报两种统计方式，日报统计微淘每天的访客数和销售额，月报统计微淘每月的访客数和销售额。

具体操作如下：打开“生意参谋”，在“流量”→“来源分析”→“店铺来源”中，查看流量来源构成中的数据，选择按日统计，如图 7-1 所示。

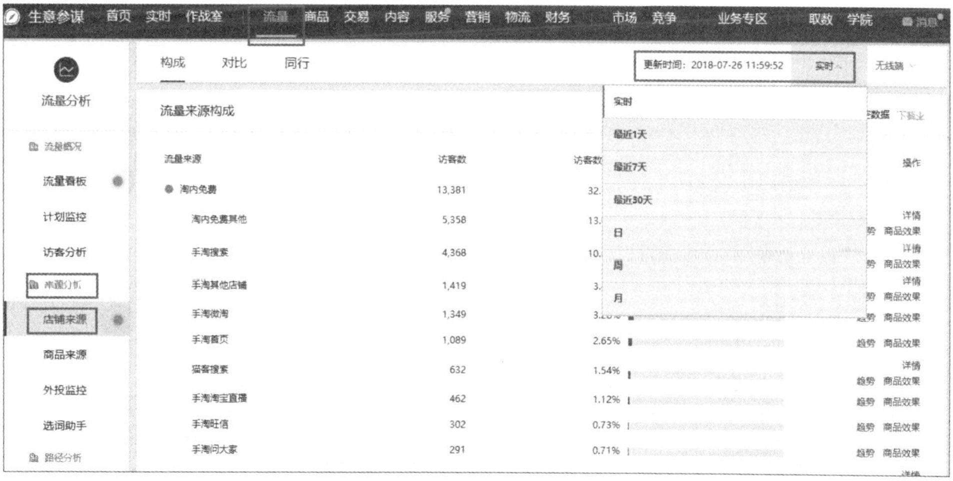

图 7-1 流量来源构成中的数据

图 7-1 所示统计数据为 2018 年 7 月的，由于生意参谋部分导航名词升级，所以名词称谓有所不同。例如，“商品”升级为“品类”，店铺来源页面中“构成”和“对比”中间增加了“分析”。具体名词称谓以查看时的称谓为准。

在淘内免费中可以查看访客数、新访客、关注店铺买家数、商品收藏人数、加购人数、下单金额、下单买家数、下单转化率，以及支付金额、支付买家数、支付转化率、客单价和UV价值。

在默认状态下，商家可以查看手淘微淘访客数、支付转化率、支付金额和客单价等数据。图7-2所示为2018年6月18日的日报数据统计，其中手淘微淘访客数为4647，环比提升10.59%；支付金额为24 474元，环比提升88.53%。

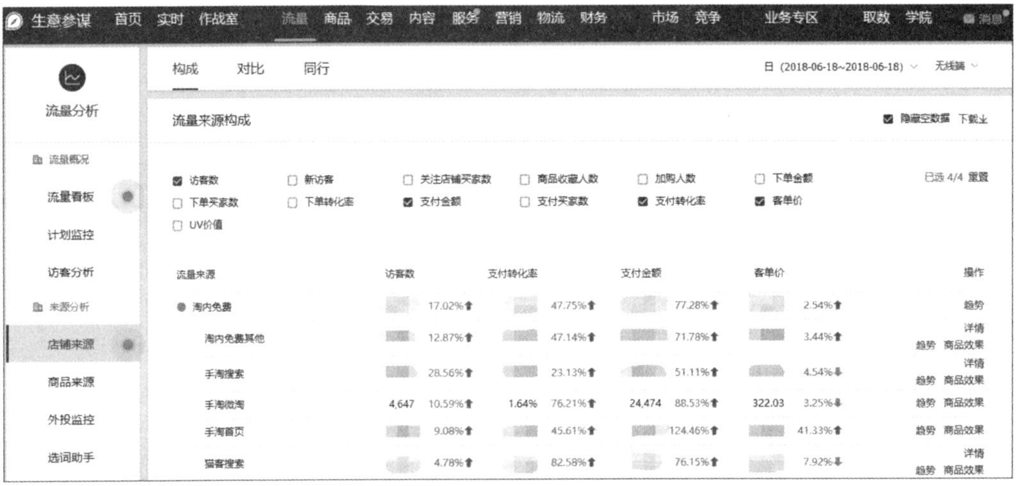

图7-2　2018年6月18日的日报数据统计

图7-3所示为2018年6月的月报数据统计，其中手淘微淘访客数为90 133元，环比提升15.22%；手淘微淘支付金额为439 808元，环比提升71.82%。

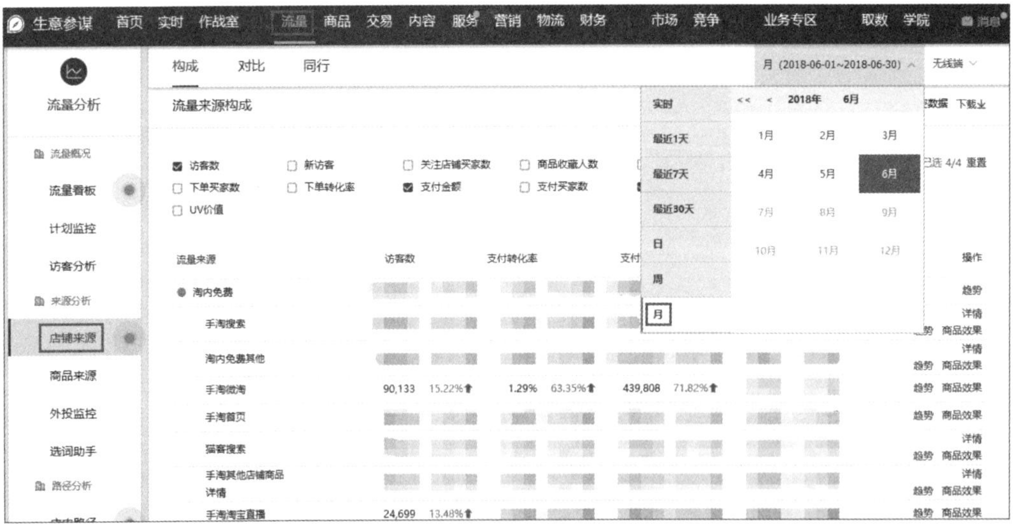

图7-3　2018年6月的月报数据统计

需要注意的是，日报数据只能保存 3 个月，月报数据只能保存 12 个月，所以需要商家及时下载保存，以便后期对微淘数据进行同比分析或环比分析，判断增长或下降趋势。

选择下载月数据（或日数据），打开“【生意参谋平台】无线店铺流量来源”表（见图 7-4），表中包括数据说明、来源明细、访客数和访客数变化、下单相关数据等。

数据说明：以下数据为您所选时间周期的相关指标，如需查看其他时间周期的数据，请重新选择后下载

收藏网址：d.alibaba.com，让数据帮您生意参谋！点此进入>>

来源	来源明细	访客数	访客数变化	下单金额	下单金额变化	下单买家数	下单买家数变化	下单转化率	下单转化率变化	支付金额	支付金额变化
淘内免费	汇总										
淘内免费	手淘搜索										
淘内免费	淘内免费其他										
淘内免费	手淘微淘										
淘内免费	手淘首页										
淘内免费	猫客搜索										
淘内免费	手淘其他店铺商品详情										
淘内免费	手淘淘宝直播										
淘内免费	手淘问大家										
淘内免费	手淘旺信										
淘内免费	手淘拍立淘										
淘内免费	手淘消息中心										
淘内免费	手淘-生活研究所										
淘内免费	手淘其他店铺										
淘内免费	WAP天猫										
淘内免费	WAP淘宝										
淘内免费	猫客首页										
淘内免费	时尚大咖-全球时尚										
淘内免费	手淘我的评价										
淘内免费	手淘标签会场										
淘内免费	每日好店										

图 7-4　“【生意参谋平台】无线店铺流量来源”表

删除表格中的数据说明、变化数据和下单相关数据，保留访客数、支付金额、支付买家数、支付转化率、客单价、UV 价值和新访客，以及关注店铺买家数、收藏商品买家数、加购人数等数据，如图 7-5 所示。

来源	来源明细	访客数	支付金额	支付买家数	支付转化率	客单价	UV价值	关注店铺买家数	收藏商品买家数	加购人数	新访客
淘内免费	汇总										
淘内免费	手淘搜索										
淘内免费	淘内免费其他										
淘内免费	手淘微淘										
淘内免费	手淘首页										
淘内免费	猫客搜索										
淘内免费	手淘其他店铺商品详情										
淘内免费	手淘淘宝直播										
淘内免费	手淘问大家										
淘内免费	手淘旺信										
淘内免费	手淘拍立淘										
淘内免费	手淘消息中心										
淘内免费	手淘-生活研究所										
淘内免费	手淘其他店铺										
淘内免费	WAP天猫										
淘内免费	WAP淘宝										
淘内免费	猫客首页										
淘内免费	时尚大咖-全球时尚										
淘内免费	手淘我的评价										
淘内免费	手淘标签会场										
淘内免费	每日好店										

图 7-5　“【生意参谋平台】无线店铺流量来源”删减后的表

删除多余数据之后，图 7-5 所示表格形成微淘月报表和微淘日报表。在微淘月报表中，根据以往下载的表格，可以统计从 2017 年到 2018 年，乃至 2019 年的部分数据，如表 7-1

所示。如果没有保留之前的数据，从保存的 12 个月的有效数据开始统计。

表 7-1　微淘月报表

时　　间	来源明细	访客数	支付金额	支付买家数	支付转化率	客单价	UV 价值	关注店铺买家数	收藏商品买家数	加购人数	新访客
2019.01	手淘微淘										
2019.02	手淘微淘										
2019.03	手淘微淘										
2019.04	手淘微淘										
2019.05	手淘微淘										

微淘日报表统计每一天的数据，商家需要重点观察访客数、支付转化率、支付金额等数据，也需要关注关注店铺买家数、收藏商品买家数、新访客等数据，如表 7-2 所示。只要每天分析数据的变化情况，出现问题的时候就能及时做出调整和优化。

表 7-2　微淘日报表

时　　间	来源明细	访客数	支付金额	支付买家数	支付转化率	客单价	UV 价值	关注店铺买家数	收藏商品买家数	加购人数	新访客
2018.08.01	手淘微淘										
2018.08.02	手淘微淘										

通过数据统计分析，商家能够了解微淘渠道所带来的访客数和销售情况，了解微淘的直接和间接流量价值，以此判断、分析和优化调整对微淘内容和团队的投入，从而带来整体微淘数据的提升。

7.2　生意参谋微淘内容分析

2018 年 5 月，生意参谋内容频道上线，强调“无数据，不内容”。微淘内容分析主要包括内容概况、粉丝关系、自制内容和合作达人四大组成部分。其中，内容概况包括整体概况、渠道分析、商品分析和单条分析，如图 7-6 所示。

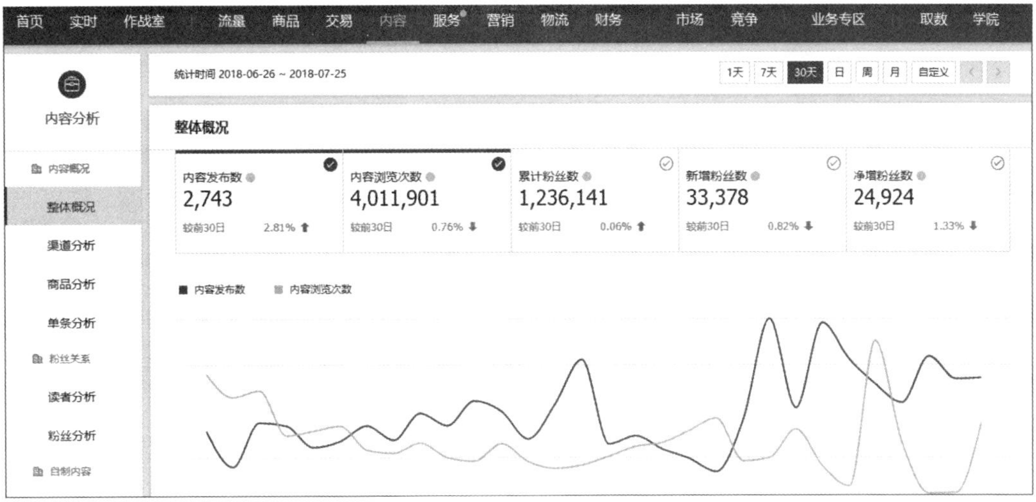

图 7-6　内容概况

生意参谋内容频道的思维导图如图 7-7 所示。

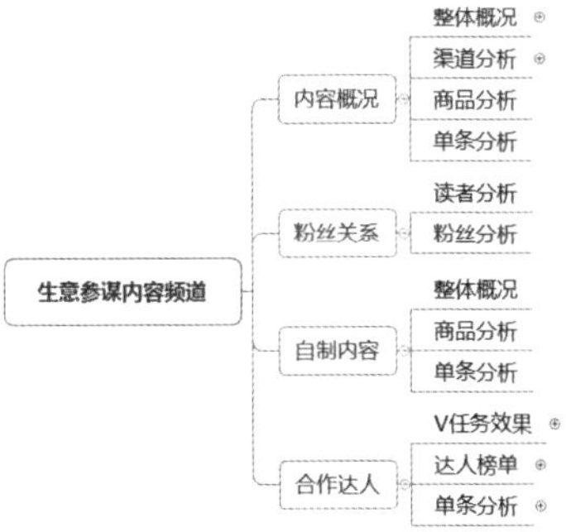

图 7-7　生意参谋内容频道的思维导图

7.2.1　内容概况

1. 整体概况（见图 7-8）

在整体概况模块中，整体概况、浏览互动和引导成交统计了以商家身份发布的所有内容（含微淘内容），以及淘系渠道带有店铺商品链接的内容（其他链接不统计）。粉丝资产主要包括读者和粉丝两种角色。

（1）整体概况数据（见图 7-9）说明

内容发布数：在统计时段内发布的内容总数，包括图文、短视频、直播等。

内容浏览次数：在统计时段内自制内容和相关内容被阅读次数总和，多次阅读计算为多次。

累计粉丝数：在统计时段内关注店铺或微淘的所有用户数（去重），不会随日期选择而变化。

新增粉丝数：在统计时段内关注店铺或微淘的新增用户数（去重）。

净增粉丝数：在统计时段内新增粉丝数减去取关粉丝数和无效粉丝数的最终结果，其中无效粉丝由平台定义，粉丝泛指关注了店铺或微淘的用户。

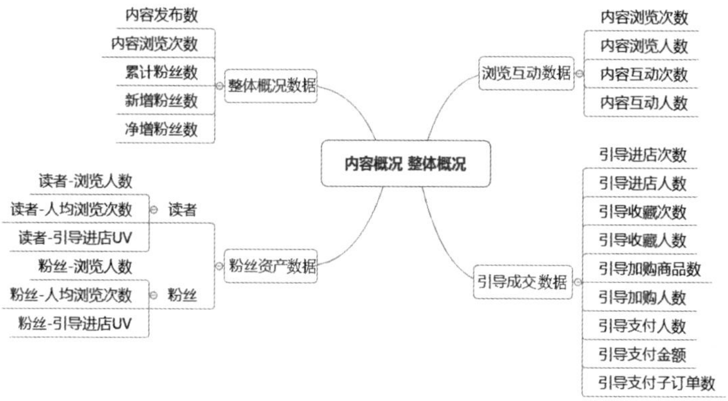

图 7-8　整体概况四大组成部分

图 7-9　整体概况数据

（2）粉丝资产数据（见图 7-10）说明

读者 - 浏览人数：在统计时段内自制和相关内容的阅读去重人数总和，不含粉丝数据。

读者 - 人均浏览次数：在统计时段内自制和相关内容的阅读次数总和 / 阅读人数总和（去重），不含粉丝数据。

读者 - 引导进店 UV：在统计时段内自制和相关内容的阅读用户中被引导进店的去重访客数，不含粉丝数据。

粉丝 - 浏览人数：在统计时段内自制和相关内容的阅读去重粉丝数总和。

粉丝 - 人均浏览次数：在统计时段内自制和相关内容的粉丝阅读次数总和 / 阅读粉丝数总和（去重）。

粉丝 - 引导进店 UV：在统计时段内自制和相关内容的阅读粉丝中被引导进店的用户数（去重）。

（3）浏览互动数据（见图 7-11）说明

内容浏览次数：在统计时段内自制内容和相关内容被阅读次数总和，多次阅读计算为多次。

内容浏览人数：在统计时段内自制和相关内容的阅读去重人数总和，一人多次阅读计算为一人。

内容互动次数：在统计时段内自制和相关内容的互动（含点赞、评论、分享）次数总和，多次互动计算为多次。

内容互动人数：在统计时段内自制和相关内容的互动（含点赞、评论、分享）去重人数总和，一人多次互动计算为一人。

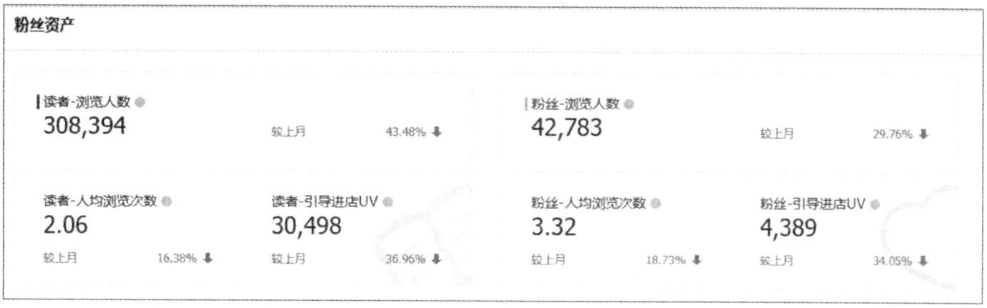

图 7-10　粉丝资产数据

图 7-11　浏览互动数据

（4）引导成交数据（见图 7-12、图 7-13）说明

引导进店次数：在统计时段内通过自制和相关内容引导进店的次数总和，多次引导进店计算为多次。

引导进店人数：在统计时段内通过自制和相关内容引导进店的去重访客数总和，一人被多次引导进店计算为一人。

引导收藏次数：在统计时段内通过自制和相关内容引导收藏的次数总和，多次收藏计算为多次。

引导收藏人数：在统计时段内通过自制和相关内容引导收藏的去重人数总和，一人多次收藏计算为一人。

图 7-12　引导成交数据 1

引导加购商品数：在统计时段内通过自制和相关内容引导加购的商品数总和。

引导加购人数：在统计时段内通过自制和相关内容引导加购的去重人数总和，一人多次加购计算为一人。

引导支付人数：在统计时段内通过自制和相关内容引导下单付款买家数去重总和，一人多次支付计算为一人。

引导支付金额：在统计时段内通过自制和相关内容引导下单的付款金额总和。

图 7-13　引导成交数据 2

引导支付子订单数：在统计时段内通过自制和相关内容引导下单的子订单数，同一订单内的每个 SKU 都会生成一个子订单。

2. 渠道分析

渠道分析模块主要从浏览、互动和引导三大部分统计分析数据，如图 7-14 所示。浏览数据主要包括曝光次数、曝光人数、浏览次数、浏览人数。

互动数据主要包括互动次数、互动人数、评论次数、评论人数、点赞次数、点赞人数、分享次数和分享人数。

引导数据主要包括引导进店次数、引导进店人数、引导加购人数、引导加购商品数、引导收藏次数和引导收藏人数。

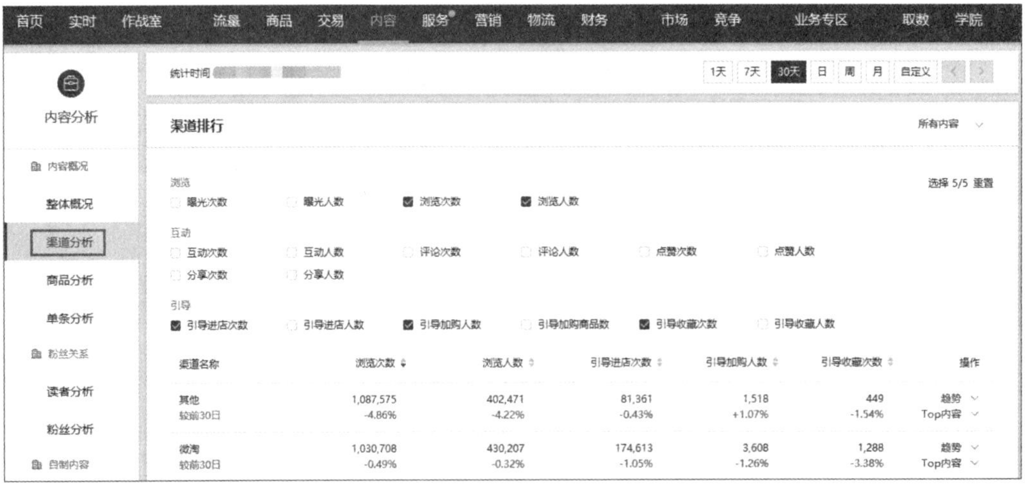

图 7-14　渠道分析

渠道分析思维导图如图 7-15 所示。

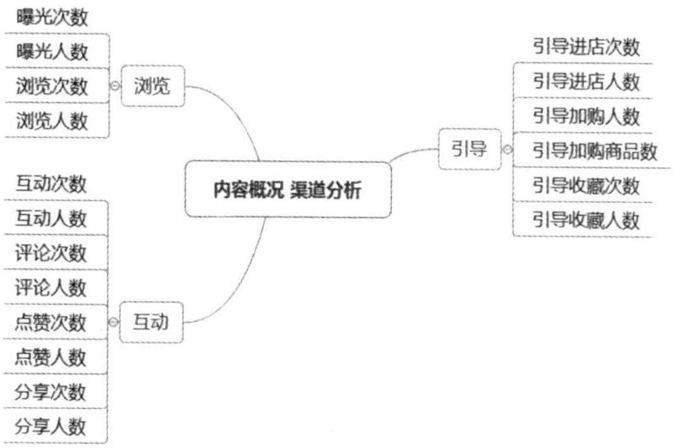

图 7-15　渠道分析思维导图

渠道分析模块包括微淘、淘宝直播、有好货、必买清单、手淘搜索等内容渠道。内容范围包括以商家身份发布的内容，以及与店铺商品有关的内容。内容渠道仅显示与内容业务相关度高的部分，如图 7-16 所示。

“自制内容”与“合作内容”中的新增粉丝数、取关粉丝数仅包含详情页数据，暂不包含列表页数据。

图 7-16　与内容业务相关度高的部分

3. 商品分析

商品分析主要根据浏览和引导情况分析店铺商品。人们根据商品的浏览次数分析出哪些商品是微淘或达人等公域渠道重点推广的，以及该商品的引导加购和收藏等情况，如图 7-17 所示。

图 7-17 商品排行

4. 单条分析

单条分析模块主要包括图文、短视频和直播。在图文频道中，点击“全部内容”，去掉包含非合作、非自制的内容，可以分析店铺自制微淘内容的相关数据。

按照自定义时间范围和浏览次数，商家可以筛选出店铺自制微淘内容中阅读数最高的内容，从而分析出哪些店铺内容是粉丝比较关注的，如图 7-18 所示。通过分析，在以后的内容制作中，商家可以重点围绕粉丝比较关注的方向进行创作。

图 7-18 单条分析

7.2.2 粉丝关系

在粉丝关系中，读者分析和粉丝分析内容与阿里创作平台中的读者粉丝分析内容一致，主要包括读者关键数据、基础特征、地域分布、人生经历、读者偏好等，如图 7-19 所示。粉丝关系会在第 8 章具体分析。

图 7-19 读者分析

7.2.3 自制内容

自制内容包括整体概况、商品分析和单条分析。自制内容中的整体概况与内容概况中的整体概况的主要区别是，本模块仅统计以商家身份发布的内容，重点是微淘内容，包括浏览、互动和引导成交等数据，如图 7-20 所示。

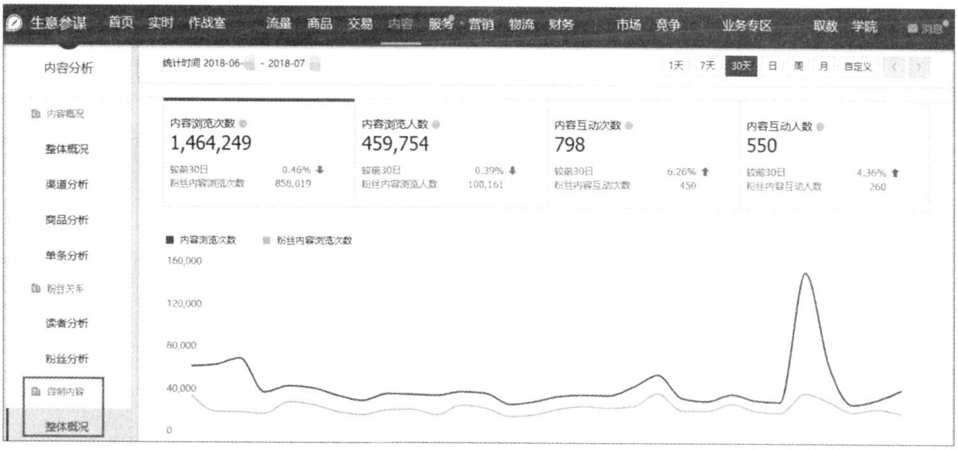

图 7-20 自制内容的整体概况

7.2.4 合作达人

合作达人数据主要是指和淘宝达人合作的内容数据，包括公域内容渠道数据和微淘数据，具体分为 V 任务效果、达人榜单和单条分析三大板块，如图 7-21 所示。

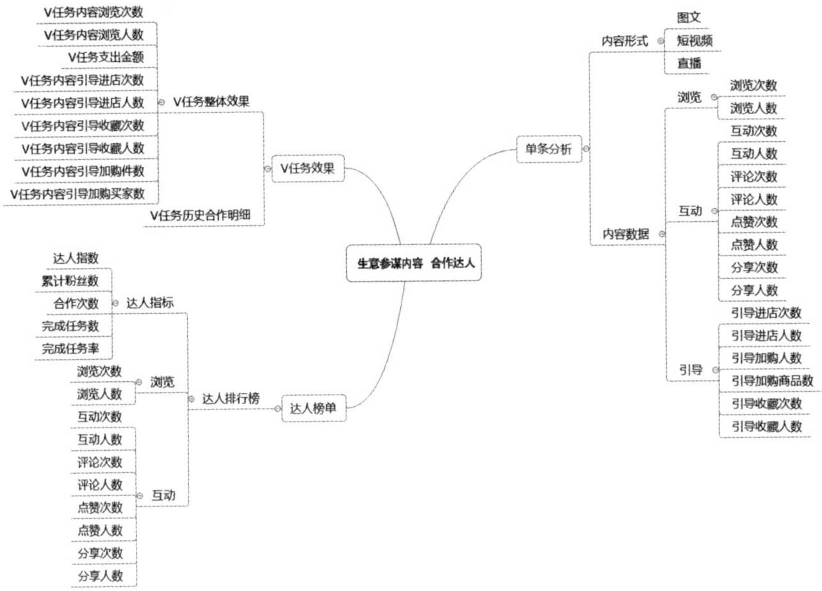

图 7-21　合作达人思维导图

1. V 任务效果

V 任务效果主要统计分析每日、每月等 V 任务浏览、支出金额、引导进店等数据，以及 V 任务历史合作明细，该明细包括任务名称、合作机构、拍下时间、交付时间、任务金额等。

（1）V 任务整体效果（见图 7-22、图 7-23）

V 任务内容浏览次数：V 任务中关联内容在统计时间段内的浏览次数总和。

V 任务内容浏览人数：V 任务中关联内容在统计时间段内的去重浏览人数总和。

V 任务内容引导进店次数：V 任务中关联内容在统计时间段内引导进店次数总和。

V 任务内容引导进店人数：V 任务中关联内容在统计时间段内引导进店访客数总和。

图 7-22　合作达人的 V 任务整体效果 1

V 任务内容引导收藏次数：V 任务中关联内容在统计时间段内引导收藏次数总和。

V 任务内容引导收藏人数：V 任务中关联内容在统计时间段内引导收藏人数总和。

V 任务内容引导加购件数：V 任务中关联内容在统计时间段内引导商品加购件数总和。

V 任务内容引导加购买家数：V 任务中关联内容在统计时间段内引导商品加购人数总和。

图 7-23 合作达人的 V 任务整体效果 2

（2）V 任务历史合作明细

V 任务历史合作明细主要记录了任务 id、任务名称、服务方、拍下时间、交付时间和任务金额等信息，如图 7-24 所示。

序号	任务id	任务名称	服务方	拍下时间	交付时间	任务金额	操作
1	10930915745	双11内容预热资源	海之食盐	2018-09-26 17:28:08	2018-10-15 16:02:16	16,500.00	详情
2	10872833374	15秒看点视频	Happy喜羊羊	2018-09-21 13:26:44	2018-10-09 13:53:56	4,000.00	详情
3	10735038417	少女心 必买+好货	少女心研究所	2018-09-11 17:41:52	2018-10-08 17:26:49	27,600.00	详情
4	10550777313	清单+极有家推广9月合作	巨匠匹	2018-08-29 17:21:23	2018-09-17 13:11:13	20,000.00	详情

图 7-24 合作达人的 V 任务历史合作明细

2. 达人榜单

达人榜单主要是指生产过与店铺商品相关内容的达人排行榜，主要从达人指标、浏览、互动和引导四个维度进行筛选，如图 7-25 所示。

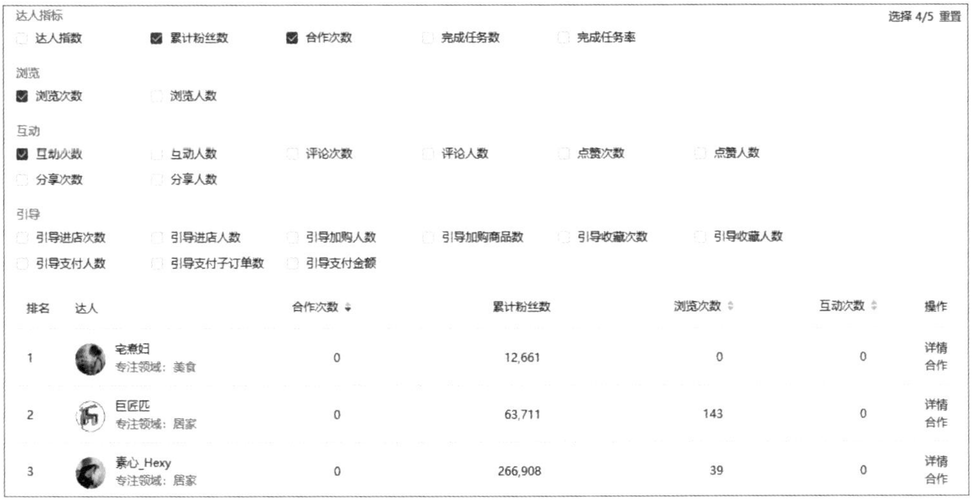

排名	达人	合作次数	累计粉丝数	浏览次数	互动次数	操作
1	宅煮妇 专注领域：美食	0	12,661	0	0	详情 合作
2	巨匠匹 专注领域：居家	0	63,711	143	0	详情 合作
3	素心_Hexy 专注领域：居家	0	266,908	39	0	详情 合作

图 7-25 合作达人的达人榜单

3. 单条分析

单条分析仅展示被用户浏览的内容。合作达人中的单条分析维度（浏览、互动和引导）与内容概况中的单条分析维度一样，主要区别是本模块重点分析了与合作达人相关的数据，如图 7-26 所示。

图 7-26　合作达人中的单条分析

需要注意的是，目前单条内容数据不支持下载，商家可以挑选重点单条内容进行数据研究与分析。

7.3　阿里创作平台内容分析

阿里创作平台中的统计主要包括内容分析和用户分析两大模块，内容分析数据源自生意参谋。内容分析主要包括四个部分，即内容概况（浏览互动、引导成交）、渠道分析、商品分析及单条分析，如图 7-27 所示。微淘运营人员可以重点统计内容概况的数据，查看单条数据分析。

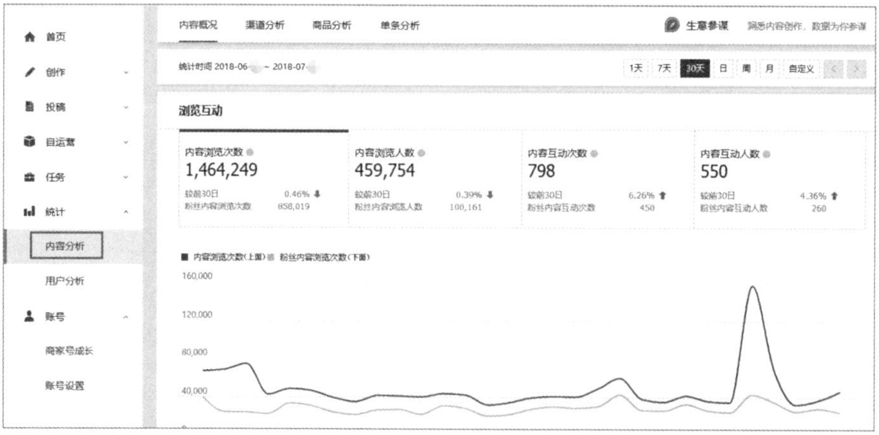

图 7-27　阿里创作平台的内容分析

阿里创作平台中的内容分析数据与生意参谋中的内容概况数据相关联。内容概况主要统计浏览互动和引导成交数据，本模块仅统计以商家身份发布的微淘内容。

浏览互动重点统计内容浏览次数、内容浏览人数、内容互动次数和内容互动人数。引导成交主要统计引导进店次数、引导进店人数、引导收藏次数、引导收藏人数、引导加购商品数、引导加购人数，以及引导支付人数、引导支付金额和引导支付子订单数，如图 7-28 所示。

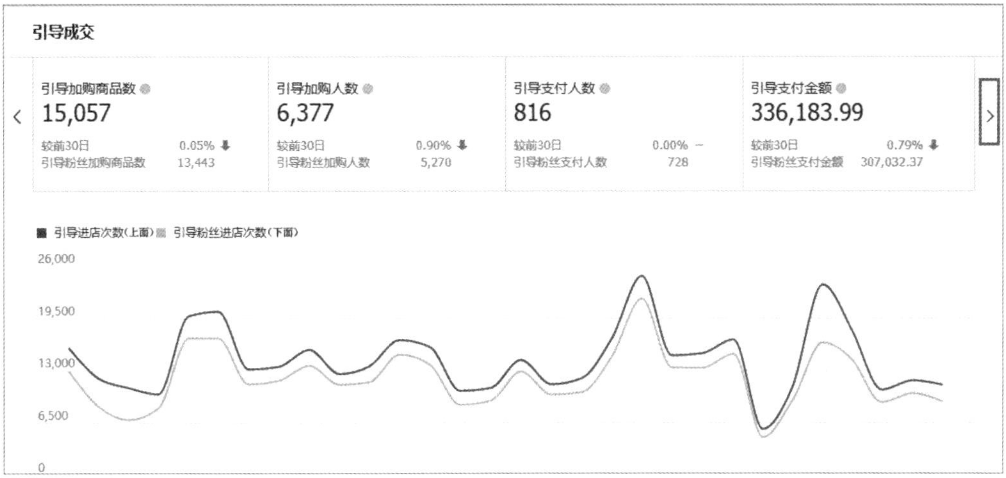

图 7-28　阿里创作平台的引导成交

由于内容分析数据无法直接下载，需要商家手动统计、收集内容分析浏览互动和引导成交数据，如图 7-29 所示。商家可以建立阿里创作平台日报和月报数据表，月报数据表建立在整月统计的基础上。商家可以跟踪每天和每月的数据变化情况，以便发现其中的问题，寻找解决办法。

	浏览互动				引导成交								
日期	内容浏览次数	内容浏览人数	内容互动次数	内容互动人数	引导进店次数	引导进店人数	引导收藏次数	引导收藏人数	引导加购商品数	引导加购人数	引导支付人数	引导支付金额	引导支付子订单数
2018.08.01													
2018.08.02													
2018.08.03													
2018.08.04													
2018.08.05													

图 7-29　阿里创作平台的内容分析数据表

商家根据每月整理好的数据，筛选内容浏览人数等数据，制作内容曲线，观察数据的变化，并分析其主要原因，进行内容优化调整。制作内容曲线的具体操作如下：筛选出数据后，选择插入“图表”，然后选择曲线图，即可得到如图 7-30 所示的曲线图。

在阿里创作平台的内容分析中，其余维度的内容数据分析皆可按照上述方法进行，也可以选择多个维度进行分析。柱形图或曲线图可以帮助微淘运营者对比每月或每日的数据增长、降低情况。

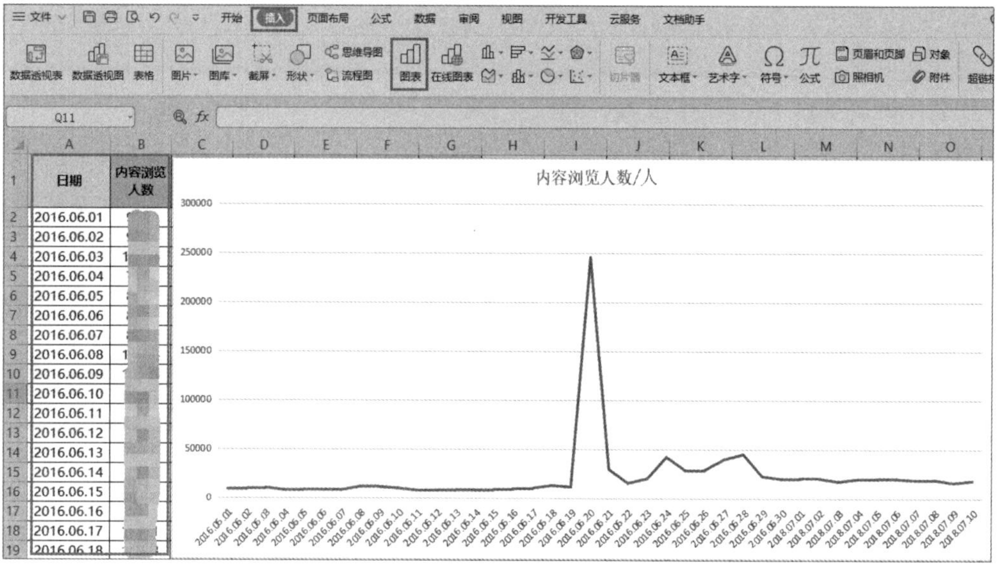

图 7-30　阿里创作平台的内容分析曲线图

在“阿里创作平台”→“单条分析”中，可以查看店铺微淘内容每日、每周和每月的数据，选择“全部内容”，筛选浏览、互动和引导等数据维度，重点查看浏览次数、浏览人数、引导进店人数、引导加购人数、引导收藏人数等数据，如图7-31所示。由于每次只能筛选5个指标，所以商家需要根据想要查询的内容，查看单条内容数据。

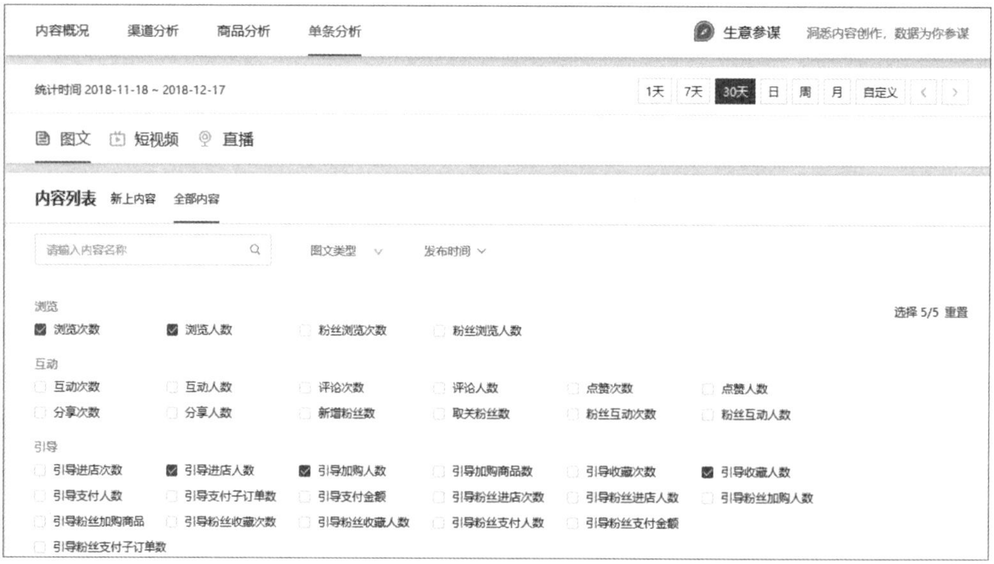

图 7-31　阿里创作平台的单条分析

7.4 阿里创作平台用户分析

阿里创作平台用户分析包括粉丝分析和读者分析。其中，基础数据等粉丝画像数据将在第 8 章中具体讲解与分析。

7.4.1 粉丝分析

粉丝关键数据包括累计粉丝数、新增粉丝数、净增粉丝数、新增有效粉丝数和新增不接收微淘动态粉丝数，如图 7-32 所示。

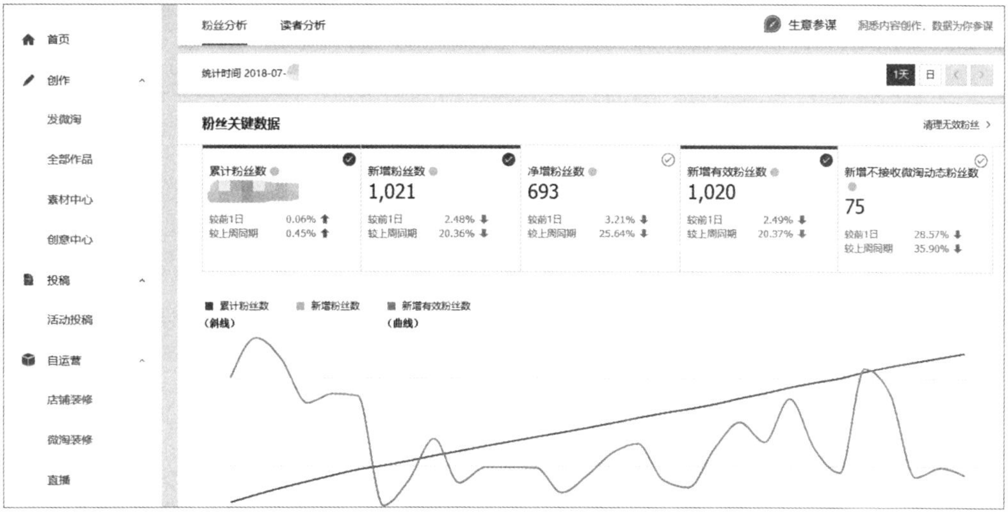

图 7-32 阿里创作平台的粉丝关键数据

累计粉丝数：在统计时段中关注店铺或微淘的所有用户数（去重），不会随日期选择而变化。

新增粉丝数：在统计时段中关注店铺或微淘的新增用户数（去重）。

净增粉丝数：在统计时段中新增粉丝数减去取关粉丝数和无效粉丝数的最终结果，无效粉丝由平台定义。

新增有效粉丝数：接收微淘动态且非“僵尸粉丝”、非“垃圾粉丝”的新增用户数。

新增不接收微淘动态粉丝数：关注了店铺但屏蔽店铺微淘动态的新粉丝。

粉丝对比主要从 90 天复购率、90 天支付转化率、90 天进店率、90 天二次阅读率和 90 天客单价维度进行对比分析。从图 7-33 中可以看到，粉丝数据要远远高于非粉丝数据，这也是运营微淘粉丝的原因之一。

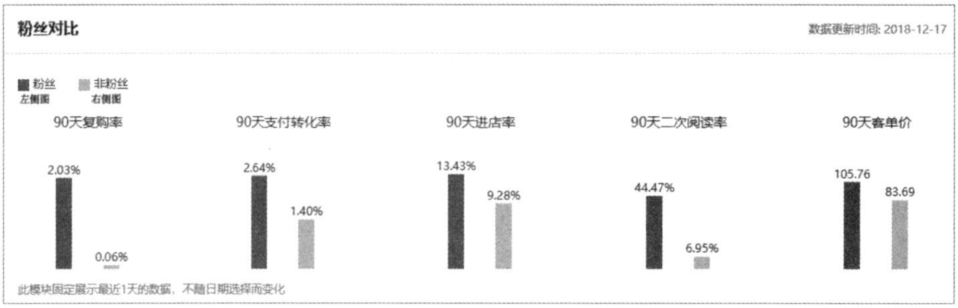

图 7-33　阿里创作平台的粉丝对比

7.4.2　读者分析

读者关键数据主要统计内容浏览人数、内容浏览次数、7 天二次阅读人数和新增粉丝数，如图 7-34 所示。

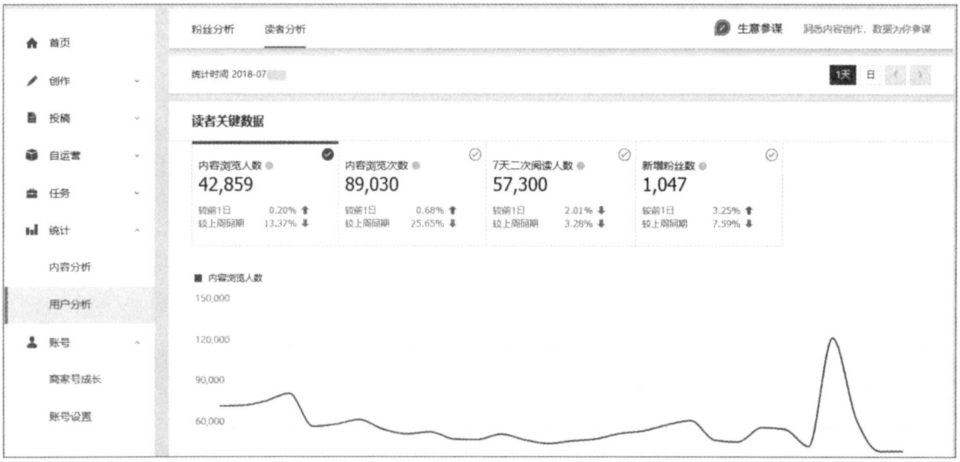

图 7-34　阿里创作平台的读者分析

内容浏览人数：在统计时段中自制内容和相关内容的阅读去重人数总和，一人多次阅读计算为一人。

内容浏览次数：在统计时段中自制内容和相关内容的阅读次数总和，多次阅读计算为多次。

7 天二次阅读人数：在统计时段近 7 天（含当天）中阅读次数不小于 2 的去重人数总和，仅对自然日时间选择有效。

新增粉丝数：在统计时段中关注店铺或微淘的新增用户数（去重）。

阿里创作平台的粉丝分析和读者分析也可以建立阿里创作平台日报和月报数据表，如图 7-35 所示。商家可以跟踪每天和每月的数据变化情况，发现其中的问题，寻找解决办法。

日期	粉丝分析					读者分析			
	累计粉丝数	新增粉丝数	净增粉丝数	新增有效粉丝数	不接收微淘动态粉丝	内容浏览人数	内容浏览次数	7天二次阅读人数	新增粉丝数
2018.08.01									
2018.08.02									
2018.08.03									
2018.08.04									
2018.08.05									

图 7-35　阿里创作平台的用户分析统计表

在统计阿里创作平台数据的时候，可以把内容数据和粉丝数据合并统计到一个列表中，形成一个总表（见图 7-36），主要监测每日阿里创作平台的微淘数据。由于该总表不能下载，可以截图填写数据，每日统计一次。根据每日的数据，汇总之后形成一个月的数据。

微淘·商家号 数据概况																						
	浏览互动				引导成交									粉丝数据					读者分析			
日期	内容浏览次数	内容浏览人数	内容互动次数	内容互动人数	引导进店次数	引导进店人数	引导收藏次数	引导收藏人数	引导加购商品数	引导加购人数	引导支付人数	引导支付金额	引导支付子订单数	累计粉丝数	新增粉丝数	净增粉丝数	新增有效粉丝数	不接收微淘动态粉丝	内容浏览人数	内容浏览次数	7天二次阅读人数	新增粉丝数
2018.08.01																						
2018.08.02																						
2018.08.03																						
2018.08.04																						
2018.08.05																						

图 7-36　阿里创作平台的内容数据和粉丝数据统计总表

7.5　阿里创作平台等级分析

在阿里创作平台中，微淘等级可以在首页中点击“我的等级”查看，或者在左侧导航“账号→商家号成长”中查看，如图 7-37 所示。

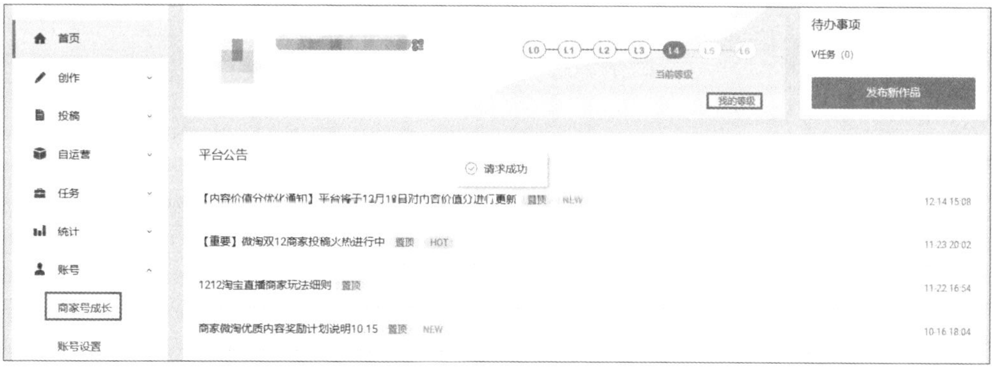

图 7-37　阿里创作平台中的微淘等级

点击“商家号成长”，查看微淘号商家指数中的指数趋势，如图 7-38 所示。由于微淘每周三更新数据，保留近十二周的数据，因此商家需要按周期统计每一次的变化数据，以用于后期商家指数分析。

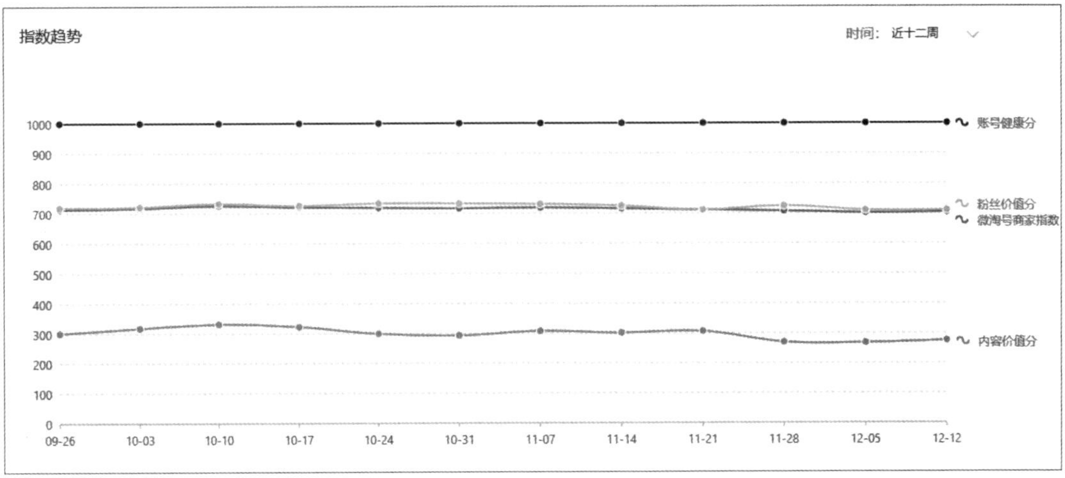

图 7-38　阿里创作平台中的指数趋势

根据统计的商家指数分、内容价值分、粉丝价值分和账号健康分，商家可以制作微淘商家等级统计表（见图 7-39），统计每个数据更新周期的微淘等级变化情况。当微淘等级降低时，商家可以通过优化内容，重新提升微淘等级。

XXX店 微淘商家号 微淘等级 L4				
微淘新等级	商家指数分	内容价值分	粉丝价值分	账号健康分
2018.07.04				
2018.07.11				
2018.07.18				
2018.07.25				
2018.08.01				
2018.08.08				
2018.08.15				
2018.08.22				
2018.08.29				
2018.09.05				
2018.09.12				
2018.09.19				
2018.09.26				

图 7-39　微淘商家等级统计表

7.5.1　商家指数分趋势

在微淘商家等级统计表中，选择日期和商家指数分维度，然后选择插入“图表→柱形图”，可以绘制微淘号商家指数分数据起伏趋势图，如图 7-40 所示。

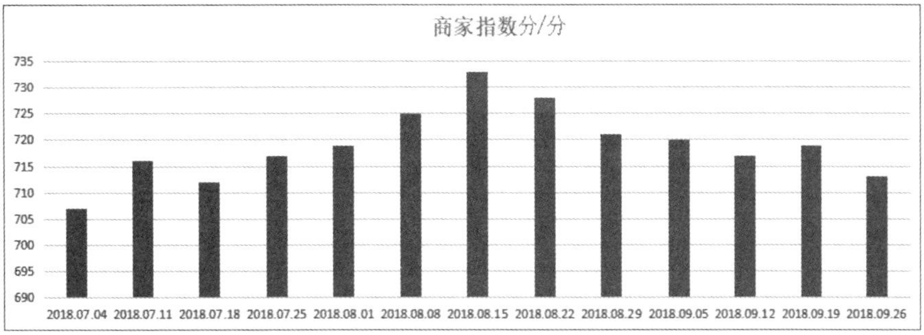

图 7-40 微淘号商家指数分数据起伏趋势图

7.5.2 内容价值分趋势

在微淘商家等级统计表中，选择日期和内容价值分维度，然后选择插入“图表→柱形图”，可以绘制微淘号商家内容价值分数据起伏趋势图，如图 7-41 所示。

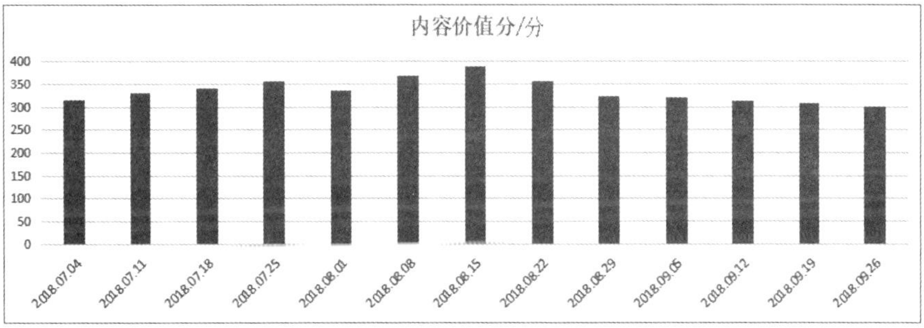

图 7-41 微淘号商家内容价值分趋势图

7.5.3 粉丝价值分趋势

在微淘商家等级统计表中，选择日期和粉丝价值分维度，然后选择插入“图表→柱形图”，可以绘制微淘号商家粉丝价值分数据起伏趋势图，如图 7-42 所示。

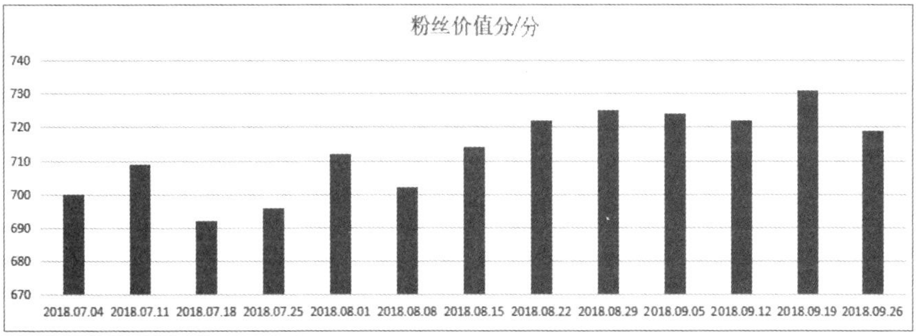

图 7-42 微淘号商家粉丝价值分数据起伏趋势图

7.5.4 账号健康分趋势

在微淘商家等级统计表中，选择日期和账号健康分维度，然后选择插入“图表→柱形图”，可以绘制微淘号商家账号健康分数据起伏趋势图，如图 7-43 所示。

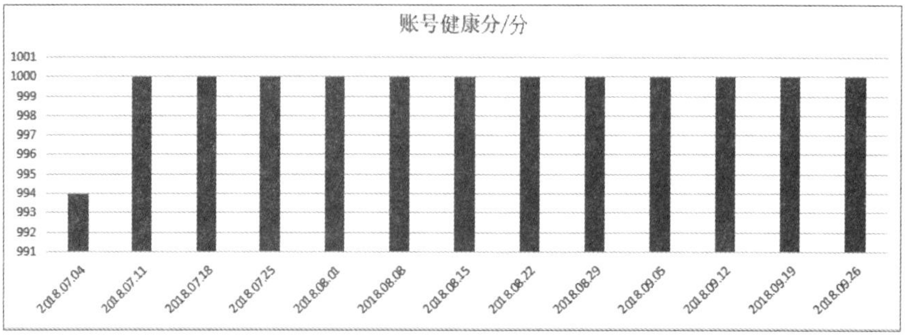

图 7-43　微淘号商家账号健康分数据起伏趋势图

在各个趋势图中，商家可以点击“邮件”，标注数据标签，以显示每个周期的具体分数。通过上述图表，可以跟踪监测每周三微淘更新等级后商家分数的变化情况。

7.6 阿里创作平台全部作品

在阿里创作平台创作中，全部作品分析主要包括两部分，一部分是发布作品数据，另一部分是主要内容分析，如图 7-44 所示。

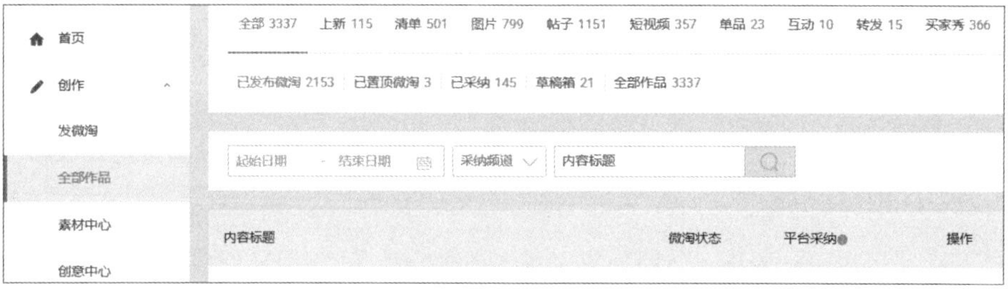

图 7-44　微淘号商家的全部作品

7.6.1 发布作品数据

发布作品数据包括上新、清单、图片、帖子、短视频、单品、互动、转发和买家秀等作品发布数量。统计之后可以制作饼状图，查看目前商家发布内容的主要形式，如图 7-45 所示。

如图 7-45 所示，10% 以上占比的内容形式为帖子、图片、清单、买家秀和短视频，其中部分清单数据会统计到帖子中，因此有些数据可能不完全正确，但是也可以从中看出目前商家主要的创作形式。

由于该商家商品为标品类目，因此上新频次不如女装等非标品类目高，所以上新内容较少。另外，单品、互动内容发布数量较少，转发内容数不足 15 条。

全部作品	数量	占比
帖子	1151	34.49%
图片	799	23.94%
短视频	357	10.70%
上新	115	3.45%
清单	501	15.01%
单品	23	0.69%
买家秀	366	10.97%
转发	15	0.45%
互动	10	0.30%
总计	3337	

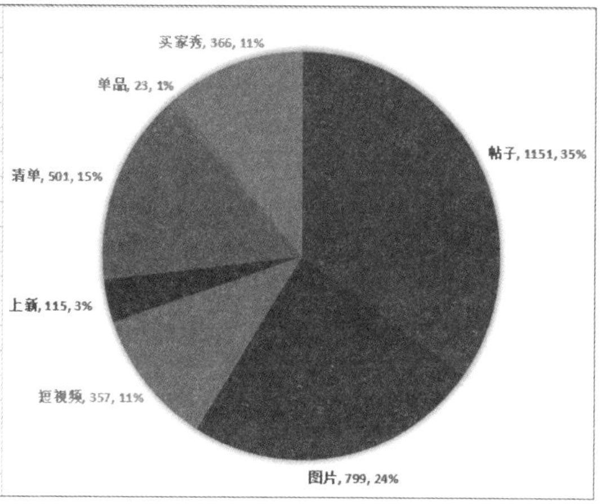

图 7-45 微淘号商家全部作品内容形式统计

7.6.2 主要内容分析

微淘发布的内容主要按照时间顺序排列，可以查看内容标题、微淘状态、平台采纳（内容质量与粉丝效果好的微淘将会被频道采纳，在各频道前台进行展示），以及评论、编辑、删除、分析、推广和置顶操作，如图 7-46 所示。

图 7-46 微淘号商家全部作品内容统计分析

点击“单条分析”，可以查看单条内容的内容详情。内容详情主要包括该条内容的内容质量分、内容效果分和内容健康分，如图 7-47 所示。用户反馈包括该条内容带来的新增粉丝数，以及看完该条内容后的取关粉丝数。

图 7-47 微淘号商家的单条分析

在内容效果中，商家可以通过筛选浏览、互动和引导维度，查看该条内容在每日的数据反馈情况，如图 7-48 所示。

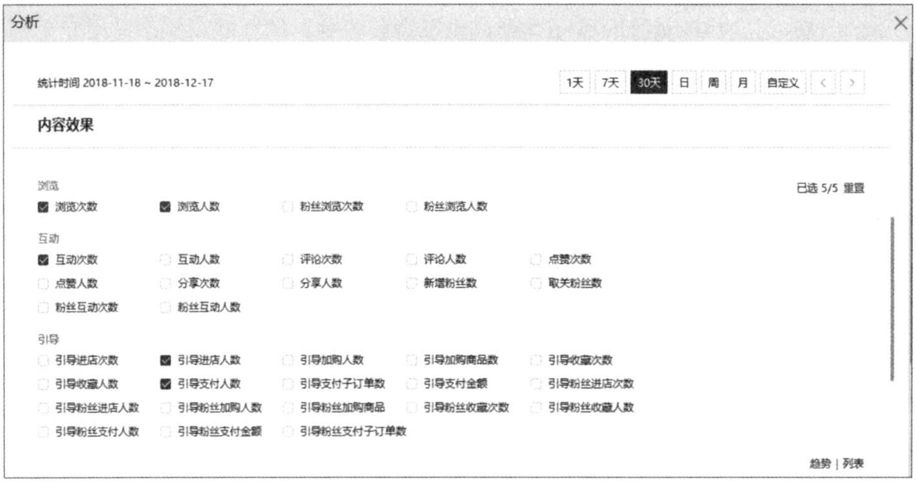

图 7-48 微淘号商家的内容效果

单条内容每日数据既可以按趋势查看，也可以按列表查看，如图 7-49 所示。趋势的反馈形式是曲线图，而列表中的数字则更加直观。由于该数据无法下载，单条内容分析主要用作参考。

日期	浏览次数	浏览人数	引导进店人数	引导加购人数	引导支付人数
12-17	8	1	1	0	0
12-16	7	1	1	0	0
12-15	18	4	4	0	0
12-14	8	2	1	0	0
12-13	34	9	5	0	0
12-12	40	15	1	0	0

图 7-49　微淘号商家的每日数据

另外，微淘运营者可以将全部作品复制粘贴到表中，建立全部作品统计表，按照倒序排列，统计每天发布内容的形式、时间、内容或标题、状态、平台采纳结果、评论数量，以及单条内容的内容质量分、内容效果分和内容健康分，如表 7-3 所示。商家可以建立全部作品数据库，方便以后查阅和分析。

表 7-3　微淘号商家全部作品统计表

序号	形式	时间	内容	状态	平台采纳结果	评论数量	内容质量分	内容效果分	内容健康分
15	短视频			已发布					
14	清单								
13									
12									
11									
10									
9									

第 8 章 微淘人群画像分析

目前淘宝网乃至整个互联网的流量越来越贵，因此我们需要精准流量，使引流及转化更加高效。人群画像能够帮助商家精准地分析人群属性，判断粉丝和读者的性别、年龄、职业、地域、消费能力和兴趣爱好等。因此，商家需要借助阿里创作平台、生意参谋、客户运营平台和达摩盘等淘宝官方工具，利用大数据画出微淘人群画像。

8.1 达摩盘与人群画像标签

8.1.1 什么是人群画像

什么是人群画像？查阅行业资料，百度百科尚未收录“人群画像 ”词条，但是收录了“用户画像”词条，其实二者含义相同。

用户画像又称用户角色，作为一种勾画目标用户、联系用户诉求与设计方向的有效工具，用户画像在各领域得到了广泛应用。

交互设计之父——艾伦•库珀（Alan Cooper）最早提出了用户画像（Persona）的概念。

用户画像是指真实用户的虚拟代表，是建立在一系列真实数据之上的目标用户模型。

商家可以通过调研了解用户，根据他们的目标、行为和观点的差异，将他们分为不同的类型，然后从每种类型中抽取典型特征，赋予名字、照片、一些人口统计学要素、场景等描述，就形成了一个人物原型。

8.1.2 为何要建立用户画像

艾伦•库珀认为建立用户画像的好处如下。

①创建共同语言。在微淘中，通过了解目标用户，商家能够通过符合对方兴趣爱好的内容与用户交流和互动。

②精准营销，研究变化中的个体用户。

③提供参考目标，不是千篇一律地服务世界上所有的消费者，商家需要提供个性化服务，

做到产品功能的私人定制等。微淘内容更需要有特色。

④能够帮助商家做规划与决策、读者和粉丝统计、地域分析、行业趋势和竞品分析等。

8.1.3　达摩盘人群洞察与分析

数据为王，连接创造价值。

达摩盘是阿里妈妈旗下的产品，其登录页面如图 8-1 所示。达摩盘依托强大的阿里云系统，挖掘用户的基本属性、消费行为、兴趣偏好、地理位置等众多数据标签。

达摩盘以人群标签为载体，帮助商家建立数字人群标签模型，实现对用户从抽象到具体的特征识别洞察，从而圈定相符的潜在用户及目标用户人群，为个性化营销提供决策。

图 8-1　达摩盘营销平台登录页面

利用达摩盘，淘宝天猫商家可以在直通车、智钻、淘宝客、线上或户外媒体等平台上，实现从线上到线下的广告推广。商家根据不同阶段的投放策略，精准投放市场，实现产品和品牌的可持续营销。

达摩盘导航主要包括首页、洞察、标签、我的人群和我的报表五个组成部分，如图 8-2 所示。首页主要分析店铺消费者资产，包括购买用户、高潜力购买用户和低潜力购买用户，以此分析广告触达率、行业潜在消费者和行业潜在消费者的渗透率。

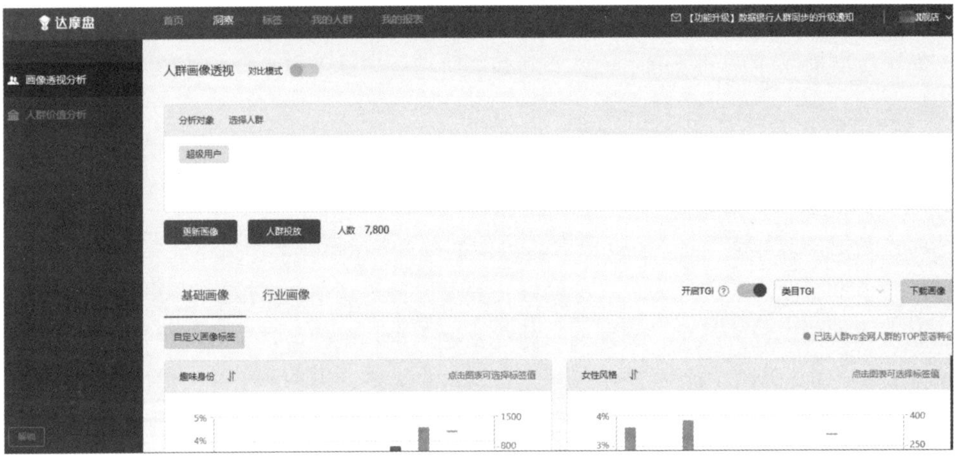

图 8-2　达摩盘导航

标签主要包括可能感兴趣的标签、同行常用标签和最新标签三个部分。达摩盘能够对画像进行洞察与分析，淘宝天猫商家可以利用达摩盘对选择的人群进行价值分析，实现数据价值的最大化，如图 8-3 所示。

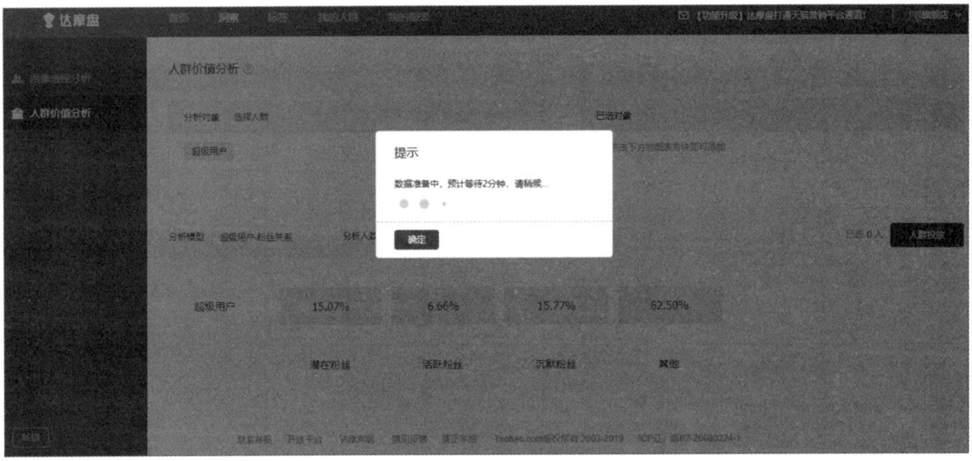

图 8-3　达摩盘人群价值分析

8.1.4　达摩盘标签

目前 2019 年新版的达摩盘标签主要包括基础信息、渠道、行业、媒体和场景云图五大组成部分，如图 8-4 所示。

基础信息包括人口属性、地域属性、消费行为、人生阶段、资产状态、特征人群、上网行为、天气信息。渠道包括内容渠道、站外渠道、天猫渠道、通用、聚划算、活动渠道、猫超渠道和其他渠道。

图 8-4　达摩盘标签内容

基础信息中的人口属性、地理属性、消费行为和上网行为是商家需要重点关注的画像标签，是构建人群画像的重要数据源，如图 8-5 所示。

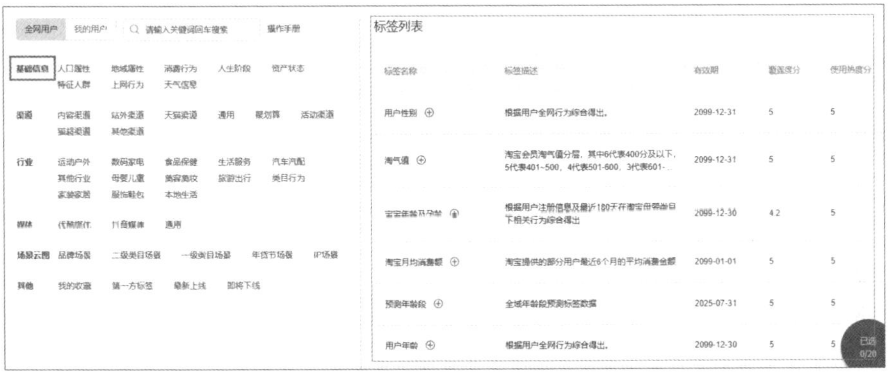

图 8-5　达摩盘中人口属性、地理信息、消费行为和上网行为标签

人口属性的主要标签包括用户性别、用户年龄、出生年代、教育程度、用户职业和宝宝性别及年龄等。

地域属性的主要标签包括用户所在省份、用户所在城市、用户所在城市等级、用户常驻区域等。

消费行为的主要标签包括淘宝月均消费、淘气值、淘宝消费能力等级、每月用户消费类目偏好、品牌导向、质量导向、低价导向、颜值导向等。

人口属性的主要标签包括常用上网设备、上网时段、上网次数、登录次数等。

内容渠道的主要标签包括用户内容领域偏好、用户内容渠道偏好、内容渠道浏览偏好、用户内容形式偏好、用户关注的达人领域和最近 30 天观看的直播及互动等。

用户轨迹也是重要的标签，包括店铺用户、店铺行为、营销推广，如图 8-6 所示。商家可以在生意参谋中查看访问来源、宝贝浏览、宝贝收藏、购买笔数、购买金额、笔单价、购买频次、收藏购物车等。2019 年新版达摩盘将用户轨迹等标签取消，需要统计用户轨迹时，商家可以在客户运营平台中查看和收集统计结果。

此外，达摩盘标签还包括行业偏好、优酷、抖音等媒体，场景云图中的品牌场景、类目场景和 IP 场景等。

图 8-6　旧版达摩盘用户轨迹、行业偏好、站外人群和专属标签

人群画像包括行业画像、店铺画像和产品画像等，商家需要根据店铺需求，绘制相应的画像，具体标签围绕核心用户展开。另外，人群画像不是一成不变的，需要商家结合数据和实际情况，不断优化完善，从而指导运营。

根据达摩盘人群标签，商家微淘运营人员可以初步搭建微淘人群画像的六大数据体系，然后从阿里创作平台、生意参谋和客户运营平台中，收集统计相关数据填充进思维导图（见图 8-7），从而使抽象的数据经过系统的研究分析，变为具体的店铺人群画像模型。

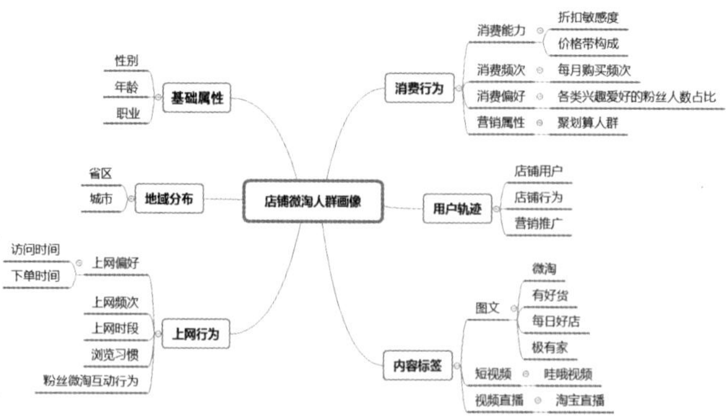

图 8-7　店铺微淘人群画像思维导图

8.2 阿里创作平台粉丝读者

在阿里创作平台中统计包括内容分析和用户分析，其中用户分析包括粉丝分析和读者分析。

粉丝分析主要分析粉丝关键数据（见图 8-8）、粉丝对比和基础特征等。其中基础特征包括性别占比、年龄分布，地域分布包括市和省，人生经历包括职业分布和学历占比，消费偏好包括消费层级和兴趣偏好，粉丝偏好排行包括粉丝浏览品牌偏好和粉丝浏览类目偏好（除了虚拟类目）。

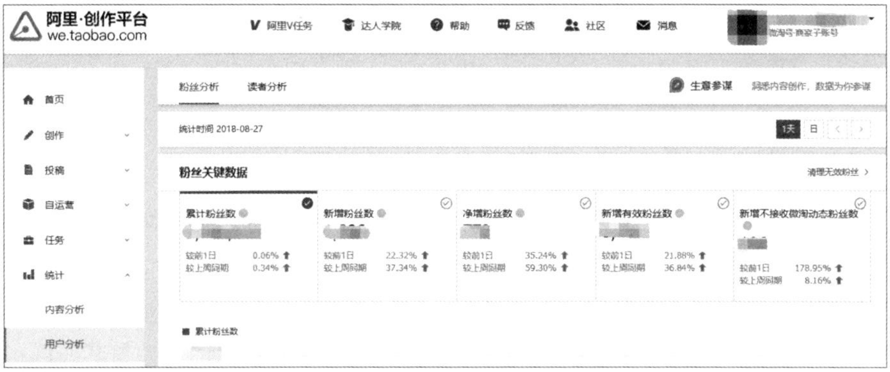

图 8-8 阿里创作平台的粉丝关键数据

读者分析亦包括基础特征（性别占比、年龄分布）、地域分布（市、省）、人生经历（职业分布、学历占比）和读者偏好排行（读者浏览品牌偏好、读者浏览类目偏好）。读者分析除了消费层级和兴趣偏好，其余统计数据与粉丝分析数据一致。

以图 8-9 所示为例，在性别占比中女性粉丝较多，占比高达 88.4%。而年龄分布主要集中在 26 ～ 30 岁、31 ～ 35 岁、36 ～ 40 岁、41 ～ 50 岁，这四个年龄段占比总和为 87.47%。从图中可以看出该店铺微淘粉丝以 26 ～ 50 岁女性用户为主。

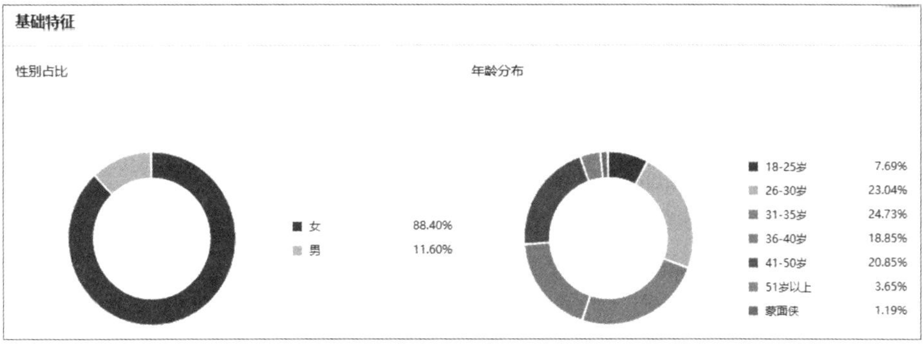

图 8-9 阿里创作平台的性别占比和年龄分布

地域分布以城市为单位主要集中在北上广深及成都、重庆、武汉、天津、郑州和杭州等一二线城市，这些地区消费水平较高。而省份主要分布在广东省、山东省和苏浙沪及北京、四川等东部沿海地区和西南部等经济发展较快的地区，如图 8-10 所示。

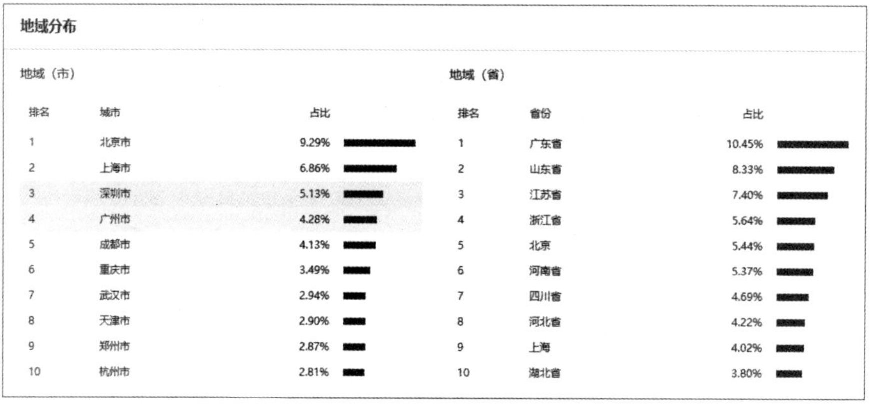

图 8-10 阿里创作平台的地域分布

在职业分布中，消费人群主要集中在公司职员、个体经营 / 服务人员、教职工、医务人员、公务员和金融从业者，工薪阶层为主流消费人群，而学生为非主流消费人群。学历占比主要集中在本科和硕士。由于店铺主要经营职业女装，因此粉丝所表现出的属性与其人群属性相同，如图 8-11 所示。

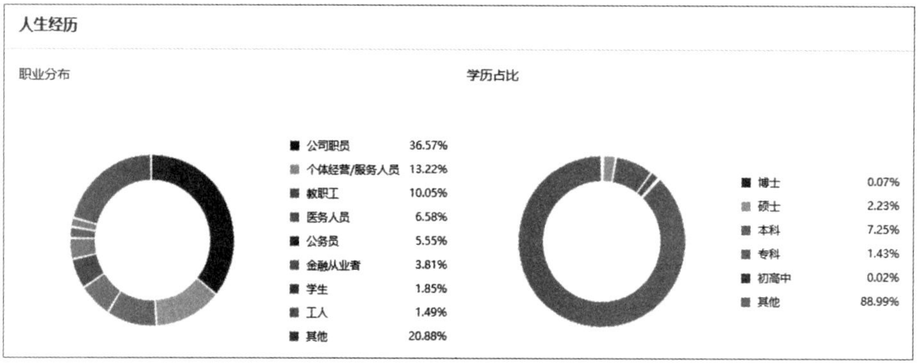

图 8-11 阿里创作平台的职业分布和学历占比

消费层级按照用户消费价值划分，层级越高消费水平越高。从图 8-12 所示数据可以看出，消费层级主要集中在第二到第五层级，其中二、三、四层级占比较多。

粉丝兴趣偏好从人群性别和年龄角度来看，主要为家庭主妇、时尚靓妹、吃货、数码达人和美丽教主。

如图 8-13 所示，粉丝浏览品牌偏好主要集中在南极人、Disney/ 迪士尼和 Midea/ 美的等，粉丝浏览类目偏好主要集中在连衣裙、低帮鞋、衬衫、时尚套装、休闲裤、半身裙等。

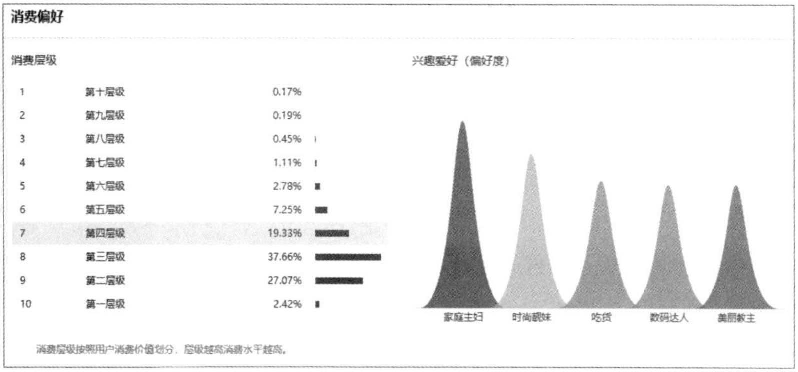

图 8-12 阿里创作平台的消费层级和兴趣爱好

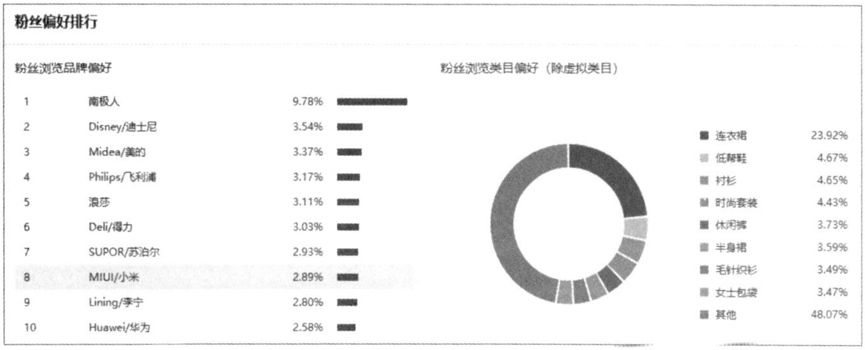

图 8-13 阿里创作平台的粉丝浏览品牌偏好和粉丝浏览类目偏好

综合上述粉丝分析数据，可以用一张思维导图分析店铺微淘的粉丝和读者画像数据，主要包括基础属性中的性别、年龄、职业和地域分布等，如图 8-14 所示。

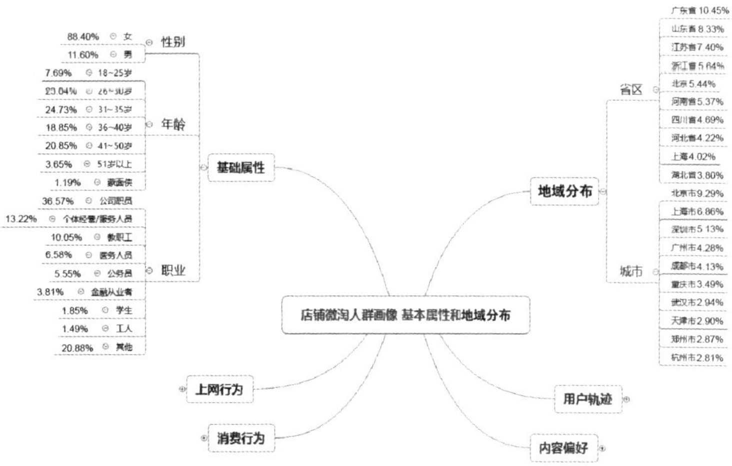

图 8-14 阿里创作平台微淘粉丝读者基础信息和地域分布

8.3 生意参谋行业人群画像

生意参谋行业人群画像主要包括访客分析（访客分布和访客对比），以及市场行情专业版两部分的人群画像。其中，访客分析主要分析店铺的访客数据，市场行情专业版主要分析行业类目中的买家画像。

访客分析主要包括访客分布和访客对比，其中访客分布主要由时段分布、地域分布、特征分布和行为分布四部分组成。访客分布查看最近 1 天、7 天和 30 天的平均分布。

8.3.1 生意参谋流量访客分析时段分布

在“访客分析”→“时段分布”中，可以查看访客时间和下单时间。根据 7 天时段分布解读，近 7 天日均访客数最多的时段为 21:00—21:59，如图 8-15 所示。找准访客高峰时段，不仅可以调整上新和宝贝上下架时间，还可以确定微淘发布时间。需要注意的是，兼顾 PC 端和无线端访客的访问习惯。

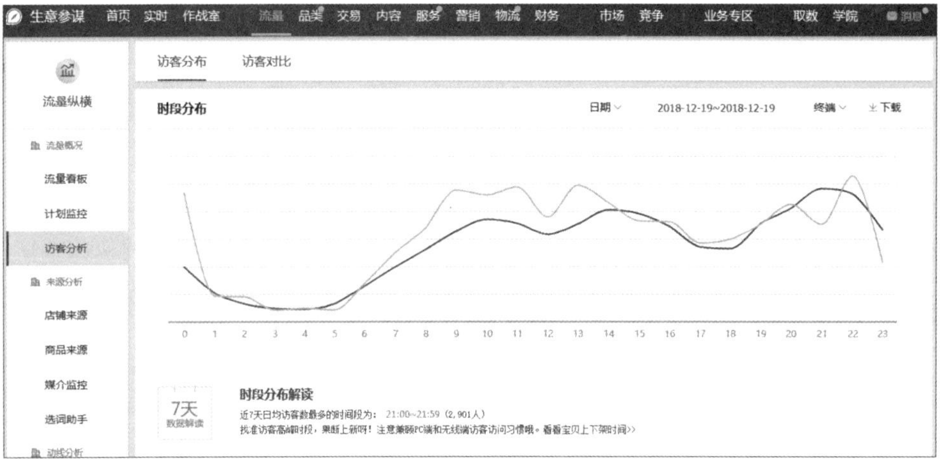

图 8-15　生意参谋的时段分布

首先，下载近 7 天数据，汇总各时段汇总后的平均值。由于微淘主要在无线端，所以需要删除其中所有的终端和 PC 端数据。全选访客数和下单买家数数据，点击“黄色小感叹号”，转化为数字，然后进行降序排列，可以查看访客数和下单买家数的高峰值，如图 8-16 所示。

其次，进一步整理数据，取出访客数和下单买家数占比。先插入两列，再增加总访客数和总下单买家数，求和之后填写数据，如图 8-17 所示。

用访客数或下单买家数分别除以总访客数或总下单买家数即占比，数据保留 2 位小数即可，如图 8-18 所示。

数据说明：以下数据为您所选时间周期的相关指标，如需查看其他时间周期的数据，请重新选择后下载
收藏网址：d.alibaba.com，让数据帮您生意参谋！点此进入>>

统计时间：2018-12-13至2018-12-19各时段汇总后取平均

统计终端	统计时段	访客数	下单买家数
无线端	00:00~00:59	1308	40
无线端	01:00~01:59		15
无线端	02:00~02:59		10
无线端	03:00~03:59		6
无线端	04:00~04:59		5
无线端	05:00~05:59		5
无线端	06:00~06:59		12
无线端	07:00~07:59		24
无线端	08:00~08:59		36
无线端	09:00~09:59	1673	55
无线端	10:00~10:59	1895	65
无线端	11:00~11:59	1881	69
无线端	12:00~12:59	1788	63
无线端	13:00~13:59	1979	69
无线端	14:00~14:59	2096	64
无线端	15:00~15:59	2076	60
无线端	16:00~16:59	1879	54
无线端	17:00~17:59	1575	47
无线端	18:00~18:59	1602	47
无线端	19:00~19:59	2046	56
无线端	20:00~20:59	2446	67

该数字是文本类型，可能导致计算结果出错！
转换为数字(C)
忽略错误(I)
在编辑栏中编辑(F)
错误检查选项(O)...

图 8-16　生意参谋的访客近 7 天数据平均值

统计终端	统计时段	访客数占比	下单买家数占比	访客数	下单买家数	总访客数	总下单买家数
无线端	00:00~00:59	=E2/G2		1308	40	37200	1064
无线端	01:00~01:59			644	15	37200	1064
无线端	02:00~02:59			370	10	37200	1064
无线端	03:00~03:59			280	6	37200	1064
无线端	04:00~04:59			254	5	37200	1064
无线端	05:00~05:59			381	5	37200	1064
无线端	06:00~06:59			754	12	37200	1064
无线端	07:00~07:59			1137	24	37200	1064
无线端	08:00~08:59			1399	36	37200	1064
无线端	09:00~09:59			1673	55	37200	1064
无线端	10:00~10:59			1895	65	37200	1064
无线端	11:00~11:59			1881	69	37200	1064
无线端	12:00~12:59			1788	63	37200	1064
无线端	13:00~13:59			1979	69	37200	1064
无线端	14:00~14:59			2096	64	37200	1064
无线端	15:00~15:59			2076	60	37200	1064
无线端	16:00~16:59			1879	54	37200	1064
无线端	17:00~17:59			1575	47	37200	1064
无线端	18:00~18:59			1602	47	37200	1064
无线端	19:00~19:59			2046	56	37200	1064
无线端	20:00~20:59			2446	67	37200	1064
无线端	21:00~21:59			2823	71	37200	1064
无线端	22:00~22:59			2823	77	37200	1064
无线端	23:00~23:59			2091	47	37200	1064
				37200	1064	37200	1064

【生意参谋】访客分布-时段-2018-12-13_2018-1

图 8-17　生意参谋的访客近 7 天访客数占比和下单买家数占比设置

统计终端	统计时段	访客数占比	下单买家数占比	访客数	下单买家数	总访客数	总下单买家数
无线端	00:00~00:59	3.52%	3.76%	1308	40	37200	1064
无线端	01:00~01:59	1.73%	1.41%	644	15	37200	1064
无线端	02:00~02:59	0.99%	0.94%	370	10	37200	1064
无线端	03:00~03:59	0.75%	0.56%	280	6	37200	1064
无线端	04:00~04:59	0.68%	0.47%	254	5	37200	1064
无线端	05:00~05:59	1.02%	0.47%	381	5	37200	1064
无线端	06:00~06:59	2.03%	1.13%	754	12	37200	1064
无线端	07:00~07:59	3.06%	2.26%	1137	24	37200	1064
无线端	08:00~08:59	3.76%	3.38%	1399	36	37200	1064
无线端	09:00~09:59	4.50%	5.17%	1673	55	37200	1064
无线端	10:00~10:59	5.09%	6.11%	1895	65	37200	1064
无线端	11:00~11:59	5.06%	6.48%	1881	69	37200	1064
无线端	12:00~12:59	4.81%	5.92%	1788	63	37200	1064
无线端	13:00~13:59	5.32%	6.48%	1979	69	37200	1064
无线端	14:00~14:59	5.63%	6.02%	2096	64	37200	1064
无线端	15:00~15:59	5.58%	5.64%	2076	60	37200	1064
无线端	16:00~16:59	5.05%	5.08%	1879	54	37200	1064
无线端	17:00~17:59	4.23%	4.42%	1575	47	37200	1064
无线端	18:00~18:59	4.31%	4.42%	1602	47	37200	1064
无线端	19:00~19:59	5.50%	5.26%	2046	56	37200	1064
无线端	20:00~20:59	6.58%	6.30%	2446	67	37200	1064
无线端	21:00~21:59	7.59%	6.67%	2823	71	37200	1064
无线端	22:00~22:59	7.59%	7.24%	2823	77	37200	1064
无线端	23:00~23:59	5.62%	4.42%	2091	47	37200	1064
		1	1	37200	1064	37200	1064

图 8-18　生意参谋的访客近 7 天访客数占比和下单买家数占比

最后，筛选统计时段、访客数占比和下单买家数占比，插入折线图，即可得到近 7 天访客数和下单买家数折线图，如图 8-19 所示。由图 8-19 分析出店铺无线端的访客高峰期和下单高峰期，进而筛选出发布微淘的高峰时间。

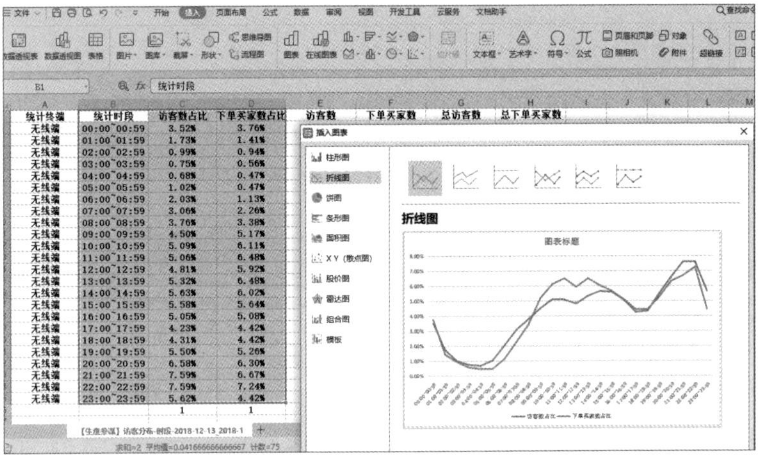

图 8-19　生意参谋的近 7 天访客数和下单买家数折线图

8.3.2　生意参谋流量访客分析地域分布

生意参谋访客分析地域分布与阿里创作平台的局部粉丝和读者地域分布的区别是全店整体的访客数占比和下单买家数据排行 TOP10。对地域分布占比高的地区进行重点推广运营，以提升流量和转化率。

特征分布主要反映了访客的淘气值分布（基于用户过去 12 个月在淘宝网的购买、互动、信誉等行为综合计算出的一个分值）、消费层级（元）、性别和店铺新老访客（6 天内访问店铺后再次到访的记为老访客，否则为新访客），如图 8-20 所示。

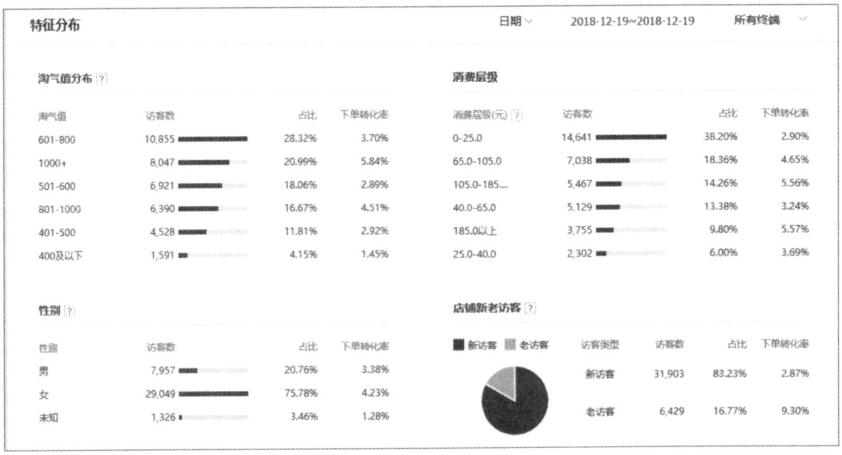

图 8-20　生意参谋的特征分布

行为分布主要反映了访客搜索来源关键词 TOP5（访客通过搜索这些关键词后访问店铺页面，计算下单买家，归属于最近的搜索并下单商品的关键词）和访客在店内的浏览量分布，如图 8-21 所示。

图 8-21 生意参谋的行为分布

访客对比主要从未支付访客、支付新买家和支付老买家三个维度，对比分析消费层级、性别、年龄、地域 TOP、营销偏好和关键词 TOP 等，如图 8-22 所示。在微淘人群画像分析中，如果想做进一步细分对比可以进行深度研究。

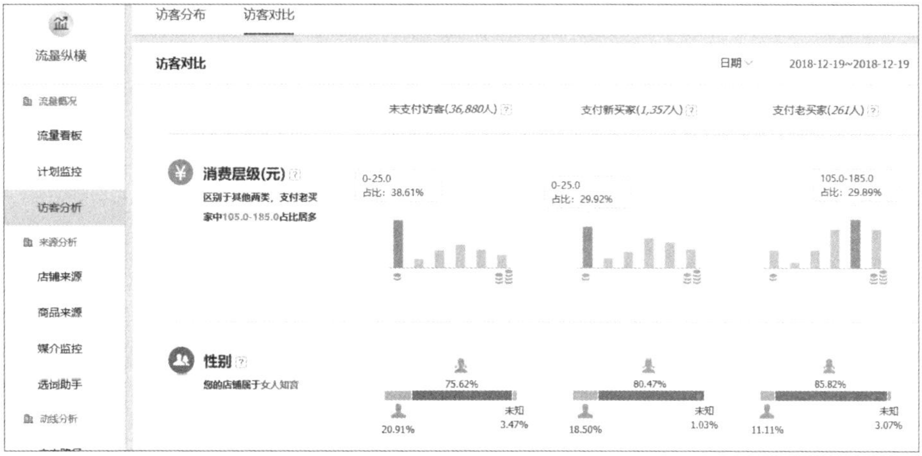

图 8-22 生意参谋的访客对比

8.3.3 生意参谋流量动线分析店内路径

在“生意参谋”→“店内路径”中，可以查看无线入店与承接中的淘宝 App、天猫 App 和无线 WAP 的访客数和下单转化率，以及入口页面、下单买家数、访客数、下单买家数和下单转化率，如图 8-23 所示。

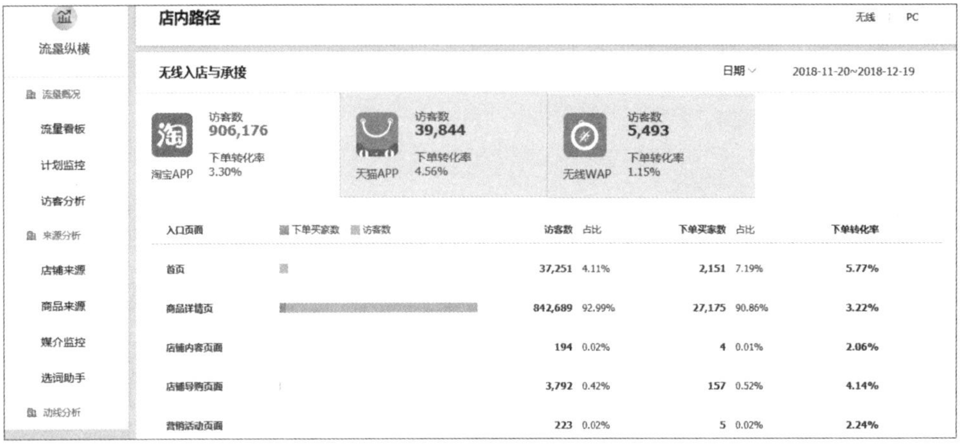

图 8-23　生意参谋的无线入店与承接

根据图 8-23 所示可以分析访客在首页、商品详情页、店铺内容页面、店铺导购页面、营销活动页面和店铺其他页的访客行为和相应的占比数据，这对于开展营销活动有着重要的影响。

店内路径页面来源和去向主要反映了访客在首页、商品详情页、店铺内容页面、店铺导购页面、营销活动页面和店铺其他页中的具体来源和去向，如图 8-24 所示。

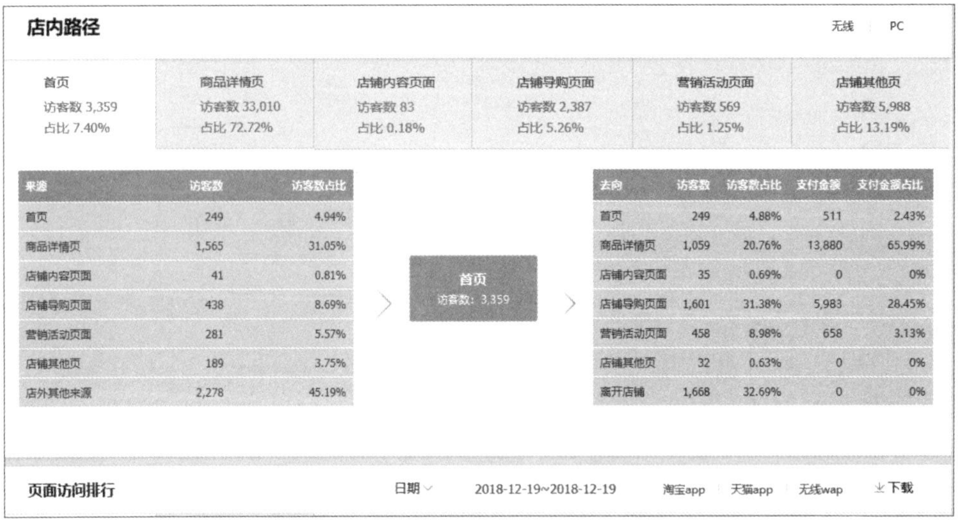

图 8-24　生意参谋的店内路径页面来源和去向

根据生意参谋中的访客分析和店内路径分析，可以得出用户上网行为和用户轨迹数据，其主要包括上网偏好（在无线端）、访客时间和下单时间（不同行业店铺需要根据自身数据具体分析），以及在店铺首页和详情页等页面的行为轨迹，如图 8-25 所示。

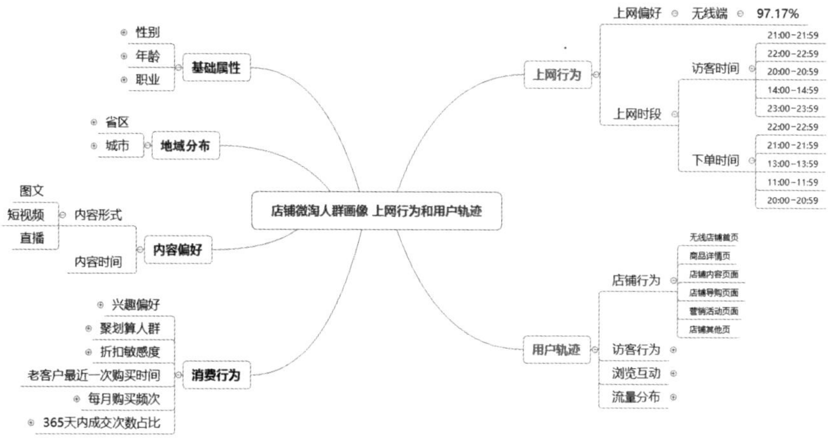

图 8-25　店铺微淘人群画像 上网行为和用户轨迹

8.3.4　生意参谋市场行业客群

生意参谋市场中的行业客群主要针对的是行业人群分析，主要包括客群趋势（支付转化指数）、属性画像（性别分析、年龄分析、职业分析、TOP 省份和 TOP 城市）、购买偏好（品牌偏好、类目偏好、下单及支付时段偏好、搜索词偏好）、支付偏好（支付金额分布、支付频次分布）四大部分，如图 8-26 所示。

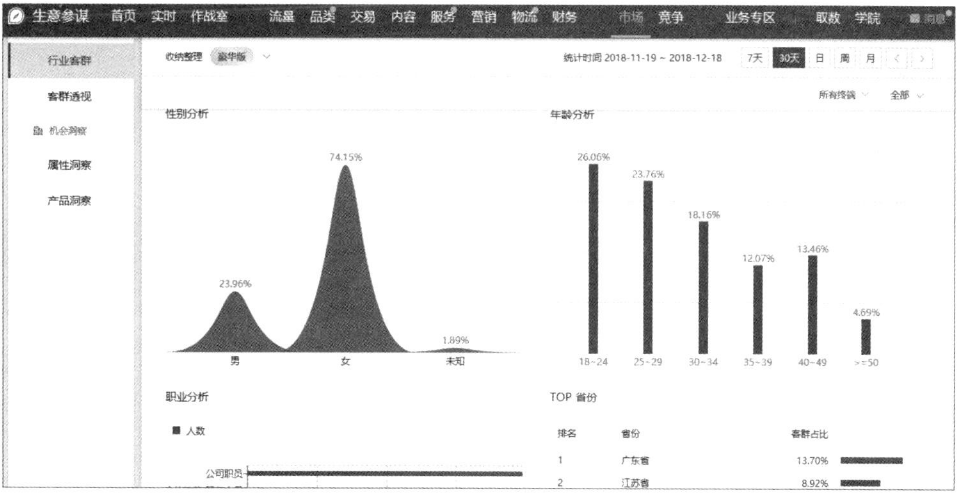

图 8-26　生意参谋市场的行业客群

行业人群画像分析可以具体到大类目和子类目的细分，如图 8-27 所示。

图 8-27 行业客群的支付偏好

8.4 客户运营平台粉丝访客

聚星台改名为客户运营平台，如图 8-28 所示。产品中心拥有五大中心，帮助商家实现“千人千面，一客一策”，构建全域会员运营能力。

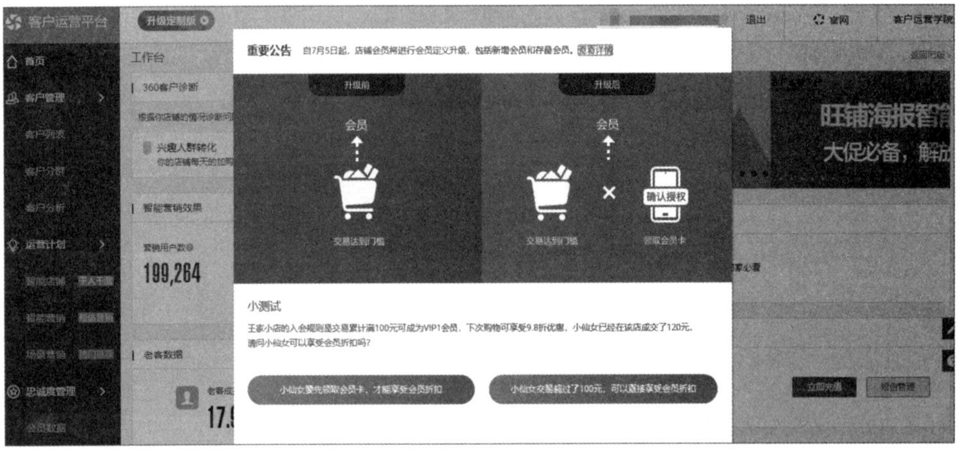

图 8-28 客户运营平台首页

客户运营平台主要包括客户管理、运营计划、天猫礼享汇、忠诚度管理、工具箱、权益管理、互动管理、素材管理和客户运营学院十大组成部分，如图 8-29 所示。

客户运营平台三大核心价值为从已购客户到潜在客户的运营，从短信触达到全链路营销触达，实现营销策略场景化、智能化。产品五大中心为客户中心、策略中心、会员中心、营销中心和权益中心。

通过全网数据，客户运营平台帮助商家洞察客户和管理客户，提供人群策略决策和效果分析，为商家提供会员运营方案，提升会员忠诚度，实现互动体验全面升级。

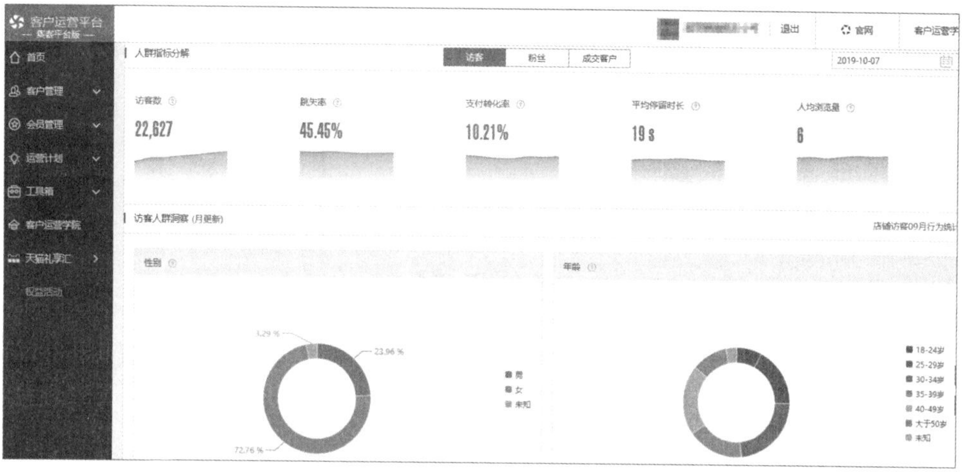

图 8-29 客户运营平台的客户分析

8.4.1 客户分析访客数据

研究微淘人群画像重点在于收集统计“客户运营平台→客户管理→客户分析”中的访客、粉丝和成交客户数据，三者共有的数据是人群性别、年龄和地域。

在访客行为中，主要统计访客行为数据，该数据主要由访客在店铺的加购、收藏、支付行为得出。统计数据为前一个月数据，商家微淘运营人员可以收集本店商品收藏、本店商品加购和本店支付的具体人数和占比，如图 8-30 所示。

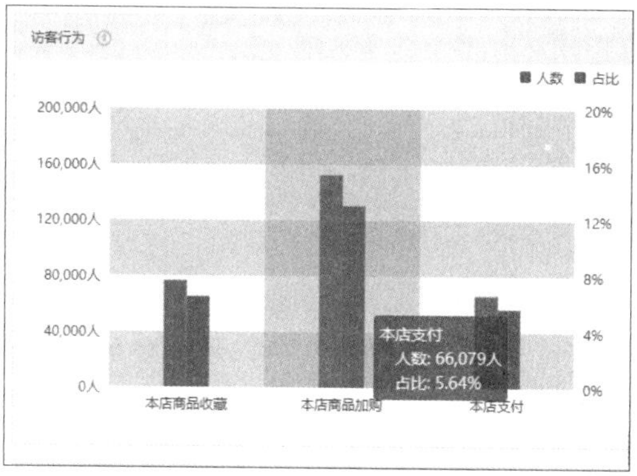

图 8-30 客户运营平台的访客行为

聚划算人群主要统计最近 180 天是否购买过聚划算商品的人数和占比情况；折扣敏感度通过分析用户参与折扣订单和营销活动的情况得出，分为低、中、高和未知四个部分，如图 8-31 所示。

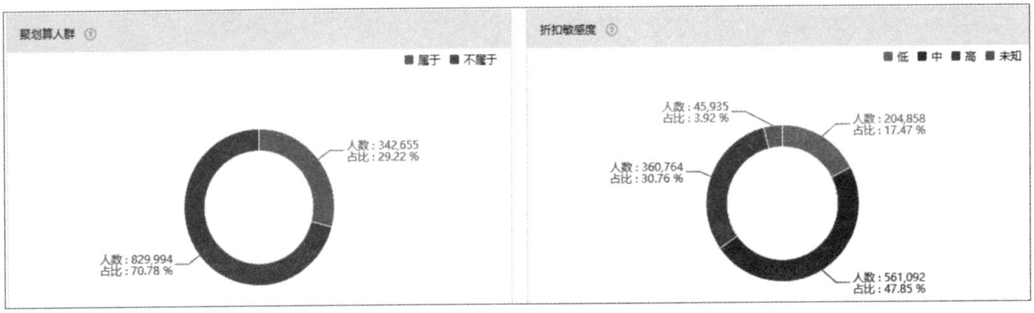

图 8-31 客户运营平台的聚划算人群和折扣敏感度

8.4.2 客户分析粉丝数据

由于行业不同，各类粉丝兴趣爱好的标签也略有差异，大体包括烹饪达人、吃货、买鞋控、数码达人、家庭主妇、运动一族、速食客、职场办公、爱包人和养生专家等，客户运营平台将粉丝兴趣划分为家庭兴趣、生活兴趣和职场兴趣三大类，如图 8-32 所示。

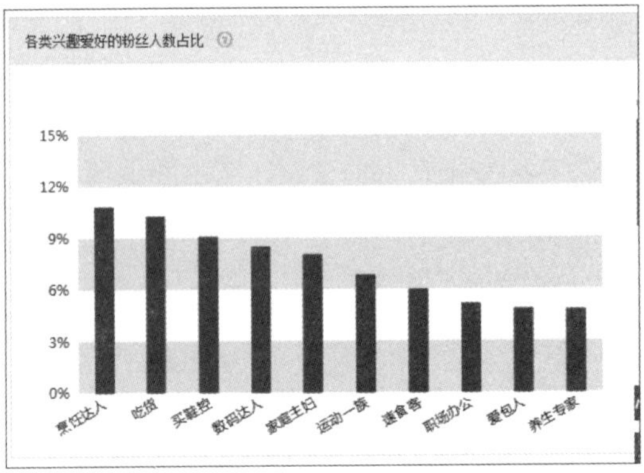

图 8-32 客户运营平台的各类兴趣爱好的粉丝人数占比

在店铺中粉丝支付人数一般小于非粉丝支付人数，由于店铺运营粉丝程度不一样，占比会有差异；而粉丝支付转化率远远高于非粉丝支付转化率，主要原因是粉丝对店铺的认知、认同和认购能力高于非粉丝（见图 8-33），这也是店铺需要培养自己粉丝的重要原因之一。

除了粉丝支付转化率，粉丝客单价也往往高于非粉丝客单价，粉丝购买的产品相对较多，如图 8-34 所示。不过由于粉丝支付人数小于非粉丝支付人数，因此在整体成交金额上，粉丝成交金额小于非粉丝成交金额。增加店铺粉丝数量、增强粉丝黏性，可以在一定程度上提升粉丝成交金额。

粉丝微淘互动行为主要记录了查看微淘、点赞、分享和评价等行为数据，粉丝中店铺会员占比也反映了商家运营粉丝的能力，如图 8-35 所示。

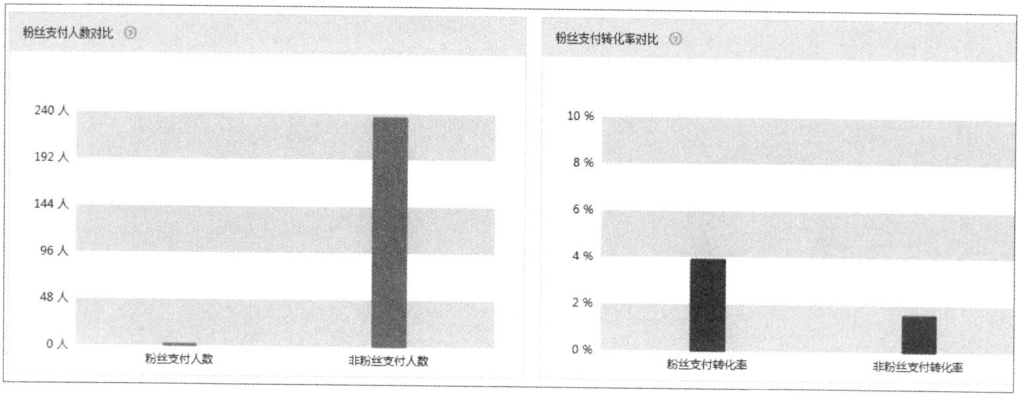

图 8-33 客户运营平台的粉丝支付人数对比和粉丝支付转化率对比

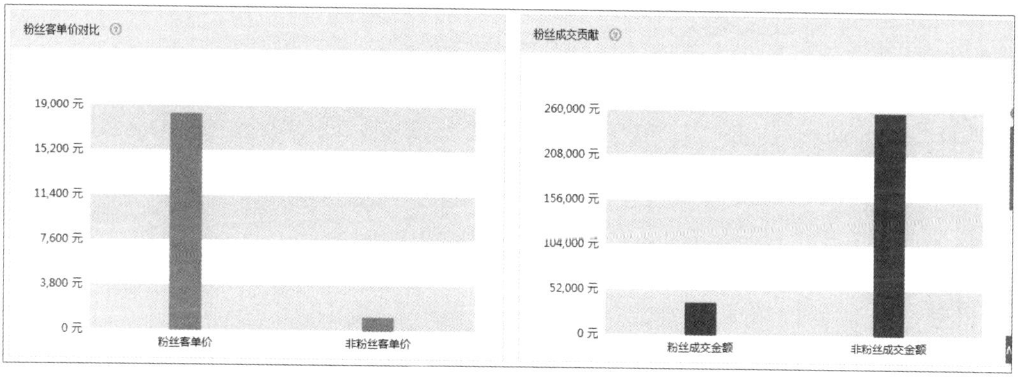

图 8-34 客户运营平台的粉丝客单价对比和粉丝成交贡献

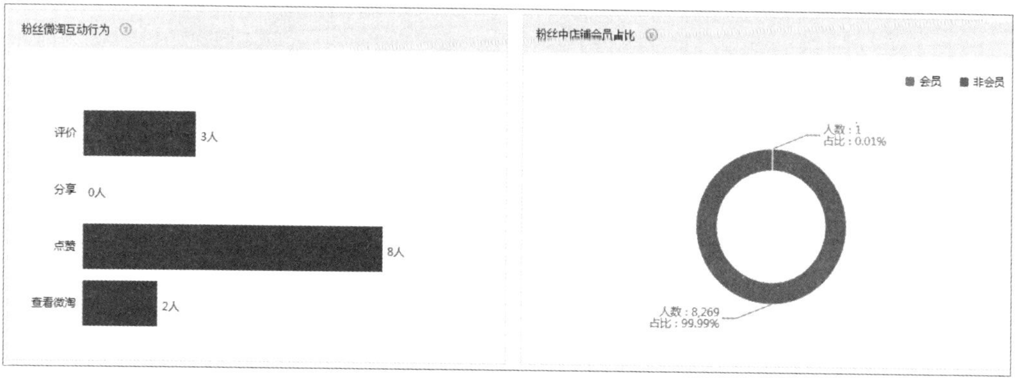

图 8-35 客户运营平台的粉丝微淘互动行为和粉丝中店铺会员占比

新老客对比主要反映了粉丝新客和粉丝老客的占比情况，粉丝店铺流量分布主要包括微淘曝光人数、访问宝贝详情人数和访问店铺首页人数，如图 8-36 所示。如何把微淘访客从浏览内容到吸引进入店铺，再让访客查看详情或首页，需要商家微淘运营人员积极引导。

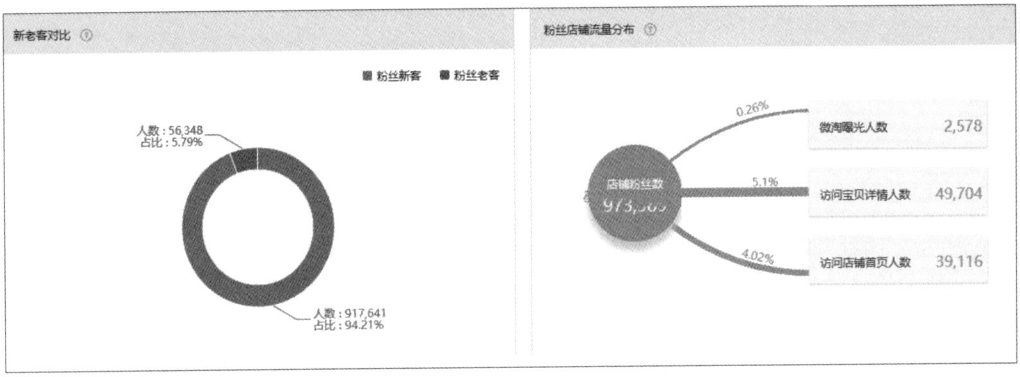

图 8-36　客户运营平台的新老客对比和粉丝店铺流量分布

8.4.3　客户分析成交客户数据

在成交客户数据中，重点关注客户的每月购买频次，即支付 1 次、支付 2 次、支付 3 次及以上人数的占比情况；而客户在 365 天内成交次数占比反映了在一年中消费的总体次数情况，如图 8-37 所示。由上述数据可以计算出店铺产品用户的复购频次和周期。

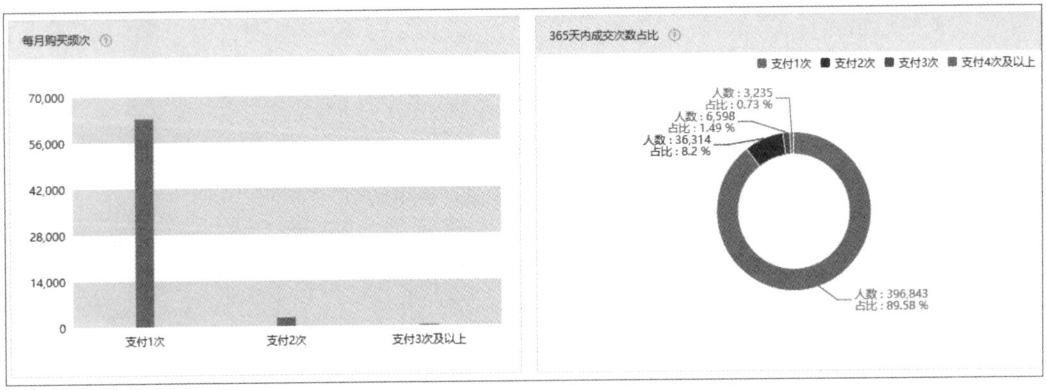

图 8-37　客户运营平台的每月购买频次和 365 天内成交次数占比

综合客户运营平台数据，可以汇总用户轨迹和消费行为，其主要包括访客行为、浏览互动、流量分布，以及兴趣偏好、聚划算人群、折扣敏感度、每月购买频次、365 天内成交次数占比等，从而进一步描绘出店铺的微淘人群画像，如图 8-38 所示。

通过阿里创作平台、生意参谋和客户运营平台三个数据平台的结合，可以拼凑出一幅店铺的微淘人群画像。根据人群画像的抽象数据，微淘运营可以描绘目前店铺的主要人群信息、消费行为和兴趣偏好等，为内容定位做准备。

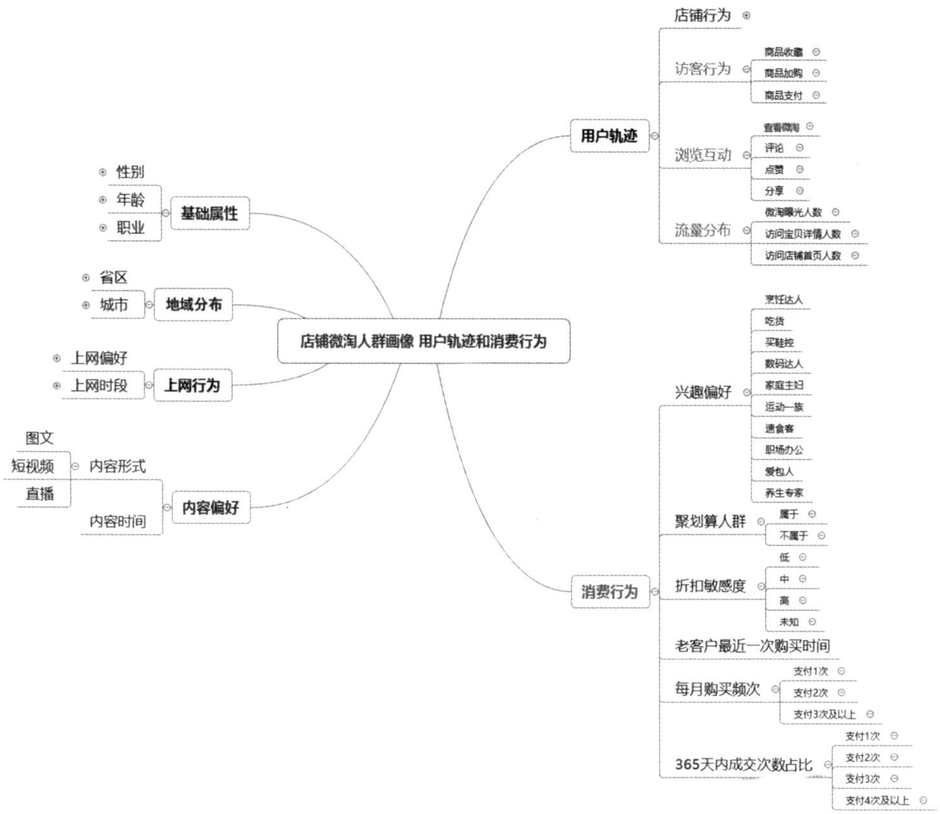

图 8-38　店铺微淘人群画像 用户轨迹和消费行为

8.5　买家秀和评论画像分析

如果从阿里创作平台、生意参谋和客户运营平台中获取的是抽象的数据人群画像，为了把店铺人群具体化，商家微淘运营人员可以统计 PC 端的商品评价和用户上传的照片。

2016 年 8 月，笔者在电商在线和派代网上发布《内容营销时代如何玩转 UGC 模式下的“买家秀”》的原创文章，该文章大致讲解了买家秀的“前生”“今世”和内容营销时代如何应用，如图 8-39 所示。

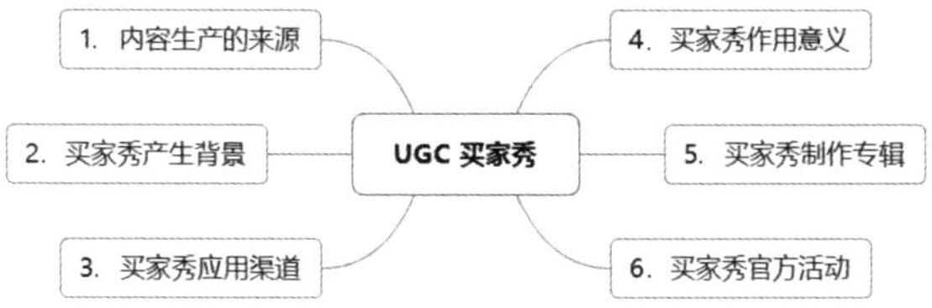

图 8-39　UGC 买家秀内容

8.5.1 内容的生产来源

在讲买家秀之前，我们先了解一下内容营销生产的来源，内容的生产来源目前主要有三种模式，即 UGC、OGC 和 PGC。UGC（User Generated Content）即用户生产内容，在淘宝网上应用比较广的是微淘里的买家秀；OGC（Occupationally Generated Content）即职业生产内容，在淘宝网上比较典型的是一些淘宝达人（也有兼职）、店铺和商家安排的内容运营人员和编辑，以及淘宝小编整合推荐；PGC（Professionally Generated Content）即专业生产内容，在淘宝网上目前有代表性的是瑞丽、奥美等专业机构和来自传统媒体等转行的自媒体专业生产的内容。

UGC、OGC 和 PGC 三者之间既联系密切又有区别，三者都有由用户生产的内容，区别在于生产者的内容的规范与专业程度。在创作内容人群数量范围上，UGC>PGC>OGC，三者的具体关系如图 8-40 所示。

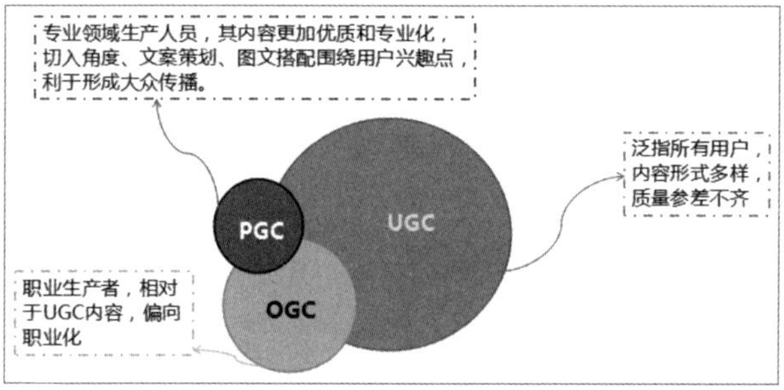

图 8-40 UGC、OGC 和 PGC 关系图

8.5.2 买家秀产生背景

关于买家秀产生的背景，我们最先追溯到 2012 年 9 月 6 日，淘宝网在评价系统里添加上传图片功能，如图 8-41 所示。评价系统作为网上购物的一个参考因素，具有举足轻重的作用。现在淘宝网将其丰富化、社区化，将用户分享从站外引到了站内，大大提高了淘宝网自身的影响力。

下面，我们再来详细看一下当时推出上传图片新功能的背景。

评论一直受到用户的重视和关注，成为用户选购商品的重要参考内容之一。用户的评论能够帮助后续买家更加全面、客观地了解与商品有关的众多信息，如质量、使用感受、效果、店铺服务、发货速度、物流服务等，帮助买家进行购物决策。但是，商品评论也一直缺少更加直接、客观、形象的表达方式。

评论上传图片功能的开放使商品评论更直观、评论信息更全面，从而提升评论内容的参考价值。与此同时，评论上传图片亦是一种分享，使买卖双方及买家之间的购物体验形成互动，使分享更加便捷、生动，从而建立良性沟通渠道。

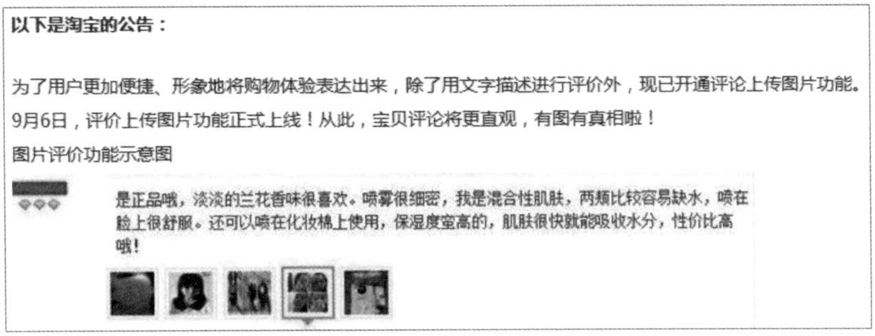
以下是淘宝的公告：

为了用户更加便捷、形象地将购物体验表达出来，除了用文字描述进行评价外，现已开通评论上传图片功能。

9月6日，评价上传图片功能正式上线！从此，宝贝评论将更直观，有图有真相啦！

图片评价功能示意图

是正品哦，淡淡的兰花香味很喜欢。喷雾很细密，我是混合性肌肤，两颊比较容易缺水，喷在脸上很舒服。还可以喷在化妆棉上使用，保湿度蛮高的，肌肤很快就能吸收水分，性价比高哦！

图 8-41　2012 年 9 月 6 日淘宝网在评价系统里添加上传图片功能

如果说之前只是开启了用户上传图片的功能，海量用户的图文信息大部分都沉浸在产品详情评论区、服务器和评论的"汪洋大海"中，卖家用的最多的一部分是截取的好评图片，在详情中以示其他用户对此产品的评价，那么千牛客户端开发的官方插件可谓是将其从"汪洋大海"中托出水面。在此，我们要特别感谢阿里巴巴商家事业部千牛团队。

官方买家秀是阿里巴巴集团于 2016 年 3 月出品的一款官方商家端千牛插件，旨在帮助商家运营优质的买家带图评价（又称买家秀），同时提供基于买家秀的无线互动玩法，以及数据查询等功能。该插件的基本功能完全免费，部分由独立第三方公司开发的营销玩法功能需收取一定的费用。

千牛对官方买家秀工具的定义为"新一代内容运营平台"，并详细地梳理了一些官方教程、玩法和功能解析。在这里，笔者结合部分案例略有讲述，如果大家想要了解更多内容，可以打开千牛客户端"官方买家秀"，内有详细攻略。

8.5.3 买家秀应用渠道

买家秀应用渠道主要包括手淘微淘、店铺首页、店铺详情（千牛内测中）、微博微信和视频编辑（站外暂时不作为主讲内容）等，其中手淘微淘、店铺首页和店铺详情主要为卖家推送买家秀。下面笔者用一张思维导图进行讲解，如图 8-42 所示。

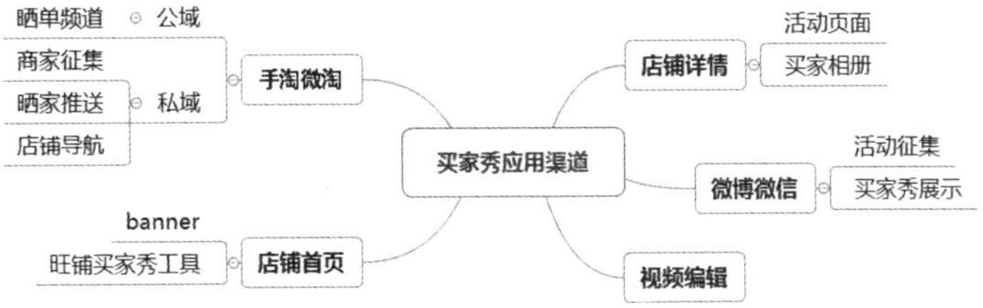

图 8-42　买家秀应用渠道

晒单属于微淘公域中的频道内容，展示的买家秀既可以是人物画像，也可以是购买的产品，主要包括由系统抓取的优质的买家秀图文，如图 8-43 所示。

图 8-43　微淘晒单频道

以 MG 小象为例，商家可以用九宫格、长文章或制作图文的形式，征集买家参与晒图，在互动中心生成活动链接，然后按照规则评选出获奖粉丝，并发放相应奖品，如图 8-44 所示。买家秀推送的主要是在微淘推荐买家评论中上传的比较精致、能够刺激其他用户产生购买欲的美图。店铺导航中的买家秀主要在无线店铺首页的顶部导航分类中。

图 8-44　微淘商家征集和推荐的买家秀

以时白白真品汇为例，在无线店铺首页通过无线智能旺铺设置买家秀，展示店铺买家晒出的产品集合页，如图 8-45 所示。此外，商家也可以提取微淘征集活动的买家秀链接，在无线店铺设计 banner 图，引导粉丝参与晒图。

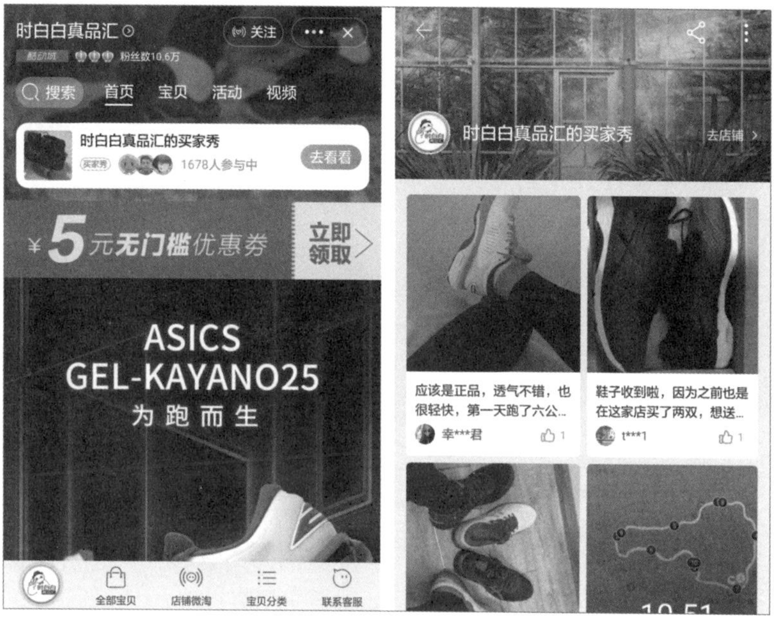

图 8-45　微淘无线店铺首页买家秀

在详情页中，商家可以在活动页面中链接到买家秀专辑，也可以通过详情页中的买家秀相册展示买家秀内容，如图 8-46 所示。

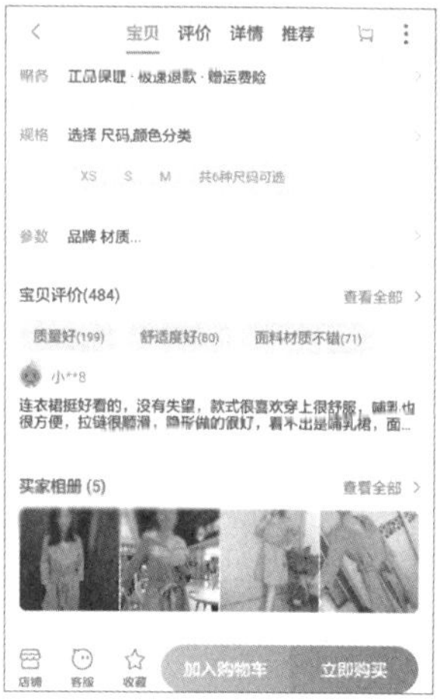

图 8-46　无线店铺详情页买家秀

买家相册能够让买家在手机详情中快速找到想要的东西，勾起购买意愿，具有丰富性、真实性和互动性三大特性。

丰富性：图文详情的第一个模块至多添加 5 条内容，买家可左右滑动查看缩略内容；

真实性：内容详情透出用户基本肖像，让买家感知真实性；

互动性：在买家秀相册详情页中，买家不仅可以对内容进行点赞，也可以直接在当前页面下单购买。

关于微博、微信等站外渠道，商家可以根据自身运营情况，按照微淘征集方式与粉丝互动。而短视频主要是指把收集好的买家秀素材制作成视频展示形式。

8.5.4 买家秀作用意义

买家秀的意义可以进行很多延展，笔者主要从店铺角度、粉丝角度和体验角度进行简要说明。为了更清晰地展示，笔者用一张思维导图供商家参考，如图 8-47 所示。

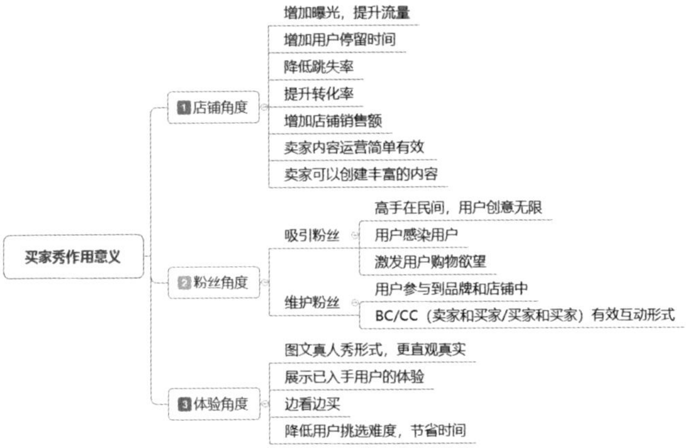

图 8-47　买家秀作用意义

本部分内容在第 10 章会详细解读。

8.5.5 买家秀和评价人群画像

在 PC 端中，查看想要分析的产品的买家秀人群画像，可以先选择带有人物图片的内容，然后根据买家晒出的图片，分析其性别、年龄等基本属性。以波司登官方旗舰店为例，买家为一位母亲，她为女儿购买了一件羽绒服，女儿的身高为 163cm，体重为 52kg，身份为学生，年龄为 18 ～ 25 岁，如图 8-48 所示。

此外，从评论的文字中，可以看出买家对羽绒服的关注核心词为物流速度、质量、潮流、暖和、设计、防风、显瘦、尺码、价格等。

而在宝贝的累计评价中，也可以看出用户比较关注的核心词是质量蛮好、大小合适、穿着效果好、板型漂亮、衣服很舒服、布料好、很保暖、做工很赞等，如图 8-49 所示。

图 8-50 所示买家秀是女儿买给妈妈的礼物，买家的主要关注点是质量、尺码、暖和，以及突显产品的礼物属性。

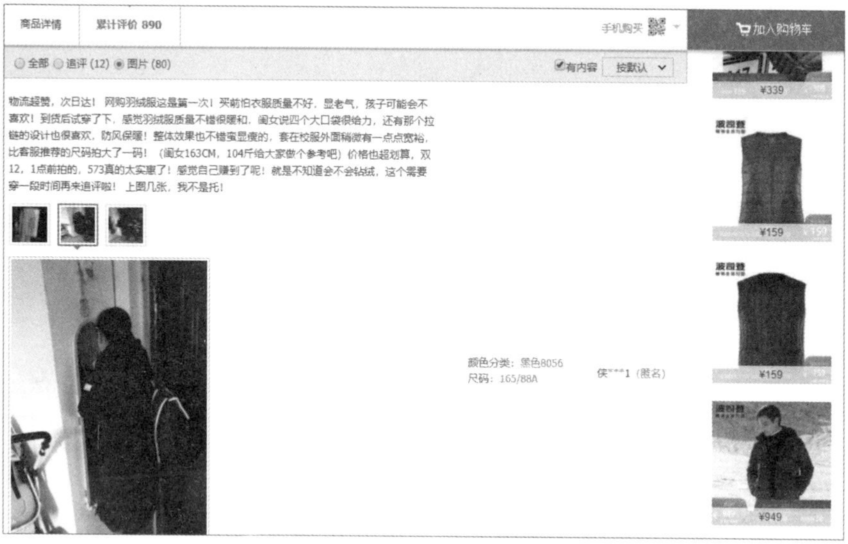

图 8-48 宝贝详情页买家秀晒图（一）

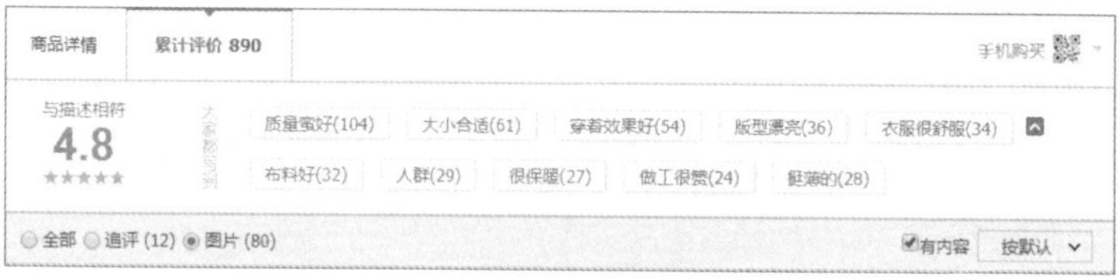

图 8-49 宝贝详情页买家评价描述

图 8-50 宝贝详情页买家秀晒图（二）

综上所述，商家可以通过买家秀分析用户的具体画像，而且从评论中可以找到用户比较关注的核心词和痛点需求。在创作内容的时候，商家可以围绕这些核心词进行内容延展和创作。

8.6 微淘人群画像内容定位

根据 8.4 节的内容，商家可以从达摩盘、阿里创作平台、生意参谋、客户运营平台和买家秀评价中，总结出一张思维导图或店铺人群画像分析图，其包括抽象的数据和具体的人物图片及关注点。

8.6.1 微淘人群画像数据汇总

图 8-51 所示为笔者于 2017 年 6 月在北京讲内容营销人群画像课时，绘制的某母婴类目商家的人群画像图。其中在休闲娱乐方面，妈妈人群喜欢晒娃、刷存在感、社交、互推荐、电视剧和分享等。

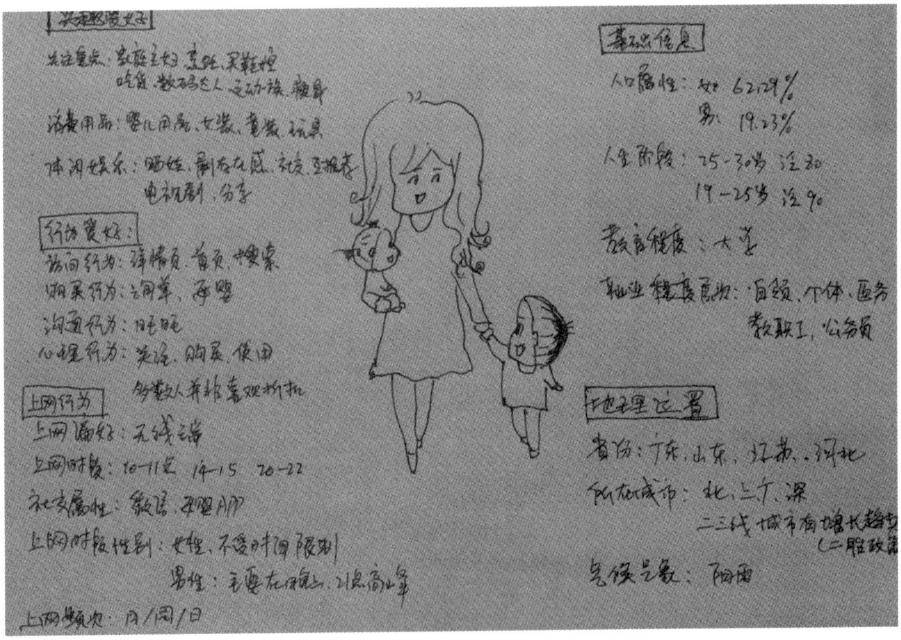

图 8-51 某母婴类目商家的人群画像图

8.6.2 微淘人群画像与内容发布

截至 2018 年 12 月 25 日，巴拉巴拉官方旗舰天猫店铺拥有 718 万个粉丝，如图 8-52 所示。2016 年 4 月 20 日，巴拉巴拉官方旗舰在微淘论坛上发布了一篇标题为《收益后置，让用户从微淘玩家变成店铺买家》的文章，其中，分享了该店铺对微淘人群画像的应用。

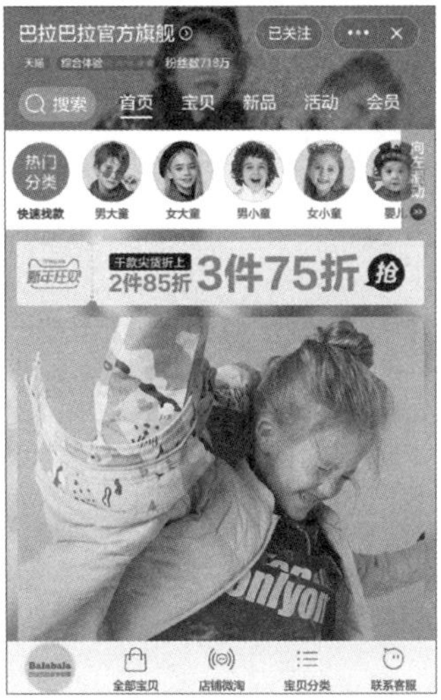

图 8-52　巴拉巴拉官方旗舰拥有 718 万个粉丝

根据巴拉巴拉官方旗舰微淘运营人员的分享，无线时代相比 PC 时代用户的停留时间短、跳失率高，但是无线时代的玩法也更丰富。通过会员细分做好用户运营如首页的新老客模块，通过微淘、达人做好内容营销，从而增加用户互动和停留时间等。

在全网没有多少商品、商家的时候，有流量就有销量，所以大家拼命抓流量。但是现在商品越来越多、商家越来越多，用户就会产生选择障碍。用户为什么选我们呢？笔者认为价格战可以，但不能长久，只被低价吸引的用户并不是我们的目标人群，这类人的目的性太强，是最容易“移情别恋”的。

在选择困难症面前，用户需要一个意见领袖，意见领袖（如网红、微淘）是一个生活化、形象鲜明的个体，可以帮助用户快速定位产品。下面来说一下微淘。

1. 了解微淘

在运营微淘之前，我们有必要了解一下微淘，它的定位对我们运营策略的制定有重大意义。它是用户的生活消费贴身秘书，是商家的移动电商平台，同样也是一个第三方导购平台。看到这里，我们就可以对自身微淘运营有一个思考：我们的消费群体是什么？作为生活消费贴身秘书它的基本工作职责是什么？商家需要做什么？可以做什么？如何进行导购？如何满足用户的购物需求？

2. 目标用户

做电商肯定要了解自己的目标人群，不管做不做微淘都需要，任何产品都不可能满足所有用户，我们要做的就是对用户进行细分，缩小目标用户范围，尽可能地满足目标用户的需求。下面截取的是巴拉巴拉官方旗舰某个时间段的访客分析数据，如图 8-53、图 8-54 所示。

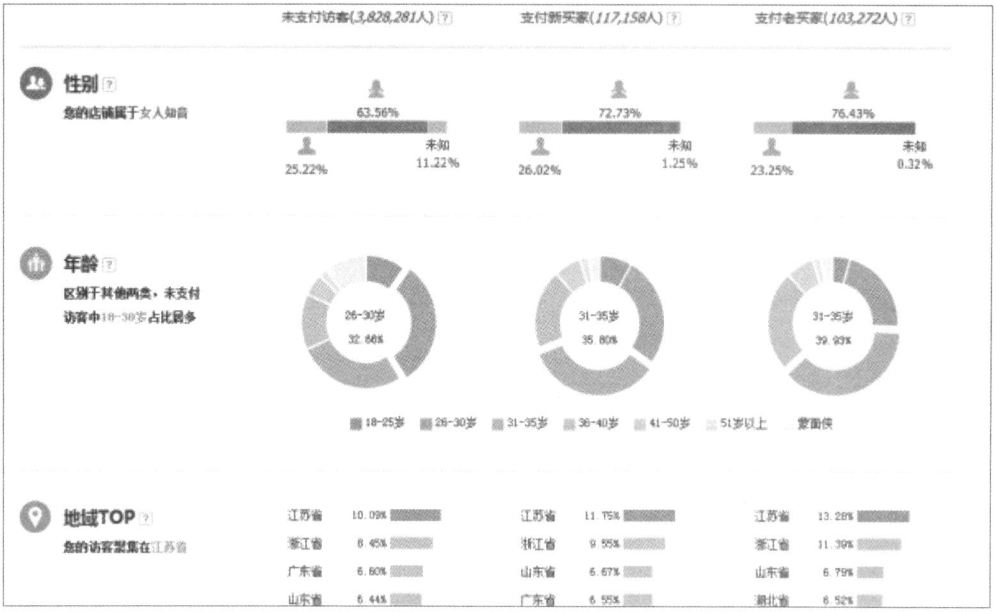

图 8-53　巴拉巴拉官方旗舰访客对比数据

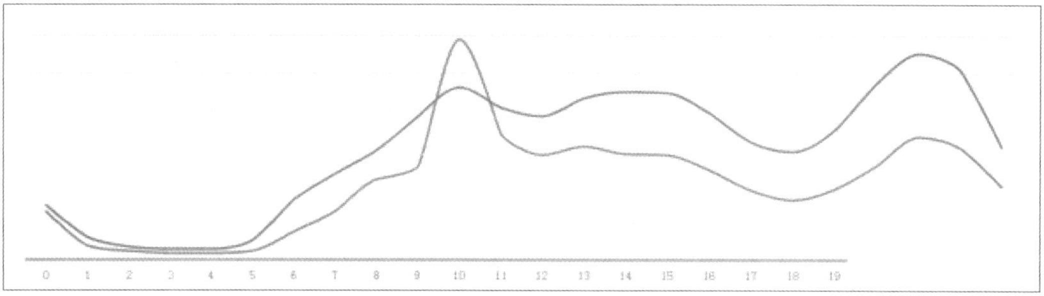

图 8-54　巴拉巴拉官方旗舰时段分布数据

通过这两张图可以得知，巴拉巴拉官方旗舰的目标人群特征如下。

性别：女性为主；

年龄：26～40岁；

地区：东部沿海地区及湖南、四川等地；

职业：白领、商务人士；

习惯：上午9:00—10:00、下午15:00、晚上21:00—22:00访问店铺。

东部沿海地区的人是主流消费群体，这里的天气状况怎么样？26～40岁的女性群体平常关注什么，喜欢什么，为什么在这些时间段访问量高？这三个时间段哪个是以浏览为主，哪个是以购买为主？这些都可以通过数据或其他方式找到答案。

3．内容发布

在内容栏目中，巴拉巴拉官方旗舰把适合妈妈的话题分为如下 8 种。

①美容话题，如做了妈妈也要保养；

②活动流程，如免单、退款流程等；

③宝宝健康，如育儿经验分享；

④交流孩子平时喜欢穿什么风格的衣服、尺码之类，从而进行不同推荐；

⑤美食、感情等话题；

⑥分享孩子之间的趣事；

⑦大家来支招，如分享生活中好用的妙招；

⑧店铺平常活动推广宣传，如妈妈们喜欢的打折、免单等。

通过分析妈妈们比较关注的问题，巴拉巴拉官方旗舰可以知道自己日常发什么、活动玩什么，如图 8-55 所示。

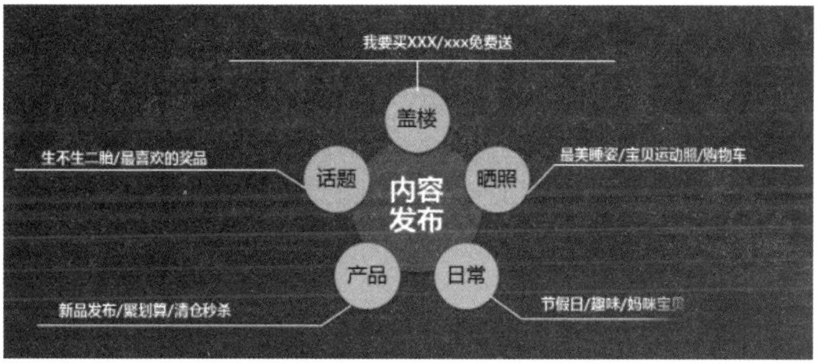

图 8-55 巴拉巴拉官方旗舰内容发布

除此之外，笔者的电脑会时常保持打开两个 Excel，一个是关键词罗列，另一个是可进行的活动。看到好的词汇、好的活动，笔者会记录下来，问问自己是不是可以通过变形来推送给用户群，它对笔者的帮助是：怎么做一个标题党，提高打开率；在店铺进行主题聚划算的时候，能不能找到与之契合的活动来预热。

4．具体玩法

确定好以上内容后，就需要确定具体的玩法，相信这也是大部分人重点关注的问题。

（1）盖楼活动

第一：站在用户的立场上告诉大家奖品一定会发，会给用户留言、打电话，不会让参与者错失奖品；

第二：奖品前置，即先说奖品，让用户判断这个活动值不值得参加，后面再说规则，因为规则并没有多少人会看，只是保留解释权而已；

第三：奖品是什么，参与就能获得的大额优惠券、小巴亲自挑选的衣服，同样的东西换个表达方式赋予特殊性，对用户更有吸引力；

第四：参与方式简便，格式如“618 • 我要 ×××”；

第五：结尾告诉大家，这只是一次活动，如果大家参与度高，店铺还会做此类活动。

大家可能会有更好的玩法和方式，笔者觉得简单就好。“618”活动盖楼结束以后，“630”活动又以类似的逻辑做了一次，10 个小时盖楼数量破 5 万层。

（2）“双 11”玩法

我们都知道，作为淘宝商家，“双 11”才是重头戏，“双 11”微淘商家这么玩。

商家从 9 月开始对整个“双 11”节奏进行梳理，并且制定了不同阶段的预热玩法。前期以互动为主，如盖楼、签到、投票、竞猜等，10 月开始针对“双 11”主题推出一系列软文，并且针对主题做一系列有奖活动。

通过梳理，巴拉巴拉官方旗舰制订了比较详尽的计划，如预热做什么、活动做什么、活动结束针对发货慢的安抚等，如图 8-56 所示。

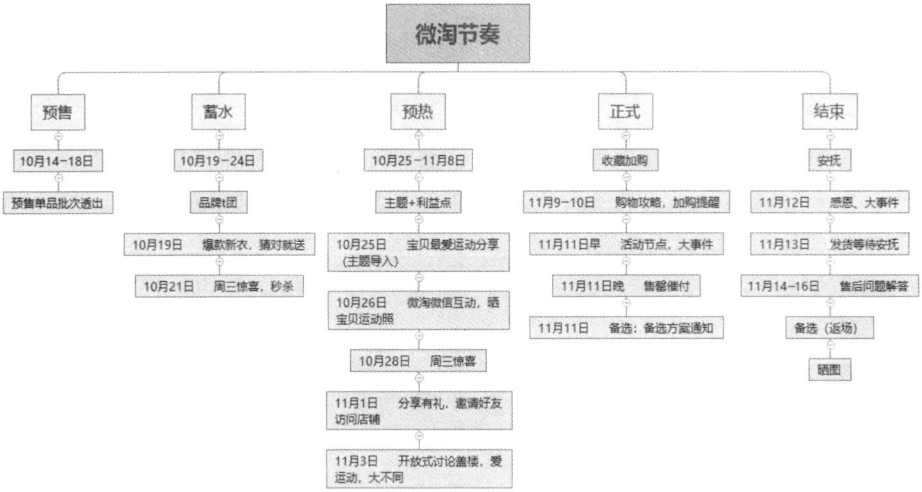

图 8-56 巴拉巴拉官方旗舰微淘“双 11”节奏

巴拉巴拉官方旗舰与 MG 小象“双 11”微淘引导成交情况对比，引导成交金额是差不多的，但是，可能是双方的侧重点不同，微淘圈子都知道 MG 小象的互动率非常高。与粉丝量级差不多的童装品牌对比，巴拉巴拉官方旗舰在引导成交、净增关注上达成的效果都是比较好的。

8.6.3 微淘人群画像与内容定位

junichi 淳一旗舰店（见图 8-57）在 2013 年结合微淘运营经验，总结了一个精准有效的定位，这无疑是任何运营的基础之基础、中心之中心。

图 8-57　junichi 淳一旗舰店微淘

很多商家不知道如何确定自己的微淘定位，在没有解决自身定位问题的情况下，就投入微淘的“茫茫大江”，被湍急的水流弄得晕头转向，最后变得更加迷茫。

第一，明确微淘的定位。微淘首先应该是社交型平台，其次才是购物平台。所以，定位的重点应当侧重于社交平台的构建，而不是盲目地推送广告，刺激用户的神经而导致其产生厌烦心理，最终取消关注。

第二，商家要明确自己的定位。店铺风格、产品特点、目标用户、日常运营数据等都是定位的依据和理论支持。

以“麻麻”为例，其产品为婴幼儿洗护产品，目标用户为妈妈群体（男性很少购买婴幼儿洗护产品）。现在“80 后”“90 后”人群已经进入婚育高峰期，“80 后”“90 后”的女性成为新一代年轻妈妈的主流人群，即“麻麻”的受众人群。

第一，分析自身的产品。婴幼儿洗护产品非常注重宝宝的皮肤健康与护理，这也是妈妈们最关心的问题。而宝宝漂亮可爱与健康的肌肤分不开，所以，以“外貌”作为切入点，将自己的受众与自己的产品关联起来。

第二，确定定位。对于“80 后”“90 后”年轻的妈妈们而言，抓住她们的兴趣点，自然要避开传统、死气沉沉、刻板的风格，以开放自由、文艺清新潮流范的风格来打造微淘的整个调性与氛围。“80 后”“90 后”的女性风华正茂，爱美的天性处于巅峰状态，每个妈妈都希望自己的宝宝既可爱又漂亮。因此，定位就很简单，即“文艺范的小俊男小美女养成”。

第 3 篇　高级篇

众里寻他千百度，蓦然回首，
那人却在灯火阑珊处

第 9 章 微淘内容规划排期

微淘运营包括人群运营、内容运营和活动运营。在日常店铺微淘运营中，商家既需要完成每日的内容发布，也需要策划每周粉丝互动活动、每月节日主题，以及配合行业大促、官方促销等活动，以获取粉丝关注和更多的流量及销售转化。此外，微淘官方每月都会发起不同的官方活动，对于符合资质的商家，建议尽量参与活动，争取更多的流量。

9.1 微淘日常大促活动规划

微淘内容规划主要包括日常内容和大促内容，如图 9-1 所示。按照 6.5 节的内容，日常内容包括商品类、资讯类、导购类和互动类内容，大促内容包括平台大促、节日大促和微淘官方活动等内容。

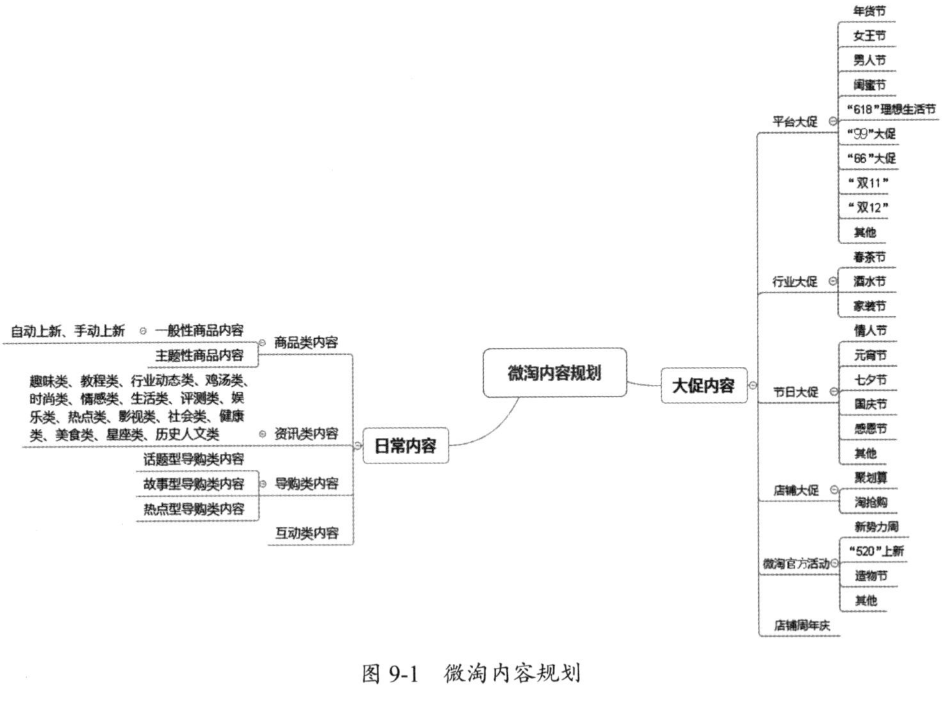

图 9-1 微淘内容规划

9.1.1　日常内容运营活跃指南

2016 年 2 月，微淘官方发布了《微淘日常运营活跃指南》，该指南主要针对商家存在的以下几个问题：商家微淘内容质量不高，用户收藏店铺后再特意取消关注微淘动态的用户较多，用户流失度高等，提出了解决方案。

在日常内容中，除了上新等特定的活动玩法，商家微淘应以“主题性内容编辑 + 商品导购”为常用形式。

1. 主题选取

主题选取除了上新等季节性主题，配合不同的主题组织的日常内容能获得更高的阅读量。建议性主题主要包括以下几类。

（1）实用类

实用类主题配合实用场景、时间等说明，或者从用户特性角度出发。

场景配合：春日郊游穿搭技巧、面试必备、年会服装（见图 9-2）；

时间节点：过年新战衣、夜晚保养技巧；

用户特性：矮个子的出街神器、油性肤质必看。

图 9-2　日常内容的穿搭技巧

（2）商品特性类

商品特性类主题包括上新加购（见图 9-3）、年末热销盘点、换季清仓。

（3）创意性内容类

创意性内容类主题包括买家秀（见图 9-4）、购物心得挑选交流、去首尔挑款的 48 小时。

图 9-3　日常内容的上新加购

图 9-4　日常内容的买家秀

2．主题内容组织

①主题与商品紧密挂钩，并能进行顺畅的组织和引导（见图 9-5），不要一开始写了一两句热点，紧接着就毫无逻辑地罗列商品。

②好玩独特的创意组织，如“卖秋裤 扒一扒全世界秋裤的进化史”。

图 9-5　日常内容的主题内容组织

3．长图文内容组织

①商品挑选主题性明确，宜精不宜多，以 1 ～ 5 个为佳，有主次之分；

②不要在正文内容里随意插入商品图片，打断阅读节奏；

③引导性文案和商品能够紧密结合，前后关联；

④内容图片和商品图片不要杂糅放在一起，要有明显的区别性；

⑤建议在内容底部进行集中性的商品展示和导购。

4．用户互动

①不定期地给微淘忠实用户以福利回馈，如红包、抽奖、折扣等（见图 9-6）；

②注意与用户沟通和互动，不要只强调“买买买”。

图 9-6　日常内容的用户互动

9.1.2　微淘平台六类大促

微淘大促的内容主要包括平台大促、行业大促、节日大促、店铺大促、微淘官方活动和店铺周年庆等。通过各种新鲜、有趣和有利益点的活动，吸引用户关注并参与其中，增强微淘平台、商家与用户之间的黏性关系。

1．平台大促

微淘策划的平台大促活动主要包括年货节、女王节、“618”理想生活节、“66”大促、“99”大促、“双 11”和“双 12”等活动（见图 9-7）。微淘进行大规模全曝光支持，包含微淘发现等大规模资源，商家每天可获得高达千万级的流量曝光资源。

微淘热度榜会根据过去 7 天店铺发布 feed 数量、feed 的总阅读数计算店铺的热度指数，并列在热度榜里面。店铺所发布的 feed 数量越多，质量越优良，指数越高，位置越靠前，获得的曝光量就越高。

此外，微淘官方还会根据买家的购买习惯进行个性化推荐，在微淘端活跃度高的商家所发布的 feed 信息获得展示的概率越高，排序就越靠前。

图 9-7 平台大促内容

2．行业大促

除了平台活动，微淘每年还与行业类目联合策划内容活动，如微淘 × 淘宝头条亲测节、微淘 × 母婴类目“520”亲子节（见图 9-8）等。

微淘 × 淘宝头条亲测节活动定向邀约天猫运动（体育、户外）商家参与，商家的参考指标有店铺微淘粉丝活跃度、店铺认知度，并结合商家规模、运营能力、影响力等维度综合评定。

微淘 × 母婴“520”亲子节活动主要围绕“记录我的成长瞬间”主题展开，吸引粉丝和母婴潜在用户，通过优质的母婴知识、陪伴好物“种草”形成用户黏性和回访。参与资格为天猫母婴商家和 L3 及以上等级且粉丝数不少于 1000 人的达人。

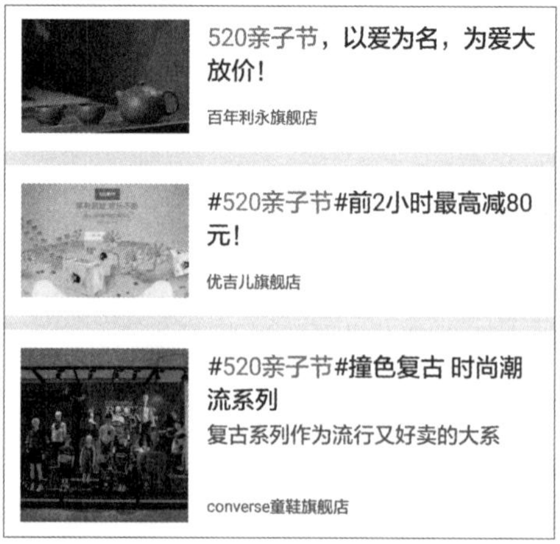

图 9-8 行业大促内容

3．节日大促

国内的节日包括元旦、春节、清明节、劳动节、端午节、中秋节、国庆节等，国外的节日包括情人节、感恩节和圣诞节等。为了营造氛围，在国内和国外节日期间，商家都可以策划相关的微淘内容，如图 9-9 所示。

图 9-9　节日大促内容

4．店铺大促

店铺大促活动主要包括聚划算和淘抢购。此外，部分淘宝 C 店报名的天天特卖，以及店铺策划的限时特价或微淘专享价活动，都可以作为店铺大促内容，发布微淘，吸引用户粉丝下单，如图 9-10 所示。

图 9-10　店铺大促内容

5. 微淘官方活动

微淘官方活动包括春节话题活动招募、微淘 × 新势力周活动和微淘 × 造物节活动等。参与活动的商家在微淘活动频道、关注频道和主会场等入口有内容透出，以展示给更多用户。商家需要注意的是活动参与资格、活动报名方式、活动时间和活动权益等。

以造物节为例，商家在报名入口投放短视频内容，经过审核之后，通过系统输送和微淘公域推荐等方式呈现在用户面前，在此需要进行内容评比，主要考核数据是点赞、阅读、分享和评论等，然后根据排名热度，进入 6 大主题热门内容，进而进入 TOP200 内容会场，如图 9-11 所示。

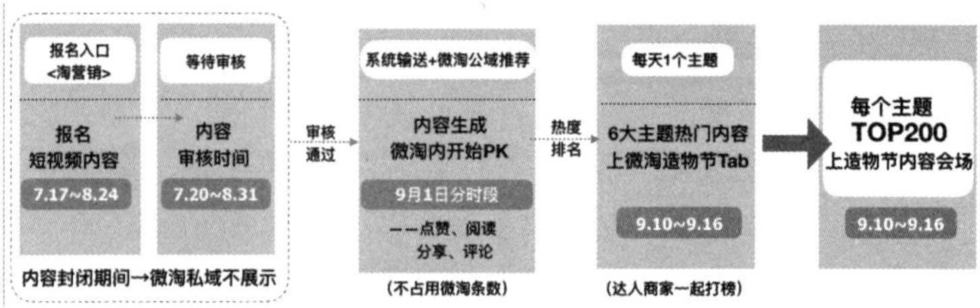

图 9-11　微淘官方活动玩法流程和时间节奏

6. 店铺周年庆

店铺周年庆主要是指淘宝天猫店铺开店满一周年及以上的庆祝活动。商家可以策划各种秒杀、满减、满送等优惠活动，通过图文、直播和短视频等内容形式宣传造势，让用户产生强烈的记忆，提高店铺的知名度和美誉度。通过促销，提升店铺销售额。

以恒洁卫浴官方旗舰店（见图 9-12）为例，商家曾在店铺微淘中策划“# 我与 18 的故事 #”恒洁卫浴 18 周年庆微淘活动。具体参与规则为关注恒洁卫浴官方旗舰店微淘，跟随话题发表“你和 18 的故事和贴图”，即可抽取奖品。

图 9-12　恒洁卫浴官方旗舰店店铺周年庆

9.2　微淘年度内容规划排期

根据微淘规划内容的分类，商家需要规划出年度、季度、月度和每周的内容排期计划。关于年度规划，按照笔者在课堂中规划的内容，以 2019 年为例，天猫商家可以分步骤规划出适合店铺全年的微淘计划。

首先需要构建一个表格，标注店铺名称，内容可以按月份和日期进行横行和纵列的填充，以便活动前备货、装修设计、筹备内容和打造爆款等，如图 9-13 所示。

XXX店 2019年全国节日/官方大促/行业活动												
	一月	二月	三月	四月	五月	六月	七月	八月	九月	十月	十一月	十二月
1												
2												
3												
4												
5												
6												
7												
8												
9												
10												
11												
12												
13												
14												
15												
16												
17												
18												
19												

全年规划　季度规划　月份主题　每周规划　+

图 9-13　建立店铺全年时间规划表

商家根据 9.1 节的内容，在 2019 年天猫淘宝活动时间表（部分有变动）中填写大促活动。

9.2.1　平台大促时间点

2019 年淘宝天猫平台的重大活动包括 1 月的年货节、2 月的开学季、3 月的“38”女王节、4 月的出游季和男人节、5 月的闺蜜节、6 月的聚划算“66”大聚惠和“618”理想生活狂欢节、9 月的“99”大促、11 月的“双 11”全球狂欢节和 12 月的“双 12”年度盛典。

活动时间包括预热时间和正式上线时间，商家可以根据具体时间，在店铺全年时间规划表中进行排期和标注重点活动颜色，如图 9-14 所示。

XXX店 2019年全国节日/官方大促/行业活动

	一月	二月	三月	四月	五月	六月	七月	八月	九月	十月	十一月	十二月
1												
2												
3												
4												
5												
6						66大促						
7				出游季								
8			女王节									
9									99大促			
10												
11											双11	
12												双12
13												
14												
15												
16					闺蜜节							
17												
18						618						
19												

全年规划 季度规划 月份主题 每周规划 +

图 9-14　部分平台大促重要节点

9.2.2　节日大促时间点

淘宝天猫还会结合国内国外节日，发起大促活动。例如，2 月的天猫情人节和天猫睡眠节，3 月的健康日，4 月的儿童生活节和图书节，5 月的天猫母亲节、健康节、“520” 表白节和全球儿童生活节，以及 6 月的天猫父亲节、全国爱眼日和天猫端午节等。

商家可以把节日活动填充进店铺全年时间规划表，并标注对应的行业颜色，如图 9-15 所示。

XXX店 2019年全国节日/官方大促/行业活动

	一月	二月	三月	四月	五月	六月	七月	八月	九月	十月	十一月	十二月
1	元旦			愚人节	劳动节	儿童节	建党节	建军节		国庆节	万圣节	
2												
3												
4		除夕			青年节							
5		春节		清明节								
6						66大促						
7				出游季		端午节		七夕节		重阳节		
8			女王节									
9									99大促			
10									教师节			
11											双11	
12			植树节		母亲节							双12
13	腊八节								中秋节			
14		情人节										
15			消费者权益日					中元节				
16					闺蜜节	父亲节						
17												
18						618						
19		元宵节										

全年规划 季度规划 月份主题 每周规划 +

图 9-15　部分节日大促重要节点

9.2.3　行业大促时间点

除了平台活动和节日活动，各个行业类目也会发起专属的行业活动。例如，1 月的家装新年惠和天猫母婴进口大赏，2 月的油漆涂装节、天猫灯饰节、美妆春光节和家装节，3 月的天猫空调节、春季汽车节、互联网家装节、春茶节、“317”吃货节、天猫跑步节、天猫国际三月玩具节，4 月的宝宝出行节、美甲节、家装行业大促、天猫婚博会、美白防晒节、家装 O2O 五一活动、匠心手作节，5 月的 5 月春茶节、天猫 T 恤节、家装 5 月行业大促、通信狂欢节、天猫橱柜节、天猫底妆节、进口狂欢周和 9 月的天猫全球酒水节等。

商家可以结合类目需求，把专属的行业活动填充进店铺全年时间规划表，并标注对应的行业颜色，如图 9-16 所示。不属于类目活动的无须标注到年度规划表当中。活动时间跨多日的，可以合并表格并添加备注。

XXX店 2019年全国节日/官方大促/行业活动

	一月	二月	三月	四月	五月	六月	七月	八月	九月	十月	十一月	十二月
1	元旦			愚人节	劳动节	儿童节	建党节	建军节		国庆节	万圣节	
2												
3			天猫空调节									
4		除夕	互联网家装节		青年节							
5		春节		清明节	5月春茶节							
6				美甲节		66大促						
7				出游季		端午节		七夕节		重阳节		
8			女王节	家装行业大促	天猫T恤节							
9				天猫婚博会					99大促			
10			春茶节						教师节			
11				美白防晒节	通信狂欢节						双11	
12			植树节		母亲节							双12
13	腊八节								中秋节			
14		情人节										
15			消费者权益日					中元节				
16					闺蜜节	父亲节						
17			317吃货节									
18			天猫跑步节			618						
19		元宵节			进口狂欢周							

全年规划 季度规划 月份主题 每周规划 +

图 9-16 部分行业大促重要节点

9.2.4 二十四节气时间点

在微淘中，部分商家也会根据二十四节气发布微淘内容（见图 9-17）。以森马官方旗舰店为例，其在冬至的时候介绍北方吃饺子、南方吃汤圆的习俗，以及滕州羊肉汤、江南赤豆饭、台湾糯糕和苏州酿酒等有名的地方小吃，并与粉丝互动“今天你吃了什么呢？”，如图 9-18 所示。

XXX店 2019年全国节日/官方大促/行业活动

	一月	二月	三月	四月	五月	六月	七月	八月	九月	十月	十一月	十二月
13	腊八节								中秋节			
14		情人节										
15			消费者权益日					中元节				
16					闺蜜节	父亲节						
17			317吃货节									
18			天猫跑步节			618						
19		元宵节/雨水			进口狂欢周							
20	大寒			谷雨								
21			春分		小满	夏至						
22			春夏新风尚	男人节							小雪	冬至
23							大暑	处暑	秋分			
24	阿里年货节									霜降		平安夜
25		开学季										圣诞节
26												
27												
28	小年									寒衣节	感恩节	
29												
30												
31												

全年规划 季度规划 月份主题 每周规划 +

图 9-17 部分二十四节气重要节点

图 9-18　部分二十四节气风土民俗

除了上述内容，微淘官方活动、店铺大促和店铺周年庆活动需要根据自身店铺时间节点进行排期，例如，聚划算和淘抢购等需要提前 3 天预热；店铺周年庆可以提前 10 天左右进行预热造势。

9.3　微淘季度内容规划排期

年度规划制订完之后，需要细化到一年中的四个季度，分解 KPI，如 2019 年第一季度，商家微淘内容运营需要规划好每个月的大致内容，包括内容日期、节日、内容主题、活动形式、预热时间、爆发时间、收尾时间、具体安排和预期效果，如图 9-19 所示。

季度	月份	序号	内容日期	节日	内容主题	活动形式	预热时间	爆发时间	收尾时间	具体安排	预期效果
Q1	1月	1									
		2									
		3									
	2月	1									
		2									
		3									
		4									
	3月	1									
		2									
		3									
		4									

图 9-19　微淘季度内容规划表

2017 年 8 月，笔者在金华菜鸟园区为天猫商家讲内容营销课时，布置了填写季度规划表的任务，某旗舰店按照该计划表并结合自身店铺活动安排，制作了 2018 年整个季度规划和每月具体执行内容。

以第一季度前 2 个月为例（见图 9-20），按照序号规划出每个月需要制作的内容事项，以节日和大促等为节点，内容主题为官方或店铺自拟主题，活动形式包括长图文、九宫格、短视频或视频直播，以及互动玩法等。计划好活动内容预热时间、爆发时间和收尾时间，以便在此前完成文案编辑、图片设计和活动奖品准备及活动结束后公布中奖名单等内容。微淘活动有条不紊，循序渐进，除了微淘运营本身，还需要与其他部门相互配合。

季度	月份	序号	内容日期	节日	内容主题	活动形式	预热时间	爆发时间	收尾时间
Q1	1月	1	2018年1月1日	元旦	以节日为话题做情感宣导	长图文	无	无	1月1日
		2	2018年1月5日–2018年1月15日	年货节	官方活动，营造‘家的味道’	预售 盖楼 攻略 长图文 抽奖	1月5日–1月7日	1月8日–1月11日	1月12日–1月15日
		3	2018年1月24日	腊八节	以节日为话题做情感宣导	九宫格 互动	无	无	1月24日
	2月	1	2018年1月27日–2018年2月5日	立春	年前最后一波活动，清仓、送礼	九宫格 互动	1月27–1月28日	1月29–2月4日	2月5日
		2	2018年2月14日	情人节	以节日为话题做情感宣导	长图文	无	2月14日	2月14日
		3	2018年2月15日	除夕	以节日为话题做情感宣导	九宫格	无	2月15日	2月15日
		4	2018年2月16日	春节	以节日为话题做情感宣导	九宫格	无	2月16日	2月16日
		[illegible]	[illegible]	[illegible]	年初第一波活动，以节日为话题蹭热		[illegible]	[illegible]	[illegible]

图 9-20 微淘季度内容规划表部分内容

在具体安排中，可以把活动的主要内容初步规划出来，如在年货节的时候发布必买清单和活动攻略，准备好微淘盖楼，日常围绕活动、家及产品内容展开。活动预期效果主要包括提升品牌形象，活动期间日销售增加 3 倍，在节庆礼品类目中占领春节期间的份额，增加粉丝黏度和活跃度（见图 9-21）。

季度	月份	序号	活动形式	预热时间	爆发时间	收尾时间	具体安排	预期效果
Q1	1月	1	长图文	无	无	1月1口	提前一周准备长图文素材，确定核心导向 借助当下热点共创话题 店铺各渠道当日同步推广	粉丝数显著增长
		2	预售 盖楼 攻略 长图文 抽奖	1月5日–1月7日	1月8日–1月11日	1月12日–1月15日	发布年货必买清单和活动攻略 5–11号做微淘盖楼，送年货 日常围绕活动、家、产品内容展开	品牌形象提升，活动期间日销售增加3倍，在节庆礼品类目中占领春节期间的份额，增加粉丝黏度和活跃度
		3	九宫格 互动	无	无	1月24日	提前三天做准备 借助当下热点共创话题，做互动，送年货	增长粉丝活跃度，粉丝数增长
	2月	1	九宫格 互动	1月27日–1月28日	1月29日–2月4日	2月5日	话题互动送礼 结合店铺活动一起做	滞销品清仓、带动营业额小幅度增长
		2	长图文	无	2月14日	2月14日	放假前做基础准备 情人节长图文找相关性文章作参考，确定核心导向 除夕和春节借助当下热点进行节日气氛营造，蹭热度	节日期间的粉丝维护，刷存在感
		3	九宫格	无	2月15日	2月15日		
		4	九宫格	无	2月16日	2月16日		

图 9-21 微淘季度内容规划表具体安排

其他季度的规划基本上可以按照上述思路进行整体规划，方便以后每月具体计划的细节执行。

9.4 微淘月度内容规划排期

年度和季度的内容规划完成之后，需要具体到每个月的内容执行。在下个月活动开始前一周或两周，做好下个月的内容规划，可以按照主题名称、类别、内容类型、主要内容、官方预热时间、店铺预热时间、内容投放时间，以及负责人等制作月度内容规划表，如图 9-22 所示。

主题名称	类别	内容类型	主要内容	官方预热时间	店铺预热时间	内容投放时间	负责人
99大促	A						
2.14情人节	B						
天猫家年华	A						

图 9-22　微淘月度内容规划表

类别代表活动的重要程度，内容类型可以是盖楼或攻略等具体需要完成的策划内容。在主要内容中，可以填写具体时间下的工作安排，如当天发布活动攻略，客服、店铺各渠道进行预热，分别以套装产品九宫格、换购产品公告、热点＋热销产品为内容等，如图 9-23 所示。

主题名称	类别	内容类型	主要内容	官方预热时间	店铺预热时间	内容投放时间	负责人
99大促	A	盖楼、攻略	9.4日当天发布活动攻略，客服、店铺各渠道进行预热/9.5日当天发布盖楼活动，客服、店铺各渠道进行推广/9.6.7.8微淘预热，分别以套装产品九宫格、换购产品公告、热点+热销产品为内容/9.9日活动当日发布产品九宫格，公布前99分钟活动中奖名单/9.10	9月5日0:00-9月8日23:59	9月4日15:00-9月8日23:59	9月4日15:00-9月11日15:00	
2.14情人节	B	长图文	以蜜月圣地为主题，列举6大度蜜月风景区，每个场景都关联到店铺产品（周边、元素相同）/店铺首页插入轮播图跳	/	/	9月14日10:00	
天猫家年华	A	互动、预售、换购	9.20日当天发布活动攻略，客服、店铺各渠道进行预热/9.21发布预售公告，引导卖家购买9.22发布换购产品九宫格/9.23日当天发布新品清单（长图文）/9.24日发布九宫格清单+评论有礼/9.25-9.27微淘发布活动内容，推动气	9月21日00:00-9月24日23:59	9月20日15:00-9月24日23:59	9月20日15:00-9月28日15:00	

图 9-23　微淘月度内容规划表具体安排

每个月按照上述计划表执行，基本可以有效执行既定的运营方向和目标。如果有临时的活动内容，也可以在后期添加进去。最后可以把每个月的计划汇总，并分析活动之后的效果，形成店铺的累计经验，改正不足之处，重复成功之法。

9.5　微淘每周内容规划安排

关于每周的内容规划，可以细化到每一天、每一小时需要创作的内容。商家可以根据用户的访问习惯和下单习惯安排上午、中午、下午和晚上的高峰时间节点，也可以先在微淘中进行测试，然后将发布时间固定下来，如图 9-24 所示。

发布内容可以以栏目的形式，帮助用户形成固定时间心智，如 CCTV 新闻联播每天晚上 7 点准时开始。发布条数根据商家的不同微淘等级及工作效率和时间安排而定。

日期	9.1	9.2	9.3	9.4	9.5	9.6	9.7	9.8	9.9
星期	五	六	日	一	二	三	四	五	六
上午10:00	买家秀	买家秀	买家秀	买家秀		买家秀	买家秀	买家秀	公布获奖名单
下午15:00		产品九宫格			试用获奖公布		当下热点+产品穿插		
下午16:30	明星周边	上新							买家秀
晚上8:00-9:00	结婚周边		结婚周边	产品九宫格	结婚周边	当下热点	结婚周边（顺提活动）		产品九宫格

图 9-24　微淘每周内容规划表

每周内容需要把日常内容和大促内容等结合起来，既可以发布上新、产品周边、产品穿搭技巧和买家秀等内容，也可以定期做一些集赞、签到和投票等互动活动。另外，把聚划算、淘抢购等店铺报名参与的促销活动安排在每周内容规划中。

微淘内容运营可以自建带“＃商家话题＃”的栏目名称。一方面通过商家发布的话题，加深用户对账号的认知，建立强粉丝关系；另一方面通过话题内粉丝互动，聚类用户相互关系，产品化引导 C 成长为意见领袖。

以 8.6.3 节的内容为例，定位确定以后，商家下一步便是规划微淘内容。规划好每天的内容，对微淘内容发布、内容质量分和粉丝价值分等的提升有非常重要的作用。

“麻麻”对微淘内容做了如下定性：文艺范；视觉美感度；具有实质性内容；避免过多广告；粉丝互动。“麻麻”根据定性，制订内容板块及日常推送的规划，如表 9-1 所示。

表 9-1　微淘内容规划

板　　块	内　　容	发送频率	时　　间
情感类 / 创意 / 幽默类	情感故事，气质培养	每日一则	10:00
外貌控 Mum	衣着打扮，皮肤护理	每日一则	13:00
选修课系列	育儿知识，营养食谱	一三五	17:30
产品推荐 / 优惠	产品宣传推荐 / 优惠	二四六日	20:00
主题 / 互动活动	话题讨论，有奖互动	不定时	

根据“麻麻”的微淘内容规划表，情感类 / 创意 / 幽默类、外貌控 Mum 分别作为培养宝宝内在气质和外在打扮的主打板块，其内容具有很强的阅读性和美感度，是年轻妈妈非常喜欢阅读的板块。

为了充实实质性的内容，淳一又增设了选修课系列，年轻妈妈在育儿过程中遇到的问题的解决方法和宝宝各阶段的营养食谱制作教程，都可以在这里找到。

主题活动系列则主要进行一些店内的优惠活动和抽奖互动送福利，带动粉丝的参与度和活跃度。

由于微淘面向的是用户，所有的效果都将由用户的体验来最终检验。在内容体验方面，其实每一条内容都不存在好坏，只是在于商家是不是将合适的内容呈现给合适的用户，而用户是不是对商家的内容感兴趣，是否会产生评论、收藏或转发等有效参与。这就要求微淘的经营者时常与粉丝进行沟通，了解他们最想看什么、了解什么，不断地通过交流来对板块进行改进，达到实时抓住用户的兴趣点的目的。

例如，在与众多妈妈的交流中，商家发现她们最需要的就是生活中的一些实用的小知识和小技巧。于是商家推出了选修课系列，在里面推荐小食谱、小知识，还有妈妈和宝宝的衣着打扮，其受欢迎度很高，收藏量相对也很高。

营养食谱系列对于妈妈来说极其实用，里面有详细的制作方法，不用去买食谱，直接在微淘里就能解决问题，哪个妈妈会不喜欢呢？

关于小知识系列，因为年轻妈妈在育儿经验方面有些不足，日常生活中容易疏忽很多问题，难免造成一些不便，“麻麻”微淘就搜集妈妈和宝宝在日常生活中会遇到的问题，给出科学详尽的答案，让妈妈们在看微淘的时候，能够学到更多的知识。

另外，评论数和收藏数能反映一定的活跃度，但不要仅以这两个数据去评定自己的微淘内容的好坏，最好的方法就是直接和粉丝们交流，获得最直接的回答。因为不同的人有不同的浏览习惯，有人喜欢评论参与，有人以浏览为主，不喜欢参与评论，但这并不代表用户不喜欢微淘内容。商家不要通过表面现象来评定自己的微淘内容，从而丧失掉很多精华内容。

在活动体验方面，也有很商家在微淘用大量的活动来刺激粉丝的活跃度，这本身是一个很好的形式，但如果掌握不了粉丝兴趣最浓厚的点，无法给他们带来较好的活动体验，可能会变成商家的自娱自乐，收效甚微，入不敷出。例如，“麻麻”针对妈妈们的兴趣点，开展了几次互动活动，得到了很好的互动效果。

在粉丝的维护方面，粉丝关注某店铺，就表示对该店铺的微淘内容存在一定的兴趣，不管多少，这对该店铺的微淘运营来说是非常宝贵的资源。可能因为商家的一句关怀，就能增加一个铁粉；也可能因为商家的一次疏忽，就丧失了一批粉丝。对待店铺粉丝要注意以下两点。

1. 态度

商家既不要冷淡地觉得粉丝多一个少一个无所谓，每一个粉丝都有可能成为自己的客户，甚至是忠实客户。但也不要觉得粉丝就是上帝，听之、任之，不加管理，从而破坏了微淘的秩序，一个良好的管理才能让自己的微淘更加持久稳定地发展。

2. 方式

商家对待每一个粉丝就像对待朋友一样，只要他们需要，就应该尽心尽力地帮助他们。以心换心，商家提供好友级的服务和帮助，那么店铺粉丝的活跃度和忠诚度也将是好友级的。因此形成一种良性循环，等到店铺有活动或新品上架的时候，他们将成为店铺的第一批顾客，哪怕他们自己不需要，也会积极主动地介绍给身边的朋友们。这样商家不仅收获了友谊，也收获了利益，何乐不为？

从微淘店铺引流与品牌推广方面考虑，由于“麻麻”微淘推广的是母婴洗护产品，而该类产品本身在产品特点、消费者局限性、购买习惯上具有不同的地方，所以在一定程度上较难像其他类目的产品能够通过不断上新和促销来快速地达到店铺引流的目的。

但有一点是毋庸置疑的，微淘不仅仅是简单的引流或销售工具，还起着品牌推广的作用。微淘以其自媒体的属性通过合理的内容、产品、服务及理念的展现将品牌融入消费者的生活中，潜移默化地成为他们日常生活的一部分。所以，不要为了贪图眼前一时的利益而毁掉好不容易建立起来的品牌形象。

品牌推广与销售则存在很强的循环关系，在微淘上，如果目前引流和转化进入了瓶颈期，不要盲目采取措施，重新检查分析一遍，是否定位发生偏移、推广方式存在问题，还是粉丝对微淘内容不感兴趣等。

我们要做的就是通过不断地优化微淘，把这个循环带入良性，那么从长远角度来说，店铺引流和转化必然会从量变走向质变。

9.6　微淘内容活动策划流程

在讲内容营销课的时候，笔者把微淘内容策划流程归纳为8个步骤，主要包括活动简介、项目团队推进、活动赠品申请、官方资源申请、传播渠道选取、活动预算核算、应急方案制定和活动效果总结，不同的店铺可以根据自身情况对流程进行取舍，如图9-25所示。

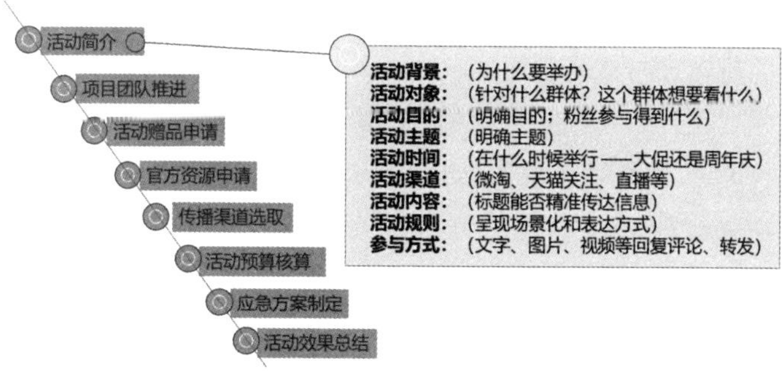

图9-25　微淘内容策划流程

1. 活动简介

活动简介主要包括活动背景、活动对象、活动目的、活动主题、活动时间、活动渠道、活动内容、活动规则和参与方式等部分。

活动背景：店铺为什么要举办本次活动，本次活动在什么背景下应运而生的。

活动对象：活动针对什么群体，根据此前的店铺微淘人群画像，设想这个群体想要看什么内容。

活动目的：明确目的，通过本次活动店铺想得到什么，如流量、转化和销售等，以及粉丝参与能得到什么，是优惠券、红包还是实物等礼品。

活动主题：明确主题，图 9-26 所示为 MG 小象猜爆款活动策划内容。

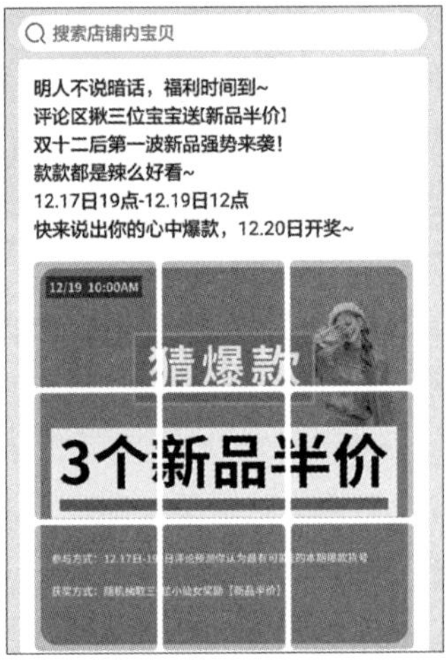

图 9-26　MG 小象猜爆款活动策划内容

活动时间：在什么时间举行，是大促还是周年庆，以及具体的时间段，其可以在文字中提示，也可以在图片中备注说明。

活动渠道：需要注明通过微淘、关注、直播等参与活动。

活动内容：介绍活动的具体细节信息等。

活动规则：商家规定参与活动的规则。

参与方式：文字、图片、视频等回复评论、转发。

以 MG 小象策划的“猜爆款 3 个新品半价”为例，该活动策划主要介绍了活动主题、活动时间、参与方式和获奖方式等。

2. 项目团队推进

对于简单的活动策划，商家微淘内容运营人员即可策划；涉及多个部门的复杂内容，则需要店长与运营、设计和推广等部门配合完成。例如，“双 11”微淘内容策划，一篇内容从选题到文案内容，再到设计精美图片、获奖礼物数量等需要多部门配合完成。

3. 活动赠品申请

在活动赠品方面，商家需要规划好每月赠品的数量和预算，方便微淘内容运营人员策划每周的活动。活动赠品申请主要包括活动主题、活动时间、赠品名称、赠品价格、赠品数量、赠品预算、申请人员、申请时间和审批意见等，如图 9-27 所示。

序号	活动主题	活动时间	赠品名称	赠品价格	赠品数量	赠品预算	申请人员	申请时间	审批意见
1									
2									
3									
4									
5									

图 9-27　微淘活动赠品申请表

4. 官方资源申请

对于某些品牌活动而言，如果能够申请到官方资源，如明星合作 banner 等，可以向官方申请渠道资源。如果没有官方资源，可以联名多家品牌进行品牌联合，如蓝月亮联合百雀羚等品牌联合推广。

5. 传播渠道选取

策划好的微淘内容可以在站内或站外渠道上进行推广，包括手淘首页、微淘、PC 店铺首页、PC 店铺详情、PC 列表、无线首页、无线详情、无线菜单，以及站外的微博、微信、包裹和书签等，如图 9-28 所示。

渠道	微淘内容曝光渠道				
站内	手淘首页	微淘	PC店铺首页	PC店铺详情	PC列表
	无线首页	无线详情	无线菜单		
站外	微博	微信	包裹	书签	

图 9-28　微淘内容曝光渠道

6. 活动预算核算

活动预算主要包括赠品费用和推广费用。赠品费用除了赠送的实物，还包括虚拟的优惠券和红包等，以及因发送实物赠品而产生的快递物流费用。推广费用主要是指通过智钻推广给老客户或拉新客户产生的费用，以及寻找达人合作推广的费用。

7. 应急方案制定

应急方案主要是指对活动过程中出现的问题提前预判和采取的补救措施。例如，有商家在活动中，标点写错或赠品数量及价格出现错误而未及时发现，或者在发布微淘后引起粉丝负面评论等，都需要及时应对和处理。

8. 活动效果总结

活动效果总结是指针对本次活动，从活动目的出发，考核各方面的综合数据。在微淘中考核数据主要包括阅读数、评论数、点赞数，以及引导进店人数、引导收藏人数、引导加购人数、引导支付人数和支付金额等。

第10章 微淘增加粉丝方法

对于很多商家来说，运营粉丝有一定的难度。很多店铺的粉丝数比较低，有的店铺只有几千个粉丝，有的店铺开店几年只有几万个粉丝。大品牌因为知名度较高，粉丝数相对较高，有几百万或几千万人；也有部分品牌因为不善于经营，粉丝数只有几十万人。因此，增加店铺微淘粉丝数成为淘宝天猫商家运营粉丝的首要工作。

10.1 微淘曝光展示重点渠道

微淘曝光量越大，增粉的机会相对也会增加。商家在微淘内容推广之前，需要梳理一下曝光渠道。微淘可以曝光的渠道分为站内和站外两大体系（见表10-1），其中对于淘宝天猫商家来说，可以重点维系站内渠道；而对于一些红人店主和品牌来说，可以打通站内和站外两大渠道，通过站外微博、微信和抖音等渠道增加粉丝。

表10-1 微淘曝光渠道表

渠道	曝光渠道				
站内	PC店铺首页	PC店铺详情	PC列表		
	无线首页	无线详情	无线工具	微淘装修	微淘店铺置顶
	超级推荐	旺旺聊天	旺旺群	淘宝群	
站外	微博	微信	包裹	书签	
	邮件	群发短信	杂志		
线下	宣传广告	墙体广告			

10.1.1 PC店铺首页详情页曝光

虽然现在90%的用户访问流量在无线端，但是PC端仍有部分流量。在PC端增加曝光主要包括在首页店招、首页页面、详情页列表和详情页中设置关注链接或二维码，引导用户关注收藏店铺。

1．PC 首页店招

如图 10-1 所示，在首页店招上设置“收藏店铺”，通过无线营销工具，直接使用用户单击授权关注，从而增加粉丝收藏数。

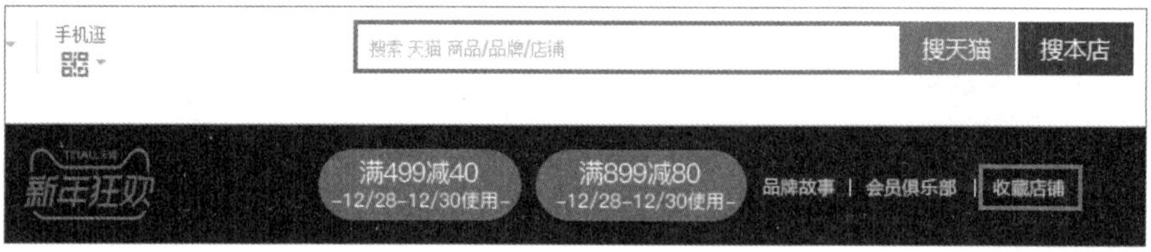

图 10-1　PC 首页店招的设置收藏店铺

2．PC 首页设置

在 PC 首页可以设置“店铺优惠券”，也可以设置“收藏加购”，如图 10-2 所示。“收藏加购”活动可以通过扫描二维码参与。

图 10-2　PC 首页设置的收藏店铺

3．PC 详情页列表

在 PC 端商品详情页左侧列表可以设置“收藏店铺”，单击链接或二维码引导用户关注，如图 10-3 所示。

图 10-3　PC 详情页列表的设置收藏店铺

4. PC 详情页

在 PC 详情页中，商家可以设置二维码，用户通过“扫一扫”关注店铺，立减 5 元，如图 10-4 所示。

图 10-4　PC 详情页中设置二维码

10.1.2　无线店铺首页详情页曝光

1. 无线店铺首页

以笔者讲课中的学员商家时白白真品汇淘宝店铺为例，在无线店铺首页设计 banner，引导用户点击收藏，如图 10-5 所示。

2. 无线店铺详情页

在无线店铺详情页中，可以通过淘宝神笔设计图片，引导用户关注收藏店铺，如图 10-6 所示。

图 10-5　无线店铺首页的设置收藏店铺

图 10-6　无线店铺详情页的设置收藏店铺

10.1.3　微淘装修置顶

以漪业滋补养生专营店为例，商家可以在微淘装修中，设置“收藏店铺领取 5 元无门槛优惠券”，也可以置顶收藏优惠信息，如图 10-7 所示。

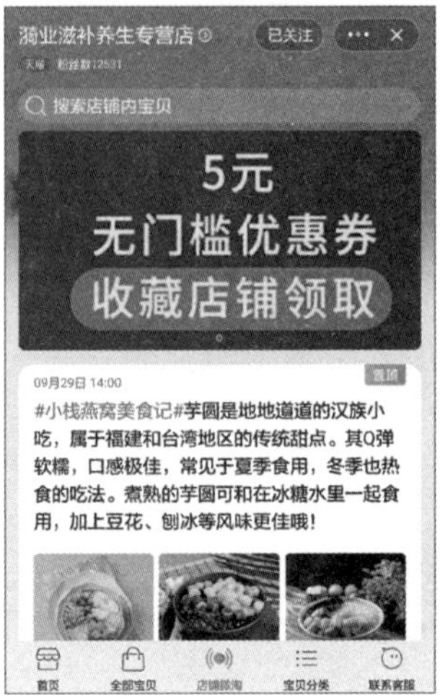

图 10-7 微淘装修置顶

10.1.4 淘宝群、旺旺群和旺旺聊天

商家可以在建立好的淘宝群内同步发送微淘内容，部分群用户可通过这种方式阅读发布的微淘信息。以宝优妮旗舰店为例，其每天在淘宝群中同步发布部分微淘内容，如图 10-8 所示。

图 10-8 淘宝群

在千牛商家自运营中心，可以查看淘宝群、短视频、宝贝动态、买家秀、淘宝直播、客服直播和拼团等内容，如图 10-9 所示。

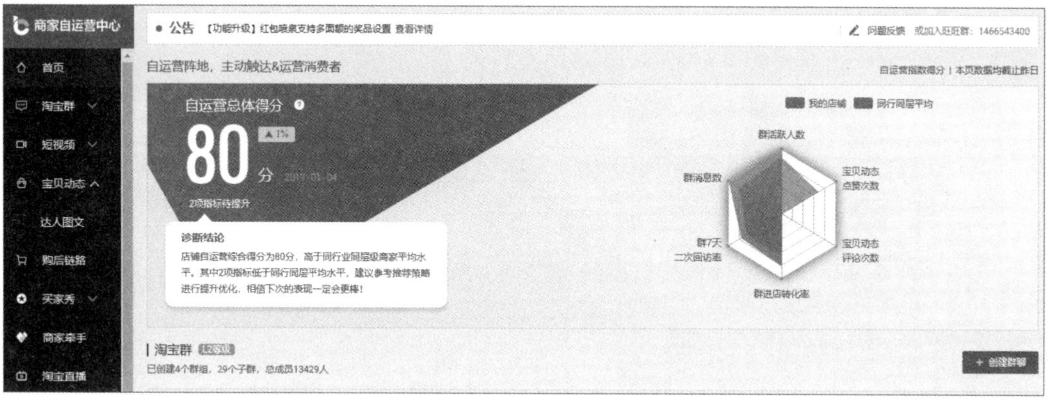

图 10-9　千牛商家自运营中心

在淘宝群中，通过群基本数据，导出自定义时间段内的数据。在群基本数据中可以查看活跃人数、引导进店人数、引导成交人数和引导成交金额等数据，如图 10-10 所示。

日期	管理者	活跃人数	引导进店人数	引导成交人数	引导成交金额	成交金额全店占	进店购买转化率	进店浏览转化率	引导客单价	消息发送人数	消息发送条数	7天二次回访率
20181201		1928	1336	5	163.8	0.20%	0.37%	69.29%	32.76	71	192	59.62%
20181202		2045	1425	10	713.5	0.72%	0.70%	69.68%	71.35	73	211	58.86%
20181203		2061	1423	6	316.8	0.36%	0.42%	69.04%	52.8	68	236	59.56%
20181204		2088	1384	4	350.6	0.42%	0.29%	66.28%	87.65	68	351	60.25%
20181205		1979	1390	2	129	0.17%	0.14%	70.24%	64.5	60	162	59.69%
20181206		2003	1346	9	1089.9	1.58%	0.67%	67.20%	121.1	56	358	60.24%
20181207		1947	1353	4	555.9	0.85%	0.30%	69.49%	138.98	58	237	60.18%
20181208		1937	1340	4	521.7	0.99%	0.30%	69.18%	130.43	61	192	59.60%
20181209		1918	1345	1	130.9	0.26%	0.07%	70.13%	130.9	59	241	60.08%
20181210		2092	1388	2	302	0.83%	0.14%	66.35%	151	65	307	59.26%
20181211		2328	1552	2	148	0.50%	0.13%	66.67%	74	56	301	60.21%
20181212		2762	1748	121	18758.2	1.56%	6.92%	63.29%	155.03	76	502	57.79%
20181213		2091	1400	9	920.95	1.04%	0.64%	66.95%	102.33	53	159	58.70%
20181214		2091	1401	6	484.4	0.64%	0.43%	67.00%	80.73	74	186	59.10%
20181215		2042	1417	4	392	0.58%	0.28%	69.39%	98	72	211	59.25%

图 10-10　微淘淘宝群基本数据

除了淘宝群，商家亦可以把微淘内容同步至旺旺群、QQ 群或微信群等社群，发布的内容主要以利益活动为主。

在旺旺聊天中，商家也可以设置链接，引导用户关注店铺微淘，以及展示重点微淘内容，如图 10-11 所示。

图 10-11　旺旺聊天

在千牛平台中搜索“互动服务窗”，商家可以在自助菜单中添加需要引导的链接，如关注店铺有礼和年度热销爆款等，如图 10-12 所示。

图 10-12　千牛平台的自助菜单设置

10.2　无线收藏营销工具的使用

在阿里巴巴旗下的商家服务市场中搜索“粉丝”会出现“粉丝量收藏”、“粉丝关注”、“粉丝互动”和“粉丝推广 引流”等关键词，如图 10-13 所示。

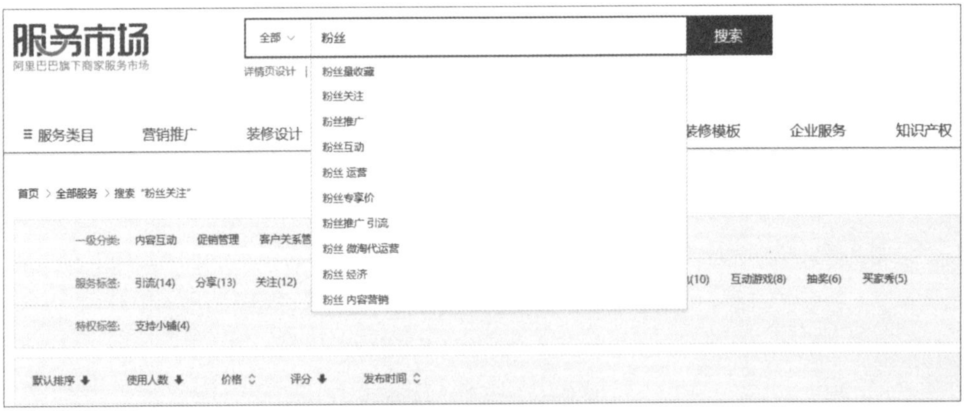

图 10-13　商家服务市场

10.2.1　商家服务市场收藏工具

在搜索“粉丝关注”一级分类中包括内容互动、促销管理和客户关系管理等，服务标签包括引流、分享、关注、互动游戏、微淘粉丝互动、淘口令分享和二维码等。

商家服务市场粉丝收藏工具包括收藏大师、抽奖精灵、无线宝箱、抽奖靠手、手机营销和收藏神器等数十个增加粉丝的第三方营销工具，如图 10-14 所示。第三方营销工具能够帮助商家快速提升收藏量，增加宝贝曝光率，提升宝贝搜索权重，自动推送商品信息，提高宝贝排名。

图 10-14　商家服务市场的粉丝收藏工具

粉丝收藏工具可以在 PC 端和无线端应用，也可以自动推送微淘信息。粉丝收藏工具有多种活动模板可供选择，同时支持 10 款推荐宝贝展示。其中，部分收藏工具的玩法也多种多样，包括免费手淘资源位、关注店铺有礼、新老粉丝定向、收藏宝贝、动态红包、阶梯分享送券，以及签到有礼、投票有礼、红包雨、摇钱树、刷红包和抽奖大转盘等，如图 10-15 所示。

图 10-15　粉丝收藏工具的多种粉丝互动玩法

另外，在收藏有礼的活动页面中，也有多种模板供商家选择，如图 10-16 所示。商家通过变换模板样式，吸引用户关注收藏。

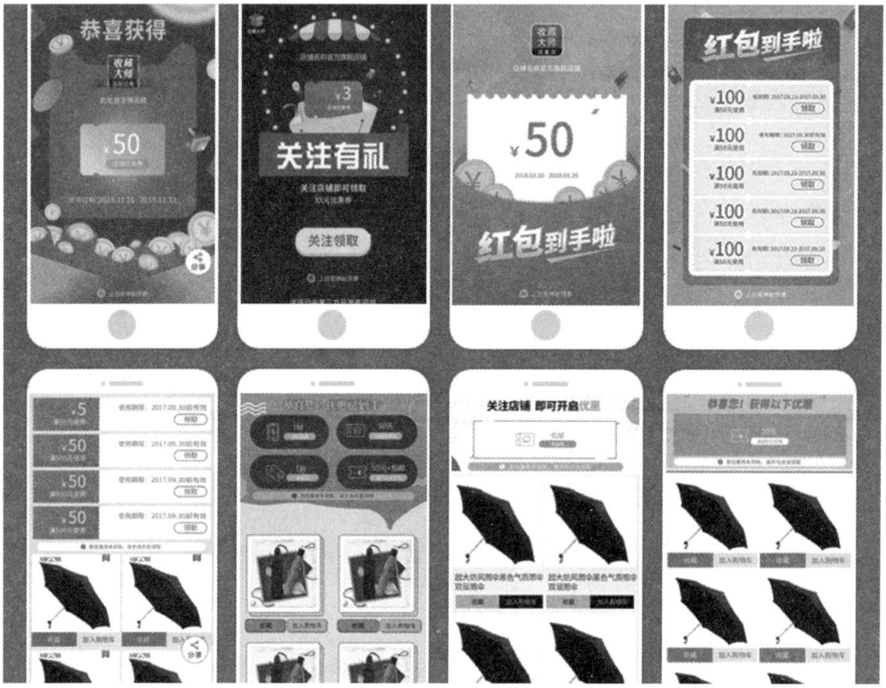

图 10-16 收藏工具多种页面模板样式

10.2.2 收藏工具店铺装修样式

以时白白真品汇为例，点击无线店铺首页的“¥5 元无门槛优惠券”，会跳转到关注有礼页面，点击“关注领取”，会跳转到点击关注时白白真品汇的微淘页面，如图 10-17 所示。

图 10-17 收藏工具页面跳转过程

用户关注成功之后，系统会送一张商家设置好的优惠券（见图 10-18），商家可以限制该优惠券的使用时间。这样便完成了对店铺微淘的收藏关注，商家店铺的粉丝数也会随之增长。

图 10-18 收藏工具赠送优惠券

10.2.3 收藏工具后台设置方法

在多个第三方收藏工具中，商家微淘运营只需打开后台，按照具体操作步骤，设置收藏有礼即可。其中奖品包括奖池版、非奖池版、优惠券版和 PC 版。

以收藏有礼奖池版为例，其基本设置包括活动名称、页面皮肤、活动时间、活动对象，如图 10-19 所示。活动对象可以是所有用户，也可以是未关注店铺的新粉丝。

图 10-19 收藏有礼奖池版的基本设置

关于奖池设置，商家可以设置优惠券、支付宝红包和实物等奖品。根据系统建议，商家可以设置店铺优惠券，并且可以设置不同奖品的中奖概率，如图 10-20 所示。优惠券也可以在商家营销中心中设置。

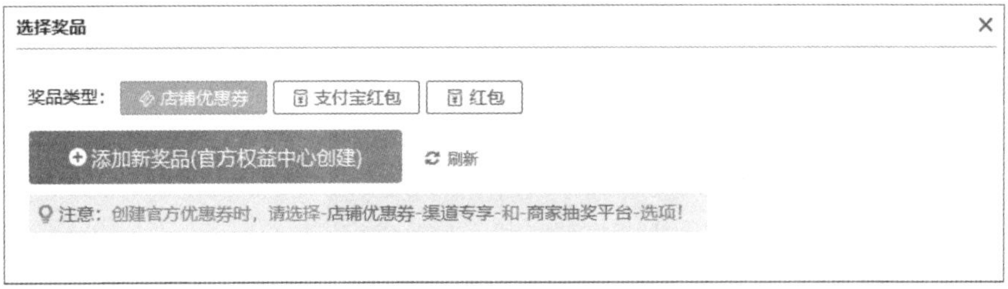

图 10-20　收藏有礼奖池版的选择奖品

关于推荐宝贝，商家可以在收藏页面中选择是否添加推荐宝贝，推荐宝贝显示在活动页面仅起展示作用，增加商品曝光，引导买家收藏加购；活动设置完成之后，系统可以自动生成活动规则，如图 10-21 所示。

图 10-21　收藏有礼奖池版的奖品设置和规则设置

设置完成收藏有礼之后，商家可以提取无线端或 PC 端活动链接，在无线首页、详情页或 PC 首页、详情页中推广的时候，添加链接。

10.3　无线抽奖营销工具的使用

随着淘宝网的不断发展，服务市场上各种各样的粉丝互动软件如雨后春笋般出现。伴随着淘宝网对粉丝互动模式推广不断深化的步伐，互动玩法的软件也在不断迭代升级。而抽奖玩法是诸多互动玩法中较为典型的一种。

抽奖功能为卖家提供娱乐性的抽奖玩法，并帮助卖家通过抽奖的模式来提高店铺的销售额，并增加粉丝的关注度。

通过对卖家的分析，免费和收藏的玩法占据了抽奖和中奖的绝大多数比例，这与淘宝网着力培养卖家店铺和宝贝的搜索排名是密不可分的。卖家通过收藏从而获得抽奖机会的方式，刺激买家参与，进而提升自家店铺的搜索排名。

10.3.1 抽奖工具前台样式玩法

除了收藏工具，很多商家也会在 PC 端、无线端同步使用抽奖工具。以抽奖靠手工具为例，商家可以在后台设置抽奖规则、抽奖奖品、游戏模板、页面装修和推广渠道等。

1. 抽奖规则

抽奖靠手工具的抽奖规则包括 16 种以上，可以互相组合使用，玩法众多，活动花样不重复。其抽奖规则可以分为交易类、指标类和其他类，其中收藏店铺和关注品牌可以帮助商家增加粉丝，如图 10-22 所示。

交易类：交易额、订单、商品件数、会员；

指标类：收藏店铺、分享、关注品牌、浏览宝贝；

其他类：免费、签到、指定、录入、问答、投票。

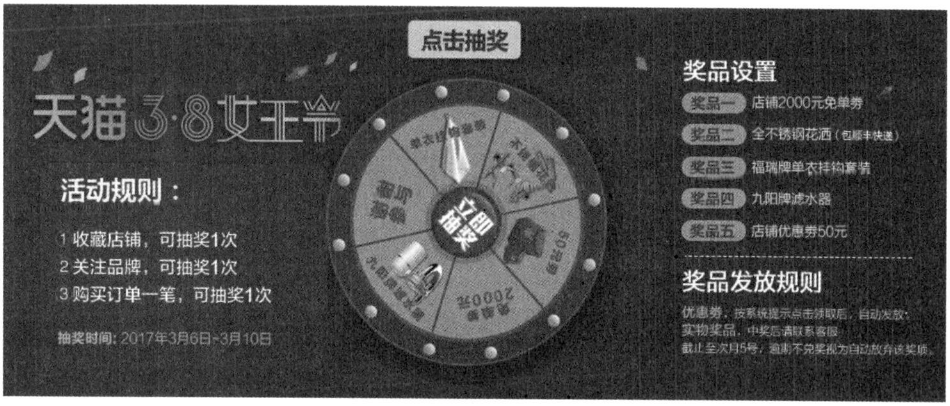

图 10-22 抽奖有礼的活动规则设置

2. 抽奖奖品

抽奖奖品包括优惠券、支付宝红包、红包、外卖粮票、手机流量包、手机话费、动态奖号码、再抽一次和自定义等。

多种奖品类型互相搭配，玩法众多。奖品概率可控制，除自定义奖品外，其他奖品全部自动发放，如图 10-23 所示。

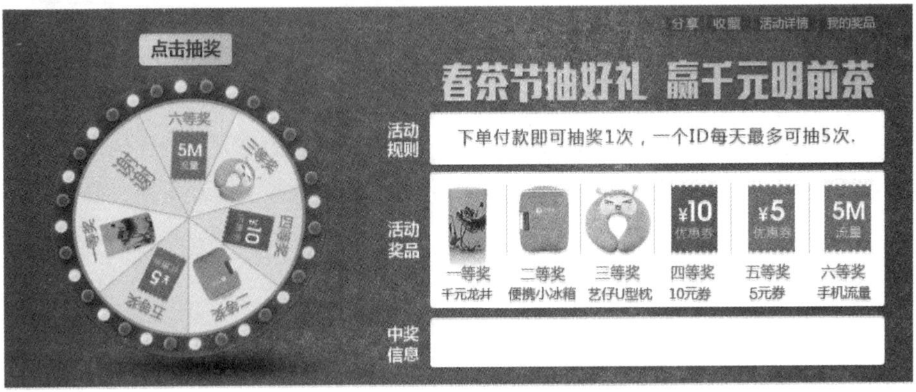

图 10-23　抽奖有礼的收藏抽奖奖品设置

3．游戏模板

游戏模板数量众多，操作简单，容易上手，没有美工也可以设置抽奖页面，如图 10-24 所示。

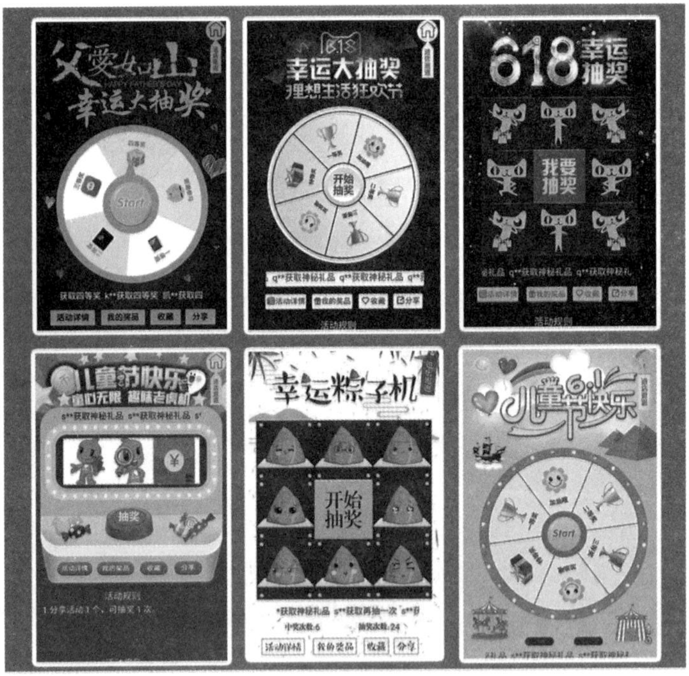

图 10-24　抽奖有礼的收藏游戏模板设置

4．页面装修

前台页面装修可以自定义设计，也可以选用系统模板。无线页或 PC 页装修设置如图 10-25 和图 10-26 所示。

图 10-25 抽奖有礼的收藏无线页装修设置

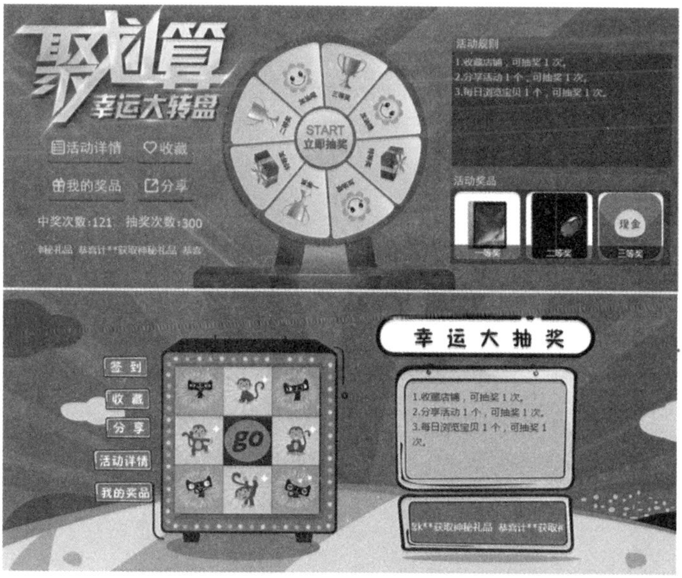

图 10-26 抽奖有礼的收藏 PC 页装修设置

5．推广方式

推广方式包括无线微淘、店铺宝箱、店铺页面、宝贝详情页等，多种推广方式结合使用，不让流量丢失。微淘宝箱支持一键推广，操作简单方便。

10.3.2 抽奖工具装修样式案例

抽奖活动设置好之后，可以提取其中的链接，设置在无线店铺页面和 PC 店铺页面中，用户点击之后可以参与抽奖活动。以松下智能家居旗舰店为例，其通过抽奖精灵工具（与抽奖靠手抽奖工具相似）在无线店铺首页设置“收藏 / 购物车下单 享福利”，如图 10-27 所示。

在活动 banner 设计中，商家可以标注抽奖礼品，参与条件为收藏店铺、下单、支付定金等，如图 10-28 所示。

图 10-27 抽奖有礼的收藏无线页面装修

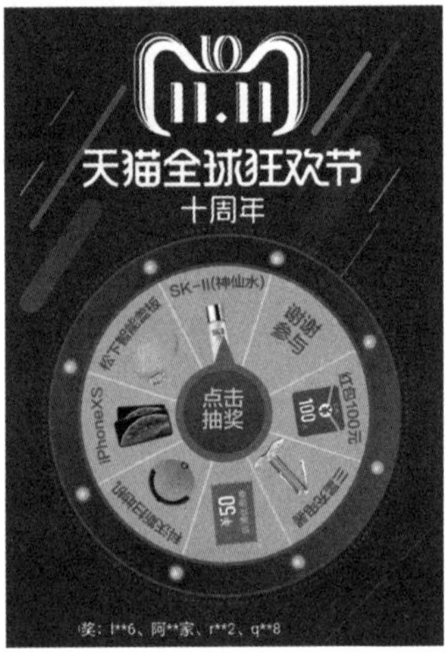

图 10-28 抽奖有礼的收藏中奖礼品

该店的抽奖礼品包括科沃斯扫地机、iPhone XS、松下智能盖板、SK-Ⅱ（神仙水）、三星充电器和 50 元店铺优惠及 100 元红包。

活动细则包括收藏店铺产品可以获得机会一次，产品加入购物车可以获得机会一次，支付预售定金可以获得机会一次，收藏、购物车、支付定金等，如图 10-29 所示。

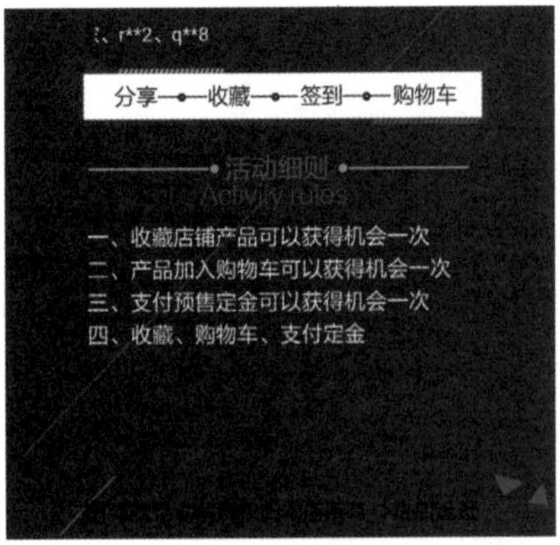

图 10-29 抽奖有礼的收藏活动细则

10.3.3 抽奖工具后台设置方法

无论是抽奖靠手，还是抽奖精灵等抽奖工具，需要商家在抽奖工具后台设置活动基本信息、设置活动基本规则、设置活动中奖奖品、抽奖有礼模板装修和推广抽奖有礼活动。

1. 设置活动基本信息（见图 10-30）

活动标题：活动标题可以是幸运大抽奖。

时间范围：限制消费者可以抽奖的时间段，主要包含 2 个时间段，即规定时间范围内和每天时间限定内（规定时间范围内表示在 2017-01-12 08:00:00 到 2017-01-18 18:00:00 期间可以抽奖；每天时间限定内表示在 2017-01-12 到 2017-01-18 每天的 08:00:00 到 18:00:00 期间可以抽奖）。

抽奖详情：可以自动生成抽奖详情，如活动规则和发奖方式等。

旺旺昵称：如果勾选，买家第一次抽奖的时候需要输入旺旺昵称。

图 10-30　设置活动基本信息

2. 设置活动基本规则（见图 10-31）

规则选择区：商家可以根据自身活动需求选择收藏店铺、签到、分享等规则，设置可抽奖次数，规则关系可以是"或者""并且"关系（"或者"表示消费者需要满足收藏店铺、签到、分享等任何一项条件即可抽奖，"并且"表示消费者需要同时满足所有条件才可以抽奖），按照自身需求添加规则。

次数限制区：商家根据自身情况，设置每人最大抽奖次数、每人最大中奖次数和每人每天最大抽奖次数。

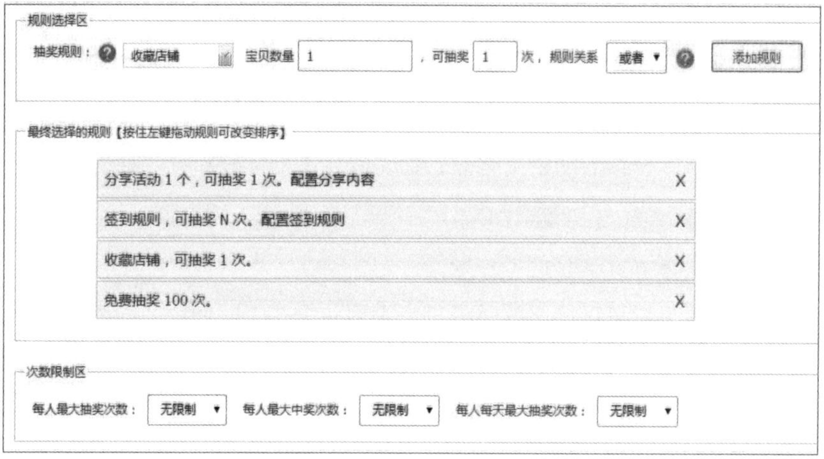

图 10-31　设置活动基本规则

3. 设置活动中奖奖品（见图 10-32）

图 10-32　设置活动中奖奖品

奖品类型：流量钱包、自定义、手机话费、支付宝红包、优惠券等。

奖品名称：商家可以自行选择设置。

奖品概率：一般不要设置 100% 中奖。

奖品数量：按照活动需求，设置最终中奖数量。

奖品图片：商家可以点击上传实物图片。

每人最多中奖：商家可以限制中奖数量。

中奖后订单自动备注：勾选后消费者抽奖的奖品可以备注在卖家中心的订单小红旗里面，备注的前提必须是消费者先下单再去抽奖。

中奖后是否需要录入信息：勾选后消费者中奖以后提示消费者录入信息，录入的信息包括姓名、性别、联系电话和中奖地址等。

4. 抽奖有礼模板装修

抽奖有礼模板分为无线模板、店铺模块和独立页面，如图 10-33 所示。

图 10-33 抽奖有礼模板装修页面

商家选择喜欢的模板样式，然后点击“立即使用”；也可以点击“编辑使用”，重新选择模板替换使用，如图 10-34 所示。

图 10-34 选择抽奖有礼模板

5. 推广抽奖有礼活动

设置完抽奖有礼活动后，商家可以选择在无线微淘、店铺宝箱、店铺页面、宝贝详情页等多种推广渠道上让更多的用户看到该活动。

10.4 免费试用增加粉丝收藏

免费试用是商家快速增粉的有效方法之一，通过这个活动可以让更多用户发现店铺和浏览店铺的产品。天猫 U 先试用的前身是免费试用，有很多品牌，参与的数量、更新时间都有所不同。

10.4.1 免费试用前台入口

在“手机淘宝”→“我的淘宝”中，选择必备工具，查看全部工具，在购物娱乐中找到 U 先试用，如图 10-35 所示。在天猫 App 的 U 先试用中，也可以进入 U 先试用页面，商家可以通过报名免费试用实现快速增粉。

图 10-35　手机淘宝的 U 先试用

浏览免费试用，查看精选免费试用，以九阳预约豆浆机为例，页面显示试用商品价值 699 元，限量 3 份，1 天 8 小时后结束，如图 10-36 所示。

点击图片进入页面，可以看到当前有 38 214 人申请，申请任务是收藏店铺，如图 10-37 所示。由于没有关注该店铺，因此显示未完成。

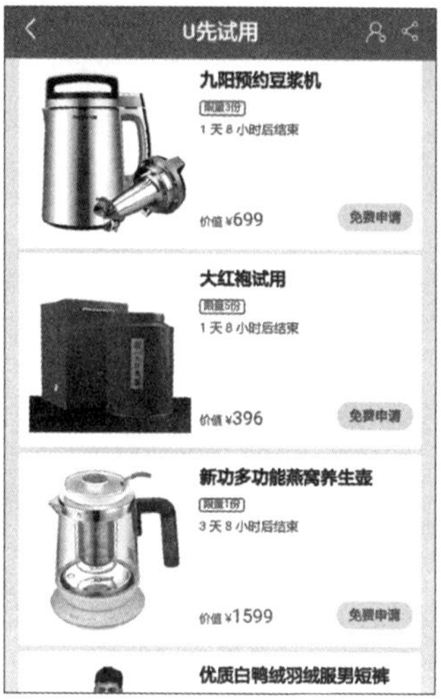

图 10-36　九阳预约豆浆机免费试用

图 10-37　收藏店铺免费试用

页面标注有试用流程，主要包括符合条件、免费申请、申请成功和试用报告。用户可以选择订阅同类试用品（最多20个）或同品牌试用品，如图10-38所示。

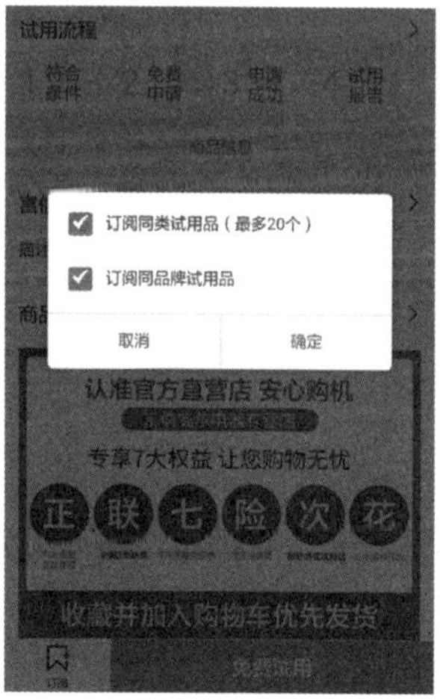

图 10-38　订阅同类试用品和同品牌试用品

在商品信息中，有试用商品的详情图。点击“免费试用→点击收藏店铺→提交申请”，即可完成任务，如图10-39所示。

完成任务之后，系统会提示用户“您已申请，请耐心等待审核”，并向用户推荐同店其他产品。系统提取用户的默认收货地址，商家按此发货。

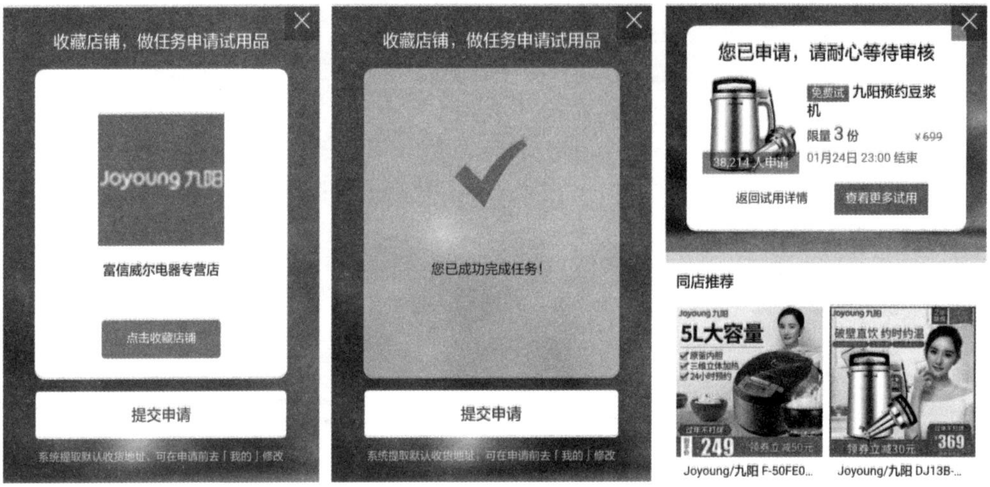

图 10-39　点击“点击收藏店铺→提交申请”完成试用任务

10.4.2　免费试用后台报名

商家用主账号打开阿里试用后台，首先需要选择排期，然后填写报名信息，如图 10-40 所示。在特殊情况下商家的排期会被调整，最终排期将以短信通知为准。

图 10-40　免费试用选择排期

确定日期之后，商家需要填写报名信息，包含试用活动排期、试用活动基本信息（试用活动名称、商品链接和提供数量）、填写商家信息（联系旺旺、联系电话），如图 10-41 所示。提交报名申请后，等待审核。

图 10-41　填写报名信息

以珠江桥牌旗舰店为例，通过报名的 2 次免费试用活动，分别增加收藏粉丝数 6663 人和 12 397 人，达到了店铺快速增粉的预期效果，如图 10-42 所示。

图 10-42　珠江桥牌旗舰店免费试用增加粉丝效果

10.4.3　免费试用商品要求

免费试用商品的主要考核维度包括商品 sku、商品品质、试用品总价值、食品保健类规范、试用品归买家所有和家电商品入菜鸟仓库等，具体要求如图 10-43 所示。

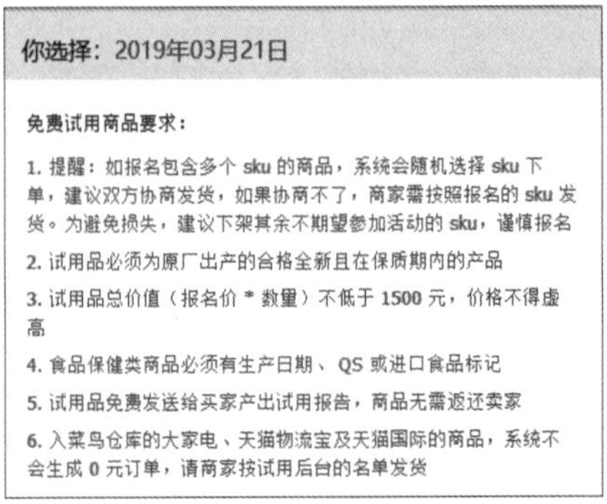
你选择：2019年03月21日

免费试用商品要求：

1. 提醒：如报名包含多个 sku 的商品，系统会随机选择 sku 下单，建议双方协商发货，如果协商不了，商家需按照报名的 sku 发货。为避免损失，建议下架其余不期望参加活动的 sku，谨慎报名

2. 试用品必须为原厂出产的合格全新且在保质期内的产品

3. 试用品总价值（报名价 * 数量）不低于 1500 元，价格不得虚高

4. 食品保健类商品必须有生产日期、QS 或进口食品标记

5. 试用品免费发送给买家产出试用报告，商品无需返还卖家

6. 入菜鸟仓库的大家电、天猫物流宝及天猫国际的商品，系统不会生成 0 元订单，请商家按试用后台的名单发货

图 10-43　免费试用商品要求

10.4.4　免费试用申请流程

免费试用申请流程主要包括四个步骤：符合条件、免费申请、申请成功、试用报告，如图 10-44 所示。打开申请试用的产品，在详情中有免费试用流程，具体形式包括申请审核和专享即时领取两种。

1. 免费试用领取形式

消费者按照免费试用条件完成任务要求，即可免费申请。具体申请成功名单、申请领取试用品、填写提交试用报告如图 10-45 所示。

图 10-44　免费试用申请流程的步骤

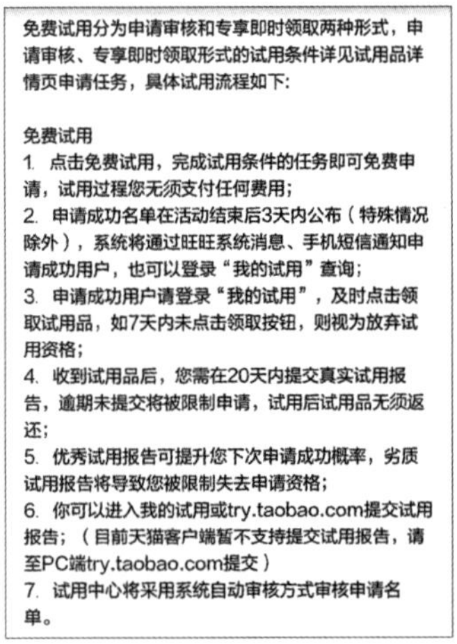
免费试用分为申请审核和专享即时领取两种形式，申请审核、专享即时领取形式的试用条件详见试用品详情页申请任务，具体试用流程如下：

免费试用

1. 点击免费试用，完成试用条件的任务即可免费申请，试用过程您无须支付任何费用；
2. 申请成功名单在活动结束后3天内公布（特殊情况除外），系统将通过旺旺系统消息、手机短信通知申请成功用户，也可以登录"我的试用"查询；
3. 申请成功用户请登录"我的试用"，及时点击领取试用品，如7天内未点击领取按钮，则视为放弃试用资格；
4. 收到试用品后，您需在20天内提交真实试用报告，逾期未提交将被限制申请，试用后试用品无须返还；
5. 优秀试用报告可提升您下次申请成功概率，劣质试用报告将导致您被限制失去申请资格；
6. 你可以进入我的试用或try.taobao.com提交试用报告；（目前天猫客户端暂不支持提交试用报告，请至PC端try.taobao.com提交）
7. 试用中心将采用系统自动审核方式审核申请名单。

图 10-45　免费试用领取形式

2. 专享试用领取形式

符合专享试用领取条件的消费者即可免费领取，收到货后亦需要填写试用报告，具体条件如图 10-46 所示。

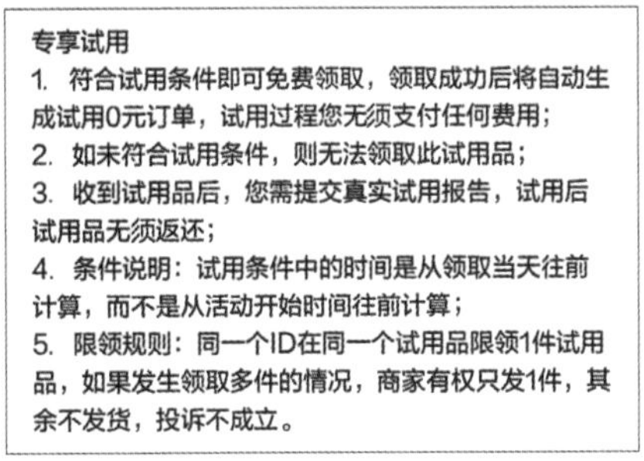
专享试用
1. 符合试用条件即可免费领取，领取成功后将自动生成试用0元订单，试用过程您无须支付任何费用；
2. 如未符合试用条件，则无法领取此试用品；
3. 收到试用品后，您需提交真实试用报告，试用后试用品无须返还；
4. 条件说明：试用条件中的时间是从领取当天往前计算，而不是从活动开始时间往前计算；
5. 限领规则：同一个ID在同一个试用品限领1件试用品，如果发生领取多件的情况，商家有权只发1件，其余不发货，投诉不成立。

图 10-46 专享试用领取形式

10.5 微博、微信、抖音和包裹增粉

在 1.4 节的内容中，部分商家已经布局好站内和站外粉丝内容传播互动体系。本节主要以李子柒旗舰店为例，讲述其在微博、微信和抖音等站外社交渠道引导粉丝关注店铺的内容。

2018 年 8 月 5 日，微博千万粉丝美食视频博主李子柒在微博上发布了九张长图文，将同名品牌“李子柒”，以天猫旗舰店的形式公布到大众面前，品牌定位为“东方美食生活家”。

2018 年 8 月 17 日是农历七月初七，即七夕情人节，李子柒旗舰店正式开业。据了解，该店铺上线 6 天之后，虽然只有五款产品，但是店铺销售量破 15 万件、销售额破千万元，李子柒旗舰店的销售业绩和粉丝爆发力十分惊人。

截至 2019 年 1 月 25 日，李子柒旗舰店拥有 121 万个粉丝，每条微淘内容的阅读量都在 1 万次以上，评论数、点赞数、粉丝活跃度和黏度都很高，这与李子柒平时积累的忠实粉丝和日常互动息息相关，如图 10-47 所示。

图 10-47 李子柒旗舰店 121 万个粉丝

10.5.1 微博粉丝互动增加旗舰店曝光

截至 2019 年 1 月 25 日，李子柒新浪微博粉丝数为 1551 万人（见图 10-48）。李子柒新浪微博主要发布传统美食制作工艺，并配合文案及短视频，彰显中华传统文化和匠心精神。

李子柒的微博内容十分接地气，这不仅体现在推荐文字上，如她时常用优美的文字，回忆童年的美食味道，讲述一道道美食的制作工艺；还呈现在制作美食的视频中，如她发布的视频描绘了质朴的人间烟火与生活气息。这样的场景增强了粉丝的代入感，拉近了与粉丝的情感链接。

除了内容，为了回馈喜欢和支持自己的粉丝，李子柒的定制赠品也是十分精致的，如图 10-49 所示。她曾为粉丝专门定制了油纸伞、抱枕、梳子和折扇等，只送粉丝而不售卖，体现了赠品的稀有性和特殊性。而收到精美礼物的粉丝也会自发在微博、微淘和微信等渠道上晒图，无形中扩大了李子柒品牌的知名度。

李子柒的每条微博粉丝互动数据都很高，转发数、评论数和点赞数上万次乃至几十万次。她的微博内容与李子柒旗舰店互通，方便粉丝链接购物，为天猫店铺带来源源不断的免费流量，如图 10-50 所示。

图 10-48 李子柒新浪微博 1551 万个粉丝

图 10-49 李子柒赠送粉丝精美礼物

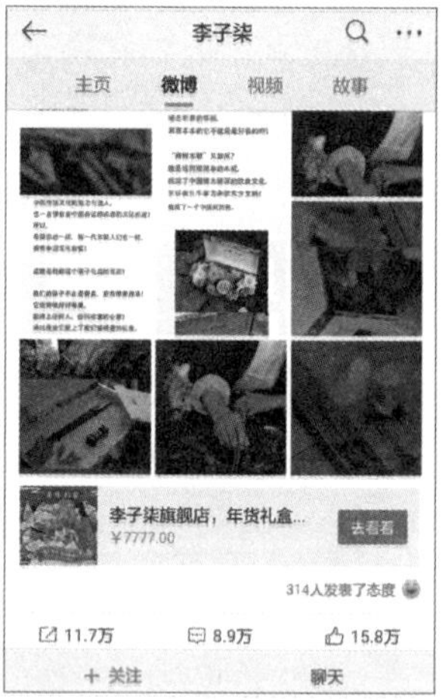

图 10-50 李子柒的微博内容与天猫旗舰店互通

10.5.2 微信公众号粉丝福利活动

在微信搜索“李子柒”，可以选择关注其公众号“李子柒”。公众号底部菜单栏包括“看我”、“子曰”和“柒家”，其中“看我”主要是查看历史消息，“子曰”包括“东方”、“美食”和“生活”，“柒家”主要引导粉丝关注李子柒旗舰店，如图 10-51 所示。

李子柒的公众号除了发布产品内容，还经常与粉丝互动，通过长文章内容，讲述互动缘由。以 2019 年 1 月 12 日发布的“过年回家，送你们一双【中国筷子】，吃顿团圆饭”为例，主要讲述因某事件后，开始准备李子柒品牌赠礼的缘由，如图 10-52 所示。

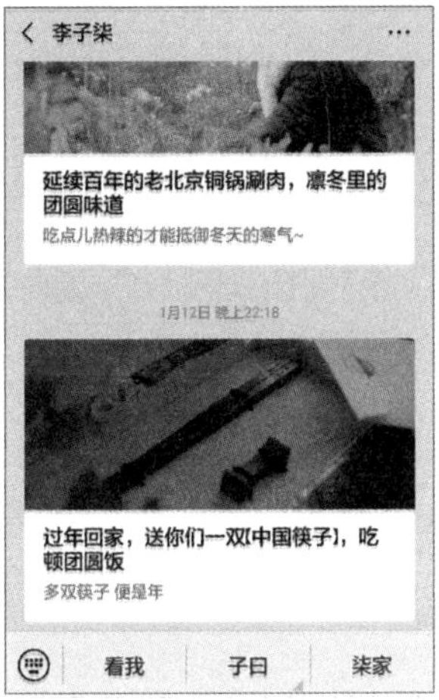

图 10-51　李子柒微信公众号三大分类

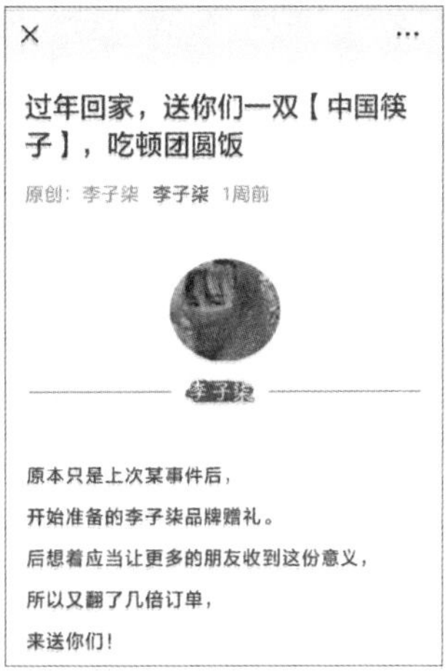

图 10-52　李子柒微信公众号文章内容

从 2019 年 1 月 12 日发布，截至 1 月 25 日，该文章阅读量为 9.5 万次，2794 人点赞，很多粉丝表达了对中国筷子和传统文化的喜爱（见图 10-53），粉丝 CiCi Chen 留言说，“越来越喜欢传统文化，一开始迷上了子柒的各种视频，现在又迷上了京剧评剧，不是年轻人不喜欢传统文化，而是年轻人需要一个好的媒介来传播这些精粹，去领悟几千年泱泱中华的美”。

在李子柒公众号的“柒家”中，有手淘搜索“李子柒旗舰店”的方法，引导粉丝关注店铺成为柒家人，进入会员页面参与活动领奖，如图 10-54 所示。

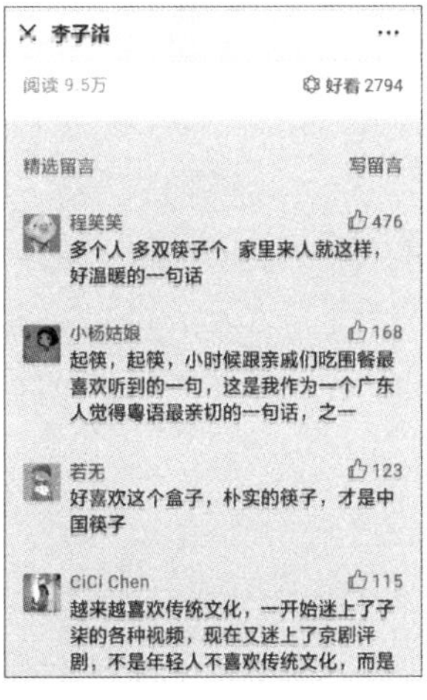

图 10-53　李子柒微信公众号文章粉丝留言

图 10-54　李子柒微信公众号链接天猫旗舰店

10.5.3 抖音、今日头条视频粉丝互动

近两年社交电商、短视频、今日头条、抖音等内容和 App 发展火爆。而今日头条的诞生和崛起可以说是流量从 PC 端向移动端转移下的划时代产品。

PC 端与移动端的区别之一是搜索与推荐。PC 端是主动搜索，移动端是被动推荐。由于算法比人更懂需求，所以个性化推荐成为主流，人找信息从此变成了信息找人。

截至 2019 年 1 月 25 日，李子柒的抖音和今日头条账号共有 1128 万个粉丝，其中抖音账号有 305 条作品，获 2943 万人点赞；今日头条账号有 259 条作品，获 337 万人点赞。在抖音中，用户既可以添加天猫旗舰店链接，也可以直接引导用户到商品橱窗。

现如今，除了李子柒，笔者在讲内容营销课的时候，还会向商家介绍，目前服饰、箱包、鞋类、数码、家具、家居、车品等淘宝天猫全网类目的商家都在布局抖音，通过抖音引流，增加曝光和引导粉丝关注。

10.5.4 包裹引导收藏关注店铺

淘宝天猫店铺每天有大量的包裹发出，很多消费者也会注意包裹上或包裹内的广告信息。商家既可以利用自己每天发送的包裹，也可以借助第三方包裹营销公司投放广告，基于“拆包裹”的场景进行有效营销。

包裹营销与商家平时推广直通车、智钻的方法相似，吸引消费者点击查看，或者通过手淘二维码扫码，从而产生部分成交和关注收藏。对于利益点而言，需要商家结合不同类目设计文案。

以李子柒旗舰店为例，其在包裹外印有“丑话说在前，别怪我没提醒你”和“吃了我的东西，你就是我的人了”等文案。许多消费者喜欢拍包裹上的文字，上传到买家评论，或者分享到微博当中。以图 10-55 所示为例，粉丝看到包裹上的文字之后，发表评论“嗯，子柒小姐姐，吃了你的东西就是你的人了”。

另外，有粉丝在评论中表示，“子柒的东西期待很久，自从从微博上刷到子柒，如今已关注很久，我跟儿子特别喜欢子柒录制的视频，儿子每每看子柒录制的视频，都会感慨，她怎么什么都会做，还做得那么好，妈妈你也做吧，这个嘛，真的需要天分，我木有呀。这一期看到子柒在送筷子，微博也转发了，也评价了，东西也买了（好像木有达标昂），希望能被子柒抽中，送我一双，ps：西包装很用心，还送了对联跟福字”，如图 10-56 所示。

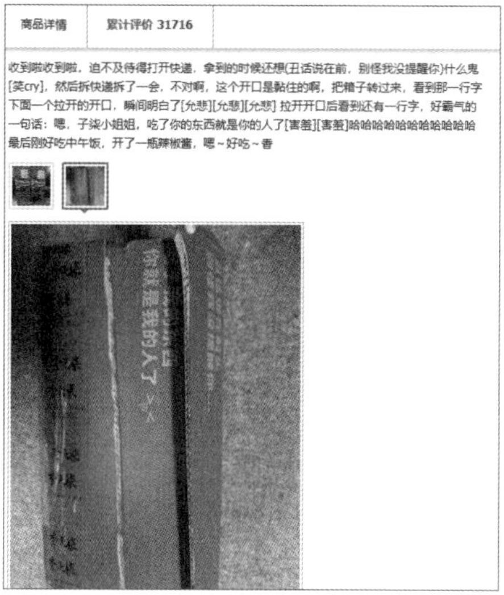

图 10-55　李子柒包裹外吸引粉丝文案

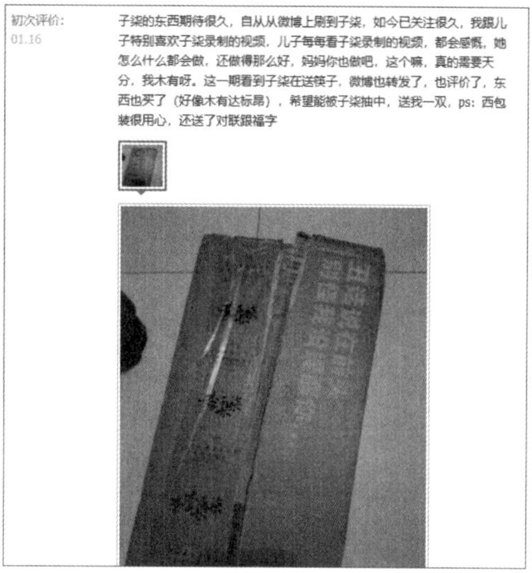

图 10-56　李子柒粉丝评价包裹很用心

当然，也有粉丝因为产品从普通粉发展成为铁粉，“太用心的。从不文字评价，子柒收下我的第一次！”，如图 10-57 所示。

除了在包裹外，在包裹内也可以印制 DM 单页。在策划单页内容时，商家需要考虑消费者的需求，以及能够给到什么优惠和福利。例如，商家可以给出二次购买大额优惠券，或者通过“扫一扫”关注参与抽奖，并注明奖品价值等。

图 10-57　李子柒粉丝因产品从“普通粉”到“铁粉”

通过包裹内的 DM 单页，一方面可以引导用户关注店铺；另一方面也可以引导用户分享到微博和朋友圈等，形成二次曝光或裂变。

第 11 章 微淘粉丝互动玩法

微淘在增加粉丝的同时，也需要定期发布互动内容，以维护老粉丝和增强粉丝活跃度，完成“拉新—转化—留存—促活”的粉丝流量闭环。目前在阿里创作平台互动中心，商家可以创建微淘互动玩法如投票、征集和分享有礼等。根据微淘的等级，商家享有的互动功能有所不同。

11.1 投票有礼粉丝互动玩法

11.1.1 什么是投票有礼活动

2016 年 11 月，为了提升粉丝的活跃度和黏性，微淘官方后台为商家专门定制了官方版的投票工具。

商家可运用投票工具发起互动，目前投票页面的样式有文字、图片和商品三种类型可供选择。通过商家的渠道触达用户后，用户即可参与投票。

11.1.2 投票有礼前台展示入口

投票有礼活动发布后，会在微淘前台内容底部显示。商家可以利用投票测试新品、进行买家秀评比、发起娱乐话题等。以 gxgjeans 旗舰店为例，商家利用投票有礼测试夹克款式，如图 11-1 所示。从已结束的投票活动中，可以看到粉丝喜欢的款式的得票数。

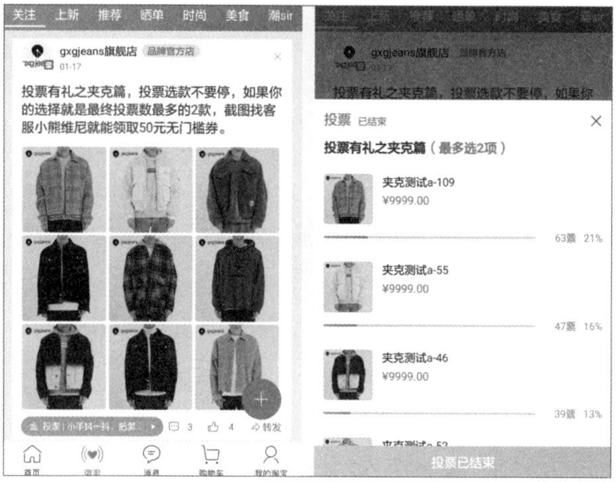

图 11-1　gxgjeans 旗舰店投票有礼测试夹克款式

11.1.3　投票有礼活动后台创建发布

1．基本信息的填写（见图 11-2）

投票名称：前台最多显示 14 个字符，主要概括本次投票活动的主题。

投票描述：前台最多显示 40 个字符，主要介绍本次投票活动的简要概况。

添加超链接文本和添加超链接地址主要是为了跳转页面。

活动时间：活动时间分为长期活动和限时活动，商家可根据实际情况选择，以便在有限的时间内促进粉丝参与完成投票活动。

背景图：尺寸固定为 750px×330px，将展示在活动详情页顶部。

图 11-2　阿里创作平台的基本信息填写

2. 投票类型的选择

投票类型共有四种，对应不同的前台展示方式。投票类型以文字、图片、商品为主，还包括其他（图片 + 链接）内容。单个活动只支持 1 种投票类型，每种类型至少设置 2 个投票项，最多为 20 个，如图 11-3 所示。

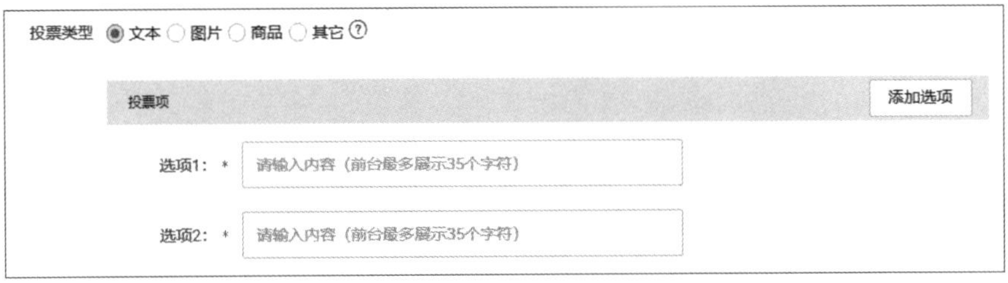

图 11-3　投票类型之文本选项

文本选项为文案，前台最多展示 35 个字符。图片选项为图文 + 文案，上传图片并填写投票项描述，如图 11-4 所示。

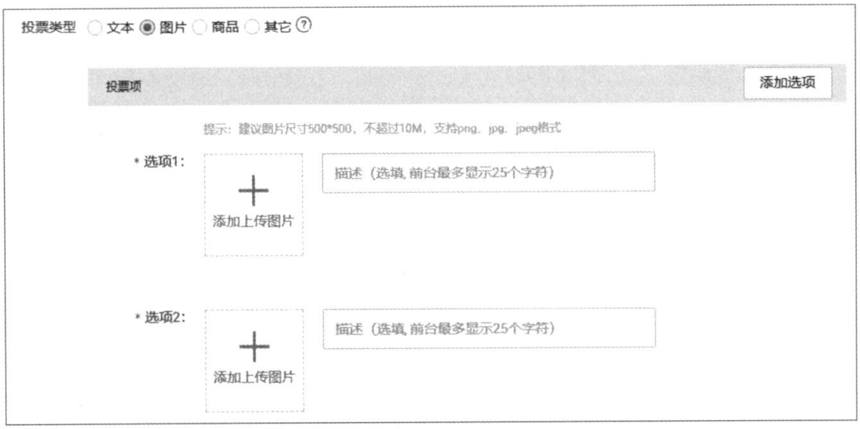

图 11-4　投票类型之图片选项

商品选项为商品，直接填写商品链接，如图 11-5 所示。

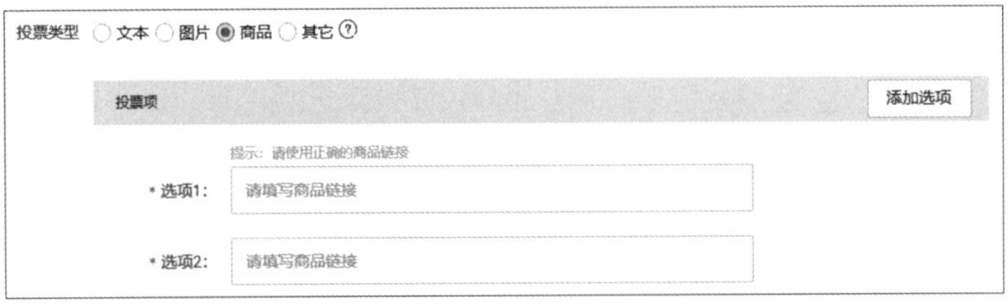

图 11-5　投票类型之商品选项

其他选项支持为投票图片配置链接，点击图片可跳转到指定链接页面，如图 11-6 所示。

图 11-6　投票类型之其他选项

3．投票形式的选择

投票形式主要分为单选和多选，多选最多选 10 项，商家可以选择允许用户发表评论，也可以去掉勾选，以禁止用户发表评论，如图 11-7 所示。

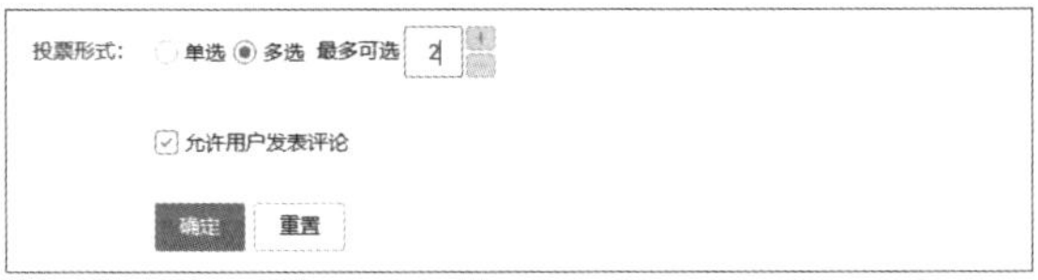

图 11-7　投票形式的选择

11.2　征集有礼粉丝互动玩法

11.2.1　什么是征集有礼活动

征集是微淘官方于 2017 年 11 月上线的互动工具，如图 11-8 所示。征集互动活动可以提升粉丝活跃度，使店铺获得更多粉丝关注，以及获取公域流量渠道的透出。

图 11-8　阿里创作平台的征集

11.2.2 征集有礼前台展示入口

商家发起征集活动之后，在微淘前台内容底部会显示征集活动。以 vans 官方旗舰店为例，其在 2019 年 1 月 25 日发布主题为“暴富金主，在线盘鞋”的活动，如图 11-9 所示。活动内容是“宝藏金主们不要低调了，晒出你所有的 VANS 产品，盘它！也可在评论区聊聊你都怎么盘 VANS 的，或者你的‘万物皆可盘’那些事儿，记得加上自己的淘宝 ID 哦”。

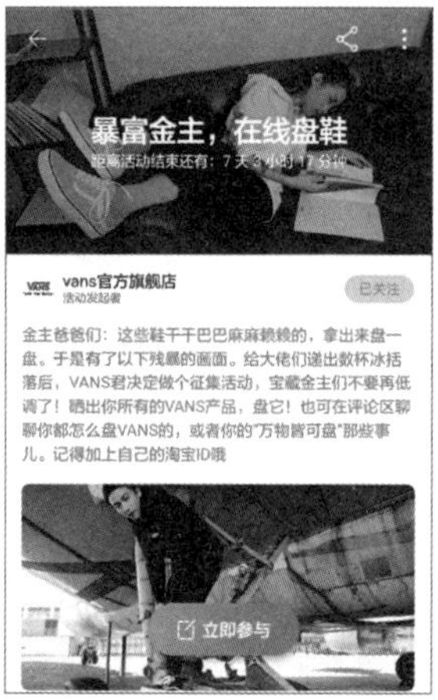

图 11-9 vans 官方旗舰店征集有礼活动

“全部”页面显示已经上传的部分粉丝的晒图和评论。有粉丝表示，“这才是 vans 的正确打开方式”，晒出的背包和鞋表达了对 vans 的喜爱，如图 11-10 所示。

点击“立即参与”，即可在手机相册中选择上传提前拍摄的图片或制作好的短视频，从而参与征集活动，如图 11-11 所示。

图 11-10 vans 官方旗舰店征集有礼活动粉丝晒图和评论

图 11-11 点击“立即参与”晒图文或晒视频

11.2.3　征集有礼活动后台创建发布

征集类型分为征集买家秀和活动征集两种类型。征集到的买家秀会进入素材库，加精后可在宝贝页的买家相册和店铺中展示。

活动征集用于举办“晒购物车”“晒趣味照片”等活动，仅调动用户参与互动。征集到的内容不会进入买家秀素材库，无法在宝贝页的买家相册中展示。

以 UMILAB 夕又米独立设计为例，其在微淘发布购物车征集活动。征集活动内容为“一眼就欲罢不能的衣服是不是已经出现在你们的购物车里啦？一起来晒购物车啦！晒就有机会获得 50 元无门槛优惠券鸭～”，如图 11-12 所示。

图 11-12　UMILAB 夕又米独立设计购物车征集活动

活动名称：最多 20 个字符，建议设置简洁并突出权益的活动名称，如图 11-13 所示。

图 11-13　阿里创作平台的创建征集活动

使用官方发奖工具：勾选后在完成活动基本信息后进入奖品的创建，创建后将不可更改；不勾选则为无奖征集活动。设置有奖活动后，奖品必须在活动开始之前提交完成，否则活动作废。有奖活动开始后，不可删除。

活动时间：创建完成后不可修改，有奖活动的开始时间必须晚于创建时间 1 小时后。

活动描述：活动的基本信息描述主要说明要征集的内容和要求。

活动超链接地址和文本：二跳页面，建议放上群聊的链接，引导买家发好看的内容。

背景图：将展现在活动详情页顶部，尺寸为 750px×420px，避免在背景图上添加文字，大小为 500KB 以内，格式为 png 或 jpg，如图 11-14 所示。

活动介绍素材：支持上传图片或视频，将展现在活动描述下方，尺寸为 750px×420px，避免和背景图使用相同的素材，图片大小为 500KB 以内，格式为 png 或 jpg；视频大小为 200MB 以内，支持上传 wmv、avi、mpg、mpeg、3gp、mov、mp4、flv、f4v、m4v、m2t、mts、rmvb、vob、mkv 格式文件。

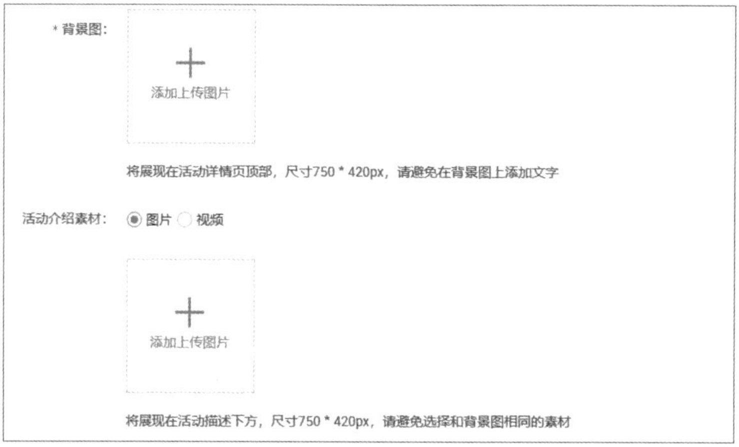

图 11-14　征集活动背景图

征集类型：支持图片、视频两种内容类型，可多选，如图 11-15 所示。

图 11-15　征集活动的征集类型

添加宝贝：可选择征集的内容是否需要带宝贝链接，有可选添加宝贝、必须添加宝贝、不允许添宝贝加三种模式。

关联官方话题：仅开放给有权限的商家关联话题，选择要关联的话题，并在活动开始后至活动结束前在“互动管理→征集活动→内容管理”中将想要投稿到话题的内容加精，晒单内容便会流转到话题当中，每天以 5 个为上限。

设置有奖活动后，奖品必须在活动开始之前提交完成，否则活动将作废。

11.2.4 买家秀征集和投票互动

截至 2019 年 1 月 25 日，罗衣旗舰店已拥有 131 万个店铺粉丝，如图 11-16 所示。2018 年，罗衣旗舰店年销售额为 1.2 亿元。据了解，罗衣成立于 2008 年，品牌能贴近市场变化，讲究实穿性和时尚性的平衡，理性地运用流行及经典元素，形成罗衣独有的风格。

罗衣力求展现不奢华的优雅、不露骨的性感、不幼稚的活力，寻求独特而平衡的美。其设计理念追求成熟韵味与职场干练完美结合，典雅大方而不失设计感，演绎都市女性的知性优雅，让女性更自信、更独立。

图 11-16　罗衣旗舰店拥有 131 万个店铺粉丝

目前，罗衣旗舰店形成了一套完整的买家秀征集体系，包括发起买家秀征集、买家秀投票、买家秀中奖公布和买家秀活动页面。

1. 买家秀征集

罗衣旗舰店每月会举行 4 期买家秀征集，主题为“气质女神招募令”，如图 11-17 所示。在活动征集页面上传买家秀美照，投票选出的每周人气王将得到 50 元无门槛优惠券，月度人气王还将获得免单优惠。

2. 买家秀投票

罗衣旗舰店每周一次买家秀征集投票，评选出每周人气奖，有机会赢取免单和 50 元无门槛优惠券，每个人最多可以选 3 项，如图 11-18 所示。

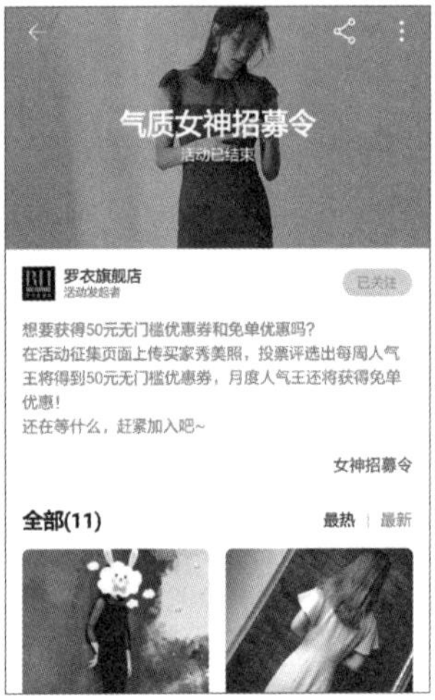

图 11-17　罗衣旗舰店买家秀征集

图 11-18　罗衣旗舰店买家秀征集投票

3. 买家秀中奖公布

买家秀投票结束之后，为了保证活动公平公正，罗衣旗舰店会通过微淘发布中奖名单，公布中奖用户、中奖奖品和中奖联系方式等内容，并搭配店铺其他产品信息，如图 11-19 所示。

图 11-19　罗衣旗舰店买家秀中奖名单

4. 买家秀活动页面

除了征集、投票和中奖公布，罗衣旗舰店还单独制作活动页面，如女神上榜“晒图赢免单”。中奖奖品为每周人气奖无门槛优惠券和每月人气奖免单。另外，商家还在页面中展示每一期中奖的女神，如图 11-20 所示。

图 11-20　罗衣旗舰店买家秀女神上榜

女神上榜参与方式主要介绍活动流程、活动对象、晒图规则、图片要求和评选方式，如图 11-21 所示。

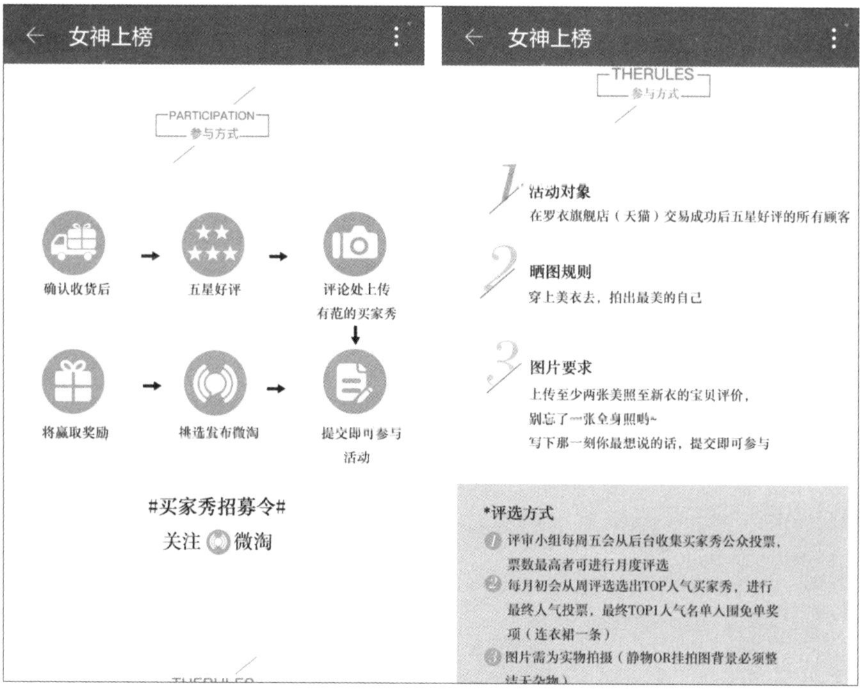

图 11-21　罗衣旗舰店买家秀女神上榜参与方式

11.3 分享有礼粉丝互动玩法

11.3.1 什么是分享有礼

分享有礼是微淘官方在 2018 年 6 月推出的互动工具，如图 11-22 所示，希望其成为商家在日常运营中拉回流的强力抓手。

商家可以自行设置不同等级的任务，拉 3 人或 5 人回流。用户在宝贝链路中形成分享闭环，享受折扣或减 *n* 元。商家可以设置回流者权益，以提高购买转化。

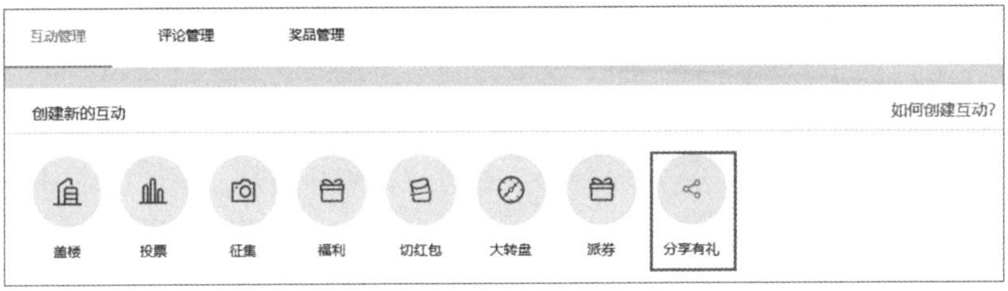

图 11-22 阿里创作平台的分享有礼

11.3.2 分享有礼的前台样式

以 youme 悠米旗舰店为例，商家为了新品冲销量，用户分享之后即送无门槛优惠券。主要分享规则“分享至 3 个好友，点击观看即可领取优惠”，如图 11-23 所示。

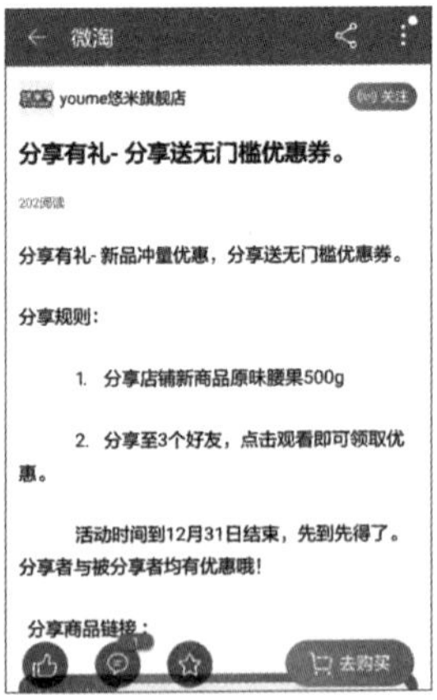

图 11-23 youme 悠米旗舰店分享有礼活动

11.3.3 分享有礼活动后台的创建

目前生效的宝贝是全店宝贝参加，生效时间最长为 180 天，中奖条件是分享后带来的回流人数是 3 人或 5 人，如图 11-24 所示。

图 11-24　创建分享有礼活动

在奖品设置时，新建优惠券必须选择分享有礼渠道中的无门槛优惠券。优惠券张数必须不少于 50 张，优惠券的有效期必须不少于活动生效时间 +30 天（结束时间 +30 天），如图 11-25 所示。

图 11-25　优惠券奖品设置

11.4　签到有礼粉丝互动玩法

签到是指在规定的簿册上签名或写“到”字，表示本人已经到达；亦即用记录的方式表明自己出席或参加过某个活动，多用于出席会议或上班。

签到有多种方式，比较简单的方式有纸笔签名，如学校上课教师让学生签名以统计到课人数；应用较多的方式是电子签到，如公司上班打卡以证明一天的工作。

有的网站、论坛也有签到区，证明用户来过论坛，以提升论坛的点击量；有的活动主办方利用二维码、人脸识别签到来做来宾记录。

用户在微淘里签到，既可以通过评论微淘内容，然后由商家统计发奖，也可以通过淘宝第三方软件工具，实现每日签到和连续签到。

对于淘宝商家来说，签到有礼的目的是增强用户黏性，促使用户每天看，增加活动曝光率。另外，商家也可以通过签到，发现忠实用户，给忠实用户发优惠券等奖励。

11.4.1　微淘每日签到赢好礼

目前很多商家都策划微淘每日签到活动。以张贝贝 ibell 为例，其每周都会通过不同的签到暗号，号召粉丝参与签到打卡，抽取 1 位粉丝送大额优惠券，如图 11-26 所示。

张贝贝 ibell 每周的签到暗号不一样，粉丝需要回复的内容也不一样。部分没来得及参加的新粉丝会跟帖评论提问，如 Summer 嗨啦问“这里还签到吗”，如图 11-27 所示。

图 11-26　张贝贝 ibell 微淘签到打卡活动

图 11-27　张贝贝 ibell 微淘粉丝签到评论

不同的签到暗号可以使粉丝保持签到的新鲜感。例如，张贝贝 ibell 的微淘签到打卡暗号是“888”，在介绍打卡的同时，也在科普女神衣橱活动，如图 11-28 所示。

图 11-28　张贝贝 ibell 微淘粉丝签到打卡暗号设置

11.4.2 设置微淘每日签到封面

在微淘每日签到中，除了用九宫格形式发布签到文案和宝贝图片搭配，商家还可以设置九宫格的封面图，让粉丝了解正在举行的活动。以茉语家为例，其在封面中设置“2019 年 1 月签到，微淘评论留言互动，一起来赢取神秘大奖”，如图 11-29 所示。

图 11-29 茉语家设置微淘每日签到封面

11.4.3 利用多卖客户运营平台会员签到工具

除了微淘手动签到，商家也可以选择利用第三方工具搭建会员体系，实现每日签到功能，并将链接同步到微淘中。以三只松鼠旗舰店为例，商家利用多卖客户运营平台定制版会员工具，搭建了一套完整的会员体系。

多卖江苏区区域经理君宝介绍，目前电商告别野蛮增长，迎接精细繁荣。淘宝和天猫品牌运营的核心已从争夺流量红利，向运营存量客户转变，老客户的销售贡献是新客户的 3 ～ 4 倍。

传统营销的核心是广告流量的获取。传统电商将重点放在直通车、智钻、官方活动报名、广告投放等新客获取方式上。而新营销是建立会员运营体系，其本质是口碑传播。新电商注重会员维护、会员运营、与会员建立强连接。

积分本质是店铺虚拟货币，是客户激励和引导机制的载体，积分体系是数据驱动的客户忠诚度计划的一部分。

利益驱动或虚荣心理驱动客户积攒积分或参与积分活动获取积分，用于兑换优惠券、商品等，使客户消费形成一个完整的闭环，增加客户复购。

在三只松鼠旗舰店的店铺微淘动态装修中，第 3 张轮播图主要展示其会员体系内容，即“会员专享新品 0 元试吃，躺赚松子币，超值积分换购”，如图 11-30 所示。

点击轮播图进入会员页面，可看到“教你如何每天都能赚积分，‘日进斗金’”的玩法提示，其中包括签到赚币、收藏赚币、邀请赚币、买买买赚币、生日送1000松子币和新成员入会礼等赚取积分方式，如图11-31所示。

点击“签到赚币”，进入躺吃个人中心，可以看到会员的松子币数，每日签到打卡领10松子币，连续签到四天送20松子币，连续签到一周送150松子币，如图11-32所示。

图11-30 三只松鼠会员体系店铺微淘动态装修

图11-31 三只松鼠会员体系签到赚松子币

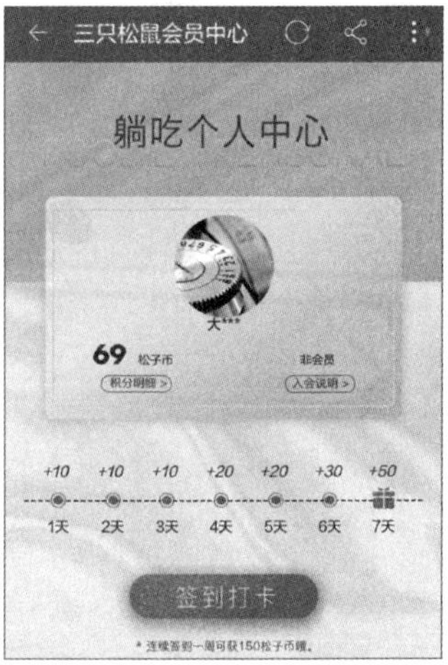

图11-32 三只松鼠会员体系签到打卡

11.5 淘宝群和直播粉丝互动玩法

11.5.1 什么是淘宝群

淘宝群是手机淘宝上的消息群，如图11-33所示。淘宝群是由淘宝推出的、面向卖家的会员及粉丝的实时在线运营阵地，通过淘宝群，卖家可高效触达消费者，结合群内丰富的玩法和专享权益，形成消费者的高黏性互动和回访，促进进店和转化。

1. 淘宝群为卖家带来的价值

①提升免费流量；

②提高转化率；

③提高客户触达概率；

④降低老客户召回成本；

⑤提升新客户购买转化；

⑥增强新客户购买信心。

图 11-33 MTG 红包福利专属淘宝群

2．淘宝群的主要特征

淘宝群的主要特征是快、狠、准，是微淘内唯一实现高效触达、1 对多即时沟通互动的通道。

淘宝群是帮助商家拥有稳定价值流量的保障，实现店铺高转化和强复购，同时又是内容孵化阵地。

3．淘宝群区别于其他通信群的特色

①距离消费者路径最近：淘宝群是消费者在消费需求场景下的沟通群；

②买卖的关系最活跃：群里卖家与买家之间的互动是商品口碑的互动；

③主动召回用户的能力最强：群内消息会在用户的手机淘宝首页右上角进行实时提醒。

11.5.2 如何快速创建淘宝群

商家用卖家主账号登录手机淘宝，扫描二维码即可建群。然后设置群组成员人数并选择群类型、设置消费者入群门槛以完成创建。

商家也可以在 PC 端建立淘宝群并进行管理，如图 11-34 所示。

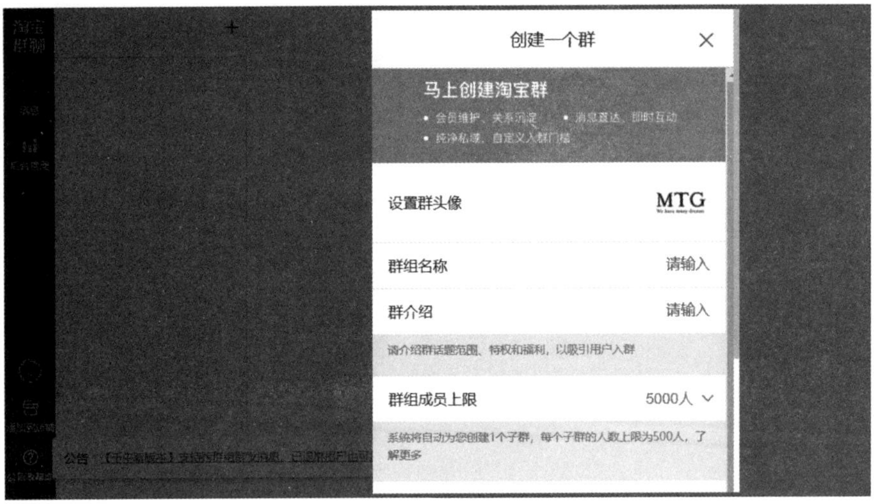

图 11-34　PC 端淘宝群创建及管理

需要注意的是，单个群组最多可有 10 个子群，每个子群最多可加入 500 人，单个群组人数上限为 5000 人；群公告、群密码、自动回复等基础设置对该群组下的所有子群生效；买家通过群组统一入口加入群后，将被默认加入群成员未满且序号靠前的子群，如图 11-35 所示。

淘宝群可以在手机淘宝上直接管理，点击右上角的“消息”，可以看到自己创建的群，也可以直接进行消息发送、群成员管理、群公告设置等。点击展开单个群组，点击“群组设置”，即可进行群组基础信息修改、设置群组超级管理员、获取群链接及二维码等，如图 11-36 所示。

图 11-35　淘宝群群公告、群密码、自动回复等基础设置

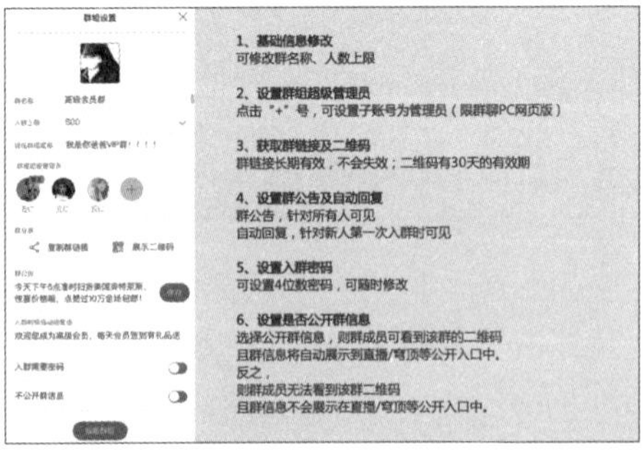

图 11-36　淘宝群基础信息修改注意事项

11.5.3 发微淘关联淘宝群

商家在发布微淘的时候，点击底部“群聊”，可以添加群聊工具，在微淘前台显示的时候，会带有群聊入口，如图 11-37 所示。

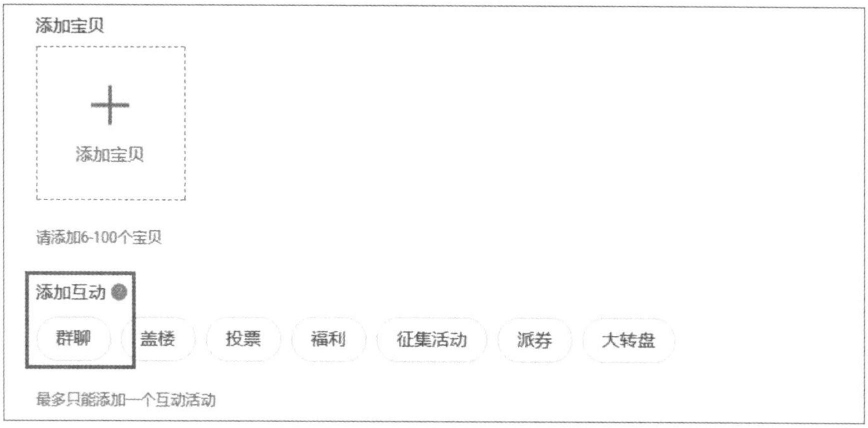

图 11-37　发微淘时添加群聊互动

MTG 旗舰店目前由上海澜斯商务咨询有限公司负责店铺运营和内容运营，目前拥有 12.1 万个粉丝。以 MTG 旗舰店为例，在发布微淘的时候，微淘内容底部会显示群聊入口，如图 11-38 所示。用户点击之后，即可加入 MTG 群聊。

在 MTG 的淘宝群聊顶部会显示全店宝贝（2019 年 1 月 21 日，淘宝群官方发布淘宝群宝贝动态即热聊宝贝下线，用户可通过全店宝贝继续浏览店铺商品）、上新和买家秀，如图 11-39 所示。

图 11-38　MTG 发布微淘群聊入口

图 11-39　MTG 淘宝群全店宝贝、上新和买家秀

用户加入淘宝群之后，可在手淘首页消息中查看淘宝群内容。以 MTG 旗舰店为例，用户加入淘宝群聊之后，会在手淘微淘显示新关注，在消息中心显示“MTG 红包福利专属群！”，如图 11-40 所示。

图 11-40　手淘消息中显示 MTG 淘宝群

11.5.4　淘金币淘宝群签到

点击手淘首页“淘金币”，可以查看金币庄园和金币任务等，如图 11-41 所示。点击“今日任务”，可以看到浏览活动赚金币、走路赚金币、搜索购物返金币和进群打卡领金币（见图 11-42）和每日签到领福利（见图 11-43）。春节期间每日进群打卡最高领 5 金币，日常活动领 10 金币。

图 11-41　手淘淘金币与淘宝群打卡任务

图 11-42　进群打卡领金币

图 11-43　每日签到领福利

11.5.5　淘宝群基础数据统计

淘宝群基础数据统计既可以在 PC 端后台查看，也可以在千牛商家自运营中心查看。以 PC 端淘宝群后台为例，商家可以查看群基础数据、群等级及权益、设置营销活动、工具效果监控、群成员成长体系、群成员管理、群数据雷达和智能营销等，如图 11-44 所示。

淘宝群整体数据包括活跃人数、引导进店人数、引导成交人数、引导成交金额、成交金额全店占比、进店购买转化率、进店浏览转化率、引导客单价、消息发送人数、消息发送条数和 7 天二次回访率等。以 MTG 旗舰店为例，其在 2018 年“双 11”期间，通过淘宝群引导成交金额约为 28.9 万元。

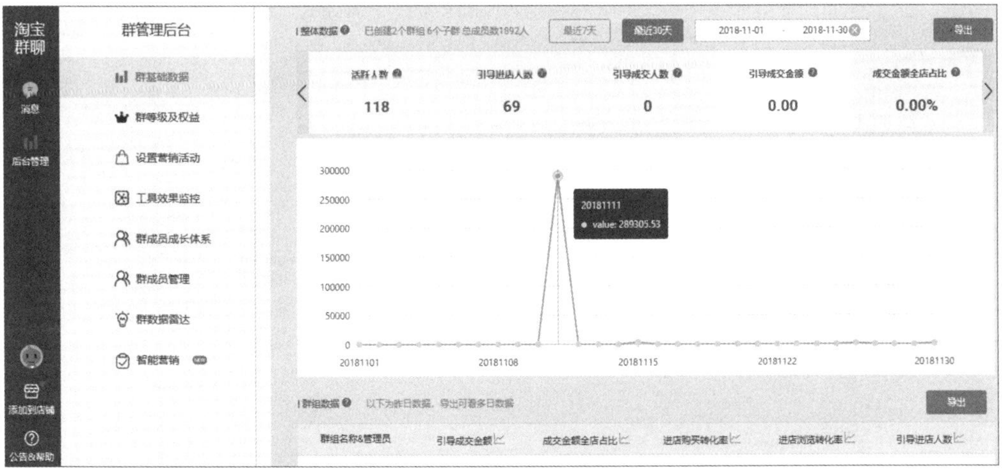

图 11-44　PC 端基础数据统计

在千牛端商家自运营中心，商家可以查看首页、淘宝群、短视频、宝贝动态、购后链路、买家秀、商家牵手、淘宝直播、客服直播、拼团、内容合作和淘抢购自运营等内容，如图 11-45 所示。

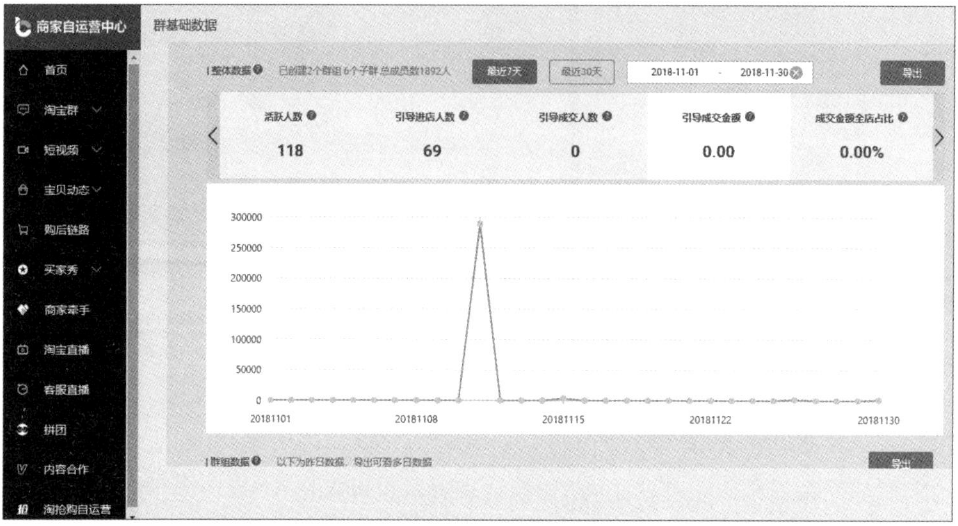

图 11-45　千牛端基础数据统计

商家可以选择时间段，导出群组数据，进行数据统计和分析，以不断优化淘宝群内容，保持和粉丝互动，如图 11-46 所示。

图 11-46　选择时间段导出群组数据

11.5.6　淘宝群内互动玩法

淘宝群官方提供多款群权益工具，以供卖家使用，帮助提升群内活跃度、提高老客回头率、提升新客转化率。

红包：限手淘客户端设置，所有建群卖家可使用。群红包可以与店铺内其他红包叠加使用，抢到红包的粉丝可以享受更大折扣。

投票：限手淘客户端设置，限群成员为 10 人及以上的建群卖家使用，如图 11-47 所示。商品投票功能可以帮助商家了解粉丝的喜好，择优出货。

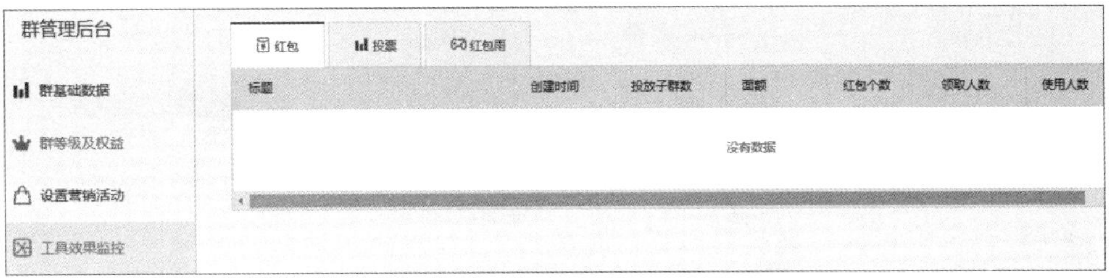

图 11-47　互动工具使用

群内发起话题讨论特别有利于群内形成交流的良好氛围，引发用户产生共鸣。每天定时在群内使用投票工具发起话题，让新老用户养成每天来群内讨论问题的习惯。

限时抢购：用户可以在一段时间内，以低价抢到店铺内宝贝。

提前购：当卖家举办回馈老客户的活动时，好货提前抢尤其适合使用这个工具，让粉丝获得优先资格。

红包喷泉：可以营造群内大促氛围，为大促预热蓄水，提升用户在大促期间加购、收藏和当天成交转化。

淘金币打卡：签到活动可以提升粉丝二次回访率。

拼团：网页版设置拼团商品，手淘客户端发送至群内，限群成员为 10 人及以上的建群卖家使用，如图 11-48 所示。

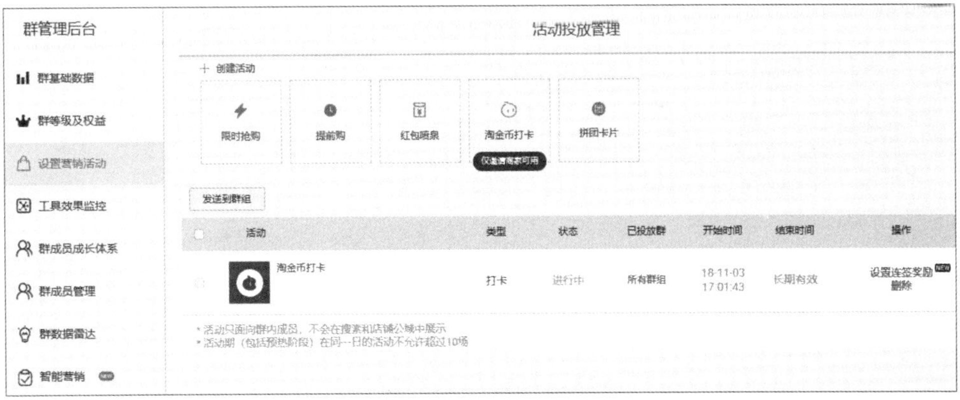

图 11-48　创建互动工具

买家秀：店铺内买家秀的神同步利器。

上新：自动抓取店铺内上新、店铺资讯。

微淘：微淘后台发布的帖子、宝贝清单、发跨店清单、图片、上新、视频、买家秀等可以一键同步至群内，能让粉丝实时跟进店铺内动态，捕获重点信息。当商家有动态更新时，将微淘动态一键同步至群内，如图 11-49 所示。

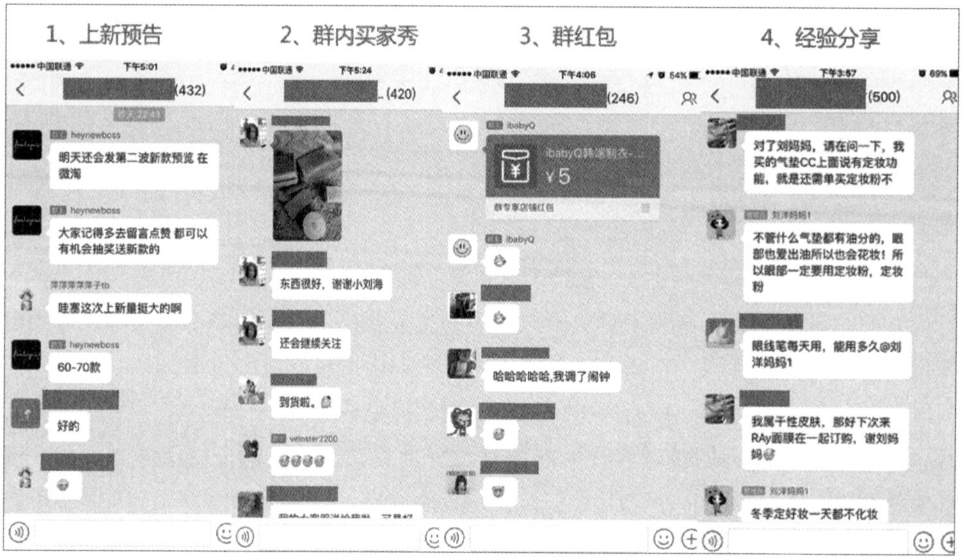

图 11-49　上新买家秀等互动玩法

日常测款推荐使用投票；回馈老粉丝推荐使用提前购、限时抢购、群红包；打造潜力爆款推荐使用提前购、限时抢购；大促前蓄水推荐使用组合玩法，即从大促前 1 个月开始，联通贯穿使用各种互动玩法组合玩法；打造大促氛围推荐使用群红包、红包喷泉；提升成交转化推荐使用限时抢购、提前购、群红包、红包喷泉。

11.5.7　淘宝直播与微淘粉丝互动

开通淘宝直播的商家可以利用直播将微淘和淘宝群互相打通，形成店内粉丝闭环。以艾尚燕旗舰店为例，其现在拥有 20.9 万个粉丝，如图 11-50 所示。春节不打烊，在店铺里面保持淘宝直播播放。

艾尚燕旗舰店在微淘中预祝粉丝新年快乐。淘宝直播可以在店铺首页、详情页和微淘页展示。另外，淘宝直播播放完之后，保存至店铺微淘中，用户可以二次阅读已结束的直播内容。

2016 年“618”前期，艾尚燕旗舰店策划微淘盖楼活动，“你盖楼，我送燕窝，明星产品免费拿，赶紧呼朋唤友一起来吧”，如图 11-51 所示。

除了九宫格的微淘内容形式，艾尚燕旗舰店还发布淘宝直播，在直播中介绍艾尚燕正在开展的盖楼活动，并通过直播的形式展示浓缩燕窝产品，鼓励用户参与活动。

图 11-50 艾尚燕旗舰店 20.9 万个微淘粉丝

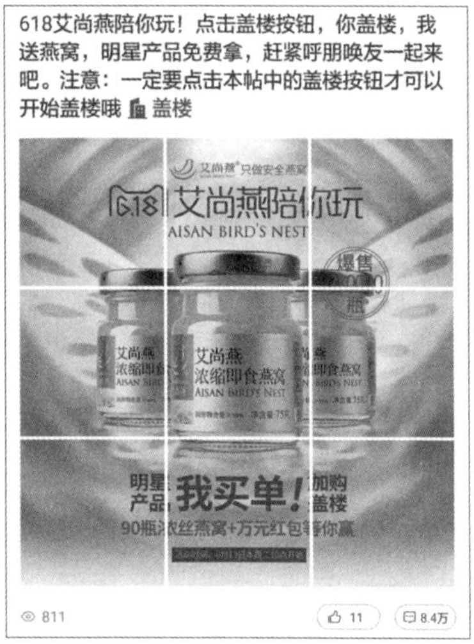

图 11-51 艾尚燕旗舰店微淘盖楼有礼活动

在活动进行中，艾尚燕旗舰店还在微淘中及时公布盖楼活动获奖情况，如“目前为止已经有两位艾粉踩中了中奖楼层，每人获得了 3 瓶价值 347 元的浓缩即食燕窝，还剩 48 个名额”，吸引其他粉丝关注和参与活动，并在第二场淘宝直播中继续介绍活动，如图 11-52 所示。

在本次盖楼活动中，艾尚燕通过微淘和淘宝直播相互互动，建造楼层数为 91 329 层，建造人数为 2738 人，如图 11-53 所示。

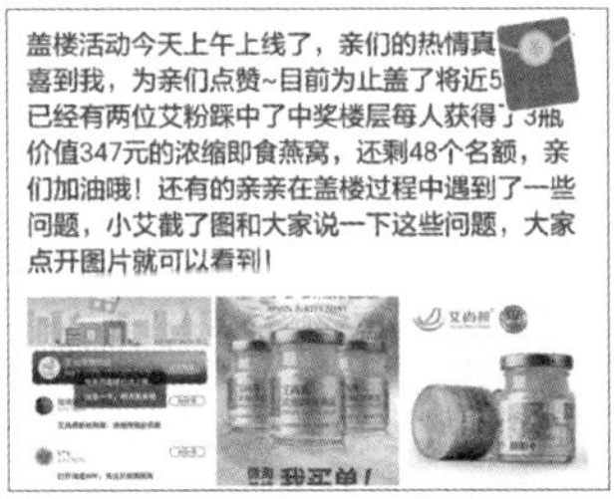

图 11-52 艾尚燕旗舰店公布盖楼活动获奖情况

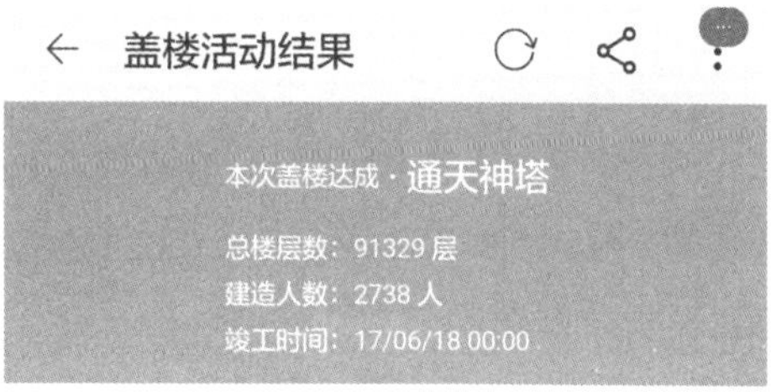

图 11-53 艾尚燕旗舰店微淘盖楼 91329 层

第12章 微淘等级提升策略

2019 年商家的微淘等级考核主要延用 2018 年 3 月 26 日发布的《微淘号 • 商家新等级公测公告》等级评测标准，从原有的 W 等级升级到 L 等级。考核的微淘等级分数主要包括内容价值分、粉丝价值分和账号健康分。

12.1 微淘L0～L6等级说明

微淘等级升级的目的是更好地帮助商家做好私域运营。2016 年至 2018 年期间，微淘共有 3 次等级分层体系调整。

12.1.1 商家微淘 1.0 分层体系的诞生背景

微淘分层始于 2016 年 5 月。根据《微淘商家分层权益须知》通知，从 2016 年 5 月 15 日起，微淘官方对商家进行了不同等级的划分，并匹配其享受不同的权益，通过算法选择是否对商家微淘内容进行推荐。

商家微淘等级划分的主要目的是根据商家的微淘运营情况，奖励其更多的流量和商业化权益。系统考核的依据包括商家微淘活跃粉丝数、新增活跃粉丝数、图片质量和月发布条数等情况，如表 12-1 所示。

表 12-1 微淘 1.0 分层体系考核数据

账号等级	功　能	发布条数 / 条	是否推荐
W1	基本功能	1	否
W2	基本功能	2	否
W3		3	进入算法推荐
W4	增加创新功能	4	进入算法推荐

基本功能主要包括图文广播、ISV 工具、视频广播、话题广播、快速发微淘、千牛插件发微淘等。

商家等级每个月末计算一次总分，月初进行微淘等级分层调整。商家可以在无线运营中心查看微淘总分、等级升降情况，以及所享有的权益。

12.1.2　商家微淘 2.0 分层体系优化迭代

从 2017 年 1 月 1 日起，微淘商家分层 2.0 体系上线，如图 12-1 所示。考核依据主要包括粉丝数、活跃粉丝数、粉丝 7 日回访率和日均发布条数四个数据，并提示各个等级晋级的秘籍。

图 12-1　商家微淘 2.0 分层体系微淘等级

W1 等级至 W4 等级发布的条数为 1 条到 4 条。对于活跃粉丝数、粉丝数和粉丝 7 日回访率从 W2 等级起也有相应的条件要求，如表 12-2 所示。

表 12-2　微淘 2.0 分层体系考核数据

账号等级	活跃粉丝数 / 人	粉丝数 / 人	粉丝 7 日回访率	日均发布条数 / 条
W1	—	—	—	
W2	—	5000	30%	—
W3	5000	—	35%	1
W4	10 万	—	—	1
H1	不参与评分且无任何功能			

微淘系统会对账号状态进行提示，主要包括差、良和优，以及对商家微淘等级的升级或降级提示。表现差状态的账号降级，表现良状态的账号保持等级不变，而表现优状态并且符合升级条件的账号会晋升等级。

12.1.3　商家微淘 3.0 分层体系简介

在从微淘后台向阿里创作平台过渡初期，微淘等级划分仍然延续 W 等级体系。在阿里创作平台中微淘等级如图 12-2 所示。

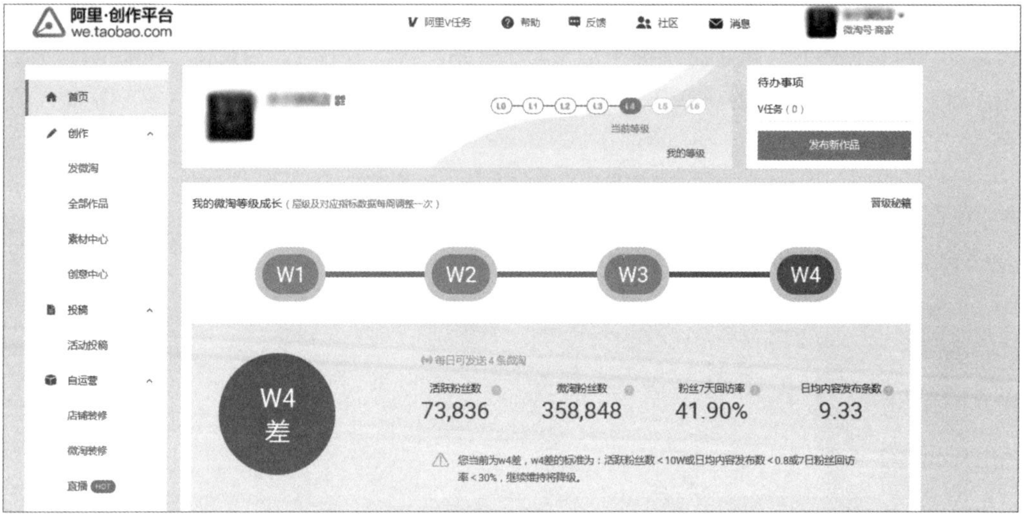

图 12-2 阿里创作平台的初期 W 等级体系

2018 年 3 月 26 日，微淘平台正式开始对商家微淘等级进行公测，原有的 W 等级体系于 4 月 17 日下线，微淘 3.0 分层体系 L 等级如图 12-3 所示。

图 12-3 微淘 3.0 分层体系 L 等级

新版的微淘等级主要考核商家的内容创作或内容组织能力、粉丝运营能力和账号健康度，并以此建立分数体系，划分商家微淘等级，并在每周三进行自动更新，如图 12-4 所示。

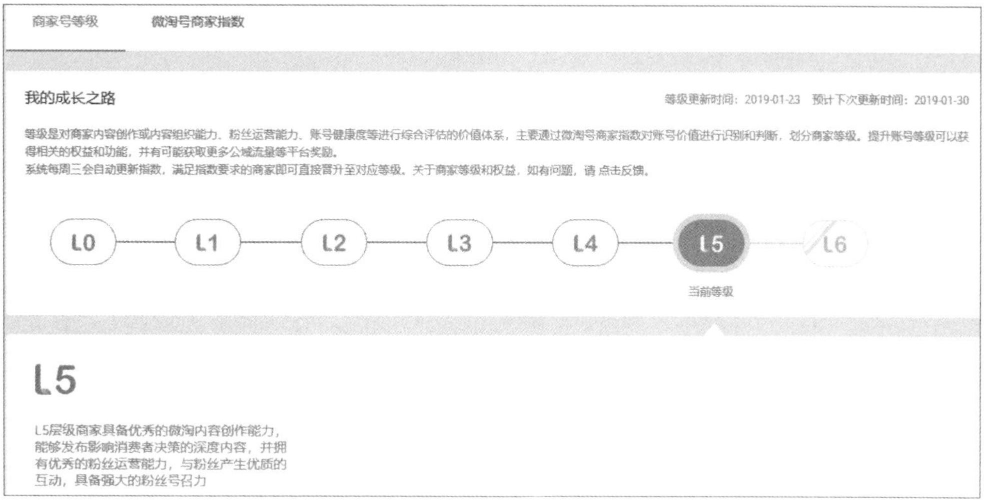

图 12-4　微淘 3.0 分层体系 L0 到 L6 成长之路

从 L0 到 L6，每一个微淘等级都有相应的解释说明，包括微淘内容创作能力、发布优质的微淘内容吸引粉丝关注和回访、粉丝运营能力、与粉丝产生优质互动、具备粉丝号召力和形成店铺风格及 IP 影响力等，如图 12-5 所示。

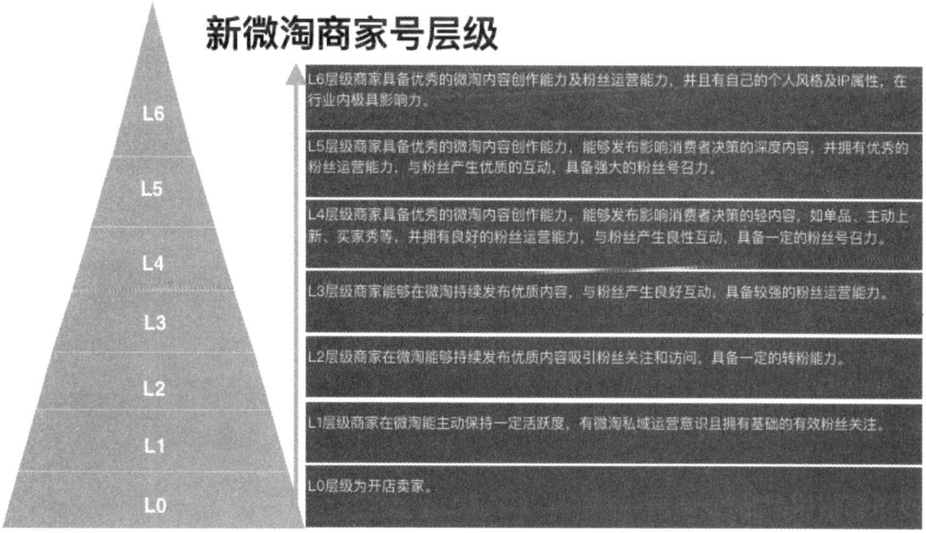

图 12-5　微淘 3.0 分层体系不同等级的解析

12.1.4 商家微淘 3.0 分层体系各等级标准

微淘商家指数分的评定包括内容价值分、粉丝价值分和账号健康分三个维度，在我的商家指数中每周三更新解读，如图 12-6 所示。系统会评定差、良和优秀，并指导商家调整创作方向和粉丝运营维护。

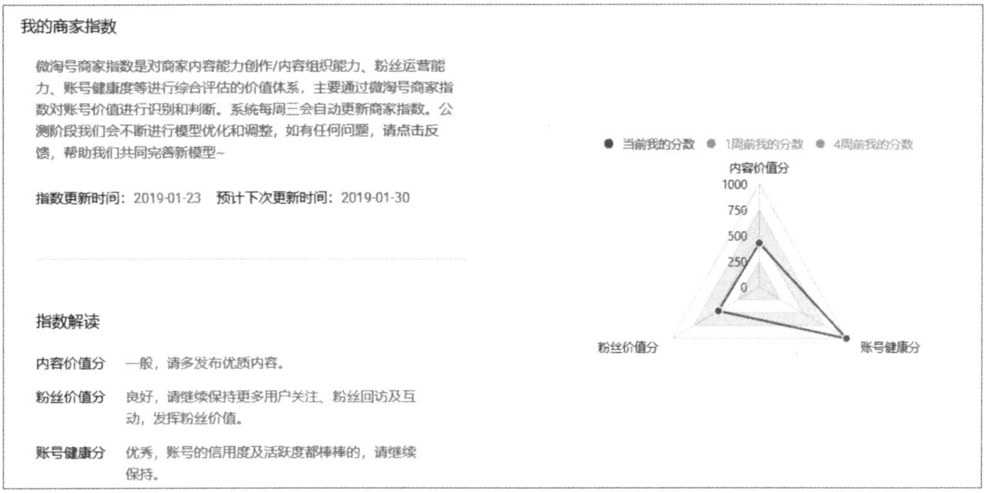

图 12-6 微淘商家指数更新和解读

如果商家的单项分数达标了，但是商家指数分不达标，则主要是因为指数分是综合计算的结果。由于每个单项分数的考核权重不一样，单项分数只作为考核的最低标准，如表 12-3 所示。

表 12-3 微淘 3.0 商家指数分的考核分数划分

微淘等级	商家指数分	粉丝价值分	内容价值分	账号健康分
L6	800	600	600	
L5	700	500	500	
L4	600	400	400	
L3	450	300	300	
L2	350 ～ 200			
L1			100	250
L0				

微淘号商家指数、内容价值分、粉丝价值分和账号健康分由不同的维度组成，发挥着各自的作用，如图 12-7 所示。

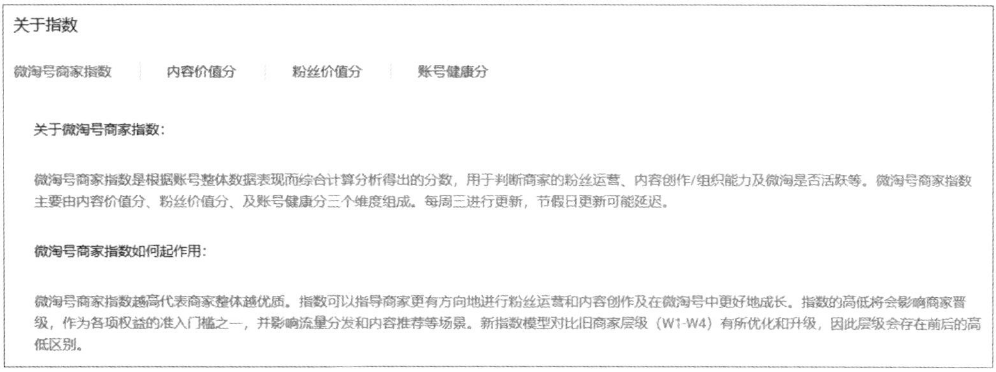
关于指数

微淘号商家指数 内容价值分 粉丝价值分 账号健康分

关于微淘号商家指数：

微淘号商家指数是根据账号整体数据表现而综合计算分析得出的分数，用于判断商家的粉丝运营、内容创作/组织能力及微淘是否活跃等。微淘号商家指数主要由内容价值分、粉丝价值分、及账号健康分三个维度组成。每周三进行更新，节假日更新可能延迟。

微淘号商家指数如何起作用：

微淘号商家指数越高代表商家整体越优质。指数可以指导商家更有方向地进行粉丝运营和内容创作及在微淘号中更好地成长。指数的高低将会影响商家晋级，作为各项权益的准入门槛之一，并影响流量分发和内容推荐等场景。新指数模型对比旧商家层级（W1-W4）有所优化和升级，因此层级会存在前后的低区别。

图 12-7 微淘号商家指数四大组成部分解释

1．微淘号商家指数

微淘号商家指数主要综合计算内容价值分、粉丝价值分和账号健康分三项分数，指数的高低与商家优质内容的规模、有效粉丝的规模和账号信用及活跃度等有关，会影响到L等级的升降，以及内容的推荐和流量的高低，如表 12-4 所示。

表 12-4 微淘号商家指数的组成部分

微淘号商家指数	内容价值分	内容质量、优质内容规模
	粉丝价值分	有效粉丝规模、增粉能力、粉丝回访和互动
	账号健康分	账号信用、账号活跃度

2．内容价值分

内容价值分重点考核内容质量及优质内容规模，内容质量主要考核内容健康分和内容效果分；优质内容规模既包括商家发布的原创内容，也包括商家从阿里V任务采买的达人内容，具体解释如图 12-8 所示。

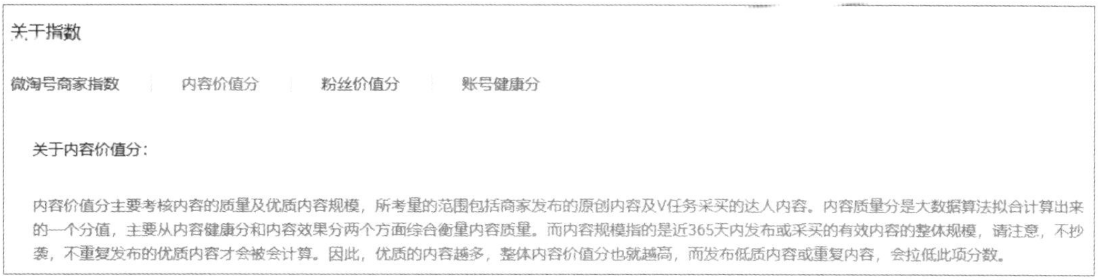
关于指数

微淘号商家指数 内容价值分 粉丝价值分 账号健康分

关于内容价值分：

内容价值分主要考核内容的质量及优质内容规模，所考量的范围包括商家发布的原创内容及V任务采买的达人内容。内容质量分是大数据算法拟合计算出来的一个分值，主要从内容健康分和内容效果分两个方面综合衡量内容质量。而内容规模指的是近365天内发布或采买的有效内容的整体规模，请注意，不抄袭，不重复发布的优质内容才会被会计算。因此，优质的内容越多，整体内容价值分也就越高，而发布低质内容或重复内容，会拉低此项分数。

图 12-8 内容价值分解释

3．粉丝价值分

粉丝价值分主要考核商家粉丝规模和粉丝运营能力。粉丝规模主要是指有效粉丝数，有效粉丝主要是指最近 6 个月内，粉丝阅读、点击、评论和点赞过店铺微淘内容的粉丝。刷粉或粉丝大部分为僵尸粉丝会影响粉丝价值分，具体解释如图 12-9 所示。

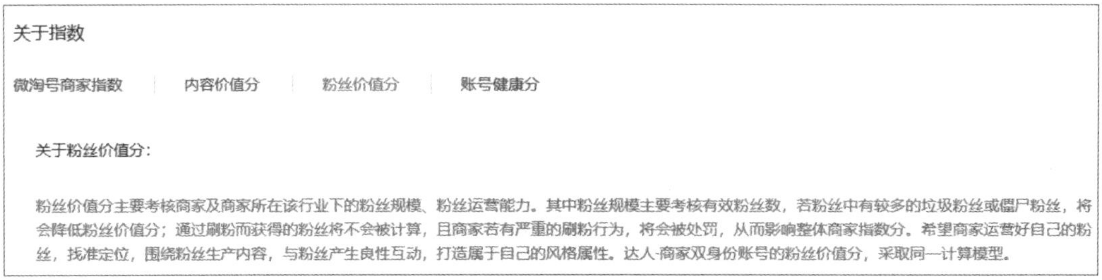
关于指数

微淘号商家指数　内容价值分　粉丝价值分　账号健康分

关于粉丝价值分：

粉丝价值分主要考核商家及商家所在该行业下的粉丝规模、粉丝运营能力。其中粉丝规模主要考核有效粉丝数，若粉丝中有较多的垃圾粉丝或僵尸粉丝，将会降低粉丝价值分；通过刷粉而获得的粉丝将不会被计算，且商家若有严重的刷粉行为，将会被处罚，从而影响整体商家指数分。希望商家运营好自己的粉丝，找准定位，围绕粉丝生产内容，与粉丝产生良性互动，打造属于自己的风格属性。达人-商家双身份账号的粉丝价值分，采取同一计算模型。

图 12-9　粉丝价值分解释

4．账号健康分

账号健康分主要考核账号信用分和账号活跃度。账号信用分需要考核账号是否遵守阿里创作平台的规范，不要有违反规定的行为。而账号活跃度需要商家积极发布微淘，保证每周的内容发布频率，并和粉丝积极互动，具体解释如图 12-10 所示。

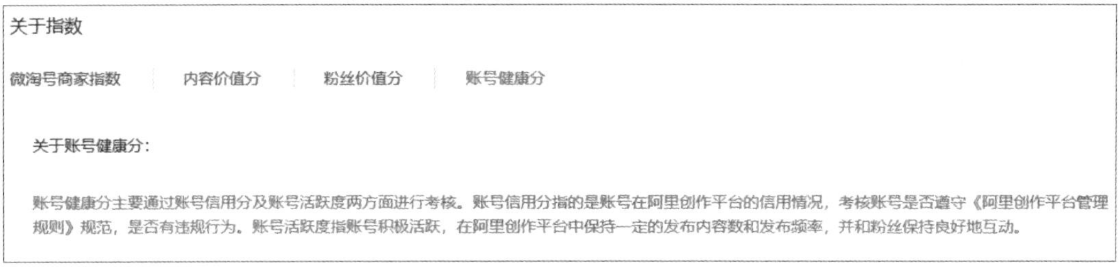
关于指数

微淘号商家指数　内容价值分　粉丝价值分　账号健康分

关于账号健康分：

账号健康分主要通过账号信用分及账号活跃度两方面进行考核。账号信用分指的是账号在阿里创作平台的信用情况，考核账号是否遵守《阿里创作平台管理规则》规范，是否有违规行为。账号活跃度指账号积极活跃，在阿里创作平台中保持一定的发布内容数和发布频率，并和粉丝保持良好地互动。

图 12-10　账号健康分解释

12.2　L0～L6等级享受的权益

商家等级对应的微淘权益主要包括使用工具权益、推荐流量权益和内容商业化权益三个方面。不同等级的商家享受的权益不同，所以需要商家不断提升自己的微淘等级，以便享受更多的微淘红利。

12.2.1　不同微淘等级工具权益

工具权益主要包括内容发布、角色认证、淘宝群、征集活动和投票等，“√”“×”表示商家是否享有相应的权益，如表 12-5 所示。

表 12-5　不同等级微淘享有的工具权益

微淘新等级	内容发布	角色认证	淘宝群	征集活动	投票
L6	5 条	√	√	√	√
L5	5 条	√	√	√	√

续 表

微淘新等级	内容发布	角色认证	淘宝群	征集活动	投票
L4	3 条	√	√	√	√
L3	2 条	√	√	√	√
L2	2 条	×	√	√	√
L1	1 条	×	√	√	√
L0	1 条	×	×	√	√

为提升商家的微淘运营效率，强化内容质量和粉丝触达，微淘商家号发布条数将于 2019 年 9 月 10 日进行调整，最高发布条数为 5 条 / 日。

以 L6 等级为例，工具权益主要包括角色认证、淘宝群、征集活动和投票等全部工具使用权限，如图 12-11 所示。

图 12-11　L6 等级微淘享有的工具权益

1. 内容发布

L0 ～ L1 等级的商家每天可以发布 1 条微淘，L2 等级的商家每天可以发布 2 条微淘，L3 ～ L4 等级的商家每天可以发布 3 条微淘，L5 ～ L6 等级的商家每天可以发布 5 条微淘。拥有商家和达人两种账号的商家共享总的发布条数。

2. 角色认证

角色认证是对商家有人设特色型身份角色的一种认证。此类商家享有角色认证的独有认证标识，显示微淘官方的认证背书，让淘宝消费者可以第一时间识别身份，增强亲切感和权威感。通过角色认证的商家，其头像会带V标。

3. 淘宝群

淘宝群是商家的高价值会员及粉丝的实时在线运营阵地，通过提供群内专享权益形成群成员的高黏性互动与回访，提升进店和购买转化。

4. 征集活动

商家可设置征集活动主题，征集粉丝的优质买家秀或晒购物车图片等内容，以此来吸引粉丝参与、活跃粉丝。

5. 投票

投票是一种由商家发起的、在微淘内容底部进行展示的、与粉丝进行互动的工具。

12.2.2 不同微淘等级流量权益

微淘流量权益主要包括微淘推荐扶持、微淘账号发现、定向合作和微淘活动报名等，如表12-6所示。

表 12-6 不同等级微淘享有的流量权益

微淘新等级	微淘推荐扶持	微淘账号发现	定向合作	微淘活动报名
L6	优先	优先	优先	√
L5	优先	优先	优先	√
L4	优先	优先	有机会	√
L3	有机会	有机会	有机会	√
L2	有机会	×	×	√
L1	×	×	×	√
L0	×	×	×	×

微淘等级越高，获得的微淘推荐扶持和微淘账号发现曝光概率越高，能够更多地参与微淘官方活动，以便获取更多的流量权益。

12.3 L0～L6等级提升的方法

L0～L6等级提升的方法主要包括持续发布微淘、装修微淘动态、促进粉丝互动、阿里V任务合作、发布优质内容、完成角色认证、使用粉丝置顶、互动组件、微淘精品栏目等，微淘商家号四项指数分变化趋势如图 12-12 所示。

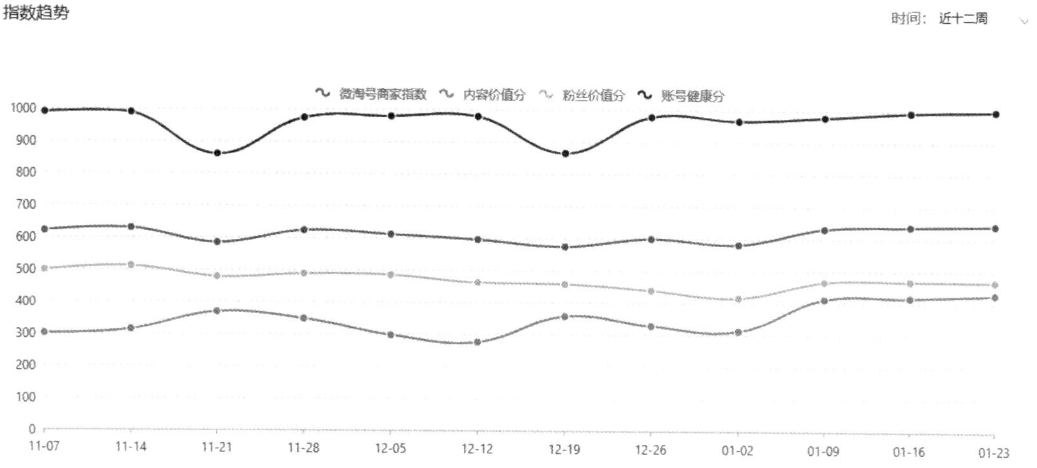

图 12-12　微淘商家号四项指数分变化趋势

持续发布微淘、装修微淘动态、促进粉丝互动和阿里 V 任务合作是 L0 ～ L6 商家微淘提升的必备基础方法，L2 商家在此基础上增加了发布优质内容，L3、L4 和 L5 商家还需要完成角色认证、使用粉丝置顶。

另外，L5 到 L6 升级难度最大，需要商家重点打造微淘精品栏目和使用互动组件，不同等级的微淘提升方法如表 12-7 所示。

表 12-7　不同等级的微淘提升方法

<table>
<tr><td>1</td><td>持续发布微淘</td><td rowspan="9">L6</td><td rowspan="7">L5/L4/L3</td><td rowspan="5">L2</td><td rowspan="4">L1/L0</td></tr>
<tr><td>2</td><td>装修微淘动态</td></tr>
<tr><td>3</td><td>促进粉丝互动</td></tr>
<tr><td>4</td><td>阿里 V 任务合作</td></tr>
<tr><td>5</td><td>发布优质内容</td><td></td></tr>
<tr><td>6</td><td>完成角色认证</td><td></td><td></td></tr>
<tr><td>7</td><td>使用粉丝置顶</td><td></td><td></td></tr>
<tr><td>8</td><td>互动组件</td><td></td><td></td><td></td></tr>
<tr><td>9</td><td>微淘精品栏目</td><td></td><td></td><td></td></tr>
</table>

针对不同等级的微淘提升，微淘官方给出了相应的玩法指引，以 L6 等级的微淘玩法为例，玩法指引主要包括发布优质内容、使用粉丝置顶、促进粉丝互动和装修微淘动态等，如图 12-13 所示。

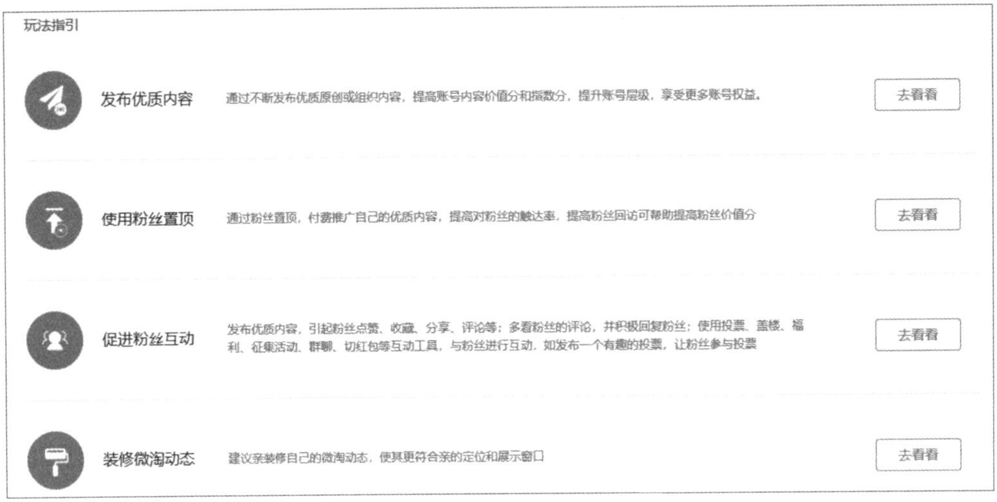

图 12-13　L6 等级微淘提升玩法指引

1. 持续发布微淘

微淘发布优质内容就有机会晋升到下一等级。

2. 装修微淘动态

装修微淘动态，使其更符合店铺的内容定位和展示窗口，具体操作方法可查看 4.4 节。

3. 促进粉丝互动

微淘粉丝互动既需要商家发布能够促进粉丝点赞、评论和收藏等的优质内容，也需要商家积极回复粉丝的评论，保持双向沟通与互动。

4. 阿里 V 任务合作

商家通过阿里 V 任务，找到适合自己的达人或机构进行合作推广，以优质内容实现品牌或商品“种草”，提高长期的进店转化效果。

5. 发布优质内容

商家通过不断发布优质原创或组织内容，提高账号内容价值分和商家指数分，从而提升账号等级，使商家享受更多的账号权益。

6. 完成角色认证

角色认证是对商家有人设特色型身份角色的一种认证。此类商家享有角色认证的独有认证标识，显示微淘官方的认证背书，让淘宝消费者可以第一时间识别身份，增强亲切感和权威感。通过角色认证的商家，其头像上会带 V 标。

7. 使用粉丝置顶

商家通过粉丝置顶，推广自己的优质内容，提高粉丝触达率和粉丝回访率，从而提高粉丝价值分。

8. 互动组件

使用投票、征集活动、群聊等互动组件，提升粉丝互动和粉丝黏性，具体操作方法可查看第 11 章。

9. 微淘精品栏目

微淘官方组织的 IP 型内容节目可以按照招稿要求，选择投稿，如“微淘超级上新日”等活动。

12.4 微淘商家角色认证展示

12.4.1 微淘角色认证是什么

2018 年 5 月 29 日，微淘官方发布《商家角色认证背书说明》，对商家和达人的角色认证展示进行细分。目前只有 L3 ～ L6 等级商家才享有商家角色认证权限。

角色认证是对商家有人设特色型身份角色的一种认证。此类商家享有角色认证的独有认证标识，显示微淘官方的认证背书，让淘宝消费者可以第一时间识别身份，增强亲切感和权威感。通过角色认证的商家，其头像上会带 V 标。

12.4.2 微淘角色认证示例

截至 2019 年 3 月，以乐町官方旗舰店、SIXONE 六一和优品多肉三个店铺为例，其角色认证分别为品牌官方店、淘宝红人店和园艺专家店，如图 12-14 所示。未来角色认证还会有变化和调整，以变化后的样式为准。

图 12-14 微淘商家角色认证示例

12.4.3 微淘角色认证展示逻辑

微淘商家角色认证需要符合 L3 等级及以上，经过系统审核后，自动标注角色。目前角色名称主要包括品牌官方店、淘宝红人店、萌宠专家店、箱包买手店等，具体分类如表 12-8 所示。

表 12-8 淘宝和天猫店铺角色认证分类

店铺分类	角色名称					
天猫店铺	品牌官方店					
淘宝店铺	淘宝红人店	原创设计师店	原创设计风格店	箱包买手店	家居买手店	美食买手店
	母婴买手店	手工匠人店	萌宠专家店	全球买手店	美食专家店	运动玩家店
	运动机构店	珠宝配饰专家店	美妆专家店	园艺专家店	乐器专家店	建材定制专家店
	家装空间专家店	家装个性玩家店	家装定制专家店			

12.5 超级推荐微淘图文内容

超级推荐是阿里妈妈旗下定向内容营销推广产品，它于 2019 年 4 月 22 日正式上线，旨在挖掘消费者的潜在需求，通过商品、图文、直播等多种形式，可以在猜你喜欢和微淘等渠道精准圈选定位人群，实现智能化投放，如图 12-15 所示。

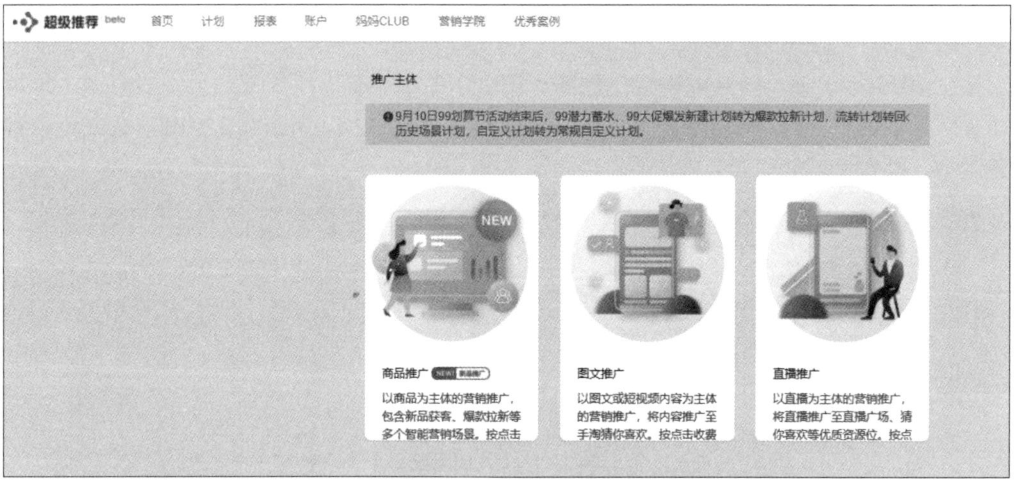

图 12-15 超级推荐商品、图文、直播推广

12.5.1 超级推荐微淘位置展现

目前，一个消费者在微淘能看到的信息分为两种：已关注的商家 / 达人所发布的内容；未关注过的内容 / 系统推荐的商家可能感兴趣的内容。

在微淘信息流推广中，账号投放场景分为两种：吸引新粉丝和维护老粉丝。商家可以在微淘信息流中，对非粉丝人群和老粉丝人群，按照多种维度进行定向投放推广内容，达到吸引新粉丝及维护老粉丝的目的。

当商家推广的目的是维护老粉丝时，推广内容将投放给已经关注商家的粉丝，并出现在信息流中的第一条，让粉丝一眼就能看到，如图 12-16 所示。

图 12-16　超级推荐的图文推广“热门”显示

当商家推广的目的是吸引新粉丝时，推广内容将投放给还未关注的消费者，投放内容将出现在信息流系统推荐的信息中。信息左上角带“热门”标识即推广信息。

12.5.2　超级推荐微淘投放流程

商家投放流程需要经过设置计划、设置单元和完成创建三大步骤。

1. 设置计划

设置计划主要包括营销参数和基本信息。营销参数选择微淘，基本信息主要包括计划名称、投放日期、付费方式、每日预算和高级设置，如图 12-17 所示。

在投放中，有两种付费方式可供选择。

CPC：按点击付费，把 CPC 出价转换为 CPM 价格再参与竞价，如 CPC 出价 0.5 元，系统预估推广内容的点击率为 1%，按照 CPM 出价 = CPC 出价 × 预估 CTR × 1000 计算，参与竞价的 CPM 价格为 5 元。

CPM：按展现付费，如 CPM 出价 6 元，则 1000 次广告展现计费 6 元。

根据阿里妈妈官方公布的算法，推荐超级微淘竞价方式按照 CPM（每千次展现）出价的高低排序，价高者得。实际扣费时按照下一名出价 +0.1 元进行扣费。

高级设置主要针对地域设置、时段设置和投放方式设置等。商家可以根据直通车计划中的配置设置此项，也可以选择不设置。

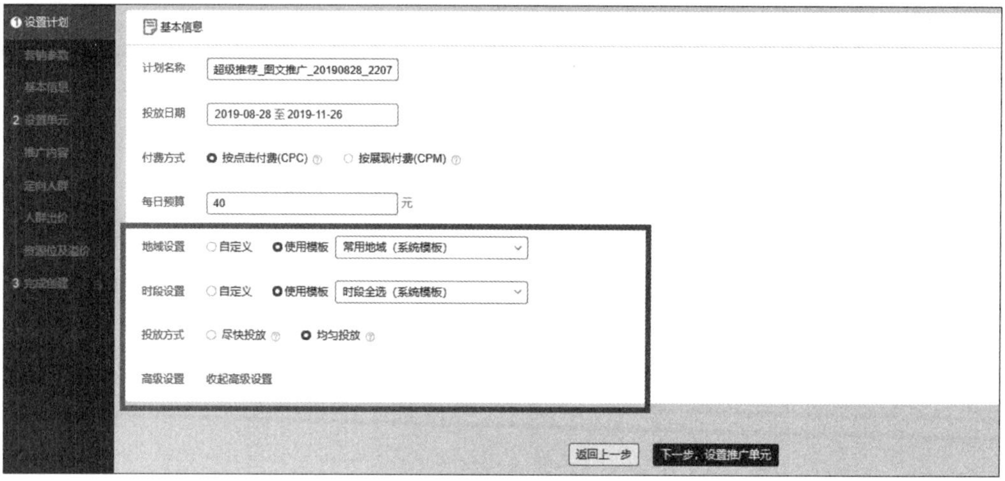

图 12-17　超级推荐的微淘设置计划

2. 设置单元

设置单元主要包括推广内容、定向人群、人群出价、资源位及溢价，如图 12-18 所示。

图 12-18　超级推荐的微淘设置单元

推广内容可以按照发布时间或搜索标题，选择添加已经发布的微淘内容。目前可以推广内容的形式为图文或短视频，完成选择之后可以修改单元名称。

定向人群包括智能定向、通投、拉新定向及重定向，其中智能定向为系统实时根据商家的店铺、宝贝、访客、粉丝、内容和直播优选对商家的宝贝、内容、直播感兴趣的人群，为必选项。

吸引新粉丝选择拉新定向，维护老粉丝选择重定向。拉新定向主要从店铺、粉丝、场景等维度圈选投放人群，满足多维度的拉新需求。拉新定向包括店铺定向和粉丝定向。

重定向主要根据消费者在商家店铺、宝贝、内容、直播等维度的行为，为商家挑选优质人群，满足精细化老客运营的需求。

此外，商家也可以根据达摩盘平台精选标签，在活动节点或行业上，自定义组合圈定各类人群。

人群出价可以开启智能调价。优化目标包括优化成交、优化粉丝关注或优化成交与粉丝关注。人群出价可以根据系统智能推荐批量出价，如图 12-19 所示。

资源位主要为“手机淘宝→微淘→热门推荐”，选择完成之后完成创建。

图 12-19　超级推荐的微淘人群出价

12.5.3　超级推荐微淘图文推广效果报表

商家在超级推荐推广过程中需要关注消耗、展现量、点击量、千次展现成本、点击成本等情况，及时优化调整推送的微淘内容，以降低成本，提升用户关注及转化，如图 12-20 所示。

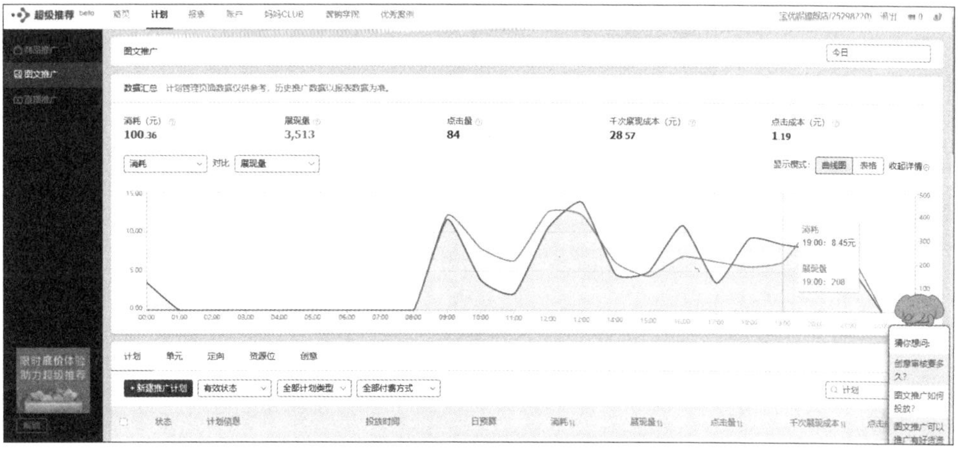

图 12-20　超级推荐的微淘效果报表

12.6　微淘四项指数分提升

12.6.1　微淘商家指数分提升

由于微淘号商家指数由三部分组成，指数分提升主要从发布优质内容，转发V任务采买的达人内容，吸引粉丝关注、回访、互动，对粉丝构成做定期管理及保持发布内容数和发布频率等方面着手，如图12-21所示。

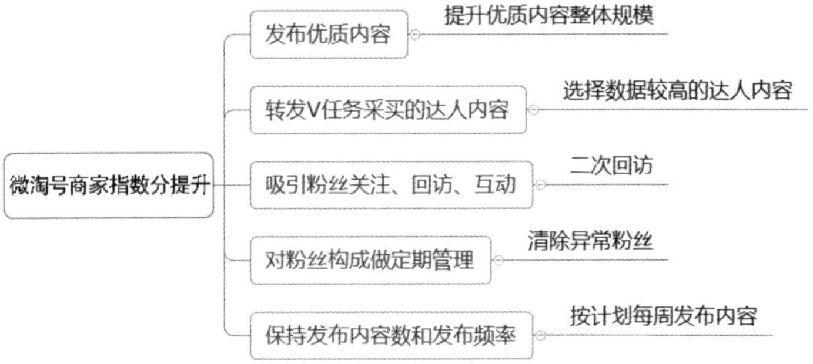

图12-21　微淘号商家指数分提升

当商家转发达人微淘内容的时候，需要勾选“含本店铺宝贝内容”，如图12-22所示。

图12-22　微淘商家转发达人微淘内容

在转发内容的筛选过程中，商家尽量选择阅读数和互动数较高的内容，因为转发的内容呈现在自己店铺的时候，会显示其中的数据，如图12-23所示。

另外需要注意的是，商家要时刻关注自己店铺的产品在帖子中是否属于靠前的位置，因为达人内容包含多家店铺产品，如果自己产品的位置靠后，会造成一定的分流。

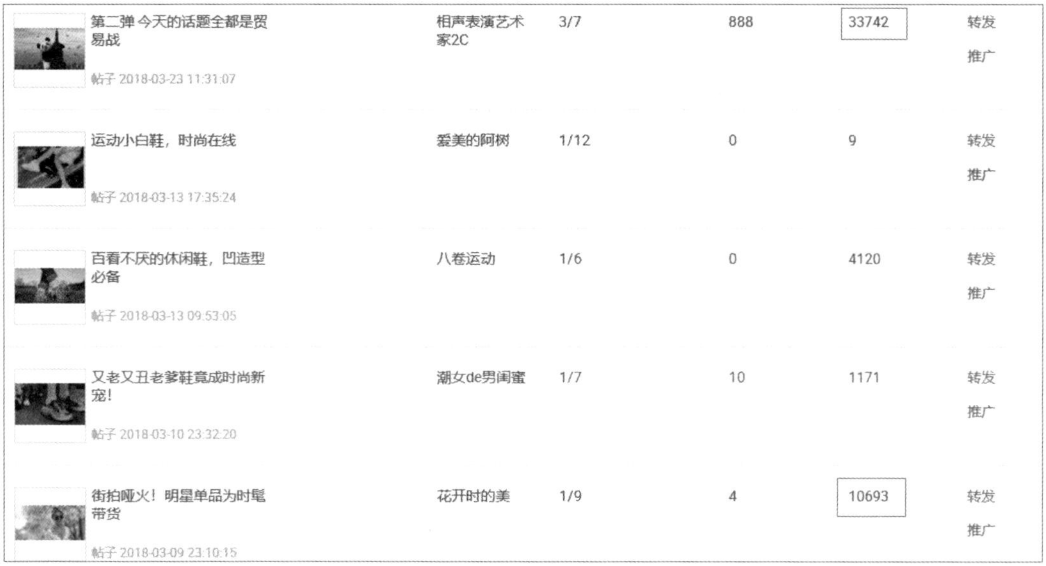

图 12-23　微淘商家转发达人高阅读数微淘内容

点击“转发”之后，会弹出“转发内容到微淘”对话框，商家可以输入转发的感想，并加入对应的话题，转发内容计入可发送条数，如图 12-24 所示。

图 12-24　微淘商家转发达人内容输入转发感想

另外，商家需要定期管理粉丝，清除系统提示的异常粉丝，如图 12-25 所示。

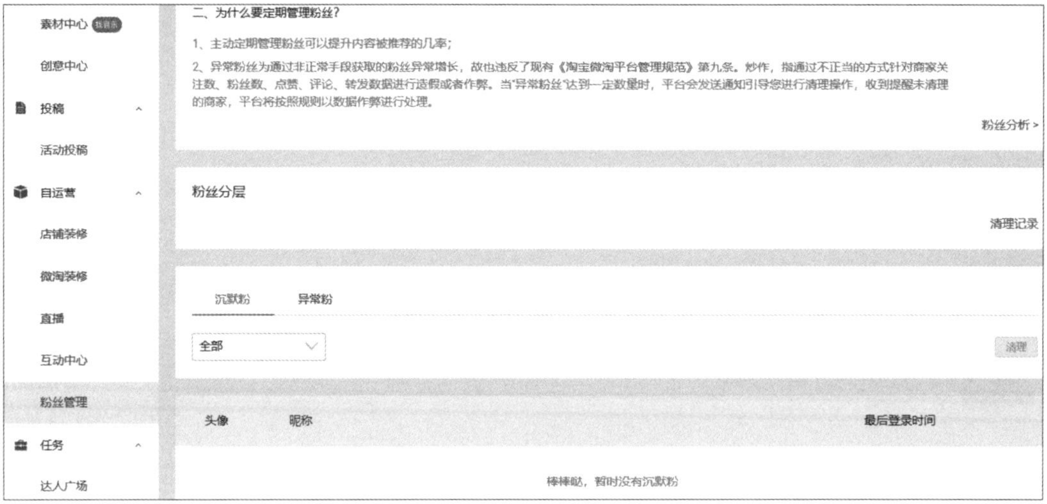

图 12-25　商家微淘定期管理粉丝

在日常微淘内容运营中，商家也需要注意四项指数分的变化情况，分析问题产生的原因，然后找到相应的解决办法，保持分数稳中有升，如图 12-26 所示。

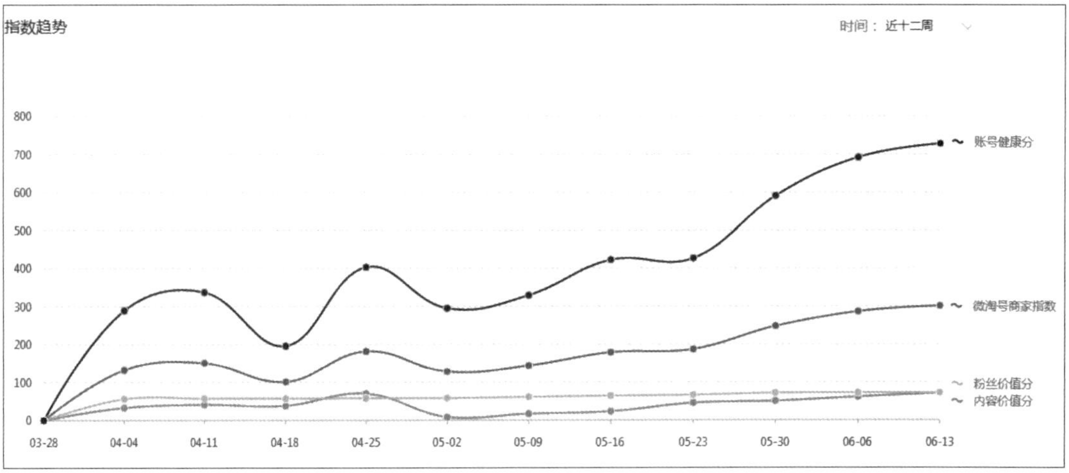

图 12-26　商家注意四项指数分变化

12.6.2　微淘内容价值分提升

微淘内容价值分提升主要从保持内容健康度、发布原创或 V 任务采买的优质内容、内容符合平台基本要求和内容效果好四个方面着手，如图 12-27 所示。

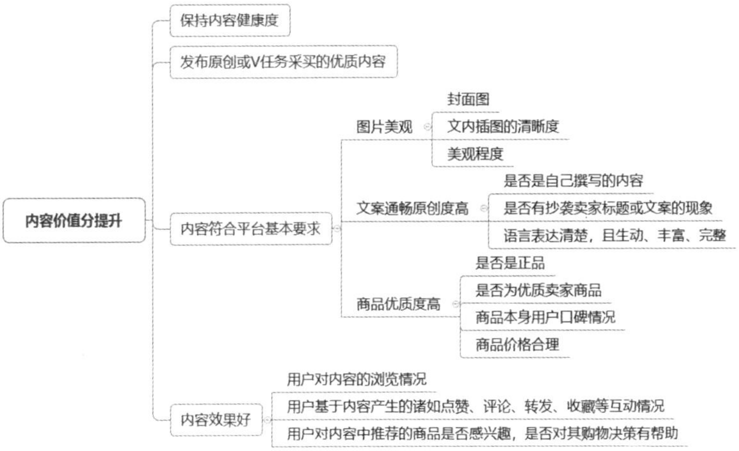

图 12-27 微淘内容价值分提升

1. 图片美观

以茵曼旗舰店为例，该店铺的微淘内容从产品图到封面图，以及长图文中的插图，都简洁清新、清晰度高、样式精美，如图 12-28 所示。

产品图尽量选择无水印素材，构图形式简洁明了，色彩搭配协调，如图 12-29 所示。竖版图可以用 PS 设计统一背景边框，以保持整体调性。

图 12-28 茵曼旗舰店微淘产品图和封面图

图 12-29 茵曼旗舰店微淘构图形式和色彩搭配

2. 文案通畅原创度高

微淘内容文案需要保持原创，尽量不要抄袭其他卖家的标题或推荐理由等文案内容，而且在选择网络或微博热点中的内容时，尽量添加自己的语言，进行组织编辑，以免雷同。

此外，微淘推荐理由要有一定的逻辑性，语言表达清楚，语句生动，内容丰富，所要传递的信息完整，如图 12-30 所示。

3. 商品优质度高

以媛媛公主旗舰店为例，其商品在选品中主要为店铺正品，产品本身口碑、评价很高，而且配合会员日为美妈们提供兑换礼物，推荐的商品能够吸引客户对购物有所帮助，如图 12-31 所示。

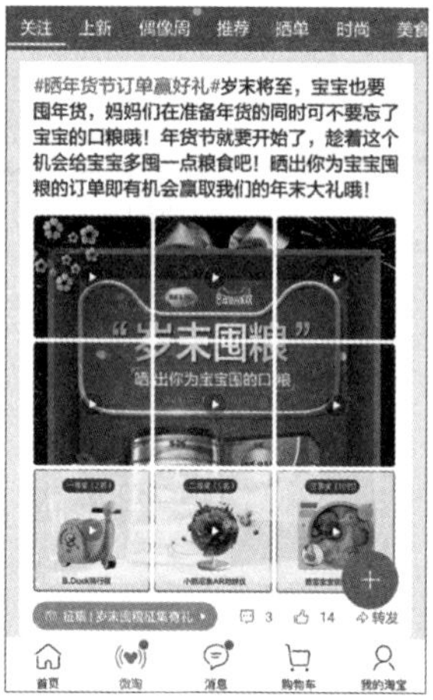

图 12-30 微淘原创内容语言表达清楚

图 12-31 微淘选择商品优质度高

12.6.3 微淘粉丝价值分提升

微淘粉丝价值分提升主要从有效粉丝关注、粉丝回访和粉丝互动以提高粉丝的忠诚度三个方面着手，如图 12-32 所示。

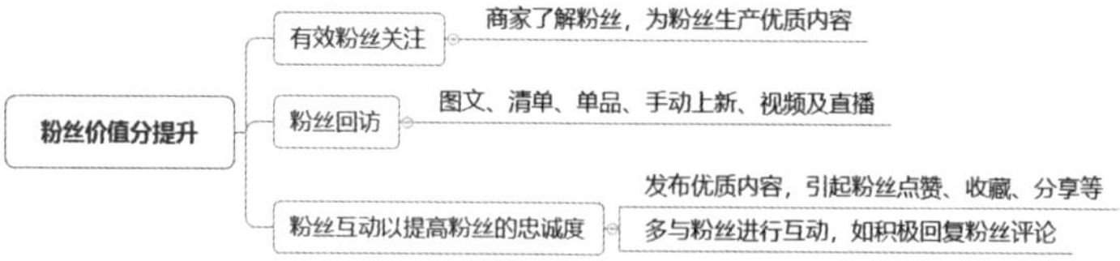

图 12-32 微淘粉丝价值分提升

1. 有效粉丝关注

商家微淘的总体粉丝数只代表数量，而有效粉丝会和店铺账号进行点赞、评论、收藏等互动，商家需要不断提升内容质量，利用优质的内容和丰富的玩法吸引与店铺互动的有效粉丝。

2. 粉丝回访

在内容创作中，商家既可以选择图文、宝贝清单、手动上新和预上新等九宫格形式，也可以选择单品、帖子等长图文形式，还可以选择淘宝直播和短视频等视频形式，以不断丰富创作内容的精彩度，提升粉丝回访。

3. 粉丝互动以提高粉丝的忠诚度

互动内容既包括微淘的投票、征集活动等官方互动中心活动，也包括一些有趣的话题内容，这些互动内容能够吸引粉丝关注和评论互动，从而不断提升粉丝的忠诚度。

以百草味旗舰店为例，商家在春节的时候发布“# 年味到底去哪了 #”话题，以“九宫格图片 + 产品”的形式，向粉丝展示记忆中的年味，如图 12-33 所示。

图 12-33　微淘内容与粉丝互动

12.6.4　微淘账号健康分提升

微淘账号健康分主要从账号信用分和账号活跃度两方面进行维护和提升，按照微淘平台要求发布内容，信用分保持 30 分以上，如图 12-34 所示。同时，保持稳定的微淘发布频率和优质内容的产出。

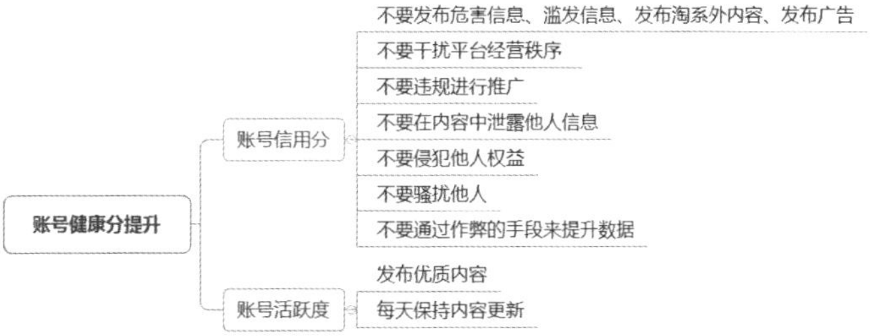

图 12-34　微淘账号健康分提升